Jean-François Kahn

L'INVENTION DES FRANÇAIS

Du temps de nos folies gauloises

Pluriel

Ouvrage publié dans la collection Pluriel
sous la responsabilité de Fabrice d'Almeida.

Couverture : Rémi Pépin
Illustration : Casque gaulois – www.epees.fr
© Philippe Sohiez pour Fayard

ISBN : 978-2-818-50397-3
Dépôt légal : mars 2014
Librairie Arthème Fayard/Pluriel, 2014.

Devinette : qui régnait sur notre pays mille neuf cents ans exactement – dix-neuf siècles – avant que les étudiants parisiens érigent des barricades rue Gay-Lussac ? Autrement dit, qui dirigeait ce qui deviendra la France en mai 68 après Jésus-Christ ? Gageons qu'aucun lecteur n'apportera spontanément la réponse. Cependant, il s'agit de l'un des personnages les plus célèbres de l'histoire universelle. Qui ? Néron !

En mai 68, ce qu'on appelait, à l'époque, les « Gaules » avait comme souverain un empereur dont on dirait volontiers aujourd'hui qu'il poussa à son paroxysme une tendance présumée soixante-huitarde à vouloir « jouir sans entraves ». Et, non seulement Néron régnait sur tous les peuples gaulois, mais nul, de Metz à Marseille, de Boulogne-sur-Mer à Perpignan, ne remettait apparemment en cause cet *imperium*.

Que celui qui présidait, en mai 68, à nos destinées s'appelât Néron eut, dans notre histoire, une importance considérable. Mais tout le monde – ou presque – l'ignore. Pour cette raison simple qu'il a été décrété que, entre la chute de Vercingétorix à Alésia et le baptême de Clovis, il ne se passa strictement rien qui fût digne d'être célébré (à peine la défaite d'Attila aux champs Catalauniques). Un trou de cinq siècles et demi, en quelque sorte. La Belle au bois dormant s'assoupit pendant cinq cent cinquante ans.

Normaliser une aussi longue période est en soi profondément stupide : s'il ne s'était rien passé de remarquable durant ce laps de temps, comment une mosaïque tribale parsemée de bourgades aux constructions en bois seraitelle devenue un pays presque unifié dont la plupart des grandes villes, inexistantes avant l'intégration à l'Empire romain, abritaient des monuments dont la magnificence traversa les siècles ? comment ce pays en découverte de lui-même, nation en préfiguration, aurait-il changé de langue, de culture, d'institutions et de religion ?

Non seulement l'hypothèse est absurde, mais, en outre, toute plongée dans le déroulement bouillonnant, et parfois prodigieux, de ces cinq siècles et demi qu'on s'est acharné à effacer montre que la réalité est très exactement inverse : l'insurrection qu'incarna brièvement Vercingétorix ne fut qu'un feu de paille qui laissa peu de traces. Clovis légua à ses successeurs un pays démantelé en phase de régression généralisée. Et c'est, en revanche, dans l'entre-deux que la France en gestation émergea, se modela, s'affirma, engendra et couva la plupart de ses futures spécificités, expérimenta les ingrédients de ce qui deviendra sa personnalité, murmura son fond et esquissa sa forme, précisa ses contours et mit en valeur ses atours, régionalisa ses vignobles, diversifia son artisanat, européisa ses modes, fit l'apprentissage de la démocratie locale (après avoir fait l'expérience de la république), jeta les bases d'un État de droit et, dans une infinité de domaines, allant de l'urbanisme aux techniques agricoles, des infrastructures collectives aux commodités personnelles, de l'organisation du travail à l'optimisation du confort, accéda à une modernité qu'éradiquèrent ensuite plusieurs siècles régressifs de monarchie franque.

Qui sait que, un peu plus d'une centaine d'années après la victoire de César, le pays conquis, occupé, soumis parvint à reconquérir provisoirement sa liberté et envisagea même de constituer, avec ce qui deviendra l'Allemagne, l'esquisse d'une confédération européenne ? Que le véritable premier roi de France fut un « empereur des Gaules » nommé Postume, au IIIe siècle, alors même qu'un Auvergnat désigné par une assemblée de cités gauloises revêtit, au Ve siècle, la pourpre impériale à Rome ? Qu'une immense révolution sociale bouleversa, par vagues successives, notre territoire pendant deux siècles, que les premiers chrétiens en furent sans doute les animateurs et qu'on fit même appel aux sauvages Huns pour en venir à bout ? Que l'empereur Julien, dit l'« Apostat » parce qu'il tenta de substituer au christianisme devenu religion d'État un paganisme philosophique néo-platonicien, fut tellement séduit par une petite agglomération des bords de Seine ayant pour nom Lutèce qu'il en fit sa capitale ? Que le pouvoir mérovingien s'établit sur les ruines de trois royaumes, romain, burgonde et wisigoth, dont il stoppa de la sorte l'avancée en termes de civilisation ? Que Clovis, si baptisé qu'il fût, se conduisit en *serial killer*, éliminant lui-même, hache à la main, sa parentèle, tandis que Clotilde dut « assumer » l'assassinat de ses petits-fils par ses fils ?

Tout cela, il fut implicitement convenu qu'il était préférable de l'oublier. À la suite de quoi nous fûmes dotés pendant cinq siècles, et parfois sans nous en plaindre, de gouvernants qui s'appelaient Auguste, Tibère, Caligula, Trajan, Hadrien, Commode, Caracalla ou Constantin, mais on ne voulut plus le savoir.

Donc, en mai 68, notre maître s'appelait Néron. Et, dans cette épopée que nous entendons retracer et dont l'émergence des Français sera la résultante, son rôle, à son corps défendant, n'est pas mince...

Le menu

Ce qui a été surtout occulté, c'est que l'une des premières grandes insurrections antityranniques à vocation universaliste fut déclenchée par les Gaulois à l'appel d'un Gaulois, et que ce soulèvement, mené au nom de la liberté et des droits humains, déboucha sur une guerre de libération nationale. C'est sur cet épisode extraordinaire mais méconnu, aux implications considérables, que débutera notre récit. Quitte, ensuite, à remonter le temps.

Dans la deuxième partie, nous montrerons que la capitulation d'Alésia ne mit pas un terme à la résistance et que le combat indépendantiste se poursuivit, permettant d'extorquer à la puissance hégémonique des concessions qui favoriseront l'éclosion d'une culture gallo-romaine prédémocratique spécifique.

La troisième partie sera consacrée à la façon dont les Grecs d'Asie Mineure, à travers la colonie phocéenne de Massalia (Marseille), contribuèrent au basculement de toute la France méridionale dans l'univers gréco-latin, au prix d'immenses tragédies qui se sont peu à peu effacées des mémoires.

Dans la quatrième partie, nous remonterons plus haut et retracerons le cheminement, l'épopée, la chanson de geste parfois, un condensé de bruits, de fureurs, d'héroïsme et d'ignominies, de fulgurances et d'affaissements qui conduisirent, à travers notamment la révolution néolithique, à l'affirmation d'une personnalité celto-gauloise originale, puis à la conquête romaine, dût-on revisiter certains mythes, remettre en question le concept de « grande invasion » ou relativiser le rôle de Vercingétorix.

La dernière partie, qui nous mènera jusqu'au règne de Marc Aurèle et rendra hommage à deux empereurs à qui nous devons plus qu'à certains de nos « grands rois », révélera la modernité d'une civilisation que la régression franque fera reculer de plusieurs siècles.

Bon appétit !

L'Empire romain

La Gaule

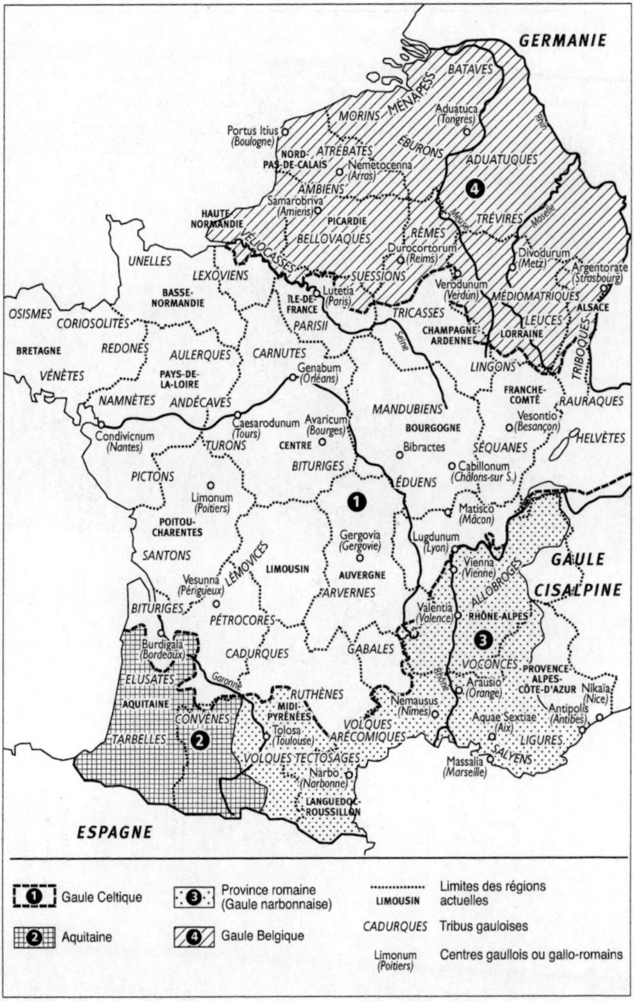
GERMANIE
BATAVES
MÉNAPESS
MORINS
Portus Itius
(Boulogne)
NORD-
PAS-DE-CALAIS
ATRÉBATES
Aduatuca
(Tongres)
ÉBURONS
Nemetocenna
(Arras)
ADUATUQUES
Rhin
AMBIENS
Samarobriva
(Amiens)
HAUTE-
NORMANDIE
PICARDIE
TRÉVIRES
Moselle
Meuse
BELLOVAQUES
RÈMES
VÉLIOCASSES
Durocortorum
(Reims)
Divodurum
(Metz)
Argentorate
(Strasbourg)
UNELLES
LEXOVIENS
SUESSIONS
Verodunum
(Verdun)
MÉDIOMATRIQUES
BASSE-
NORMANDIE
ÎLE-DE-
FRANCE
Lutetia
(Paris)
ALSACE
OSISMES
CORIOSOLITES
PARISII
TRICASSES
LEUCES
BRETAGNE
REDONES
AULERQUES
CARNUTES
Seine
CHAMPAGNE-
ARDENNE
LORRAINE
TRIBOQUES
VÉNÈTES
PAYS-DE-
LA-LOIRE
Genabum
(Orléans)
LINGONS
NAMNÈTES
ANDÉCAVES
MANDUBIENS
FRANCHE-
COMTÉ
RAURAQUES
Condivicnum
(Nantes)
Caesarodunum
(Tours)
Avaricum
(Bourges)
BOURGOGNE
Vesontio
(Besançon)
HELVÈTES
TURONS
CENTRE
Bibractes
SÉQUANES
PICTONS
BITURIGES
Cabillonum
(Châlons-sur S.)
ÉDUENS
Limonum
(Poitiers)
Matisco
(Mâcon)
POITOU-
CHARENTES
Gergovia
(Gergovie)
Lugdunum
(Lyon)
SANTONS
LÉMOVICES
LIMOUSIN
AUVERGNE
Vienna
(Vienne)
GAULE
CISALPINE
Vesunna
(Périgueux)
ARVERNES
ALLOBROGES
BITURIGES
PÉTROCORES
Valentia
(Valence)
RHÔNE-ALPES
Burdigala
(Bordeaux)
CADURQUES
GABALES
VOCONCES
PROVENCE-
ALPES-
CÔTE-D'AZUR
ELUSATES
Garonne
RUTHÈNES
Rhône
Arausio
(Orange)
Nikaïa
(Nice)
AQUITAINE
MIDI-
PYRÉNÉES
Nemausus
(Nîmes)
Antipolis
(Antibes)
CONVÈNES
VOLQUES
Aquae Sextiae
(Aix)
TARBELLES
Tolosa
(Toulouse)
ARÉCOMIQUES
LIGURES
VOLQUES TECTOSAGES
SALYENS
Massalia
(Marseille)
Narbo
(Narbonne)
LANGUEDOC-
ROUSSILLON
ESPAGNE
Gaule Celtique
Province romaine
(Gaule narbonnaise)
Limites des régions
actuelles
LIMOUSIN
Aquitaine
Gaule Belgique
CADURQUES
Tribus gauloises
Limonum
(Poitiers)
Centres gaulois ou gallo-romains

Première partie
Et soudain l'Occident s'embrasa

CHAPITRE 1

La révolution de mai 68

Cela faisait cent dix-huit ans que Vercingétorix avait capitulé à Alésia. Mais nul n'avait songé à célébrer cet anniversaire. À vrai dire, le nom de Vercingétorix ne disait plus rien à personne en cette province de l'Empire romain qu'était devenue la Gaule.

L'hiver, qui avait été glacial cette année-là, à geler la cervoise dans les chopes, venait de tourner sa page. Le temps était redevenu plus doux, presque soyeux. Une subreptice rumeur, comme celle, indicible, qu'un ancien avait confiée aux profondeurs de la terre avant que les hautes herbes aiguillonnées par le vent ne la répercutent à la cantonade, enflait à mesure que les délégations de soixante tribus et cités gauloises affluaient en ce lieu magique, au flanc de la colline qui deviendra la Croix-Rousse, au confluent de la Saône et du Rhône, où le beau-fils de l'empereur Auguste, Drusus, avait fait dresser le majestueux autel fédéral des Trois-Gaules.

C'est là que, chaque année, les députés de ces soixante peuples – premier parlement national, en somme – venaient, non seulement célébrer le culte impérial, mais également tenir un conseil à l'issue duquel on adressait aux représentants du pouvoir central, mêlées aux compliments et flatteries d'usage, toutes sortes de requêtes, voire de récriminations. Et, à prêter l'oreille aux murmures qui remontaient les deux fleuves, les récriminations ne manquaient pas. La plupart portaient, comme toujours, sur l'augmentation des impôts et des taxes. D'autres concernaient des informations venues de Rome, dont la consternation qu'elles suscitaient se jaugeait à l'ampleur des exclamations et des hurlements qui accueillaient chaque allusion qu'on y faisait. « Vous connaissez la dernière ? Si, si, c'est un ami de mon cousin qui tient une auberge à Rome qui me l'a confié ! » On fulminait également contre les « dénombrements », dont on devinait qu'ils étaient destinés à repérer tous ceux qui devaient payer le cens, auquel les Gaulois étaient allergiques comme à toute fiscalité personnelle. On se plaignait que le gouverneur de la Gaule Belgique, au nom de l'empereur, se soit opposé à un projet de canal de la Saône à la Moselle qui aurait pu relier la mer du Nord à la Méditerranée.

D'ordinaire, cette assemblée se tenait au début du mois d'août. Et le fait qu'elle ait été cette fois exceptionnellement convoquée par le propréteur de la Gaule Lyonnaise, légat de l'empereur, sans doute au début de mars, ajoutait à la tension et au mystère.

Si, malgré les aléas d'un tel voyage – beaucoup devaient traverser l'épaisse forêt des Carnutes, haut lieu des anciennes assemblées druidiques –, on était venu plus nombreux que les années précédentes, aussi bien d'Aquitaine que de la région mosellane, de Trèves que de Perpignan, si des paysans, des artisans et même des femmes s'étaient mêlés aux délégations habituellement issues des grandes familles, si se mélangeaient à quelques toges les vêtements bigarrés et les pèlerins à capuche qu'affectionnaient les « bourgeois » gaulois comme aujourd'hui les jeunes de nos cités, c'est qu'on était vaguement conscient que quelque chose d'important, peut-être de grave, se tramait. Mais quoi ?

Seule une minorité savait. Ou se doutait. Le gouverneur avait, en effet, contacté un petit nombre de hauts notables arvernes, éduens et séquanes (c'est-à-dire d'Auvergne, de Bourgogne et de Franche-Comté), et leur avait confié que les obscènes dérives impériales dont il avait été témoin à Rome lui faisaient devoir de réagir. C'est du moins ce que rapporte un historien grec, Dion Cassius, qui mena son enquête près d'un siècle et demi plus tard.

Donc, après que la cérémonie religieuse, où l'évocation des dieux se mêlait à celle du souverain divinisé, eut été ponctuée des habituels sacrifices, le gouverneur-légat, accueilli par un silence inaccoutumé, monta sur ce qu'on appelait un « tribunal ».

Le décor était impressionnant. Là, à la pointe d'une terre qui marquait la confluence des deux fleuves, se dressait un temple abritant un autel sur lequel étaient gravés les noms de tous les peuples gaulois. En face, disposées en demi-cercle, soixante statues figuraient ces cités. Au milieu trônait une immense représentation de la Gaule en majesté (les chrétiens, plus tard, détruiront cet ensemble monumental pour construire, à la place, une église).

Donc, l'homme qui, ici, à Lyon – capitale des Gaules, détruite presque entièrement par un incendie quatre ans plus tôt, mais déjà reconstruite plus vaste et plus belle (grâce d'ailleurs à des subventions généreusement versées par Néron) –, représente le pouvoir romain, la domination romaine, ce « légat » du maître absolu d'un empire qui se veut à lui seul un univers, prend la parole.

Et c'est un coup de tonnerre, un vrai, accompagné d'un éclair, ponctué de la foudre et précédant l'averse. Peut-on même concevoir cela ? Gaius Julius Vindex, l'ombre portée de l'empereur, lance un appel au soulèvement. Contre Néron. Contre l'empereur.

Qui est Vindex ? Un Gaulois, certes, mais citoyen romain, membre de l'aristocratie sénatoriale auquel l'empereur

Claude l'a fait accéder, issu d'une grande famille princière d'Aquitaine, homme du sérail qui longtemps bénéficia de toutes les grâces impériales. N'occupa-t-il pas des postes importants au sein de la milice romaine, c'est-à-dire de la police ? Son prénom, Julius, en dit long puisque le droit de le porter, en hommage au « divin » Jules César, était accordé comme un insigne privilège.

Que déclare Vindex, d'emblée, sans s'embarrasser d'un pesant préambule ? C'est à n'y pas croire, tant la chose est inconcevable – comment trouver le mot capable de qualifier cette transgression ? Ce que lâche d'un trait ce gaulois parvenu au sommet, c'est que l'homme Dieu qui règne sur l'univers du haut de son olympe est une crapule méprisable et perverse ! Que l'homme qui préside aux destinées d'un immense empire dont la Gaule – un des pays les plus peuplés à l'époque – est devenue le fleuron est un monstre et que la pure et simple décence exige que, comme on dira plus tard, on le « dégage » illico. Se résigner plus longtemps, un instant de plus, à la pérennité de ce tyran histrionesque, de ce dément dégoulinant du sang qu'il a fait verser, reviendrait à accepter que l'humanité tout entière soit giflée, que la civilisation elle-même soit bafouée !

Lui, Vindex, est le représentant de cet empereur. Eux sont ses sujets. Le temple est à la gloire de ce « roi des rois » qui fait semblant d'incarner une république. Imagine-t-on l'électrochoc que provoque dans les têtes cette sauvage déchirure ?

« La romanité est humiliée », lance Vindex. La romanité ? Voilà apparemment le plus étrange : ce chef gaulois parle à une assemblée de chefs gaulois au nom d'une province ethniquement quasi homogène qui, comme l'écrira plus tard le publiciste Henri Rochefort à propos des Français, fédère autant de sujets que de sujets de mécontentement. Or, il ne parle pas au nom de la « celtitude », de la « nation gauloise ». Il n'évoque ni de près ni de loin le souvenir de Brennus, l'ex-conquérant de Rome, le combat perdu d'un Vercingétorix, le soulèvement national dont Sacrovir fut le porte-drapeau et dont nous reparlerons. Tout au contraire, il plaide la révolution au nom de la « romanité ». Le renversement de la tyrannie romaine au nom de l'ordre romain. Ce n'est pas la Gaule qu'il veut rendre à elle-même, c'est Rome qu'il veut rendre à Rome. Ce n'est pas un gallicanisme qu'il entend restaurer, mais le républicanisme latin.

Dans la monumentale *Histoire de France* dirigée par Ernest Lavisse, l'historien Gustave Bloch écrit : « Les aspirations à l'indépendance furent sans doute pour quelque chose dans l'adhésion que Vindex rencontra [...], mais il se garda de les encourager, voulant avant tout rendre son rôle au Sénat. » Au Sénat, dont Néron avait exterminé les membres les moins avachis, mais qui, aux yeux de Vindex, résumait le « peuple romain ».

La violence iconoclaste de l'acte n'en est pas moins inouïe. Non seulement ce clown, ce saltimbanque grotesque qu'est devenu l'empereur de Rome, comme le clame Vindex, a défiguré la fonction, mais, en outre, « il a fait périr la fine fleur du Sénat, provoqué la mort de son épouse, déshonoré et tué sa propre mère » !

Jusque-là, les paroles du légat n'avaient suscité qu'un sourd et rauque murmure, qui semblait exprimer à la fois un dégoût et une libération. Mais voilà que le clame Vindex marque un temps, prend la pause et lance : « Vous me direz, d'autres ont pillé, ont tué, mais lui ? Je l'ai vu, croyez-moi, je l'ai vu, de mes yeux vu, cet homme – si c'est un homme que le mari de Sporus, que l'épouse de Pythagoras... » Phrase absconse ? Pour vous, lecteur, certes, mais pas pour eux !

La preuve : à ces mots (car les Gaulois de l'époque étaient tout aussi gaulois qu'aujourd'hui), un véritable tsunami de rires gras et de jurons épineux submerge l'assistance. On se tape sur les cuisses, on se bourre les côtes de coups de coude, les uns se fendent la pipe à s'en avaler la langue, voire à s'en décrocher les mâchoires, les autres vomissent leur indignation. Il a osé, lui, le gouverneur, le légat, le représentant d'Auguste ! Quoi ? Évoquer publiquement, ouvertement, ces vices impériaux dont les paysans arvernes font tout autant de gorges chaudes que les commerçants de Corinthe ou les fonctionnaires égyptiens d'Alexandrie.

Ce n'était d'ailleurs pas un secret d'État puisque Néron avait exigé que des cérémonies soient organisées pour officialiser ses liaisons avec deux de ses « mignons ». Ainsi, bien que très légalement marié avec une dame, il s'était fait très ostensiblement épouser, en robe nuptiale, par ce Pythagoras, ministre du culte de Cybèle et doryphore de son état, c'est-à-dire non pas coléoptère amateur de pommes de terre, mais soldat athlétique porteur d'une lance virile. Et c'est lui, Néron, qui, à cette occasion, revêtait le voile de la promise. Alors que, deux ans plus tard, lorsqu'il convola avec le jeune eunuque Sporus, en présence de sa régulière qui assistait à la cérémonie – un comble –, c'est ce dernier qui, à la tête d'un cortège de demoiselles d'honneur, s'était affublé d'un délicieux voile rouge et, inversion poussée à son paroxysme, avait apporté la dot. Un jour le mec, un autre la meuf : le nirvâna !

Ce Sporus, d'autant plus épouse qu'il était castré, se suicida après la chute de son impérial amant, auquel l'attachait un sentiment sincère.

On ne sait ce qui apparaissait le plus inconcevable aux yeux des Gaulois rassemblés : que Néron aimât les garçons (il en avait violé un, nommé Aulus Plautius, qui avait eu le front de s'en plaindre), car c'était fort répandu, y compris chez les Gaulois, ou qu'il affichât avec une telle délectation le plaisir qu'il prenait à renverser tous les rituels impériaux ?

« Je l'ai vu, poursuit Vindex, oui, mes chers camarades, vous pouvez me croire, je l'ai vu sur des scènes de théâtre, une lyre à la main, jouant faux, déguisé en grotesque, affublé de masques comiques, poussant la chansonnette, jouant dans des tragédies des rôles de prisonniers chargés de chaînes, ou même, eh oui ! même de femmes en état de grossesse et accouchant. Je l'ai vu traîné à terre, garrotté – un empereur, ça ! Comment peut-on à ce point outrager ce nom sacré que portèrent Auguste et Claude ? »

L'assemblée, à ce moment, s'est transformée en gigantesque marmite en ébullition. Maelstrom de saillies et de lazzis enchevêtrés. On grogne, on hurle, on ulule, on pouffe, on s'esclaffe. Quelques-uns, munis de la longue épée de leur père ou grand-père, la frappent en cadence contre tout ce qui permet de rythmer le boucan ambiant. Vindex doit, en un ultime effort, démultiplier la puissance de sa voix pour placer sa péroraison : « Levez-vous donc enfin, secouez-vous vous-mêmes, secouez les Romains et délivrez du tyran l'univers tout entier ! »

Un ouragan n'aurait pas provoqué plus gigantesque effervescence. On brandit, on agite tout ce qui se trouve à portée de main. Les imprécations le disputent aux acclamations, les damnations aux serments. On entend jaillir les mots qui, à l'orée de toutes les révolutions, font balles : « liberté », « humanité », « tyrannie », mais aussi « histrion », « malade », ainsi que, dans sa version gauloise, « tapette ».

Comment l'exhortation à la révolte se répand-elle ? Aucun témoignage, hélas, ne nous l'indique. Mais, en quelques semaines, en quelques jours même, au rythme sans doute du retour des délégations dans leurs cités, une contestation latente se transforme en rébellion ouverte, la Gaule s'enflamme et les brandons de l'incendie se projettent dans toutes les directions. Un sentiment qui était comme corseté, comprimé, explose soudain à une vitesse stupéfiante, une tempête s'élève qui, au lieu de courber et d'arracher, soulève, redresse et précipite les éclosions.

Peu de déclics ont provoqué aussi spontanément une telle mobilisation.

Les Éduens, ces Bourguignons en puissance établis entre Loire et Saône, les Arvernes, esquisse d'Auvergnats, les Séquanes de Franche-Comté, les Allobroges, dont la capitale, Vienne, en remontrait alors à Lyon, tous ces peuples du Centre, du Sud, du Sud-Est, de l'Ouest et du Sud-Ouest se soulèvent ou, plus exactement, comme s'ils n'attendaient que ce signal, se « réveillent » pour répondre à l'appel de leur autorité légale qui les invite, en quelque sorte, à une massive illégalité destinée à restaurer et à régénérer une légalité supérieure.

Agir avant le massacre

Vindex était, comme on dirait aujourd'hui, un haut responsable « civil ». Il n'avait, et c'était une grande faiblesse, aucune légion sous ses ordres. Chaque cité ralliée à sa cause entreprend donc de mettre à sa disposition, à ses frais, une milice recrutée parmi les forces locales d'autoprotection, renforcée par des volontaires qui affluent de toutes parts. Des soldats réguliers gaulois et quelques mercenaires rejoignent ces cohortes disparates. Cent mille hommes se rassemblent, avancent la plupart des historiens romains. C'est sans doute exagéré. Ce chiffre n'en prouve pas moins que leur nombre étonnait et impressionnait.

Vindex, dont quelques rares contemporains évoquent « l'audace pour les grandes choses », et qui refusa d'emblée d'être proclamé empereur par ses partisans, avait-il pris seul sa décision ? Sur un coup de tête ou de sang ? Évidemment non. C'est près de trois ans plus tôt qu'il avait commencé à mûrir son projet, traumatisé qu'il avait été par la sanglante répression de la conjuration dite de Pison.

Pison – Calpurnius Piso –, membre éminent de la caste sénatoriale, consul sous l'empereur Claude, bien que vêtu de lin blanc, ne l'était pas de probité candide. Pour complaire à l'auguste modèle, il n'avait pas hésité lui-même à se donner en spectacle dans des accoutrements et des postures peu compatibles avec sa condition, mais au moins était-il devenu allergique à l'excès de tyrannie depuis qu'un autre pervers, l'empereur Caligula, l'avait banni pour mieux lui piquer sa petite amie.

En l'an 65, donc, effaré par la dimension que prenaient les folles dingueries néroniennes, il avait pris langue avec quelques sénateurs, officiers supérieurs et intellectuels, dans l'intention, sinon d'assassiner – comme le fut Jules César par d'autres sénateurs hostiles à sa dérive monarchique –, au moins de déposer le « malade ». Et, naturellement, de prendre sa place. Car, on le verra, la fonction impériale était très convoitée. Ce complot raté, à l'issue duquel Pison s'était ouvert les veines dans son bain, avait entraîné la mort du philosophe stoïcien Sénèque et du poète Lucain qui, tous deux, d'abord très proches de Néron, avaient basculé dans l'opposition après avoir constaté l'impossibilité de le faire revenir sur terre.

Vindex avait-il été contacté par Pison ? C'est possible, mais on l'ignore. C'est lui, en revanche, qui, deux ans plus tard, prend l'initiative de faire parvenir des messages à plusieurs légats, préfets et gouverneurs pour les tester sur leur capacité de réaction face à la paranoïa impériale qui vire au délire.

Car une énième conspiration, celle de Vinicianus, a été éventée à Rome et, cette fois, la riposte tourne au massacre généralisé des représentants de la République d'en haut.

Néron effectuait alors un « triomphal » voyage en Grèce, entouré d'une fastueuse armée de courtisans, et participait, dans presque chaque ville traversée, à des concours artistiques, voire à des courses de chars, qu'il gagnait d'autant plus facilement que toutes les épreuves avaient été préalablement truquées. On achetait les concurrents, on éloignait ou on rossait ceux qui ne mangeaient pas de cette avoine-là ! C'est lors de l'une de ces exhibitions que Néron interpréta le rôle d'Hercule enchaîné, comme l'évoquait Vindex dans sa harangue, ce qui provoqua l'irruption sur scène d'un jeune prétorien désireux de délivrer, glaive au poing, son empereur qu'il croyait réellement tombé aux mains des méchants ! Faut-il préciser que, lors de ce voyage, Néron était accompagné de ses deux mignons voile et vapeur, sa femme ne s'en offusquant nullement ?

On assista à des scènes mémorables. Néron se fit précéder d'une suite immense, organisée comme une armée, mais une armée musicale qui transformait les villes traversées en gigantesque théâtre du Châtelet. Aux miliciens, prétoriens, sénateurs, généraux, hommes de lettres, acteurs et esclaves se mêlaient, en effet, des milliers et des milliers de supporters équipés de cithares et autres instruments de musique, qui dodelinaient de la croupe en envoyant en l'air des serpentins. Divin spectacle !

On remarquera qu'à l'occasion de cette pérégrination hellénique, à l'issue de laquelle Néron accorda aux Grecs, enthousiastes, leur « liberté », c'est-à-dire leur autonomie et l'immunité fiscale – toutes choses qu'il refusait à la Gaule –, il se garda bien de se rendre à Athènes, qui représentait à ses yeux la patrie de la démocratie honnie.

Donc, quand Corbulon, prestigieux chef de l'armée d'Orient, dont la plèbe romaine admirait volontiers la prestance et l'énergie, et que les conjurés avaient, pour cette raison, cherché à rallier (Vindex lui avait sans doute écrit), reçut de la main d'un ambassadeur impérial un message dans lequel Néron en personne l'invitait, en termes flagorneurs et pompeux, à venir se joindre aux festivités, il sentit ses chevilles remonter jusqu'à ses genoux. Mais, aussitôt arrivé, ce foudre de guerre, qui s'attendait à être couvert de lauriers, reçut d'un sous-fifre l'ordre... de se suicider immédiatement. Ce n'était pas fromage ou dessert : c'était poignard ou ciguë.

Les historiens se perdent en conjectures. Corbulon déclara-t-il en s'exécutant : « Je l'ai bien mérité », ou : « J'en suis digne » ?

Les frères Rufus et Proculus Scribonius, légats des deux armées du Rhin, furent également invités à venir se faire admirer chez les Grecs, puis, une fois sur place, se virent remettre sans autre forme de procès, c'est le cas de le dire, les instruments de leur auto-immolation.

Firent partie de la même fournée de suicidés « volontaires » : Crassus Frugi, qui fut consul en 64, et son fils Sulpicius Camerinus, ex-proconsul d'Afrique.

Pourquoi Paetus Thrasea fut-il envoyé *ad patres* ? Parce qu'on lui prêtait des ambitions ! Et Annius Pollio ? Si on l'ignore, lui le savait. Chez Néron, on ne lésine pas : un soupçon vaut rature de la famille tout entière. En 65, non seulement il avait fait éliminer pour « complot et magie » le célèbre jurisconsulte Cassius Longinus, mais, par prudence, il avait fait ajouter à la charrette et son épouse et les neveux de cette dernière. Surtout, ne pas laisser traîner de rancœurs derrière soi ! Il ne s'était pas contenté de faire assassiner, à Marseille, Cornelius Sylla, dont le seul crime (car il ne se mêlait nullement de politique) était de descendre de Pompée et d'Auguste, il avait également donné l'ordre d'occire sa veuve – après avoir cherché à l'épouser – pour qu'elle ne se remarie pas avec quelqu'un qui deviendrait son rival. Or, il avait déjà commandité le meurtre du premier mari de cette dame.

Tous ceux qui, de près ou de loin, représentaient un danger, une concurrence potentielle, parents éloignés compris, devaient être neutralisés. Et ils le furent. Le chef de la police, préfet du prétoire, une sorte de Beria nommé Tigellin, y veillait, secondé en cela par une cohorte d'anciens esclaves « affranchis » qui, devant tout à leur « libérateur », ne lui refusaient rien.

Une rumeur court même en ce début d'année 68 : Néron envisagerait soit, au pis, de faire exécuter tous les sénateurs, soit, au mieux, de leur enlever les gouvernements de province – qui leur permettaient, il est vrai, de se sucrer allégrement – pour les confier à des roturiers et à des affranchis.

Cette menace a-t-elle poussé Vindex à agir ? En réalité, car lui ne risquait rien, c'était plutôt une manière de désespoir qui l'avait fait basculer dans la rébellion ouverte. Aucun des légats et gouverneurs de province qu'il avait clandestinement testés ne s'était, en effet, déclaré prêt à agir. Ceux qui auraient pu bouger ayant été préventivement liquidés, la terreur pétrifiait et paralysait les autres. Même Galba, le légat de l'Espagne du Nord, qui disposait, lui, d'une légion et avait noué des relations de sympathie avec son collègue gaulois, dont il partageait l'indignation, même lui qui, à plus de soixante-dix ans, n'avait plus grand-chose à perdre, laissait prévoir qu'il ne prendrait aucune initiative. Vindex lui avait écrit, mais n'avait recueilli que de vagues encouragements.

Alors, le hiérarque gaulois sentit monter en son for intérieur comme une exigence morale et citoyenne. Si ce n'était pas lui, malgré sa faiblesse, dépourvu qu'il était de toute force armée, ce ne serait personne. Si ce n'était pas lui, l'*hubris* néronienne pourrait se donner libre cours. Si ce n'était pas lui, l'humanité sombrerait dans la fange dont son maître la recouvrait. Donc, ce serait lui. Donc, un notable « celte » appellerait son peuple, ou plutôt ses peuples, à voler au secours des libertés romaines foulées aux pieds.

Le héros antique décida de franchir le pas tout seul. Acte fou qui préludait à un événement considérable.

Certes, on ne compte pas les empereurs romains assassinés, exécutés, suicidés, lynchés, renversés par un putsch de leur garde prétorienne ou victimes d'une rébellion des légions. Mais Vindex représente le seul cas d'une autorité civile provinciale déclenchant, contre une tyrannie, un soulèvement populaire au nom d'un principe abstrait : la défense des libertés républicaines. Sa philosophie politique, il l'a résumée dans les pièces de monnaie qu'il a fait frapper à Vienne. On peut y lire, sous la représentation d'une Victoire : « Salut au genre humain ! », ou encore, sous un Jupiter libérateur : « La liberté restaurée ».

Il y a une invite de lui qui dit tout : « Soulevez-vous, s'exclama-t-il, et, en veillant à votre salut, secourez aussi les Romains, libérez l'univers ! »

Et ce héros est un Gaulois qui s'appuie sur les peuples des Gaules, même si – notre histoire en fournira, hélas, d'autres illustrations – c'est l'hostilité de quelques autres peuples gaulois qui provoquera son apparent échec.

Chapitre 2

Quand une princesse bretonne incarne la résistance féministo-populiste

En vérité, un autre peuple authentiquement gaulois avait, avant le coup d'éclat de Vindex, levé l'étendard de la révolte contre le despote dépravé. Cela s'était passé, huit ans avant l'insurrection de Vindex, en Angleterre qu'on appelait alors la Bretagne. Mais les Bretons étaient des Gaulois de pure souche, dont certains étaient originaires de la Gaule Belgique. Ainsi, des « Parisii » s'étaient installés dans le futur Yorkshire et des Atrébates, venus de l'Artois actuel (Somme et Pas-de-Calais), avaient pris racine dans la région d'Oxford où leur roi Commios, un antiromain intrépide, s'exila.

« Les Bretons, notait Tacite, sont ce que furent les Gaulois avant qu'une longue paix ne les amollisse et qu'ils ne perdent leur vaillance en même temps que leur liberté. » Mythe de l'authenticité ethnique déjà : conservez-nous le sauvage dans son jus ! Strabon, ce géographe grec contemporain d'Auguste, est encore plus brutal : « Les mœurs des Bretons [de Grande-Bretagne] sont semblables à celles des Gaulois, mais en plus fruste et en plus barbare. Leurs forêts leur tiennent lieu de cités. Ils ont du lait, mais ne savent pas faire de fromage. »

En fait, ces Bretons d'outre-Manche sont d'autant plus gaulois que, fuyant bien plus tard de nouvelles vagues d'envahisseurs, ils finiront par s'installer dans l'ouest de la Gaule, en Armorique, dont ils feront précisément la Bretagne.

C'est Jules César qui avait imposé en Angleterre, cent vingt ans plus tôt, la présence romaine, découvrant par la même occasion qu'il s'agissait d'une île. Conquête dont les contemporains critiquèrent aussitôt la totale inutilité : « Il fit », remarque l'historien grec Plutarque, qui avait dix-neuf ans à la chute de Néron, « plus de mal aux ennemis qu'il ne procura d'avantages à ses troupes, car il n'y avait rien d'intéressant à tirer de ces peuples qui menaient une vie médiocre et misérable ».

Cela tombait bien, car ces peuples, eux, n'entendaient nullement être soumis. La destruction des sanctuaires druidiques et l'extermination des populations qui vivaient dans leurs parages les avaient traumatisés. Même les alliés des Romains basculèrent dans la révolte.

Le roi de la tribu des Icéniens, qui vivait sur la côte Est, le Norfolk actuel, riche comme Crésus, pour éviter d'être lui aussi victime de la rapacité dévastatrice de l'occupant, eut une chouette idée : il institua l'empereur de Rome son héritier, conjointement avec ses deux filles, convaincu qu'un tel geste le mettrait à l'abri de toutes les convoitises. Illusion. On envahit et saccagea son royaume, on pilla son palais, on fouetta sa femme Boudicca, on réduisit ses parents à l'esclavage et on viola ses deux filles. Tous les notables icéniens furent, en prime, dépouillés de leurs biens.

On ne s'étonnera donc pas que les placides Bretons Icéniens aient fini par prendre la mouche et les armes, entraînant une multitude de peuples dans leur sillage. Le soulèvement fut presque général. La reine Boudicca en prit la tête. L'insurrection revêtit, sous son impulsion, une telle ampleur que, dans un premier temps, les garnisons romaines furent submergées et les cohortes qui les occupaient exterminées. Plusieurs villes, dont celle qui deviendra Londres, furent prises et incendiées.

Dion Cassius, qui a dû avoir accès à des documents militaires, décrit ainsi la souveraine insoumise : « Une taille gigantesque, des cheveux rouges qui lui tombaient jusqu'aux genoux. Elle brandissait une lance en guise de sceptre. »

Tacite insiste, lui, sur la tonalité étonnamment féministe de ses appels à la révolte : « Montée sur un char avec ses filles devant elle, elle allait dans chaque peuplade expliquer qu'elle venait, non pas comme reine, issue d'une noble famille, mais comme une femme ordinaire, décidée à venger la liberté perdue, l'honneur de ses filles profané. Il fallait vaincre ou périr. C'était sa résolution de femme. Les hommes, eux, si ça leur chantait, pouvaient choisir de vivre dans la servitude. »

Ici, un arrêt sur image – ou, plus exactement, sur discours – s'impose. Dion Cassius reconstitue en effet une exhortation de Boudicca proprement stupéfiante. Elle aurait été prononcée au début de l'année 61, soit sept ans avant l'appel de Vindex dont elle esquisse cependant, déjà, toutes les thématiques.

Ce document, incroyable, pose questions. La première est formelle : la reine des Icéniens, dotée d'une « voix rude » selon les chroniques de l'époque, est censée être une princesse fruste placée à la tête d'un peuple quasi sauvage. Or, ses références historiques et littéraires rapprochent plus sa philippique d'une performance cicéronienne que d'un rugissement barbare. Est-ce à dire qu'elle a été totalement réécrite, pour ne pas dire « écrite », par l'historien grec en fonction des canons de l'art oratoire universitaire – ce qui, alors, serait le cas de presque tous les discours, nombreux, que Tacite, Plutarque, Suétone, Tite-Live, Dion Cassius, mettent dans la bouche des différents personnages qu'ils évoquent, et en particulier des chefs gaulois qui s'opposèrent ou se rallièrent à César ?

L'historien est placé devant un dilemme : les Gaulois ne disposant pas d'écriture (les druides leur en avaient interdit l'usage pour se réserver le monopole de la transmission et de l'instruction), on ne connaît d'inscriptions gauloises qu'écrites en grec, cet alphabet ayant été transmis aux Gaulois par Marseille. Du moins avant qu'ils ne devinssent eux-mêmes des maîtres en rhétorique latine. Les seules sources sont par conséquent romaines, c'est-à-dire qu'elles émanent des vainqueurs qui sont, à l'occasion, des oppresseurs. On le constatera à propos des révoltes de l'année 70, dont Tacite est presque le seul à rapporter le déroulement. Les discours retranscrits peuvent bien avoir été complètement recomposés selon des normes académiques, celui de Vindex y compris, et les chiffres avancés de combattants ou de morts avoir été gonflés jusqu'à l'extravagance, ce n'en sont pas moins le plus souvent les seules sources dont on dispose. On ne saurait donc les récuser, tout en restant dubitatif, puisqu'il est impossible de croiser les points de vue et de comparer des témoignages contradictoires. D'autant que les historiens latins se copient volontiers les uns les autres, Jules César étant par exemple lui-même à l'origine de tous les récits retraçant l'épopée... de Jules César !

Une deuxième question se pose : mais comment le savait-elle ? Car la reine Boudicca évoque, concernant Néron, les mêmes comportements et agissements que ceux que dénoncera Vindex. Mais Vindex, très haut administrateur, membre de la caste sénatoriale, était à l'évidence informé par les nombreux correspondants dont il disposait au sein de la classe dirigeante et même de la cour du monarque. En outre, au début de l'an 68, les frasques néroniennes défrayaient la chronique, les libelles circulaient sous le manteau ou la cape. On épinglait même des tracts accusateurs aux socles des statues de l'empereur. Boudicca, elle, prononce son ahurissant réquisitoire six ans plus tôt et l'on conçoit mal que de telles informations, qu'il était évidemment interdit de colporter à Rome, aient pu l'atteindre jusqu'au fin fond des forêts dans le secret desquelles elle organisait sa résistance. Il y a là un mystère.

Un dernier constat mérite réflexion : à travers ces deux personnages héroïques, Boudicca et Vindex, qui s'insurgent contre la même tyrannie au nom des mêmes valeurs, en utilisant les mêmes arguments, et qui soulèvent contre elle le même peuple celte, ce sont deux idéologies modernes, mais tout à fait contradictoires, qui s'affirment : l'universalisme de Vindex et le nationalisme ethnique de Boudicca.

Car, pas un seul instant Vindex ne caresse dans le sens du poil de la moustache le sentiment national gaulois. Au contraire : c'est l'universalité de la romanité républicaine qu'il invoque. La profondeur de son attachement à son peuple l'incite, non pas à l'exhorter à se libérer de Rome, mais à se grandir en libérant Rome. Boudicca, à l'inverse, exalte de toutes ses tripes le rejet de la domination étrangère au nom d'un ancrage profondément identitaire. Rien moins qu'internationaliste, elle affiche un mépris de fer à l'endroit des peuples étrangers. D'une formule qui claque comme une lanière, elle bouscule ceux – les « collabos », dirait-on aujourd'hui – qui se sont laissé tromper, mais qui ont compris « l'erreur qu'ils ont commise en se laissant aller à la servitude et en abandonnant leur vie ancestrale. Ils ont enfin mesuré combien il est préférable d'être libres dans la pauvreté qu'esclaves au sein de la richesse ». Confiscations, pression fiscale, taxes, corvées : « Combien n'eût-il pas été préférable, s'exclame-t-elle, d'avoir été une fois pour toutes vendus à des maîtres plutôt que d'avoir, sous le vain titre d'hommes libres, à payer notre rançon chaque année ! »

Sur ces mots, rapporte Dion Cassius, elle tire théâtralement de son sein un lièvre qu'elle dissimulait sous sa tunique et, tandis que l'animal détale, elle affirme, sous les murmures approbateurs des guerriers et des paysans en armes, que la direction choisie par la bête est de bon augure, puisqu'elle désigne le chemin de l'offensive.

Alors, la reine lève la main vers le ciel à la façon d'une prêtresse et déclame : « Je te remercie, ô déesse, et je t'invoque comme une femme fait appel à une femme. Je ne commande pas comme Nitokris [il s'agit d'une pharaonne d'Égypte qui entraîna dans sa mort le meurtrier de son époux] à des portefaix égyptiens, ni à des marchands assyriens comme Sémiramis. En voilà, des choses que nous avons apprises grâce aux Romains. Et, certes, je commande moins encore à des Romains comme naguère Messaline et Agrippine, et aujourd'hui Néron. Ce Néron qui porte un nom d'homme, mais qui est en réalité une femme, comme le prouvent ses chants, sa lyre, et son souci de la parure. Je commande à des Bretons qui ne connaissent pas la culture, ni le travail des artisans, mais qui savent très bien faire la guerre, et qui estiment que tout a la même valeur, y compris les femmes et les enfants qu'ils placent sur le même plan que les hommes. Étant la reine de tels hommes et de telles femmes, je te prie, ô déesse, et je demande le salut, la victoire et la liberté contre des orgueilleux, des injustes, des avides et des impies, si du moins il faut donner le nom d'hommes à des gens qui prennent des bains chauds, mangent une nourriture compliquée, boivent du vin, puis dorment sur des couches moelleuses avec des jeunes gens et sont devenus les esclaves d'un joueur de lyre, d'un mauvais musicien de surcroît. Fasse que ne règne pas plus longtemps, ni sur moi ni sur vous, ce Néron femelle, cette Domitia ! Qu'elle règne avec ses chants sur les Romains montre qu'ils sont bien dignes d'être les esclaves d'une femme de cette sorte, dont ils supportent depuis si longtemps la tyrannie. »

Extraordinaire incantation qui pourrait figurer, aujourd'hui, comme l'archétype du discours « populiste » dirigé contre le « boboïsme » d'une élite soixante-huitarde libertaire, et qui témoigne d'une obsession de la déviance homosexuelle. Même arrangée après coup, elle contient des traits, des notations qui ne s'inventent pas. Notons-le : aucune des portions de l'Empire n'ignore que le Néron qui s'exhibe en jouant de la lyre « joue faux ». Le téléphone gaulois était-il aussi efficace qu'Internet ?

Boudicca sera finalement vaincue. Les Romains déploreront 400 tués à l'issue de l'ultime bataille. Les Bretons, 80 000, à en croire Tacite, ce qui est évidemment absurde et signifie simplement que le massacre fut effrayant. « Les soldats n'épargnaient pas même les femmes et les bêtes de somme. »

La reine s'infligea à elle-même le même châtiment que Socrate : elle s'empoisonna.

Chapitre 3

Signé Vindex

Quand Néron est informé de l'appel de Vindex à l'insurrection, il se trouve à Naples. Il ne réagit pratiquement pas, se contentant de faire en sorte que la nouvelle ne se répande pas. En réalité, ce n'est pas la rébellion qui l'inquiète, tant il la prend peu au sérieux. Des Gaulois, des bouseux, pensez donc ! C'est le fait qu'ait été affiché dans plusieurs villes, et envoyé à Rome, la proclamation dans laquelle Vindex appelle Néron « Barberousse », le nom de son père, et le juge déplorable joueur de cithare. Mauvais musicien ! Néron peut tout accepter, mais pas ça ! Qu'il ait fait tuer sa mère, provoqué la mort de son épouse, éliminé quelques charretées de sénateurs, soit ! Mais dévaloriser de la sorte l'admirable artiste qu'il pense sincèrement être, cela, il ne le supporte pas. Dans une lettre aux sénateurs, il se plaint de l'insulte : vous ne pouvez pas laisser dire de votre empereur qu'il joue faux de la lyre !

Furieux, il revient à Rome. En cours de route, il tombe sur une statue qui représente un cavalier romain foulant aux pieds et traînant par les cheveux un soldat gaulois vaincu. À cette vue, il se met à danser de joie. Merci, ô Jupiter, pour ce présage…

Recevant, quelques jours plus tard, un groupe d'affidés, le grand artiste ne fait aucune allusion à la mutinerie de

Lyon ; il se contente d'expérimenter devant eux, en s'extasiant comme un gosse, des orgues hydrauliques qu'il vient de se faire installer. Il en explique par le menu le mécanisme, s'émerveille de sa complexité, annonce qu'il en fera jouer sur scène et ajoute simplement, en rigolant : « Si Vindex le permet ! »

Pourquoi se mettrait-il martel en tête ? On n'appelle pas le médecin pour une piqûre de moustique. Ce qui se passe en ce mois de mars à Rome mériterait, d'ailleurs, d'être érigé en cas d'école. Illustration de ce qu'ont toujours de dérisoire les popularités fabriquées. Car jamais Néron n'a, apparemment, suscité un tel enthousiasme populaire qu'à cette époque. Il s'est fait organiser un « triomphe ». Non pas pour célébrer des batailles qu'il aurait remportées, mais pour fêter les prix obtenus à l'occasion de concours truqués.

Il a fait modifier le parcours de la cérémonie pour lui donner plus de faste. Ainsi passera-t-il par le grand cirque, dont il a fait démonter les arcades pour permettre cette traversée. Juché sur le char d'Auguste, dégoulinant d'or, il brandit une couronne prétendument conquise aux Jeux Olympiques. À ses côtés figure la star de la cithare, Diodore, qu'il est censé avoir écrabouillé, mais qui a touché de telles sommes pour se laisser battre qu'il est positivement ravi. Avait-on jamais assisté au spectacle d'un vaincu aussi content de lui et porté par de telles acclamations ? Dans le cortège, on trimbale des pancartes où sont proclamées les nombreuses victoires du tyran mégalo : premier prix de ceci, premier prix de cela, tragédien émérite, comédien hors pair, chanteur inégalable, flûtiste prodigieux, poète inspiré, athlète complet… Sur son passage, on immole toutes sortes de bestioles, on répand du safran, on jette des fleurs, on chante à tue-tête les louanges de Néron Héraclès, Néron Apollon, meilleur joueur de cithare, meilleur cocher, meilleur crooner, meilleur acteur, comme le prouvent toutes les coupes qu'il a remportées.

Et, apparemment toujours, la foule est en délire. Alors, Vindex et ses loqueteux de Gaulois... Des agitations gauloises – des tumultes, comme on disait avec mépris –, il y en avait d'ailleurs eu sous Tibère, et c'est tout juste si ce dernier y avait prêté attention. Le soulèvement des Juifs de Palestine, qui tiennent tête aux légions depuis quatre ans, est autrement plus sérieux. De toute façon, Vindex ne dispose d'aucune troupe. Néron le sait.

Ce qui aurait dû cependant inquiéter le despote – mais qu'il ignore –, c'est qu'aucun responsable de province n'a dénoncé la rébellion. Pas même ce Verginius Rufus que Néron vient de mettre à la tête des armées de Germanie supérieure en remplacement de celui qu'il a condamné à se faire hara-kiri.

C'est seulement lorsque la révolte s'étend que le légat d'Aquitaine, qui lui aussi a gardé jusqu'ici le secret, demande des secours... mais à qui ? À Galba, dont il ignore qu'il sympathise avec les insurgés. Galba, auquel Vindex a écrit une seconde lettre que Suétone, qui fut un temps chargé des archives, paraît avoir consultée : « Viens, lui dit-il, viens, il est temps, sois le libérateur du genre humain ! Donne un chef à ce vaste et puissant corps des Gaules qui met aujourd'hui 100 000 hommes sur pied et peut en armer davantage ! »

Car, modestie exceptionnelle, Vindex n'envisage pas un instant de se proclamer le chef de ce qu'il vient de déclencher. Galba, gouverneur de l'Espagne du Nord, personnage considérable dans la hiérarchie de l'Empire, d'abord attentiste, mais impressionné par cette multitude que le rebelle gaulois est parvenu à ressembler sous sa férule, décide à son tour d'entrer en résistance. Ce qui, dans un premier temps, ne tourmente pas Néron outre mesure puisque, selon une méthode éprouvée, il envoie aussitôt une équipe de tueurs pour le rayer des cadres.

Mais quand il apprend, au cours d'un banquet, que ses spadassins ont raté leur coup et que l'Espagne, à l'appel de son gouverneur proclamé empereur par ses soldats, est passée à la dissidence, quand on l'informe en prime (mais à tort) que les armées de Germanie ont fait également défection, alors il s'affole. Il déchire en morceaux, rageusement, la lettre porteuse de ces mauvaises nouvelles, frappe les murs, qui n'en peuvent mais, à coups de poing, renverse la table, se fait apporter la boîte en or dans laquelle il enferme du poison et passe dans les jardins de Servilius qui ouvrent sur la route d'Ostie, le port de Rome.

De là, il fait mettre à prix (10 millions de sesterces !) la tête de Vindex. Lequel réplique : « Ma tête pour celle de Néron ! »

Rome, déjà, se gargarisait de toutes ces informations sensationnelles. Le mot « coq », en latin *gallus*, signifiant également « Gaulois », on plaisantait : « Le chant du coq a réveillé Néron ! »

En réalité, la situation n'est pas si désespérée, puisque Verginius Rufus, le chef de l'armée de Germanie, après un moment d'hésitation, constatant que ses troupes formées de guerriers ultra-professionnalisés refusaient de se ranger derrière des miliciens gaulois amateurs, des « ploucs », reste dans la légalité. Il accepte même, à la tête 30 000 hommes, de marcher contre Vindex, tandis que des troupes qui étaient destinées à une vaste offensive au Caucase sont détournées de leur objectif pour être dirigées contre les insurgés.

Mais, surtout, de terribles dissensions apparaissent parmi les peuples gaulois. Lyon, la capitale de la Gaule Lyonnaise, dont les habitants viennent presque tous d'Italie, proclame sa propre dissidence au sein de la dissidence.

Colonie romaine, la ville avait servi de refuge à des vétérans italiens établis à Vienne qui en avaient été chassés par une révolte des Allobroges savoyards. Depuis, les deux villes se vouaient une haine inexpiable. Or Vienne s'était rangée d'enthousiasme aux côtés de Vindex. Le Gaulois est parfois un loup pour le Gaulois : les Arvernes, les Éduens, les Séquanes, les Allobroges, les peuples du Midi, du Centre, du Sud-Est, s'étaient ralliés en masse à Vindex, mais les peuples de l'Est, du Nord-Est, ceux de ce qu'on appelait la Gaule Belgique, notamment les Trévires, les Rèmes champenois et les Lingons du pays de Langres, profitant largement (y compris financièrement) de l'implantation des légions romaines du Rhin qu'ils approvisionnaient en supplétifs ainsi qu'en fournitures, jouaient le même rôle que les gurkhas ou les cipayes dans l'armée anglaise des Indes. L'armée romaine n'était-elle pas censée les protéger d'un hypothétique déferlement germano-barbare ? Si, en effet, Vercingétorix avait laissé fort peu de traces dans les mémoires, le Germain Suève Arioviste, qui déferla sur l'Est gaulois et offrit ainsi un prétexte à l'intervention de Jules César, avait profondément marqué les esprits. Les Rèmes, en particulier, qui occupaient l'actuelle Champagne viticole – ils ont donné leur nom à la ville de Reims –, choisirent systématiquement la cause de Rome chaque fois que d'autres Gaulois cherchèrent à en secouer le joug.

Les Trévires mosellans, les Lingons (Haute-Marne, plus une partie de l'Aube et de l'Yonne) et les Rèmes refusèrent donc de suivre Vindex. Quant aux Lyonnais, dont la métropole devait tout à l'empereur Auguste, ils étaient reconnaissants à Néron d'avoir contribué financièrement à la reconstruction de leur ville après de gigantesques incendies. Rebâtir une cité après qu'elle eut brûlé constituait d'ailleurs l'activité préférée du tyran à l'âme d'urbaniste, ce pourquoi on l'accusa d'avoir mis le feu à sa propre capitale pour le plaisir de la réinventer.

Les Lyonnais étaient d'autant plus rétifs à Vindex que, acquis au système impérial, ils le soupçonnaient d'être républicain au sens strict du terme ; ce qui était peut-être vrai.

L'affrontement est inévitable.

Les insurgés, poussés par les Allobroges dont Vienne est la capitale, se ruent sur la traîtresse capitale des Gaules. Or, y est installé l'atelier qui frappe les monnaies destinées à la solde des armées romaines de Germanie. La contrôler revient donc à s'assurer du nerf de la guerre.

Verginius Rufus, lui, doit céder à ses propres troupes, confites dans leur corporatisme de caste et de plus en plus remontées contre ces voyous de Gaulois qui prétendent leur faire la leçon. Il décide donc, pour contraindre l'armée gauloise à lever le siège de Lyon, d'attaquer le pays séquane, l'actuelle Franche-Comté, avec trois légions renforcées de quelques cohortes auxiliaires. Vindex tombe dans le piège et vole au secours de ses alliés. La rencontre se déroule non loin de Besançon. Les Gaulois (officiellement 100 000, mais en réalité 33 000 environ) sont plus nombreux que les Romains (autour de 20 000). Mais les premiers sont des civils armés, des volontaires dépenaillés et indisciplinés, alors que les seconds constituent l'une des plus efficaces machines de guerre de tous les temps.

Le choc qui s'annonce est moins « politique » qu'ethnico-social. C'est l'idée même d'un « peuple en armes », d'une bande de pékins qui ose leur faire la pige, qui révulse l'élitisme soldatesque des troufions de métier.

Les légionnaires des armées du Rhin se considèrent comme la crème de l'armée romaine et méprisent à la fois ces « sauvages » de Gaulois et les soldats de Galba qui, selon eux, se la coulaient douce en Espagne. Le général en chef de la Germanie inférieure, Fonteius Capito (Verginius Rufus commandant, lui, la Germanie supérieure), était en outre un *fan* de Néron et donc un adversaire farouche de Galba, qu'il présentait – bien qu'il fût lui-même méprisé pour ses débauches – comme un vieillard sénile et libidineux, amateur de vieux garçons. Toujours la même obsession de l'« inversion sexuelle » qui réapparaîtra dans tous les recoins de cette tragédie.

Les armées du Rhin constituent – il faut bien comprendre – l'essentiel de la présence militaire romaine en Gaule. Il n'y a pratiquement pas de troupes impériales ailleurs, à l'exception de petits corps auxiliaires basés ici ou là.

Theodor Mommsen, le grand historien allemand du XIXe siècle, en avait fait pertinemment la remarque : « La puissance et la proximité de l'armée du Rhin furent sans conteste le plus efficace des moyens que Rome employa pour maintenir les Gaulois dans la sujétion. Si le contingent de cette armée resta si important pendant tout le siècle qui suivit, ce fut autant pour assurer l'obéissance des sujets gaulois que pour surveiller les potentiels envahisseurs germaniques. L'absence, même temporaire, de ces troupes aurait suffi à compromettre la domination romaine, car les Gaulois se seraient immédiatement soulevés. Le gouvernement impérial sut, en outre, très habilement nourrir et utiliser les rivalités qui existaient entre les Celtes et les Germains de la rive gauche du Rhin. » La suite le prouvera, en effet.

Que se passe-t-il quand l'armée de Vindex et celle de Rufus se retrouvent face à face ?

Un mystère demeure : avant l'affrontement, Vindex et Rufus se rencontrent et tiennent une longue conférence secrète, dont on ignore et les raisons et les conclusions. Mais on sait que Rufus est comme ravagé par un trouble de conscience. Il est d'autant plus « légaliste » que, néophyte, sa nomination par un empereur désireux de totalement renouveler les élites était inespérée. Mais, lui-même d'origine gauloise, il est conscient de la folle dérive qui conduit peu à peu Néron aux pires extrémités et excentricités. Au courant des intentions de Vindex, il ne les a pas dénoncées. Le rebelle gaulois, de son côté, redoute un choc, qu'il juge d'autant plus fratricide qu'il se réclame lui aussi de la « romanité ».

Y a-t-il eu entente ? accord ? C'est probable. Dion Cassius suggère même que les deux hommes auraient un instant envisagé de se partager l'Empire, ce qui paraît peu crédible.

Rufus et Vindex seraient plutôt convenus d'occuper leurs positions respectives en les délimitant scrupuleusement ; de se faire face, mais sans commettre l'irréparable. En attendant peut-être que le drame se dénoue à Rome.

Pourquoi cela a-t-il mal tourné ? Les ordres ont-ils été mal transmis ? Les Gaulois, entraînés par leur fougue, ont-ils mordu le trait ? Les légionnaires romains ont-ils spontanément provoqué la confrontation qu'ils désiraient, ne serait-ce que dans l'espoir du butin à se partager ?

Toujours est-il que les premiers accrochages débouchent sur une empoignade généralisée qui tourne vite au carnage. L'embrouillamini sanglant est d'autant plus anarchique que la bataille a été comme arrachée des mains des généraux en chef par des va-t-en-guerre à la tire. Les initiatives sont prises au niveau des chefs de bataillon. Les Gaulois, auto-enfumés par leur nombre, sont dépourvus de plan de bataille et attaquent à l'aveugle. Au jugé, mais sans jugement. Chaque corps d'armée s'organise un étripage au feeling ! « Tels, écrit Plutarque, de fougueux coursiers dont la bride rompue échappe aux mains de leur cavalier. »

On s'égorge, on se transperce, on s'entaille, on se découpe dans la fureur de l'initiative personnelle. Boucherie autogérée. Charcutage à l'inspiration. La tornade gauloise balaie le champ de bataille en tourbillonnant, mais se brise sur les carrés bardés de fer de l'infanterie romaine. Une force hirsute projette à l'aveugle sa cohue cacophonique qui explose dans tous les sens sous la pression, terriblement professionnalisée, des colonnes mécaniques qui la pénètrent, la déconstruisent, la refoulent, la compressent, la compartimentent et la dissolvent.

Reichshoffen avant la lettre : le sublime face à l'implacable. La vie broyée par une machinerie humaine. Les pilums pénètrent les bides avant que les sabres ne tranchent les mains qui les tiennent. Le Gaulois improvise, le Romain fait son boulot. Les amateurs se surpassent, mais les « pros » passent et, comme en finale de la Coupe, à la fin, l'équipe de National trépasse devant celle de la Ligue 1.

Les cavaliers trévires, auxiliaires d'élite de l'armée romaine – et l'on découvrira plus loin pourquoi c'est un dramatique paradoxe – chargent et ouvrent des coupes sombres dans les rangs gaulois qu'ils fauchent comme des champs d'avoine. Le glaive légionnaire s'offre en batteuse de cette cruelle moisson. Quand le soir tombe, il ne reste plus rien de l'armée insurgée. 20 000 Gaulois auraient été mis hors de combat, contre 14 000 soldats romains. Chiffres invérifiables. Reste l'ampleur de la tragédie. Une aspiration écrabouillée par une affectation. La liberté vaincue par un réflexe catégoriel.

Quand Vindex, arrivé sur les lieux, découvre le spectacle d'horreur et reconnaît tous ses officiers gisant épars au milieu d'un monceau de cadavres, il demande qu'on lui apporte un poignard et, s'en transperçant, ajoute le sien à ce charnier. Il les a entraînés dans cette aventure, comment pourrait-il leur survivre ? La partie est perdue. Le tyran triomphe…

Le lendemain, Verginius Rufus, venu rendre hommage à la dépouille de son faux ennemi, fond en larmes.

Or Vindex se trompait. Sa rébellion avait enclenché une dynamique irréversible. Néron n'avait plus qu'un mois à régner. Et à vivre.

Il semble même que, le lendemain de la bataille de Besançon, des soldats de Rufus aient piétiné des images de Néron et supplié leur général d'accepter la pourpre.

Ici, une question se pose : pourquoi une héroïsation posthume de Vercingétorix, mais pas de Vindex ? Pourquoi le premier a-t-il été statufié, mais pas le second ?

La gloire que l'on réserve à l'identitarisme doit-elle être refusée à l'universalisme ? Plutôt Jugurtha que Jésus-Christ ?

Pourtant, confronté à la défaite, Vercingétorix se rendit. Espérant que César lui ferait grâce. Alors que Vindex s'immola. Vindex se souleva contre le despotisme et refusa la pourpre que ses partisans lui offraient, alors que Vercingétorix renversa la république arverne et restaura à son profit la monarchie. Vindex, qui lui aussi avait le peuple derrière lui, parvint à ses fins, même s'il n'en sut rien, quand Vercingétorix, à son corps défendant, servit les desseins du césarisme.

Alors, pourquoi Vercingétorix et non Vindex ? Pour la raison simple que, les aristocrates et les cléricaux ayant héroïsé Clovis, puis Charles Martel, les européistes Charlemagne, les monarchistes Hugues Capet, les nationalistes, qui à l'origine étaient majoritairement républicains, se rabattirent sur Vercingétorix ! Ce qui était d'ailleurs tentant. Un récent sondage montre du reste que la gauche en pince pour Astérix et la droite pour Tintin. Vindex, lui, fit tache. Il n'entendait pas libérer la Gaule, mais le monde. Contrairement aux Juifs de Palestine qui, à la même époque, affrontaient l'armée romaine au nom du judaïsme, c'est-à-dire d'une identité ethnico-religieuse, il se réclamait, lui, des valeurs, de la culture et même des croyances que combattaient les insurgés juifs.

Des druides, ou du moins ce qui en restait depuis que l'empereur Claude les avait décimés, sortirent de leurs forêts pour soutenir sa lutte, mais il ne leur demanda ni ne leur concéda rien. À aucun moment il ne plaça une appartenance au-dessus de principes dont il était convaincu qu'ils relevaient de l'humanité tout entière. Il se réclamait du peuple, mais d'un peuple abstrait qui transcendait, à travers la romanité, les peuples concrets. Sa cause n'était pas celle de « sa » liberté, mais de « la » liberté. Il ne ressassait pas un passé, n'intériorisait pas une nostalgie, mais s'investissait totalement dans une épopée, non à relire, mais à écrire. Et comme, contrairement à un Spartacus, il n'incarnait pas une révolution sociale, comme l'idée ne lui serait pas venue de se vouloir le prophète d'une religion, aucun universalisme moderne ne sentit le besoin d'instrumentaliser sa mémoire.

Ce pourquoi Vindex, homme dont l'initiative changea la face du monde, a pratiquement disparu de l'histoire, de notre histoire.

CHAPITRE 4

Les Néron ne meurent jamais dans leur lit

Galba, le légat de Tarraconaise (l'Espagne du Nord), qui s'est proclamé, à l'instigation de Vindex, lieutenant général de l'Empire, ne peut plus reculer. Ce n'est pas un perdreau de l'année. Il a plus de soixante-dix ans, ce qui, à l'époque, en fait un vieillard. D'autant que, affligé d'une hernie, il souffre en prime de la goutte et, en période de crise, ne peut utiliser ni ses pieds ni ses mains. Il ne supporte pas le port de chaussures, et ne parvient pas à écrire sur une tablette. Suétone ajoute – et c'est chez lui une obsession – que ses tendances homosexuelles le portaient vers des hommes mûrs.

Quand il apprend la défaite et la mort de Vindex, Galba, dans un premier temps, déprime. De Carthagène, où il siège, il se retire avec sa 6e légion, renforcée de deux ailes de cavalerie et de trois cohortes, à Clunia, à la jointure des vallées de l'Elbe et du Douro, position plus centrale et plus facile à défendre.

Néron, informé de la victoire de Verginius Rufus au cours d'un banquet, se fait illico resservir de tous les plats, à s'en faire vomir, tandis que ses courtisans, ceux-là mêmes qui ont déjà aiguisé leur poignard pour l'achever, se répandent en plates congratulations. Ne vient-il pas, lui, l'empereur, de se faire nommer consul unique, c'est-à-dire en quelque sorte Premier ministre de lui-même, alors que la règle veut qu'il y en ait deux et qu'ils soient élus ?

Un détail lui a cependant échappé : Verginius Rufus, qui, rappelons-le, est d'origine gauloise, a certes écrasé l'armée de Vindex, mais, à deux reprises, ses troupes ont voulu le déclarer empereur – honneur qu'il a certes décliné, mais qui révèle que ses hommes ont moins combattu pour défendre Néron que pour imposer leur propre suprématie de glorieux soldats du Rhin.

Galba retrouve d'autant plus vite le moral que l'Espagne du Sud, puis la Lusitanie – l'actuel Portugal –, se rallient à lui. Le légat de Lusitanie, Marcus Salvius Otho, Othon pour les intimes, n'est pas un type qu'on prendrait en auto-stop. Il fut un compagnon d'orgies de Caligula et de Néron, mais il a une bonne raison de rejoindre la rébellion : le despote l'a en effet exilé sur le Tage, où il se morfond depuis dix ans, pour lui piquer sa femme, la pulpeuse Poppée, dont il a fait sa propre épouse.

D'autres provinces s'ébrouent. Ce qui reste de l'armée de Vindex se range derrière Galba, qui lève de nouvelles troupes, recrute des auxiliaires et parvient à former une nouvelle légion baptisée Hispania. Quand des émissaires viennent l'informer que les rescapés du Sénat n'attendent qu'une occasion pour abatte le tyran et que la révolte couve au sein de la garde prétorienne, il décide de marcher sur Rome.

Tout, alors, s'accélère. Un triste individu va contribuer à précipiter la déglingue du pouvoir néronien. Il s'appelle Lucius Clodius Macer. Il est légat de la 3e légion en Afrique, où il s'est moins distingué par ses hauts faits que par les exactions de toutes sortes dont il s'est rendu coupable.

Le ravitaillement de Rome en froment dépend en grande partie de lui. Or, il a été rejoint par une certaine Crispinilla, jeune femme piquante qui n'est autre que l'intendante des plaisirs de Néron, la gérante de sa garde-robe, mais aussi de ses mignons, et qui, on ne sait trop pour quelles raisons, peut-être tout simplement pour sauver sa délicieuse peau, serait passée dans le camp de l'opposition.

Est-ce elle qui convainc Macer d'affamer la capitale de l'Empire pour y exciter le mécontentement populaire ? On l'a prétendu. Toujours est-il qu'un début de disette provoque, effectivement, une vague de récriminations, comme en témoignent les graffitis gravés sur les murs et les nombreux « tracts » et libelles contestataires que des mains anonymes accrochent aux statues de l'empereur. On y évoque en particulier le fait qu'un bateau, accueilli avec allégresse, transportait en réalité non pas du blé, mais du sable pour les jeux du cirque !

Macer, qui lui aussi était informé du projet de Vindex, ne l'a pas dénoncé. Convaincu que Néron est fichu, il joue son propre jeu, ce qui ne lui portera pas chance puisque Galba, prévenu contre le zigoto, chargera un centurion de le trucider proprement. Son rôle a cependant été décisif : en effet, les soldats de la garde prétorienne, qui protègent directement Néron, bénéficient d'une distribution de blé gratuite. Le début de disette n'a donc pas peu contribué à leur changement d'humeur vis-à-vis de leur impérial patron. Même si, ensuite, ils donneront une tonalité plus noble à leur défection. C'est ainsi que Tacite fait dire à l'un d'entre eux, qui comparaît devant son auguste maître après avoir été arrêté pour agitation subversive : « Aucun soldat ne te fut plus fidèle quand tu as mérité d'être aimé. J'ai commencé à te haïr depuis que tu es devenu meurtrier de ta mère et de ton épouse, aurige, histrion et incendiaire. »

Il s'agit exactement, notons-le, des mêmes griefs que ceux qu'avaient invoqués Boudicca et surtout Vindex (ce qui prouve que la société tout entière était comme infusée de ces rumeurs), mais, cette fois, il est fait explicitement référence à l'incendie de Rome. Sans doute parce que Tacite était de ceux qui en accusaient le tyran.

On peut, au demeurant, se demander pourquoi, s'ils étaient vraiment convaincus que leur employeur et patron direct était un tel monstre, les prétoriens de sa garde rapprochée acceptèrent de le servir si longtemps, si fidèlement et si efficacement.

Ce sont d'ailleurs moins ses vices ou ses cruautés que les soldats d'élite reprochaient à Néron, que l'humiliation qu'ils estimaient avoir subie quand il les avait contraints à participer, comme de vulgaires travailleurs manuels, au percement du canal de Corinthe.

Les deux années atrocement surréalistes qu'allaient traverser la Gaule et l'Empire – et dont les prétoriens, ces véritables sections d'assaut du régime, figureront parmi les plus emblématiques et lamentables acteurs – illustreront, bien mieux sans doute que d'autres événements qui marquèrent l'Histoire universelle, jusqu'à quel degré de lâcheté, de bassesse, de félonie, voire d'ignominie, la course aux honneurs, la fascination du pouvoir, l'arrivisme, la peur, l'opportunisme et le conformisme peuvent faire descendre, en temps de crise, l'inconscient collectif et la conscience publique.

Néron a surfé sur tous ces bas instincts. Il en est victime. Quand il a appris la défection de Galba, on l'a vu, il a piqué une crise de nerfs. Il a déchiré ses vêtements dans un accès de rage, s'est mis à boxer contre les murs.

Puis, ayant retrouvé son calme, il s'arroge tous les pouvoirs, envoie une lettre au Sénat pour solliciter son appui tout en réfutant – preuve qu'elles touchent juste – les accusations de Vindex, exige le paiement immédiat de contributions fiscales exceptionnelles pour pouvoir lever de nouvelles légions, reprend même l'argent des subventions qu'il vient d'accorder aux Grecs, envisage de faire arrêter et peut-être exécuter les Gaulois présents à Rome, multiplie des décisions qui n'embraient plus sur rien, mobilise des troupes qui l'ont déjà lâché, confie des missions à des favoris qui sont en train de le trahir.

La machinerie impériale est enrayée. « Néron, écrit Tacite, a été renversé par les rumeurs plutôt que par les armes. » En l'occurrence, ces rumeurs sont des armes. Par voie de graffitis, certains demandent un « vengeur », c'est-à-dire un « Vindex » – on feint même, en privé, de vouloir se venger de tout. À l'aide de blagues et d'anecdotes croustillantes complaisamment colportées, de fausses informations et de faux présages, les opposants, tout en se terrant, sapent le pouvoir despotique, insinuent le doute au sein même de la cour et démoralisent Néron lui-même.

Ce rôle est particulièrement dévolu à Nymphidius Sabinus, favori du tyran, qui lui fait croire que les défections se multiplient, que Verginius Rufus et l'armée du Rhin ont tourné casaque, que le gouverneur d'Égypte, Alexander, a rallié la rébellion. Rien de tout cela n'est exact, mais, grâce à ces bobards, on convainc l'impérial névrosé de quitter son somptueux palais, celui qu'il a fait construire après l'incendie de Rome, pour s'installer dans sa demeure secondaire, le parc de Servilius, qui permet de rejoindre plus facilement le port d'Ostie, donc la mer. La manœuvre consiste à faire croire à la garde prétorienne que l'empereur s'apprête à fuir en Égypte, qu'il est donc devenu inutile de servir une cause perdue.

Sentant le fruit mûr, Sabinus, accompagné de quelques sénateurs enfin sortis de leur trou, se rend dans le camp des prétoriens, s'adresse à eux et parvient à les retourner en leur faisant miroiter l'obtention d'une prime (de 500 deniers par tête, précise-t-il même). Conséquence : les mercenaires germains, sorte de service d'ordre personnel de l'empereur, le lâchent à leur tour. Néron se retrouve d'autant plus seul qu'il ne peut même plus mettre la main sur le chef de sa police, Tigellin. Il quitte alors Rome en catastrophe, la tête recouverte d'un capuchon, ce qui n'empêche pas un soldat démobilisé de le reconnaître et de le saluer respectueusement. Il se réfugie dans la villa d'un fidèle, d'où il entend les prétoriens acclamer Galba. Là, il apprend que le Sénat l'a déclaré « ennemi public ». A-t-il effectivement envisagé de rejoindre l'Égypte ? Il aurait fait préparer une flotte à cet effet et envoyé une avant-garde à Alexander. Mais les centurions du prétoire avaient refusé de l'accompagner jusqu'à Ostie, l'un d'eux lui lançant même : « Est-ce un grand malheur que de cesser de vivre ? »

Il aurait également caressé l'idée de se réfugier chez les Parthes, voire d'aller au-devant de Galba. Ou même, vêtu de noir, de demander pardon à la foule.

Mais il est trop tard. L'ami qui l'a accueilli dans sa villa a informé Sabinus de sa cachette. Il entend le bruit d'une cavalcade. Le visage toujours dissimulé, il demande à des passants de quoi il s'agit : « Ce sont les soldats qui sont à la poursuite de Néron », lui répondent-ils en rigolant.

Et, en effet, un détachement de prétoriens à cheval surgit. Il sait ce qui l'attend. On le promènera en ville au milieu d'une foule en furie, elle en fera de sanglants confettis. Il aurait tenté de se cacher dans l'eau au milieu de roseaux, mais sans succès. Il décide donc de se poignarder, mais avec une telle mollesse que son affranchi préféré (dont il ignore qu'il l'a trahi lui aussi), Épaphrodite, doit appuyer de tout son poids sur le manche du poignard pour que la lame traverse le gras.

Il a trente ans. Ses nourrices brûleront son corps et, étrangement, il aura droit à de fort décentes funérailles. Vindex était mort désespéré, convaincu d'avoir échoué. Il avait en réalité gagné. Triste triomphe posthume.

Quand on apprend la mort de Néron, l'un des tribuns de la garde de Verginius Rufus, le commandant en chef de l'armée du Rhin, dégaine son épée et somme son chef de prendre parti. C'est-à-dire de se déclarer son successeur. Nouveau refus ! Vindex et Rufus : ces deux chefs qui s'affrontèrent étaient peut-être les seuls de tout l'Empire qui ne désiraient pas devenir calife à la place du calife.

Jusqu'au dénouement final, les prétoriens avaient tout accepté de Néron. Il y avait cependant un trait de sa personnalité qui les consternait et qui explique leur retournement unanime au dernier moment, ainsi que l'idée peu flatteuse que les Gaulois se faisaient de lui. C'était son côté artiste !

Ces chiens de guerre, amateurs de performances physiques, brutaux, machistes, insensibles à d'autres cultures que celle des armes, aussi peu portés à l'intellectualisme que les chevaux sur lesquels ils caracolaient, n'étaient pas choqués outre mesure par les fantaisies sexuelles de leur impérial maître, du moins quand il se cantonnait à un rôle viril, mais le voir déclamer des stances de Sophocle ou d'Euripide, scander des vers d'Ovide ou de Virgile, réciter même ses propres poèmes, chanter des complaintes alanguies, jouer de la cithare, leur était insupportable. Au service d'un successeur de Jules César, ils se retrouvaient boys d'un saltimbanque. C'est comme si, à un parachutiste du 1er REP crapahutant dans le djebel algérien, on avait demandé de mourir non pour le général Bigeard, mais pour Théo Sarapo.

Sans compter que l'énergumène avait fait école. Afin de se faire bien voir, sénateurs et chevaliers rivalisaient de zèle pour monter eux aussi sur scène. Certains se produisaient en costume chez des particuliers, ce qui rapportait gros. « Venez chez moi dimanche, vous aurez droit à Balladur dans le rôle du *Bourgeois gentilhomme* ! » L'aristocratie faisait la fine bouche, la soldatesque enrageait. Mais la plèbe adorait. Dans la seule année 57, 400 sénateurs et 600 chevaliers avaient même accepté de descendre dans l'arène. Quant à Néron lui-même, lorsqu'il chantait sur scène, il était interdit de sortir du théâtre (le siffler revenait à se suicider), si bien que des femmes accouchèrent pendant le spectacle.

On rapporte cette ultime saillie du tyran avant de se donner la mort : « Quel artiste le monde va perdre ! » Apocryphe peut-être, mais nul doute qu'il en était convaincu.

Chapitre 5

C'est l'empereur Galba qui s'avance

Pendant ce temps, Galba, renforcé des rescapés de l'armée de Vindex, traversait la Gaule Narbonnaise, c'est-à-dire la Provence, et marchait sur Rome.

Le Sénat romain s'étant prononcé en sa faveur, les villes s'ouvraient devant lui. C'est son affranchi à tout faire, Icelus, qui, de retour de Rome, s'était précipité, haletant, dans la chambre du nouvel Auguste, avait bousculé gardes et domestiques, pour lui annoncer dans un même souffle que Néron s'était suicidé, qu'il avait tenu à voir le cadavre pour en être bien sûr (car, avec un tel comédien, sait-on jamais ?), et que le Sénat et l'armée l'avaient choisi comme successeur…

À ces nouvelles, l'austère et revêche Galba s'était mis à trépigner de joie et avait, malgré ses rhumatismes, étreint Icelus, lequel avait illico décidé de changer de nom pour grimper dans la hiérarchie sociale et devenir chevalier. Donc Galba se dirigeait, à la tête de ses troupes, en direction de la capitale de l'Empire.

À Narbonne, il rencontre une délégation du Sénat. Ainsi qu'un véritable escadron de domestiques, de femmes de chambre, de maîtres d'hôtel, et de cuisinières s'affairant autour d'énormes chariots bâchés. De quoi s'agit-il ? Tout simplement de l'apparat princier, autrement dit d'un impressionnant service traiteur, le « Potel et Chabot » impérial en somme.

Tout y est : les plats en argent, les assiettes en or, les verres soufflés comme des œuvres d'art, le décorum des banquets. C'est Nymphidius Sabinus qui a tenu à le lui faire parvenir. Un empereur n'allait tout de même pas bouffer à la gamelle ! Galba, lui-même richissime, mais administrateur soucieux de la bonne gestion des finances publiques, s'étonne. Est-ce bien raisonnable ? Il estime de mauvais goût ce luxe ostentatoire. On se trompe sur son compte. Il ne changera rien à ses habitudes plus frustes.

À ces mots, son entourage se récrie. Comment l'Auguste d'un empire quasi universel pourrait-il se comporter de façon « normale » ? C'est tout bonnement inconcevable, inconvenant même. Il y a des simplicités, lui rétorque-t-on, qui sont démagogiques. Et, d'ailleurs, le peuple ne demande pas que son souverain lui ressemble. Le faste du maître flatte le serviteur. « Renoncez, supplie un certain Titus Vinius, rallié de fraîche date, à une délicatesse qui s'affirmerait aux dépens de votre grandeur. » Ce n'est pas, argumente-t-il, la modestie qui impressionne les masses, c'est la surabondance. « Ce courtisan, précise la chronique, persuada Galba de ne rien épargner pour étaler sa magnificence. » Petit à-côté amusant, car ce Titus Vinius avait dérobé une coupe d'argent, ou d'or, dans une réception offerte par l'empereur Claude, ce pourquoi, en guise de punition, on ne le servait plus que dans de la vaisselle en terre cuite.

Résultat : le cortège qui se dirige vers la métropole impériale en traversant la Gaule prend de plus en plus une allure néronienne. Ce qui était progression d'une armée se transforme peu à peu en l'avancée compassée et cérémonieuse d'une cour. Ce n'est plus César qui avance, c'est l'empereur de Chine qu'on trimbale.

Aussitôt qu'elles sont informées du passage de la caravane impériale, les diverses collectivités gauloises accourent, demandent audience et, au nom du rôle qu'elles ont joué ou prétendent avoir joué dans le soulèvement qui a permis cette alternance au sommet, exigent des récompenses ou des dédommagements qui se muent, sur ordre du nouvel Auguste, en faveurs et en privilèges.

Car Galba ne lésine pas : il développe, à l'évidence, une manière de complexe. C'est Vindex qui, ne disposant pourtant d'aucune force armée (contrairement à lui), a pris l'initiative, a osé, a affronté tous les risques, alors que lui, Galba, hésitait, tergiversait. Son sacre, il lui en est redevable. Il doit tout à sa témérité, à son sacrifice et à la mobilisation spontanée de ces dizaines de milliers de miliciens et de paysans gaulois qui ont pris les armes en sa faveur. Or, Vindex est mort, ses partisans s'entassent dans les fosses communes, alors que lui recueille tous les honneurs.

La Gaule coupée en deux

Galba entreprend de réparer cette injustice. À sa façon : carrée, lourde, brutale. Il y a les bons, il y a les méchants. Les bons, ce sont ceux qui ont soutenu Vindex. Les méchants, ceux qui l'ont combattu ou, simplement, ont refusé de le rejoindre. Aux premiers, il consent des remises d'impôts, accorde la citoyenneté romaine, agrandit leurs territoires. Aux seconds, il inflige des sanctions, alourdit les taxes et confisque leurs terres. La ville de Vienne touche le gros lot. Lyon en prend pour son grade : certains de ses revenus sont saisis et des cantons lui sont retirés. Les Trévires et les Lingons sont punis. Les Arvernes et les Éduens, récompensés.

Ces décisions, abruptes, excessivement manichéennes, vont durablement susciter des haines, exciter les tensions, exacerber les clivages dans l'ensemble de la Gaule. D'autant qu'elles se doublent d'une répression impitoyable. À mesure qu'il progresse vers Rome, au milieu d'un capharnaüm de plus en plus extravagant, Galba expédie tous azimuts des ordres d'exécution des partisans les plus compromis de l'empereur déchu. Sont ainsi condamnés à mort par courrier – peines aussitôt appliquées – les affranchis de Néron, de même que les commandants des garnisons et les agents du fisc impérial des cités gauloises qui ont refusé de se rallier à Vindex. Ou qui ont tardé à se prononcer en faveur de Galba. Passent également à la casserole, outre Macer, le préfet d'Afrique, lui aussi abattu par correspondance, ou le chef des gardes du corps germains de l'empereur, ce Fonteius Capito, le légat très néronien de Germanie inférieure, proprement trucidé par un centurion complaisant qui espère que cette exécution lui vaudra une décoration. Galba fait nommer à sa place un certain Vitellius – retenez ce nom –, qui fut un favori de Néron, choix qui se révélera fatal en ceci qu'il rendra plus cruel encore le martyre de la Gaule.

Quant à Verginius Rufus, le vainqueur de Vindex, il est rappelé à Rome et remplacé par un certain Hordeonius Flaccus, gros patapouf mais quasi impotent. Le fait même que Rufus ait échappé à la purge prouve assez qu'il était, si l'on ose dire, totalement innocent de sa victoire, et que Galba le savait. À partir de ce moment, la Gaule va se couper en deux. Les rivalités de peuples et de cités, les oppositions territoriales, le Midi et le Centre contre le Nord et l'Est, vont se transformer en rivalités de partis : galbiens contre antigalbiens.

Pour bien comprendre la profondeur et la nocivité du conflit qui va s'ensuivre, il faut s'imaginer l'étrange monde que représentent, alors, les régions de la Gaule qui bordent la vallée du Rhin. Les tribus belges, tels les

Trévires, s'y mélangent non seulement aux légionnaires, mais également aux supplétifs des cohortes auxiliaires issues de toute la Gaule et aux membres des tribus germaniques, amies des Romains, admises à s'implanter en Gaule : ainsi les Némètes, les Vangions, les Ubes ou Ubiens – établis dans les environs de la Colonia Agrippinensis (Agrippine y étant née), qui deviendra Cologne –, surtout les Bataves.

Sur toute la longueur de la frontière, des camps étaient devenus des villes et des villes restaient des camps : Nimègue, Xanten, Neuss, Bonn, Mayence. Mayence s'appelait Mogontiacum et, surtout, Xanten correspond au camp de Castra Vetera, le plus puissant de la ligne des castels et des fortifications.

Tout ce monde se côtoyait, s'invitait, commerçait, batifolait, bâfrait, était en affaires, faisait les courses sur les mêmes marchés, partageait parfois les mêmes tentes et baisait souvent dans les mêmes couches. Les supplétifs et auxiliaires se romanisaient et les soldats romains se barbarisaient. Comme les soldats passaient fréquemment jusqu'à vingt ans sur place, ils y faisaient souche, s'achetant un petit terrain et prenant femme autochtone. Tandis que les Gaulois fraternisaient avec les bidasses romains, compères de jeux, ceux-ci s'habillaient de plus en plus en Gaulois, avec saies à carreaux multicolores et larges braies anticipant le futur pantalon.

Quand la vertu est de droite

C'est un Galba déjà épuisé qui fait finalement son entrée à Rome, ses soldats venus d'Espagne se mélangeant, dans une cohue qu'on imagine assez peu fraternelle, avec ceux que Néron avait fait venir des régions pour combattre Vindex.

Hélas, ce qui aurait dû être une apothéose commence très mal. Des marins des deux grandes flottes romaines stationnées à Ravenne et à Misène avaient été déplacés et incorporés à d'autres corps d'armée. Mécontents, ils dépêchent une délégation au-devant de Galba, sur le pont Milvius, pour demander que leurs anciens grades leur soient reconnus. Non seulement ce dernier, qui ne plaisante pas avec le règlement, refuse de les entendre, mais il envoie ses cavaliers dégager le passage, lances et glaives aux poings. Un massacre. On comptabilisera un millier de morts et blessés !

Tacite écrira à propos du nouvel Auguste : « Il aurait été jugé par tous digne de l'Empire s'il n'eût été empereur. » La réalité est plus ambivalente. Incontestablement, Galba était un homme de principes dont la probité et la « normalité » tranchaient avec les perversités néroniennes. Ses pires erreurs partaient de bons sentiments. Ainsi refusa-t-il de payer la prime, joliment qualifiée de *stipendium*, promise aux prétoriens qui avaient lâché Néron, en lançant à la tête de ceux qui la réclamaient : « L'honneur ne s'achète pas. » Il ajouta même, de façon volontairement provocatrice : « Je n'achète pas mes soldats, je les choisis. »

Mais il ne faut pas s'y tromper : autant les sanglants délires néroniens l'horrifiaient sincèrement, autant ce n'était pas par sensibilité démocratique qu'il récusait les dérives despotiques du régime abattu. En fait, Galba, comme la plupart des sénateurs, s'opposait au « populisme » de Néron au nom d'une vision aristocratique de la gouvernance. Il méprisait souverainement la « populace » et ses sympathies allaient à la fraction la plus réactionnaire (au sens de nostalgique) du Sénat, celle qui voulait revenir sur les innovations socialement « démagogiques » dues à Jules César, et cela au nom d'une idéalisation de l'époque de Pompée.

Il ne faut pas perdre de vue, en effet, que l'impérialisme – dont Néron, après Caligula, fut un rejeton dépravé, comme Staline le serait du socialisme ou Pol Pot du communisme – est le fruit d'un gigantesque affrontement civil et armé qui opposa, et opposait toujours, les tenants du parti démocrate populaire et les conservateurs du parti patricien (les « chevaliers », sorte de super-classe moyenne, se posant volontiers en force intermédiaire).

Le triomphe de Jules César, dont la Gaule constitua le tremplin puis l'enjeu, fut donc celui de ce qu'on appellerait aujourd'hui la gauche et qui – il suffit de relire Cicéron, orateur de la droite modérée – était effectivement perçu comme tel.

Or, paradoxalement, Néron est l'héritier déjanté et tyrannique de cette pseudo gauche-là. Alors que le camp républicain, dont se réclame Tacite et qu'incarna Caton, est également celui de la défense des privilèges, fût-ce parfois les plus iniques.

Néron jouait sur cette ambiguïté. S'il n'hésitait pas à décapiter et à humilier les élites, il ne perdait aucune occasion de flatter la foule – ses bas instincts surtout, il est vrai, mais parfois, à l'exemple de César lui-même, ses légitimes rancœurs de classe et ses aspirations égalitaires.

Or Galba, pour employer un concept d'aujourd'hui, sera tout de suite perçu comme un « réac », élitiste, hautain, arrogant, défenseur des grandes familles dont il est issu. Non seulement par la plèbe, mais aussi par la soldatesque de base.

Ce qui aura, y compris pour la Gaule, des conséquences considérables.

CHAPITRE 6

Ce Néron était-il vraiment un monstre ?

Néron rien moins que républicain, mais démocrate ? N'exagérons rien.

Si le personnage est odieux, il est plus complexe et contradictoire qu'on a bien voulu le caricaturer. Le rôle indirect qu'il joua dans l'évolution de la Gaule est tel qu'il faut s'y arrêter un instant. N'oublions pas qu'il fut notre empereur et que sa griffe a laissé une trace durable sur le cuir gaulois.

D'abord, à la grande fureur de Tacite, Néron bénéficia longtemps d'un véritable engouement populaire (« la sordide plèbe l'adulait », écrit l'historien). Cette popularité se confirma après sa mort. Les distributions gratuites de blé (et ses interventions pour en faire baisser le prix), parfois aussi ses générosités financières (en 47, pour susciter un soutien à sa réforme fiscale, il fit remettre 400 sesterces à chaque plébéien citoyen), entretenaient cette popularité.

Le cirque constituait le lieu par excellence où le despote se jouait de la foule en jouant avec la foule. L'empereur y soutenait ostensiblement l'équipe de cochers – les verts – que la plèbe portait aux nues, la couvrait de cadeaux, jetait de l'argent à la foule quand elle l'emportait, affectant de se mêler aux supporters parmi lesquels les non-citoyens, esclaves compris, étaient majoritaires. Commentaire de Tacite : « La multitude, avide de plaisir, est heureuse de voir un prince entraîné aux mêmes penchants qu'elle. »

Si le concept de « populisme » est employé, aujourd'hui, à tort et à travers et hors de propos, il s'applique parfaitement, en revanche, au césarisme et particulièrement au néo-césarisme néronien. Comme il s'appliquera, plus tard, au bonapartisme.

À cet égard, la droite sénatoriale – car le Sénat continue de jouer un rôle législatif dans ce qui est censé être resté une république – servait de faire-valoir au despote. Ainsi, quand le Sénat vota une loi stipulant que l'affranchissement des esclaves libérés serait annulé si ces derniers faisaient preuve d'ingratitude à l'égard de leurs anciens maîtres, Néron s'offrit le luxe de s'y opposer. Lorsque, en 57, la même Curie décréta que, quand un homme libre était tué par un serviteur, tout esclave demeurant sous le même toit que la victime, coupable ou non, pouvait être livré au supplice, Néron ne s'y opposa pas, mais laissa dire qu'il y était foncièrement hostile.

Mieux : en 58, Néron proposa au Sénat un projet d'abolition de toutes les taxes « pour faire ainsi au genre humain, expliqua-t-il, le plus magnifique des présents ». L'objectif était de stimuler le commerce, en particulier avec l'Orient (et donc de favoriser la classe des commerçants et des capitalistes), tout en séduisant la plèbe urbaine, sensible à une baisse des prix. Et le Sénat s'y opposa. Officiellement, parce que « si l'on diminue les revenus de l'État, l'Empire va s'effondrer ». En fait, parce que supprimer les impôts indirects et les droits de douane eût nécessité qu'on instaurât des impôts directs, alors que, si les provinciaux – les Gaulois, entre autres – en payaient, les citoyens romains, eux, en étaient exemptés. Or, le Sénat était tout aussi hostile à l'impôt direct que le sont les partis de droite modernes. En outre, il protégeait les intérêts des

« fermiers généraux », personnes privées à qui l'on avait concédé le monopole du prélèvement des taxes.

Cet échec envenima les rapports entre le Sénat et Néron, mais renforça l'assise politique du despote. Lequel, en réaction, confia de plus en plus systématiquement des postes importants à des esclaves affranchis. Il en peupla même le ministère des Finances.

C'est donc en réplique à l'hostilité sénatoriale que Néron snobe l'aristocratie patricienne, offre des places d'honneur au cirque à des représentants des classes moyennes et s'entoure de chefs d'entreprise, de marchands, d'affairistes et de spéculateurs. C'est encore pour humilier ou affaiblir le Sénat aristocratique qu'il favorise les procès intentés aux gouverneurs corrompus, précisément recrutés dans la classe sénatoriale.

Certes, compte tenu de nos critères d'aujourd'hui, le constat est difficile à intégrer, mais il faut le répéter, car cela éclairera bien des événements que nous relaterons : depuis la prise de pouvoir par Jules César, dont la Gaule fut le tremplin et le parti démocrate populaire la force de frappe, l'opposition républicaine, celle qui défend les vertus traditionnelles, le principe représentatif et les libertés citoyennes contre les dérives autocratiques, est identifiée par l'opinion publique à la défense des iniquités sociales et des prérogatives les plus discutables de la Rome d'en haut. Ce pourquoi les empereurs les plus contestés et les plus contestables chercheront à se garantir l'appui des masses populaires urbaines, sans lésiner sur le recours à la surenchère égalitariste, et quitte à favoriser un assistanat généralisé, voire à prendre des mesures réellement redistributrices et même spoliatrices.

Un esthète soixante-huitard

Le Néron « histrion », comédien et joueur de lyre, qui suscite la moquerie cinglante de Boudicca et de Vindex est certes ridicule, mais il ne faudrait pas croire qu'il ne s'agit que d'une fantaisie d'enfant barbare. Si la saillie de Vindex le traitant d'exécrable « joueur de cithare » l'a si profondément affecté, c'est non seulement qu'il se considérait réellement comme un immense artiste, mais en outre qu'il consacrait à se perfectionner une énergie quasi compulsive. Il s'exerçait des heures entières, prenait des leçons auprès des stars des disciplines qu'il abordait, s'imprégnait de leurs conseils, travaillait consciencieusement sa technique, répétait interminablement pour améliorer sa diction, portait sur la poitrine à cet effet des feuilles de plomb, avalait les purgatifs que recommandaient les « spécialistes », ingurgitait d'étranges potions pour soigner sa voix, mendiait les approbations, s'alarmait des concurrences, achetait des rivaux. Il ne se contentait pas de chanter, de déclamer, de jouer de la cithare : il s'essayait à peindre, à graver, à dresser des chevaux, jouait des rôles de héros, de dieux ou de femmes dans des tragédies, des comédies, des pantomimes, se produisait dans des spectacles privés auxquels on invitait le gratin, s'y faisait payer à prix d'or, portait parfois des masques qui reproduisaient ses propres traits – comble du narcissisme –, s'initiait à la flûte, à la cornemuse, participait aux courses de chars, conduisait lui-même ses chevaux, se faisait à l'occasion architecte, décorateur et urbaniste, s'intéressait aux performances technologiques (il conçut la coupole tournante de son palais), se mêlait aux controverses philosophiques, etc.

Et la question se pose de savoir si les véritables triomphes qu'il obtint lors de certaines de ses exhibitions

– en particulier à Naples, ville où, pour la première fois, il se donna publiquement en spectacle – furent le fruit de la terreur qu'il inspirait, de l'omniprésence des forces de l'ordre qui surveillaient les grincheux, de la masse de courtisans et affidés qu'il mobilisait et répartissait dans les gradins, de la médiocrité humaine, ou si un mélange de véritable talent et de fascination pour le pouvoir suprême provoquait un réel effet de séduction sur le public.

On notera cependant que le futur empereur Vespasien fut envoyé en Palestine... parce qu'il s'était endormi au cours de l'une des prestations impériales. Tacite, par exemple, affirme que les poèmes dont il prétendait être l'auteur, il les faisait rédiger par d'autres. Mais Suétone, qui n'est pourtant pas tendre, soutient au contraire qu'il les écrivait lui-même et ne manquait pas de savoir-faire.

Car Néron, en plus, écrivait beaucoup : il composa des poèmes religieux, épiques, satiriques, érotiques (dans lesquels il célébrait Poppée en des termes à la limite du libidineux), des tragédies (*Attis*, *Les Bacchantes*), et, surtout, il entreprit une immense fresque en plusieurs livres, *Troica*, consacrée à la guerre de Troie, dans laquelle le héros n'est ni Achille ni Hector, mais Pâris, qui bat Hector à l'occasion d'un concours, et qui est décrit de telle façon qu'on ne peut que l'identifier à Néron lui-même.

Détail émoustillant : l'impérial dramaturge était en train de rédiger le récit de la chute cataclysmique de Troie dévorée par les flammes lorsque se déchaîna l'incendie de Rome. Ce pourquoi on le soupçonna d'avoir lui-même fait mettre le feu pour exciter son inspiration. Soupçon renforcé par le fait qu'il profita de cette catastrophe pour faire reconstruire la ville selon un plan rationnel qu'il semblait avoir bien en tête et, surtout, fit ériger un nouveau palais dont l'immensité et le faste (comme Goering, il y fit venir des œuvres d'art volées un peu partout) apparurent comme une provocation.

De son œuvre disparue, on n'a recueilli, hélas, que quelques vers, dont cet hémistiche qui aurait pu figurer dans un récit de sa chute : « On aurait dit que le tonnerre grondait sous terre. »

Au fond, si Néron a tant choqué les Gaulois, ceux de Gaule comme ceux de Bretagne, c'est qu'il incarnait une vision orientale du pouvoir (l'Égypte et la Mésopotamie le fascinaient) à l'opposé de la vision occidentale. En Occident, le chef fait la guerre (et l'amour en cachette), mais pas le saltimbanque et l'amour quasiment en public. Or Néron ne faisait pas la guerre : on le voyait sur scène, jamais dans les camps ni sur les champs de bataille. Il n'instrumentalisait pas le normatif, il s'asseyait dessus. Pas d'autres convenances que ce qui lui convenait. Précurseur, en somme, d'un libertarisme tyrannique ! Plus proche de Guy Debord que de Raymond Aron. Comme un rejeton incestueux de Kadhafi et de Cohn-Bendit.

Il ne faudrait pas croire pour autant que son excentricité narcissique était hors sol. La philippique de la reine Boudicca le prouve éloquemment : le monde latin, au grand scandale du monde celte, s'était en quelque sorte mis à son diapason. C'est à son apogée que l'Empire était devenu décadent. Le philosophe et dramaturge Sénèque, qui fut conseiller du prince avant d'être sa victime, en témoigne : « Dans toutes les villes, se lamente ce stoïcien, se dressent de bruyantes scènes privées. Hommes et femmes se trémoussent pour s'y produire. Maris et épouses rivalisent de poses voluptueuses. Et puis, quand la pudeur s'est longtemps effritée sous le masque, on passe aux casques des gladiateurs. » Au Brésil, pour dire « gauche caviar », on dit « gauche festive ».

De cette explosion de permissivité, le *Satyricon* de Pétrone fait ses choux gras. Ce Pétrone – mais est-ce le même ? – avait joué à la cour du tyran un rôle de dandy qui lui avait permis d'en goûter les turpitudes. Comme d'autres, il fut condamné à s'ouvrir les veines à l'issue de la conjuration ratée de Pison, mais, tandis que son sang coulait lentement, il rédigea son testament en y joignant une manière d'enquête-reportage consacrée aux vices et perversions de l'élite néronienne. Il l'envoya à l'intéressé. Puis rendit l'âme.

Jules César avait procédé à une révolution sociale. C'est finalement une véritable révolution culturelle qu'entendait favoriser Néron. Révolution de rupture assumée avec les normes d'une romanité occidentalisée au nom d'un retour à une « orientalité » en partie fantasmée, d'un babacoolisme soixante-huitard avant la lettre, fait de sensualisme esthétisant, d'amoralisme affiché, de culte de la jeunesse, d'exhibitionnisme festif – un côté technoparade –, de délire bachique et d'inventivité érotique, d'hymne à la vie et de retour à la nature.

S'étonnera-t-on alors que l'activité culturelle ait été particulièrement brillante sous ce règne, dans presque tous les domaines : philosophie, théâtre, histoire, poésie, poésie érotique y comprise ? Avec cette explosion d'inventivité baroque qui caractérise les périodes de décadentisme. D'Annunzio aurait dû vivre sous Néron plutôt que dans les années 1900. Les thermidoriens Barras, Fouché et Tallien y auraient excellé.

Un spectacle permanent

Il faut imaginer le colossal palais doré que se fit construire l'autocrate en 64, après l'incendie de Rome. Cette immense pièce d'eau figurant une mer entourée de maisons regroupées comme s'il s'agissait de villes et ouvrant sur une campagne, véritable jardin d'acclimatation, exposant ses prés, ses bois, ses vignobles et ses animaux domestiques. Un mécanisme ingénieux et l'utilisation d'un béton composite spécial permettaient de rendre amovibles des plafonds en forme de dômes, de façon à pouvoir procéder à des changements de décor à vue. Fresques, dorures rehaussées de pierres précieuses et de coquillages, piquetées de perles, surplombées de tablettes d'ivoire mobiles et percées de trous par où l'on répandait des fleurs et diffusait des parfums : tout concourait à la féerie démentielle de cet univers des mille et une nuits qui se voulait décor ultime d'un règne conçu comme une immense pièce de théâtre.

Les chroniqueurs et historiens romains ont fait assaut d'hyperboles pour décrire la démesure hallucinante et auto-hallucinée de ce spectacle permanent que fut Néron : pêcheur déployant un filet doré retenu par des cordes tressées de pourpre et d'écarlate, myope utilisant une émeraude en guise de lunette, Brummell ne portant jamais deux fois le même vêtement, dégoulinant de perles et de bijoux. Outre ses innombrables maîtresses, dont l'une avait été choisie parce qu'elle était un sosie de sa mère (inceste par procuration), l'autocrate entretenait une ancienne esclave affranchie d'origine asiatique (elle le transportait sexuellement) à qui il avait fait confectionner un arbre généalogique bidon pour prouver qu'elle descendait des rois de Pergame.

Suétone en rajoute-t-il quand il évoque un Néron vêtu de peaux de bête qui, s'étant fait enfermer dans une sorte de cage, en surgit pour se jeter, tel un animal sauvage, sur des individus, hommes ou femmes, attachés à des poteaux et leur faire subir les plus invraisemblables outrages ? (Mais, selon le même Suétone, Tibère, le successeur d'Auguste, se faisait brouter les couilles par des bébés...) Et comment l'historien sait-il que, à l'inverse, Néron se livrait avec son Doryphore de favori à des exercices au cours desquels il contrefaisait les cris et les gémissements d'une vierge violentée ? Souci de montrer qu'aucune norme morale, sociale ou esthétique – tout étant lié – ne résistait à la volonté néronienne de porter la transgression à son paroxysme. On ne prête qu'aux riches.

Le parti sénatorial entreprit donc d'habiller le despote pour tous les hivers jusqu'à la fin des temps. (C'est Tacite et Suétone qui racontent que, au tout début de son règne, il se déguisait en loubard pour aller faire le coup de poing dans les quartiers malfamés et défonçait les devantures des petits magasins pour chaparder la marchandise.) Et les chrétiens, en particulier les chrétiens gaulois, quelque cent cinquante ans plus tard, le transformeront en incarnation de l'Antéchrist. D'où le mythe d'un Néron jouant de la lyre sur la terrasse de son palais – et c'est peut-être vrai – en regardant flamber la capitale de son empire, à laquelle il aurait lui-même donné l'ordre de mettre le feu pour doper son inspiration lyrique. Puis en faisant retomber la responsabilité sur les chrétiens qu'il livra aux bêtes féroces dans l'arène.

Néron incendiaire ? Peu probable. Il ne se trouvait pas à Rome, dont il s'était éloigné à cause des grandes chaleurs. Il revint précipitamment. Il mit ses jardins à la disposition des sans-abris. Et, surtout, il vit une partie de ses chères collections personnelles partir en fumée.

Quant aux chrétiens, il ignorait totalement leur existence. En réalité, ce sont les juifs qui furent spontanément – et comme on en prendra ensuite l'habitude – accusés par la population, sous prétexte que le quartier où ils étaient rassemblés en plus grand nombre avait été épargné. Entre 30 000 et 50 000 juifs, estime-t-on, résidaient à Rome, vivant sans doute au rythme de la révolte de leurs coreligionnaires qui enflammait à l'époque la Palestine.

Le judaïsme se distinguait, certes, des autres religions par son caractère monothéiste et l'on se moquait volontiers, dans la population, du rite de la circoncision. Mais il était largement toléré en tant que religion « ethnique » et non prosélyte.

Les juifs refusaient de se plier au culte impérial. Ils avaient néanmoins obtenu le droit d'offrir quotidiennement un sacrifice à leur propre Dieu… pour qu'il déverse ses grâces sur l'empereur. Ils conservaient, en outre, le conseil du Sanhédrin, cette cour suprême de justice que présidait un grand prêtre.

Néron, fasciné par les religions orientales à mystères et dont l'égérie, puis épouse, Poppée manifestait, contrairement à Sénèque, des sentiments ouvertement pro-israélites, ne ressentait aucune animosité à l'égard de cette communauté. Mais, montrés du doigt, les notables juifs de Rome désignèrent une petite minorité d'extrémistes dont le prosélytisme en leur sein, au nom d'un certain Christos qu'ils prétendaient être le messie, leur créait énormément de soucis. Et Néron, sans trop savoir de quoi il retournait, saisit cette occasion pour livrer à la foule des boucs émissaires. Ce qui était d'autant plus gratuit qu'à Jérusalem la petite minorité chrétienne, parmi la population juive, s'était désolidarisée, lors de la révolte de 66, des insurgés, le Christ enseignant qu'il fallait « rendre à César ce qui appartenait à César » et, comme dit saint Paul, que la cité idéale se trouve dans les cieux. Assertion qui, au demeurant, apparaissait à l'opinion comme le comble de l'incivisme.

Néron jouait, cependant, sur du velours. Ou plutôt sur du crin. Cette secte de juifs messianiques, que l'élite romaine considérait comme un groupuscule extrémiste se livrant à une agitation que l'on qualifierait aujourd'hui de « gauchiste », était fort mal perçue par l'opinion publique. On la soupçonnait, à cause de l'eucharistie, de pratiques anthropophagiques. Il s'agit, écrit Suétone, d'« une superstition nouvelle et malfaisante ». Paul de Tarse, *alias* saint

Paul, ayant été jeté en prison et interrogé par le préfet du prétoire Burrus en personne, fait état – comme plus tard saint Jean Chrysostome – de l'existence, au sein de la petite communauté chrétienne, de « fanatiques » qui provoquaient l'autorité et attendaient l'apocalypse. C'est sans doute cet eschatologisme-là qui les fit soupçonner d'être des incendiaires.

Leur mise à mort fut atroce parce qu'expiatoire. Selon Tacite, on les revêtit de peaux de bête pour mieux les faire déchiqueter par des chiens ou, après les avoir attachés à des croix, on les enduisit de matière inflammable de façon qu'ils éclairent les ténèbres comme des torches.

Alors, incendie volontaire ?

Quoi qu'il en soit, chaleur, sécheresse, vent fort, concentration de maisons en bois et de matières inflammables, magasins gorgés de marchandises, habitude d'utiliser et de balader des braseros : il n'y avait pas besoin d'incendiaires, même si des bandes brandissant des torches dans la nuit profitèrent de l'occasion pour se livrer au pillage.

Vindex, qui ne fait pas porter la responsabilité de l'incendie sur Néron, n'évoque pas les horreurs dont quelques chrétiens furent victimes, comme si, en haut fonctionnaire stoïcien, il les banalisait. On ne signale d'ailleurs aucune protestation. Ce crime fut normalisé. Dans la mythologie chrétienne, cependant, et en particulier chez les chrétiens de Gaule, l'épisode du Néron incendiaire de sa propre capitale deviendra essentiel puisque, ce faisant, il ouvrait la voie à une martyrologie fondatrice de l'Église occidentale. Le despote devint la figure du mal qui tente d'arracher la semence du bien. Le Néron diabolisé est, au même titre qu'Attila, l'un des éléments fondateurs de la réactivité nationale gauloise.

Encore que, pour Vindex comme pour Boudicca, le vrai crime, le crime suprême, c'est le meurtre par Néron de sa propre mère Agrippine. Et c'est en effet ce crime qui libéra Néron, véritable Phénix de la transgression, de tout ce qu'on appellerait aujourd'hui des conventions moralistes « bourgeoises ».

CHAPITRE 7

Ce crime des crimes qui indigna les Gaulois

Tout avait commencé avec le renversement d'un autre impérial pervers, Caligula. Cela s'était passé en 41, vingt-neuf ans avant la chute de Néron. Les sénateurs avaient un instant songé à rétablir la république à l'ancienne, mais les prétoriens – déjà – les avaient pris de court et avaient proclamé un nouvel empereur en la personne de Claude, petit-neveu d'Auguste. On raconte qu'un soldat, qui courait dans tous les sens, avait repéré le personnage alors que, tremblant de trouille, il s'était caché derrière un rideau d'où dépassaient simplement ses godasses. Aussitôt, on le revêtit de la pourpre, alors qu'il ne demandait strictement rien. Bègue, goinfre, soûlographe, porté sur le sexe, bourré de tics, flageolant des guibolles, il payait d'autant moins de mine qu'il jouait volontiers au con, ce pourquoi l'on se fichait ouvertement de sa figure. Erreur ! Cet homme cultivé, c'est-à-dire formé à l'école de la littérature et de la philosophie grecque, se révéla un excellent administrateur et fit preuve d'une humanité et d'un sens de la justice d'autant plus remarquables que son règne est coincé entre ceux de Caligula et de Néron. Il confia les services administratifs, non plus aux seuls aristocrates, mais à des roturiers, prit des mesures contre les maîtres qui achevaient leurs esclaves âgés ou malades ; précurseur de saint Louis, il aimait rendre lui-même la justice avec mansuétude. Et, surtout – on y reviendra –, il est celui, avec Auguste, qui contribua le plus à la romanisation de la Gaule : il favorisa, en effet, l'intégration et l'assimilation des provinciaux, tout particulièrement des Gaulois, dont il promut systématiquement les élites pour en faire des citoyens – au grand dam du Sénat conservateur, hostile par principe à toute idée d'accorder le droit de vote à des étrangers. C'est à qui se moquerait le plus lourdement du spectacle qu'offraient des Gaulois ou des Bretons maladroits et empruntés dans leur toge toute neuve. Tacite est, à cet égard, très explicite : « Les patriciens romains voyaient déjà ces nouveaux venus occuper toutes les places, eux dont l'aïeul ou le bisaïeul avait commandé des tribus ennemies. » On parlait d'une « gallicisation » de l'Empire, un peu comme on parle aujourd'hui d'une islamisation de la France.

Peu porté au mysticisme, Claude devait agir d'une autre façon sur la formation de ce qui deviendra notre pays : il mena un combat sans merci contre les sectes, les astrologues et... les druides. Il expulsa également, non pas les juifs, mais, comme le précise Suétone, des juifs d'un certain genre, « qu'agitait un certain Christos ou Chrestos ». Première mention.

Au fond, un empereur plus que convenable, dont la Gaule chérira le souvenir. Sauf que, porté sur les femmes, il s'enticha d'une certaine Messaline (arrière-petite-fille tout de même de la sœur d'Auguste, car, dans ce monde-là, on pratique l'entre-soi même en matière sexuelle), impératrice à propos de laquelle les contemporains rapporteront complaisamment les rumeurs les plus salaces : peu satisfaite de son claudiquant d'époux, Juvénal la montre s'offrant des extras dans les bordels de Rome et Pline l'Ancien prétend que, véritable nymphomane, elle était capable d'assurer vingt-cinq prestations en vingt-quatre heures. Comploteuse dans l'âme, n'hésitant pas à éliminer froidement quelques concurrences familiales (car, dans ce monde-là, on pratique l'entre-soi pour baiser, mais aussi pour éradiquer), elle poussa un peu loin le bouchon en épousant – elle, la femme de César –, à l'issue d'une sorte de partouze, un amant d'occasion qui, illico, se mit en tête de remplacer l'empereur, et pas seulement au plumard !

Bien sûr, on lui fit vite avaler ses illusions en même temps que son bulletin de naissance. Messaline le suivit assez rapidement dans la tombe. À vrai dire, on l'y poussa. Ce qui permit à Claude de convoler, pour la quatrième fois, avec sa nièce, de vingt-six ans sa cadette (mais un empereur reste toujours jeune) : Agrippine ! Elle avait elle-même été mariée avec un certain Barberousse (Ahenobarbus), dont elle eut un fils, Néron précisément, ce pourquoi Vindex put se moquer en l'appelant Barberousse ! Et c'est cette Agrippine qui fit adopter ce fils, Néron, par l'empereur pour en faire son héritier au détriment de l'un de ses autres fils, qu'il avait eu avec Messaline : Britannicus... (Autant dire que, dès lors, la vie de ce Britannicus ne tenait plus qu'à un fil.)

Comme cette Agrippine s'était sans complexes débarrassée de son premier mari, on l'accusa d'avoir convaincu Néron d'empoisonner Britannicus. C'était peut-être faux, mais, par respect pour Racine, admettons que ce soit vrai.

Mère dominatrice et castratrice s'il en fut, Agrippine exerça sur son empereur de rejeton, qu'elle adulait moins comme une altérité provenant d'elle-même que comme une part d'elle-même – ce qui flattait son narcissisme maternel –, une telle contrainte tatillonne qu'il intériorisa une accumulation d'interdits dont il ne parvint à se libérer qu'en en prenant sauvagement le contre-pied. Il commença par répudier l'épouse, Octavie, que cette mère possessive lui avait imposée. Et il la remplaça par la Poppée, une peau de nacre et un châssis d'enfer. Faut-il préciser que, dès lors, la pauvre Octavie ne fit pas long feu ?

Il n'est pas exclu qu'Agrippine, voyant avec terreur sa « chose » lui échapper, ait commencé, en cheville avec l'opposition sénatoriale, à intriguer contre le produit de ses entrailles. En cette spécialité, elle était experte. Mais il n'est pas non plus impossible que Néron, qui ne la supportait plus, lui ait prêté des intentions conspiratrices pour mieux larguer les dernières amarres.

Ce qui n'était pas aussi facile qu'on pourrait l'imaginer. D'abord, parce que malgré tout c'était sa mère et qu'il ne pouvait décemment pas, face à l'opinion publique – qui en acceptait beaucoup, mais pas ça –, prendre la responsabilité d'un tel « parricide ». Ensuite, parce qu'elle continuait à exercer sur lui une fascination-domination paralysante.

Alors il concocta une manière de crime parfait, hitchcockien, qui, comme la plupart des crimes parfaits, tourna au fiasco.

Mieux que tous les romans policiers

Repassons-nous le film puisque, dans l'inconscient collectif gaulois, il représenta longtemps le crime des crimes.

En ce mois de mars 59, Néron séjourne en Campanie. À l'occasion de la fête de la déesse Minerve – tout est bon pour bâfrer –, il invite sa mère à un banquet dans la maison de l'un de ses amis. Il est aux petits soins, prévenant, fait assaut de déférence filiale. Ce qui aurait dû lui mettre la puce à l'oreille. Bonne ambiance. On chante, on évoque des souvenirs, ce vieux Claude, ce pauvre Britannicus, qui sait ? Tard dans la soirée, l'empereur raccompagne sa mère au bateau qui doit la reconduire jusqu'à sa propre résidence et, avant qu'elle n'embarque, il la serre dans ses bras et l'embrasse tendrement sur le front. Il a un beau rôle à jouer, il le soigne.

Nuit de pleine lune constellée d'étoiles... Le navire gagne la mer... Agrippine s'est assoupie dans la luxueuse cabine qui lui a été réservée, quand, à un signal, le plafond, alourdi de plomb, s'écroule et quelques meubles volent en éclats. Deux servantes meurent sur le coup. La couche royale, comme broyée, disparaît sous les gravats, d'où soudain surgit une impératrice mère tétanisée, mais vivante. Elle se dégage du capharnaüm et, sans doute en chemise de nuit, se précipite sur le pont de l'embarcation, reçoit au passage un ou plusieurs coups de rame qui lui déboîtent l'épaule, car les marins sont complices des tueurs, se jette à la mer et – quelle femme, tout de même ! – regagne le rivage à la nage.

De là, elle se fait transporter dans sa villa, d'où elle dépêche à son fils un affranchi pour lui annoncer qu'elle est sauve, sinon saine. Aveuglement d'une mère ou provocation ? Car c'est évidemment Néron qui a minutieusement mis au point l'attentat, dont il a confié l'exécution – c'est le cas de le dire – à un certain Anicetus, un de ses séides. Vivante ! À cette nouvelle, le fils indigne est pétrifié. Puis il s'agite comme un dément en proie à une crise d'épilepsie. Ou plutôt d'épouvante. Il convoque – en pleine nuit, donc – ses deux plus proches conseillers, le philosophe Sénèque et Burrus, le flic en chef, qui, eux-mêmes dépassés par les événements, s'avouent incapables de lui indiquer le chemin à suivre. On sait éliminer les vivants, mais pas achever les ressuscités. Donner l'ordre à la soldatesque de se débarrasser de sa génitrice ? Impossible, rétorque Burrus, jamais les prétoriens n'oseront attenter à la vie de la fille du héros Germanicus – vainqueur des Germains, comme son nom l'indique. Travail de tueurs à gages ! On a commencé avec eux, il faut finir avec eux. Sénèque, le philosophe, n'exprime bien sûr pas ouvertement une telle inconvenance. Mais, sachant qu'elle s'impose, il tourne la tête... Néron s'adresse donc à des « pros », la bande de crapules déguisées en marins qu'a recrutées Anicetus, l'homme de l'attentat manqué. À eux de terminer le boulot. À vos ordres, patron !

Aucun état d'âme. Les tueurs à gages se ruent dans la résidence où Agrippine, traumatisée et cabossée, tente de trouver un sommeil réparateur ; ils neutralisent gardes et domestiques, envahissent sa chambre, entourent son lit. Un premier escogriffe lui assène un grand coup de bâton sur la tête. Un autre, vêtu comme un centurion pour donner le change, brandit son glaive et lui porte le coup de grâce après qu'elle lui a – ou lui aurait – lancé, en joignant le geste à la parole : « Frappe au ventre qui a enfanté un tel monstre ! » Mais il en est de ces derniers mots comme de toutes les soi-disant ultimes saillies : comment le sait-on ? Il est peu probable que les spadassins aient accordé des interviews. La pauvre Agrippine n'eut pas le loisir de léguer à la postérité ce qu'elle avait dit ou non avant de rendre l'âme.

On a même prétendu – ce qui est fort peu vraisemblable – que Néron tint absolument à venir se recueillir devant le cadavre de sa démiurge et que, en pleurs, il déclama un éloge de sa beauté.

Le crime consommé, il fallut diffuser et rendre plausible une thèse officielle : on expliqua donc qu'Agrippine avait envoyé son propre tueur pour supprimer son impérial fiston (il s'agissait, en fait, du très pacifique messager venu l'informer que sa mère était vivante) et que, en apprenant l'échec de sa tentative et les aveux du faux coupable, elle s'était suicidée. C'est Sénèque qui rédigea lui-même la lettre présentant cette version. Même les philosophes stoïciens ont leurs faiblesses. Les sénateurs feignirent d'avaler la pilule.

En l'occurrence, la rumeur publique joua le rôle qui sera un jour celui d'une presse libre. Pour Vindex, comme pour la reine Boudicca, il ne faisait en effet aucun doute que

Néron était l'assassin de sa mère. Ainsi que de son épouse Octavie. Ce que le dissident gaulois ignorait, apparemment, c'est qu'il avait également provoqué la mort de Poppée en lui donnant, dans un accès de rage suscité par des moqueries de la dame, un coup de pied dans le ventre alors qu'elle était enceinte.

En « tuant la mère », Néron attentait-il à sa propre inhibition ? Lui qui, au début de son règne, rechignait à signer des arrêts de mort en soupirant : « Si seulement je ne savais pas écrire... », ou recherchait ostensiblement la proximité valorisante des penseurs. Choc de deux univers cruellement enlacés au sein du même monde. Néron appréciait les longues soirées passées à discutailler avec le philosophe Thraséas, qu'il poussa finalement au suicide. Celui-ci, s'étant donc, sur son ordre, ouvert les veines, entra lentement dans la mort en poursuivant avec Démétrios le Cynique – condamné, lui, à l'exil – une discussion sur l'immortalité de l'âme... On savait mourir en ce temps-là, parce qu'on savait vivre !

Chapitre 8

Trois empereurs pour le prix d'un

Donc, propulsé par Vindex et ses insurgés gaulois, Galba avait revêtu à Rome la pourpre impériale que la garde prétorienne avait arrachée à son prédécesseur.

Le problème, c'est que, du coup – car elle avait déjà contribué à renverser Caligula, à promouvoir Claude et, contre rondelets bakchichs, à sélectionner Néron –, la garde impériale avait pris la fâcheuse habitude de transformer ses coups de tête en coups de sang, et ses coups de sang en coups de force. Or, on l'a dit, Galba, raide et grippe-sou, avait refusé de lui verser la prime de changement de camp. C'était, aux yeux des prétoriens, comme si un mari pingre refusait au dernier moment de verser la dot à sa promise. Ce manquement échauffa d'autant plus fortement les petites cervelles qui bouillonnaient sous les gros casques que ce à quoi les foules, finalement, aspiraient – et les prétoriens ne l'ignoraient pas –, c'était un néronisme sans Néron. La tombe du tyran ne fut-elle pas longtemps, comme le rapporte Suétone, entretenue et ornée par des cohortes de nostalgiques ? Un faux Néron, surgi soudain en Orient, n'avait-il pas attiré, sans trop de difficultés, une non négligeable escouade de partisans ?

Ce qui sauvait Galba, c'est qu'il était âgé et que son successeur présumé, Othon, le premier mari de Poppée, graisseur de pattes patenté, représentait le type du néronisme qui ne s'était opposé au despote que parce que ce dernier l'avait fait cocu. La « garde » l'avait donc à la bonne. Or, coup de théâtre, Galba annonce solennellement qu'il adopte un certain Pison qui devient, de ce fait, son successeur attitré.

À partir de ce moment, ses jours sont comptés.

Ce qui ne nous concernerait que très indirectement si les déchirures qui s'ensuivront n'allaient pas précipiter la Gaule dans une tragédie qui devait la traumatiser et la façonner pour longtemps.

Le pauvre Galba ne va pas prendre racine. Alors qu'on a appris que les armées qui tiennent la frontière entre la Gaule et la Germanie ont refusé de se rallier à lui, il se rend à la caserne de la garde prétorienne pour en appeler à son sens du devoir. Bernique ! Il lui parle comme un prof acariâtre à des élèves indisciplinés. Toujours pas question de récompense. Aucune promesse, aucune flatterie. Les gradés le congratulent, mais le troufion de base lui tourne ostensiblement le dos.

Le 15 janvier 69, Othon, encouragé par ses astrologues, décide de lui donner le coup de grâce. Avec vingt-trois prétoriens derrière lui, pas plus (et encore les a-t-il achetés un par un), il parvient à soulever le reste de la troupe. Galba est intercepté, dans sa litière, alors qu'il traverse le Forum. Trahi par son porte-étendard, il est immédiatement occis à coups de lance. Troué de partout comme un gruyère. « Frappez si cela est utile au peuple romain ! » se serait-il écrié avant de rendre l'âme. Un Romain se doit de mourir en Romain. C'est pourquoi les historiens latins ne sont jamais à court de mots de la fin. Un soldat révolté et lèche-cul lui coupe la tête avec l'intention, délicate, de l'offrir à Othon. Mais elle est chauve, comme l'était son propriétaire, et il ne peut la saisir par les cheveux. Il est donc obligé, pour la porter, de lui introduire les doigts dans la bouche. Ensuite, comme il se doit, on l'enfonce sur une pique et on la balade, avec quelques autres, au milieu des quolibets. Puis on la perd. En attendant de la retrouver, et par habitude, on dépèce un tantinet les restes du corps. Ce n'est que le lendemain qu'on parvient à rassembler les morceaux de la dépouille pour l'enterrer dignement. Sans couvre-chef, mais avec chef !

Othon, lui, noceur de trente-sept ans, est investi rapidement par un Sénat qui n'en est plus à une galipette près.

On est en janvier 69, et cela fait trois empereurs en neuf mois.

Or, entre-temps, un quatrième s'est manifesté.

Ce gros plein de soupe que kiffent les centurions

Celui-là, ce sont les légions de Germanie, celles que Verginius Rufus avait menées contre Vindex, qui l'ont proclamé. On pourrait comparer leur réflexe de corps à celui des régiments parachutistes français pendant la guerre d'Algérie : ce n'est pas par hasard qu'un ouvrage de Jean Lartéguy destiné à les héroïser s'intitulait *Les Centurions*. Les uns et les autres, volontiers méprisants à l'égard des politiciens de l'arrière, toujours prompts à dénoncer les trahisons des civils peu enclins à l'intellectualisme, se considéraient comme des soldats d'élite, des pros, chargés de la défense des frontières de l'Empire, donc de la civilisation. En plus, eux savaient comment il fallait se conduire avec les indigènes ! Ici, les régiments étrangers ; là, les cohortes auxiliaires. Même état d'esprit empreint de préjugés coloniaux. On n'avait pas rechigné à aller casser du Gaulois derrière Rufus. À vrai dire, on avait même poussé à l'affrontement sanglant, que ce dernier voulait éviter. Au nom de quoi une légion de biffins qui se tournaient les pouces en Espagne allait-elle lui imposer un empereur ? À eux qui se percevaient comme la crème de l'armée ! À eux qui avaient vaincu Vindex !

Déjà, quand les 4e et 22e légions avaient été rassemblées à Mayence pour prêter serment à Galba, cela s'était très mal passé. Non seulement les soldats s'en étaient pris aux effigies du nouvel et éphémère empereur, qu'ils avaient mises en pièces, mais, en outre, on avait exécuté quelques gradés qui avaient eu le front de s'en offusquer. Les cris d'« âne bâté », de « paralytique » et de « vieux pédé » avaient été entendus. Après quoi, on avait juré fidélité « au Sénat et au peuple romain », ce qui était une façon de récuser le vieux grigou qu'on leur proposait pour César.

L'idée leur vint donc de promouvoir leur empereur à eux. Un type de la maison. Ils avaient proposé la botte à Rufus. Qui avait encore décliné. Or, Galba, avant de succomber, avait eu la très mauvaise idée de remplacer Rufus par un certain Vitellius, à qui il avait confié le commandement de la Germanie dite inférieure. Vitellius : un gros plein de soupe cynique et grossier qui s'était précédemment commis avec Caligula et Néron. De lui, Galba avait dit : « Il faudrait tous les trésors d'une province pour remplir sa grande gueule. » « Il avait plu à Néron, écrit Tacite, parce qu'il était son émule en débauche. » Physiquement, intellectuellement, moralement, il y avait chez lui un côté gras-double. Il se prit d'ailleurs de passion pour la ville de Lyon.

Homme du système s'il en fut, ce Vitellius avait cependant réussi, sa vulgarité et sa gloutonnerie aidant, à se faire passer pour un homme du peuple. Et, bientôt, pour le « candidat du peuple ». Il jouait les pauvres avec affectation, et n'avait pas son pareil pour flatter la soldatesque de base. Quand il était parti de Rome pour rejoindre son nouveau poste sur le Rhin, il avait fait courir le bruit que, n'ayant pas les moyens de se payer le voyage, il avait dû placer au mont-de-piété une grosse perle qui ornait l'une des oreilles de sa mère. Il avait en outre loué un appartement pour sa femme et ses enfants afin de mettre en location sa propre maison. Dans l'armée, où l'on se gausse volontiers des « grosses légumes », ça plaisait.

D'un côté, la troupe affichait à son endroit des préjugés favorables. De l'autre, les officiers étaient en manque d'un chef. L'anarchie qui commençait à se répandre les affolait. « Vous ne voulez pas de Galba, expliquaient-ils aux soldats – c'est Plutarque qui le rapporte –, mais vous n'en élisez pas d'autre, comme si vous refusiez toute autorité. Nommez Vitellius ! Lui, au moins, on l'a sous la main ; il est de haute lignée mais pauvre, c'est bon signe. Nommez-le et montrons aux Ibères [c'est-à-dire aux Espagnols] que nous savons mieux choisir qu'eux ! »

Voilà le fin mot : on n'allait tout de même pas se faire imposer un empereur par des joueurs de castagnettes... qui, d'ailleurs, n'en jouaient pas encore.

Va donc pour Vitellius ! Contrairement à Rufus, celui-ci saute sur l'occasion. Et le voilà proclamé empereur par les armées du Rhin. Ça ne fait guère que le quatrième en moins d'un an.

Phénomène étrange : la proclamation de Vitellius provoque autant d'enthousiasme en Gaule du Nord (ce qu'on appelle la Gaule Belgique) que l'insurrection de Vindex en avait déclenché en Gaule du Centre, de l'Ouest et du Sud. Même mobilisation spontanée. Les Ubiens (de la région de Cologne), les Trévires mosellans, les Lingons du plateau de Langres, les Rèmes champenois envoient des délégations qui font fête aux soldats révoltés. Ils leur offrent, qui des chevaux, qui des armes, qui de l'argent. Des volontaires se proposent comme auxiliaires. Selon Tacite, les plus humbles y vont de leur épargne et d'anciens soldats font cadeau, celui-ci de son baudrier, celui-là de son poignard à manche sculpté, ou même de son vieil uniforme.

Seuls – détail qui se révélera essentiel – les supplétifs bataves, attachés à la 14e légion, boudent la liesse générale.

Pourquoi cette inquiétude des officiers, centurions et tribuns, c'est-à-dire des hauts gradés ? Parce que ces répliques successives du tremblement de terre au sein de l'État avaient provoqué un séisme à l'intérieur de l'armée. Les prétoriens faisant et défaisant les empereurs, les légionnaires entreprirent, à leur tour, de faire et de défaire leurs commandants. Insensiblement, on passait à un système d'autogestion : toutes les décisions étaient prises en assemblées générales, chaque centurie devenait un amphi. Et, parfois, le vote y était aussi libre qu'à la Sorbonne occupée par les Katangais en 1968. Toutes les frustrations resurgissaient, toutes les revendications explosaient : celles qui concernaient, par exemple, les trafics d'exemption. Car tout s'achetait dans l'armée romaine : une permission, un changement d'affectation, une dispense de corvée... Un soldat ne pouvait pas payer ? On employait les mêmes méthodes que les mafieux modernes en multipliant à son endroit les brimades et vexations, puis on lui mettait le marché en main : tu raques et tu es peinard !

De la sorte, les centurions remplissaient leur bas de laine, tandis que les bidasses, eux, se livraient à des rapines ou se louaient au noir comme domestiques pour se procurer de l'argent de poche. On veut s'absenter en catimini pour courir la gueuse sans être déclaré déserteur ? On paie. On aimerait être versé dans l'administration du camp plutôt que de passer son temps à creuser des fosses, à dresser des palissades ou à nettoyer les latrines ? On paie. On souhaite échapper à la corvée de fourrage ou de ramassage de bois ? On paie. Et, comme la solde du soldat est riquiqui, les émeutes et grèves de légionnaires de première et de deuxième classe vont se multiplier, ainsi que les voies de fait sur les gradés.

Un mouvement d'humeur, et quelques commandants y passent.

Querelle d'Augustes

Vitellius est proclamé empereur à Cologne. Le problème, c'est qu'à Rome un autre Auguste, Othon, s'est d'ores et déjà installé, légalisé par le Sénat. Un de trop. Le premier, Vitellius, va donc devoir marcher sur Rome et le second, Othon, envoyer ses propres troupes pour le stopper.

Or, entre le Rhin et l'Italie, il y a quoi ? La Gaule. La Gaule, que les troupes de Vitellius vont devoir traverser. Des troupes qui ont dans le nez ces Gaulois qui ont soutenu Vindex. De surcroît, elles ne sont pas constituées seulement de légions romaines, mais également de cohortes auxiliaires de toutes provenances et d'ailes de cavalerie aussi bien germaniques que gauloises. Et comme les légionnaires romains de la contrée, parfois en poste depuis quinze ou vingt ans, ont tendance à adopter peu à peu les usages du cru, ainsi que les modes, l'armée de Vitellius va très vite ressembler plus à une immense horde barbare qu'à cette impressionnante machine de guerre légionnaire idéalisée par les films hollywoodiens.

Les peuples sanctionnés et humiliés par Galba voulant en outre prendre leur revanche sur ceux qui ont reçu des récompenses s'apparentant souvent à d'iniques privilèges, il en résulte que l'affrontement Othon-Vitellius va se transformer en guerre civile inter-gauloise.

Car la Gaule est travaillée par des pulsions aussi violentes que contradictoires. En témoigne l'extraordinaire épisode Maricus (ou Maric). Ce paysan mystique des bords de l'Allier, d'origine boïenne (Gaulois passés en Italie, puis en Germanie), prétend être une réincarnation d'une divinité celte – donc Dieu lui-même – et appelle à la reprise des combats pour émanciper la Gaule de l'occupation romaine impie. Un anti-Vindex, en quelque sorte, bien que ses partisans se recrutent parmi ceux qui avaient soutenu Vindex. Or, sillonnant le Nivernais et l'Autunois, et y semant des déclarations mystico-nationalistes, il rassemble autour de cette cause indépendantiste près de 10 000 partisans. Des municipalités entières se rallient à lui. Un mouvement profond se dessine en sa faveur au sein de la paysannerie. Le pays éduen tremble sous le piétinement de ses affidés.

Ses bandes finalement écrasées par des milices locales hâtivement mobilisées par la bourgeoisie de Vienne, il est fait prisonnier, livré aux bêtes fauves du cirque qui, ne le trouvant absolument pas à leur goût, le snobent ostensiblement. Le petit peuple éduen, massé dans l'arène, y voit un signe du ciel. Et s'il était, effectivement, un envoyé des dieux chargé de rendre à la Gaule son honneur et sa liberté ? La foule crie de plus en plus fort qu'il faut lui faire grâce. On en vient à l'acclamer. Les notables quittent précipitamment les tribunes d'honneur pour en référer en haut lieu. On s'inquiète d'autant plus que l'empereur autoproclamé, Vitellius, est alors présent à Lyon. Il faut réagir. Vite. Refermer le couvercle de la marmite. Ordre est donc donné aux gardes personnels de l'Auguste *bis* d'égorger le prophète. Ce qu'ils font en présence de l'usurpateur.

Un signe, cependant. Quelque chose couve. Ne dit-on pas que des députés gaulois envoyés en délégation à Vitellius par Othon, se réunissant un soir pour commenter les événements, ont fait le serment de ne jamais abandonner la cause de l'indépendance et de la liberté gauloises ?

On retrouvera comme des traces de la mise à mort de Maricus (ou Maric), épargné par les lions et achevé par les hommes, dans le mythe du martyre de sainte Blandine.

On perçoit là toute l'ambiguïté de la question gauloise, car de nombreux partisans de Maricus ont combattu derrière Vindex. Et l'on verra que des adversaires de Vindex relanceront le mouvement nationaliste gaulois. Beaucoup de Gaulois du Nord et de l'Est s'engageront dans un premier temps derrière Vitellius, ceux du Centre pro-Galba subiront les effets de leur vengeance, alors que ceux du Sud feront appel à Othon. Mais tous finiront par se ranger derrière un cinquième prétendant venu de Palestine : Vespasien ! Tout se passe comme si deux indépendantismes gaulois étaient condamnés à ne jamais parvenir à se rejoindre. À moins que...

CHAPITRE 9

Deux reîtres dans le chaudron gaulois

L'époque – ce qui caractérise généralement les temps troublés – était aux fidélités élastiques.

Vitellius, qui avait l'intelligence de son front de taureau, profita donc des talents de deux capitaines, « légats » de légions qui avaient l'un et l'autre d'abord fait allégeance à Galba. Fabius Valens avait, pour complaire à l'empereur défunt, concocté l'assassinat de Capito, qui commandait dans la région sous Néron. Mais il estimait ne pas en avoir été suffisamment récompensé. Alienus Caecina, lui, jeune, fringant et voyou sur les bords, avait été victime de la rectitude de l'empereur assassiné qui, découvrant quelques-unes de ses turpitudes, et malgré ses courtisaneries, l'avait fait poursuivre pour détournement d'argent public.

Tandis que Vitellius se remplissait la panse tout en baisant à tire-larigot, chacun des deux capitaines prit la tête d'une armée : l'une, sous Valens, entreprit de descendre les vallées de la Moselle, de la Saône et du Rhône ; l'autre, sous Caecina, de traverser le territoire helvète pour déboucher en Italie. Toutes les deux s'étaient préalablement grossies d'auxiliaires germains et gaulois.

Qui dit guerre, même civile, dit nerf de la guerre. Vitellius fit donc exécuter le procurateur-trésorier de la Gaule Belgique pour s'emparer de la caisse, c'est-à-dire des produits de l'impôt, grâce à quoi il arrosa le corps de centurions et se les mit dans la besace.

La suite fut épouvantable : derrière l'affrontement Vitellius-Othon, ce sont des règlements de compte intergaulois qui se généralisèrent. Les peuples qui avaient été punis par Galba pour ne pas s'être ralliés à Vindex se déchaînèrent contre ceux qui se flattaient, avec sans doute trop d'arrogance, d'avoir choisi le bon camp. Les Lingons envoyèrent même une délégation à l'armée du Rhin pour la supplier de satisfaire leur vindicte. (Mais, comme ils avaient malgré tout des têtes d'indigènes, certains soldats romains surexcités faillirent leur faire leur fête.)

Ainsi, quand Valens s'empare de Metz, capitale des Médiomatriques qui ont reçu des terres confisquées aux Trévires, aux exactions des légionnaires romains se payant du « Celte » s'ajoute la vengeance de Gaulois contre d'autres Gaulois. Le nombre des victimes se serait élevé à 4 000.

La violence gagne Toul. À quoi bon s'emparer d'une ville, si ce n'est pour se partager un butin ? Pillages, incendies, massacres : la terreur paralyse les velléités de résistance. On se rallie à Vitellius pour sauver et sa peau et les meubles. Les villes se livrent sans combat. À l'approche des troupes dissidentes, on envoie des délégations qui proposent armes, vivres, argent. On dépêche des femmes en pleurs, on mobilise des troupeaux d'enfants, on se prosterne le long des routes, on jonche le sol de pétales de fleurs, on sort les amphores et on étale la victuaille. On joue *La Kermesse héroïque*.

À Langres, les Lingons anti-Vindex et pro-Romains accueillent les soldats de Vitellius en héros. Mais les cohortes germano-bataves qui campent chez eux, et font la gueule, se prennent de querelle, pour un mot de trop ou un regard torve, avec les légionnaires. La bagarre tourne à la mêlée générale, chacun se mettant à frapper son voisin sans trop savoir pourquoi, si bien que même cette ville amie échappe de peu à l'embrasement.

Les Lyonnais, eux, prennent leur revanche : non seulement ils se précipitent dans les bras de Vitellius, mais ils l'incitent, en outre, à se montrer intraitable avec leurs ennemis intimes, ces Viennois qui ont soutenu Vindex. En réaction, et dans l'espoir d'acheter leur grâce, les Allobroges de Vienne inondent l'armée de Vitellius de fournitures. On se jette aux pieds des soldats pour implorer leur clémence. On leur tend des outres d'eau fraîche, des fruits, et même – car c'est déjà une spécialité gauloise – des cochonnailles, petits pâtés et gros boudins. Peine perdue ? En fait, les reîtres romains, à qui les Lyonnais ont expliqué qu'il y avait un fric fou à se faire en passant Vienne au peigne fin, ne se seraient jamais laissé attendrir si Fabius Valens, pour éviter une tragédie, ne leur avait fait distribuer 300 sesterces chacun.

Terreur dans les Alpes-Maritimes

Naturellement, on prétendra – et tout permet en effet de le penser – que l'humanité de Valens avait été achetée au prix fort. D'une façon générale, ce condottiere se faisait précéder d'agents spéciaux à sa solde qui expliquaient aux villes traversées que, pour échapper au pillage, il leur était recommandé de lui verser, à lui, Valens, de gré à gré, un dessous-de-table croquignolet. Il soutirait également, en passant, des bakchichs juteux aux gros propriétaires terriens, une main tendue, l'autre brandissant une torche. Il se contentait, quand les victimes n'étaient pas solvables, de la femme du maire ou de quelques prostituées.

La Narbonnaise, qui fut pro-Vindex, est traitée en pays conquis. Les villes de Luc et de Vaison sont ravagées, et les Voconces doivent payer rançon pour être épargnés.

Pendant ce temps, Caecina se coltine les Helvètes, sans excès de tendresse (le pays est mis à feu et à sang, y compris ce lieu féerique qui deviendra Évian), puis franchit le Saint-Bernard, habillé comme un Gaulois, avec pantalon large et tunique de toutes les couleurs cliquetant sous les colliers et les bracelets, à la stupéfaction des populations locales qui ne s'imaginaient pas ainsi un général romain. Il laisse derrière lui une Suisse martyrisée dont on a traité les habitants, les Helvètes, presque pour s'amuser, comme le gibier à l'issue des chasses à courre.

Encore les soldats de Vitellius, excédés par l'esprit de résistance que cette population avait manifesté, exigèrent-ils – Tacite *dixit* – « la destruction de la race helvète ». Mais ils s'attendrirent quand un député de ladite « race », rhéteur et comédien émérite, déploya une telle éloquence qu'il leur arracha des larmes, dont on serait en droit de préciser, pour le coup, qu'elles étaient de crocodile.

Il faudra attendre la mobilisation de l'Occident contre Attila pour voir se constituer une armée aussi hétéroclitement paneuropéenne que celle que Caecina conduisit en direction de Rome. Au fond, cette troupe multinationale composée d'Italiens, de Celtes, de Teutons, de Suèves, de Bretons, ressemblait à celle que Napoléon mènera, pour son malheur, jusqu'à Moscou.

Ce qui ne va pas sans provoquer, au rythme de la progression soldatesque, des bagarres qui se transforment immanquablement en affrontements ethniques. Tacite rapporte cet incident : deux soldats se défient à la lutte, un auxiliaire gaulois et un Romain de la 5e légion. Autour d'eux se pressent et font cercle des partisans de chaque protagoniste. Le Gaulois l'emporte. Aussitôt les légionnaires romains s'élancent, glaive en main, sur les auxiliaires, qu'ils taillent en pièces. Le lendemain, Vitellius se rend dans le camp et, loin de sanctionner les massacreurs, les félicite, à la grande fureur des Gaulois... que Vitellius renverra d'ailleurs chez eux après sa victoire.

Plus tard, quand les légions danubiennes et balkaniques seront entrées dans la danse, et surtout quand surgiront les troupes orientales de Vespasien renforcées d'Égyptiens, de Syriens, de Galates, de Mésopotamiens, de Cappadociens, un chroniqueur pourra écrire : « Il semblait que le monde entier se fût donné rendez-vous pour s'entr'égorger dans la plaine du Pô. »

Une région – on dirait aujourd'hui un département – subit plus que toute autre les outrages de cette double guerre civile entre Romains et entre Gaulois : les Alpes-Maritimes. Othon y avait envoyé des cohortes prétoriennes et urbaines pour y assaillir Fabius Valens sur ses arrières. Elles s'y livrèrent, bien que ce territoire fît partie à l'époque de l'Italie et non de la Gaule, à tous les excès. Tacite s'en est lamenté : « On eût dit qu'ils attaquaient des rivages étrangers, des villes ennemies, brûlant, dévastant et pillant. Ravages d'autant plus affreux que nulle part on ne s'était prémuni. Les maisons étaient ouvertes, les propriétaires accouraient avec femmes et enfants. »

Vintimille fut livrée aux flammes. De Nice, on voyait les incendies qui dansaient autour de la ville comme des guirlandes. D'Antibes jusqu'à Fréjus, un frisson parcourut ce pays qui ne connaissait de la guerre que ce qu'en décrivait Homère. La population, qui s'était procuré des armes d'occasion, tenta de réagir, mais les professionnels de l'armée « othonienne » en firent du petit bois. Effarées, les villes de Fréjus ou d'Aix, colonies romaines à l'origine, appelèrent Valens à l'aide. Lequel envoya des cohortes auxiliaires de fantassins tongres et de cavaliers trévires. Ces Gaulois du Nord étaient commandés par un certain Julius Classicus – un nom à retenir.

Chaque camp tente, en outre, de recruter des volontaires du cru, en particulier dans le pays niçois. Un affrontement se déroule non loin de la cité qui correspond aujourd'hui à la petite ville de Villeneuve-Loubet. Match nul. Les vitelliens se replient sur Antibes. La Corse, elle, passe d'un camp à l'autre. Le gouverneur en pince pour Vitellius. Il réunit les notables et leur fait cautionner son choix. Deux récalcitrants, dont un officier de marine, sont illico zigouillés. Mais quand la flotte d'Othon approche et que le gouverneur doit mobiliser ses administrés pour repousser l'envahisseur, ceux-ci, notables en tête, se retournent et il est zigouillé à son tour !

Si la fortune s'ouvrait à Caecina, Valens, lui, faillit payer très cher le prix de ses rapines. Confronté à un début de sédition au sein de ses troupes que tout poussait à l'anarchie, il s'essaya à rétablir la discipline. Il s'avança bravement vers ses hommes en ébullition. Mais les soldats, les siens, se ruèrent sur lui, le lapidèrent, le poursuivirent, tandis qu'il fuyait, en hurlant : « Voleur ! Rends-nous l'argent que tu as ramassé en route ! Le trésor de la Gaule n'est pas à toi, il est à nous qui nous battons pour toi ! »

Heureusement pour lui, Valens, soldat surentraîné, avait une bonne pointe de vitesse. Comme les mutins ne parvenaient pas à le rattraper, ils fouillèrent ses tentes, lui confisquèrent ses bagages et, de la pointe de leurs épées et de leurs javelots, sondèrent partout la terre pour découvrir où il avait bien pu dissimuler les fortunes qu'il avait amassées. Lui, déguisé en esclave, s'était caché chez un officier de cavalerie. De là, futé, il donna l'ordre au préfet du camp d'abolir toute règle de discipline et de renvoyer chez elles toutes les sentinelles. Aussitôt, ce fut un indescriptible capharnaüm. Du coup, affolés, déboussolés, les soldats supplièrent Valens, un Valens totalement défiguré, de revenir exercer son commandement. Et, quand il réapparut, ils lui firent fête !

CE N'EST PAS UNE ARMÉE. C'EST UNE PROCESSION

Mais que fait Othon, le nouvel empereur légal, le troisième, pendant ce temps ? D'abord – et c'est en vérité essentiel –, il fait diffuser sa bouille pour qu'on la reproduise autant que possible dans tous les recoins de l'Empire qu'il contrôle (ne serait-ce que sur les pièces de monnaie) et il fait envoyer un modèle à partir duquel les cités sont invitées à lui dresser des statues. Trait significatif, et qui témoigne de l'ancrage du néronisme dans la fraction la plus plébéienne de la population, il demande sans succès sa main à la veuve de Néron et fait restaurer les statues de Poppée, dont on rappellera qu'il la partagea avec le despote.

Mais les armées de Vitellius avancent : il faut rassembler les forces qu'on enverra leur barrer la route. Ce qui se déroule dans un tel désordre que les prétoriens croient que les officiers supérieurs, tribuns et centurions, préparent un putsch pour le compte du Sénat. Et de se précipiter au Palatin, où Othon donne un banquet tout en trucidant au passage – ce qui est devenu banal – quelques hauts gradés. Lesquels en arrivent à arracher leurs propres insignes afin de se faire passer pour de simples soldats. Lutte de classes au sein de la troupe. La soldatesque de base règle ses comptes avec l'armée d'en haut. Elle chasse ses officiers et élit leurs remplaçants. Un simple soldat devient même préfet du prétoire. Comme aurait dit Trotski : « La démocratie dans l'armée est toujours une démocratie armée. »

Ce qui amène Othon à prendre une initiative carnavalesque : il doit conduire ses troupes au-devant de celles de Vitellius, mais il redoute qu'on ne profite de son absence de Rome pour lui faire un enfant dans le dos. Alors il convoque les consuls, les sénateurs, les magistrats, les hauts fonctionnaires, les gros propriétaires, les prêtres et même le propre frère de Vitellius, et décide d'emmener tout ce beau monde avec lui. Moyen de les avoir sous contrôle. Aucun culte ne peut plus être célébré à Rome, parce qu'Othon en a embarqué tous les serviteurs.

On imagine le spectacle : l'armée othonienne ressemble à une fastueuse procession néronienne, au cortège nuptial d'une sommité. Les chariots de ravitaillement des légions se mélangent à des manières de carrosses dans lesquels de hauts personnages font assaut de luxe ostentatoire. La revue des troupes intègre un défilé de mode. Tacite en donne une description hallucinante : « Il ne manquait pas de gens qu'une stupide ambition poussait à acheter des armes splendides, des chevaux magnifiques, et certains, en guise d'équipement, allaient même jusqu'à exhiber le luxueux service des banquets de façon à exciter la sensualité. »

La rencontre doit se dérouler dans la plaine du Pô. Mais on change de camp comme de tunique. Si on trahit avec classe, on ne s'en étripe pas moins avec fureur. Valens et Caecina, chacun à la tête d'une armée aussi puissante qu'hétérogène et bigarrée, se tirent ostensiblement la bourre. Pourquoi est-on de ce côté-ci plutôt que de ce côté-là ? Il arrive qu'on n'en sache trop rien. Des fratries sont coupées en deux. Deux frères, l'un tribun des vigiles, l'autre préfet de camp, se retrouvent face à face. Résultat : ils sont soupçonnés de trahison tous les deux.

Des deux côtés, on s'invective : les vitelliens, qui prétendent représenter la virilité fruste de la base troufionne, traitent les othoniens de « saltimbanques », de « danseurs mondains », de « comédiens », de « tapettes ». En face, on assimile les vitelliens à une bande de sauvages mal dégrossis qui puent des pieds.

Scène mémorable : des auxiliaires germano-gaulois de Caecina sont attaqués par 2 000 gladiateurs mobilisés par

Othon. Le champ de bataille se transforme en arène, les prés d'alentour jouant le rôle de gradins. 100 000 hommes – pour une fois, le chiffre peut être considéré comme presque fiable – convergent vers Crémone. Parmi les officiers othoniens qui passent chez Vitellius, on signale un des défenseurs de la ville, un certain Cerialis, qu'on retrouvera plus tard en acteur principal d'une nouvelle guerre des Gaules.

Bien qu'inférieurs en nombre, les othoniens, que la lourdeur de leur équipement paralyse, attaquent, mais sans les corps d'élite qu'Othon, resté à l'arrière, a gardés avec lui. Une ruse va sceller le sort de la bataille : les vitelliens font courir le bruit qu'une grande partie de leur armée a fait défection. Les othoniens accueillent cette nouvelle avec enthousiasme, rompent les rangs, sortent de leurs retranchements... Les vitelliens, aussitôt, leur tombent en masse sur le râble. Les othoniens crient à la trahison et s'enfuient. Les vitelliens les poursuivent et ne font pas de quartier. Les soldats othoniens rescapés s'en prennent à leurs officiers. Passages à tabac, lynchages. Finalement, l'armée othonienne dépose les armes. On fraternise. On prête serment à Vitellius. Othon, informé de la débandade par des fuyards, décide de se suicider. Certains de ses partisans le suivront dans la mort.

Cette crapule tire sa révérence de façon très classe : « Ajoutons cette nuit à notre vie », déclare-t-il avant de s'endormir profondément dans une chambre dont il a laissé la porte grande ouverte. Puis, frais et dispos, il se poignarde. Il aura droit à de dignes obsèques.

Pour l'anecdote : un groupe de soldats othoniens, refusant la défaite, repèrent la présence de Rufus, le vainqueur de Vindex, le coincent dans une pièce et se proposent (c'est la troisième fois) de le proclamer empereur. Mais il s'échappe par une porte de service.

En avril 69, Rome se rallie au triomphateur.

Vittelius à la tête d'une techno-parade

Vitellius, lui, était prudemment resté en Gaule. Informé de la victoire, il prend à son tour le chemin de Rome, non sans avoir fait accorder une promotion à son affranchi, Asiaticus, qui est aussi son amant.

D'abord, tandis qu'il descend la Saône, il persévère dans son cinéma qui consiste à se présenter quasiment comme un miséreux. Mais, arrivé à Lyon, où l'accueillent des Gaulois un temps réconciliés, le gouverneur lui explique qu'un tel étalage de modestie n'est absolument pas digne d'un empereur de son niveau. Il met donc à sa disposition un palais et le dote d'une escorte presque caricaturalement impériale. Mal lui en a pris, car Vitellius, à qui cette condescendance a fait honte, obtiendra qu'on empoisonne l'insolent.

Après quoi, il suit son conseil avec un tel zèle que sa marche militaire se transforme à son tour en parade de satrape oriental. Il met cependant du temps avant de démarrer. À Lyon, il se trouve comme un coq en pâte. Il ne veut pas en partir. Il y a déjà organisé une cour. Rome n'est plus dans Rome, elle est dans Lyon puisqu'il y trône. On vient de partout lui rendre hommage, vainqueurs et vaincus mélangés. Toute la Gaule se presse dans les antichambres du palais et chaque tribu met en avant, non plus ses guerriers, mais ses courtisans. Comme l'écrivit Camille Jullian : « L'unité du pays [la Gaule] et l'obéissance du monde, un instant brisées par la guerre civile, se refaisaient sur le plateau de Fourvière. »

Caecina et Valens doivent venir dans la cité rhodanienne apporter les trophées qui témoignent de leurs triomphes. On les couvre de décorations. À l'occasion d'une cérémonie que Néron n'eût pas méprisée, l'empereur, affalé sur un trône, les fait s'asseoir à ses côtés et les presse ostensiblement sur son cœur. Sur ce, il présente son fils à l'armée et – c'est toujours ça de fait ! – lui épingle les insignes impériaux. Après quoi, entre deux combats de gladiateurs, humains et bêtes sacrifiés à la même fatuité délirante, il enchaîne les gueuletons ou plutôt, pour citer le même Jullian, « les débauches de la table », comme seul ensuite Rabelais en imagina quand il fit se goberger Gargantua et Pantagruel.

Rassasié d'encens, de compliments et de sauces, il s'oblige enfin à partir pour Rome. À mesure qu'il progresse vers la capitale de l'Empire, sa sobriété feinte se métamorphose en un précipité de goinfrerie effrontée se vautrant dans l'appareillage de la plus effrénée luxure. On avance au rythme des banquets interminables, aussi arrosés qu'une exploitation agricole du Néguev. Ce n'est pas une troupe qui progresse, c'est une orgie qui déambule. À en croire Suétone, l'usurpateur faisait volontiers quatre repas par jour : déjeuner, dîner, souper, puis orgie, après quoi il se faisait vomir pour récupérer.

À son arrivée à Rome, son frère servira une bouffe géante de 2 000 poissons et 7 000 oiseaux.

Au cours de l'un de ces festins, l'increvable Rufus ressurgit. De passage à Pavie, Vitellius l'avait convié à sa table. Un des esclaves du vainqueur de Vindex s'approcha de trop près du nouvel Augustissime. « On veut assassiner notre empereur ! » hurla un soldat. Et ses compagnons d'armes de se ruer sur Rufus et son valet pour les découper en rondelles. L'exécution sauvage fut évitée de justesse.

« Plus Vitellius approchait de Rome, rapporte Tacite, plus sa marche se dissolvait, les soldats y côtoyaient des histrions, des bandes d'eunuques et tout ce à quoi nous avait habitués la cour de Néron. » Et d'ajouter : « Les vitelliens souillaient tout sur leur passage, accumulant les vols, les viols et les pillages. Rien ne les arrêtait quand il s'agissait d'assouvir leurs plaisirs. Ils ne respectaient rien, pas même le plus sacré. » Il suffit, à Turin, que des auxiliaires germains se prennent de bec avec un boutiquier pour que la querelle tourne à la baston généralisée et que la ville, après mise à sac, soit presque intégralement incendiée. Tacite encore : « Pour ce qui était de casser du civil, le légionnaire romain et les auxiliaires gaulois ou germains n'avaient aucun problème pour agir de concert. » Des civils en arrivaient même à se déguiser en soldats pour pouvoir régler quelques comptes personnels !

Après la bataille de Crémone, on n'avait pas hésité à déchiqueter des cadavres pour leur arracher plus vite le moindre objet de valeur qu'ils portaient sur eux. On mit volontiers, à Rome, cette bestialité sur le compte des supplétifs gaulois ou germains. Ces gens-là sont vraiment des sauvages ! La suite montrera que les Romains de pure souche n'avaient besoin d'aucun renfort pour faire assaut d'atrocités. N'est-ce pas Vitellius lui-même, Romain s'il en fut, qui, devant le spectacle hideux du champ de bataille de Crémone, avait déclaré : « Le cadavre d'un ennemi sent toujours bon... surtout si c'est un Romain » ?

Reste que l'entrée de Vitellius à Rome, comme le choléra entra à Marseille (les sénateurs, toujours aussi serviles, se précipitèrent évidemment à sa rencontre), traumatisa durablement la population. Ce fut – du moins le ressentit-elle comme cela – la première occupation « barbare » de la ville. Les Gaulois de Brennus, quatre siècles plus tôt, avaient échoué à s'emparer du Capitole ; cette fois, flanqués de Germains, ils étaient comme maîtres de toute la cité. C'était certes exagéré, mais l'armée de Vitellius s'assurant le contrôle de Rome était effectivement forte de douze ailes de cavalerie et de trente-quatre cohortes auxiliaires constituées de Bataves, de Trévires, de Lingons, de Tongres, de Bretons, c'est-à-dire d'une majorité de Gaulois... et de Germains qui, toujours selon Tacite, couraient dans tous les sens vêtus de peaux de bête, armés d'immenses piques, gauches, paumés, et s'en prenant à tout civil qui les regardait de travers. En plus, ces valeureux « harkis » tombaient comme des mouches, vaincus par la chaleur moite et achevés par la consommation d'eau croupie. Tacite, en bon impérialiste romain, ne dissimule rien de ce qu'il pense des ethnies inférieures : « Les Germains et les Gaulois, prédisposés aux maladies, se ruinaient la santé en abusant des baignades dans le Tibre parce que la chaleur leur était insupportable. » En outre, « les délices de Rome, qui les incitaient aux pires excès, énervaient leur corps ».

La tragédie aurait pu s'arrêter là. La Gaule n'avait-elle pas été assez martyrisée ? Hélas, trois actes seulement s'étaient déroulés ; il en restait encore deux à venir. Les pires !

CHAPITRE 10

Apocalypse à Rome

L'acteur vedette des deux derniers actes s'appelle Vespasien – Titus Flavius Vespasianus – et il est chargé de réprimer la révolte des Juifs de Palestine.

Lui aussi avait fait partie de la cour de Néron, mais, on l'a dit, il avait été expédié au loin, après avoir eu le front de s'endormir au cours d'un spectacle dans lequel se produisait le psychopathe.

Contrairement à la rébellion de Vindex, l'insurrection en Judée affichait son caractère nationaliste et ethnico-religieux. Elle avait éclaté en 64, après que le procurateur Gessius Florus, un incompétent notoire, eut, sous prétexte de difficultés économiques, confisqué une partie du trésor du grand temple de Jérusalem, puis brutalement réprimé le mouvement de protestation qui s'en était suivi. Elle s'était étendue, cette révolte, à tout le pays et même à Alexandrie, en Égypte, où deux quartiers sur cinq étaient majoritairement peuplés de Juifs. La fraction la plus radicale des rebelles, représentée par la secte des « zélotes », en avait rapidement assuré la direction, s'en prenant aussi bien aux soldats romains qu'aux « collabos » juifs, qui tombèrent nombreux sous les coups de leurs « sicaires ». Comme en Bretagne, les occupants avaient été isolés dans leurs garnisons, puis massacrés, ainsi d'ailleurs que beaucoup de grands prêtres restés favorables aux Romains.

Le peuple juif était en effet, à l'époque, divisé en plusieurs sensibilités : si les zélotes, messianiques et nationalistes, ainsi que les esséniens, à tendance eschatologique et manichéenne (attente de la victoire définitive du bien sur le mal), participaient massivement à la résistance, les pharisiens, plus traditionalistes – ce pourquoi ils influençaient de nombreux rabbins –, étaient mitigés et, surtout, les sadducéens, dont se réclamaient les grandes familles sacerdotales, se distanciaient clairement de la révolte.

Le légat de Syrie, chargé d'écraser la rébellion, avait pris une pilée, d'où, en février 67, l'envoi de Vespasien secondé par son fils Titus, celui-là même aux beaux yeux duquel une princesse juive palestinienne, Bérénice, fut une Chimène avant de devenir une Chimère.

Plus tard, ce Titus sera un grand empereur, mais l'Histoire a surtout retenu qu'en 70 il s'empara de Jérusalem et en détruisit le temple (reconstruit par Hérode) dont Pompée avait, un siècle plus tôt, exterminé les servants.

Soixante-deux ans plus tard, une nouvelle révolte, celle de Bar Kocheba, permettra un temps aux Juifs de reconquérir Jérusalem mais, en réaction, l'empereur Hadrien la transformera en capitale païenne dédiée à Jupiter Capitolin.

Vespasien avait-il été informé des projets de Vindex ? Les avait-il approuvés ? Son chroniqueur officiel, Flavius Josèphe, un nationaliste juif passé dans le camp romain et surtout dans celui de Vespasien – qui, de retour à Rome, le logera même dans son palais –, répond par l'affirmative. Ce qui ne constitue pas une preuve suffisante.

Quand il apprit la mort de Néron, Vespasien envoya cependant son fils Titus dans la capitale pour saluer Galba et prendre ses ordres. Mais, lorsque ce Titus apprit l'assassinat du nouvel empereur, il rebroussa aussitôt chemin. Une idée lui était apparemment venue à l'esprit : trois empereurs en quelques mois, bientôt quatre, pourquoi pas cinq ? Et puisque chaque armée poussait son champion, eh bien ! pourquoi les armées d'Orient ne pousseraient-elles pas le leur ?

C'est du moins la suggestion que Titus va souffler, dès son retour en Palestine, aux oreilles de Vespasien. Il a pu, en chemin, prendre la mesure de ce qui ressemble à un délitement de l'Empire, car, faisant escale dans les Cyclades, il y a croisé cet individu évoqué plus haut, un esclave affranchi, qui, parce qu'il chantait et jouait de la cithare, avait réussi à se faire passer pour Néron, un Néron rescapé, et à mobiliser une foule de partisans recrutés parmi les déserteurs, les permissionnaires, les marginaux et les esclaves. Les tribulations de cet imposteur avaient dû créer une certaine émotion à Rome, puisqu'on y envoya son cadavre pour la rassurer.

Apparemment, Vespasien, bien que la plupart de ses officiers et le gouverneur de Syrie l'aient incité à franchir le pas, hésita. Dans un premier temps, une fois Othon autoliquidé, il a même reconnu Vitellius. Selon Flavius Josèphe, il avait fallu que ses propres soldats le menacent pour qu'il se laisse proclamer empereur… On n'en croit évidemment rien. Même si les centurions engagés dans une guerre éprouvante et meurtrière contre les rebelles juifs considéraient, effectivement, que les prétoriens de Rome étaient des planqués.

En fait, Vespasien avait préparé son coup, ne serait-ce qu'en faisant diffuser par ses « services d'action psychologique » la rumeur selon laquelle les soldats des armées d'Orient pourraient être transférés sur le Rhin et en Gaule pour relever les troupes qui avaient suivi Vitellius. La Gaule, ses brouillards, ses froidures et ses pluies continuelles (on n'avait pas encore décrété que le climat y était tempéré) : misère ! C'était comme transférer un Niçois à Hénin-Beaumont, un Sicilien en Laponie.

De toute façon, la situation était mûre. Le légat de Syrie et le préfet d'Égypte Alexander (beau-frère de Bérénice) s'étaient ralliés à une candidature Vespasien, ainsi que les représentants des provinces de culture grecque réunis à Beyrouth. L'Orient contre l'Occident, en quelque sorte. Quand les légions balkaniques et danubiennes – dont l'une, la 3e, était commandée par un certain Aurelius Fulnus, originaire de Nîmes – basculèrent à leur tour du côté de Vespasien, parce qu'elles jalousaient les trop prestigieuses armées du Rhin, l'affaire était dans le sac.

Cette fois, *a priori* – mais ce n'était qu'un intermède –, la Gaule se situait hors du champ de bataille. Encore que les Gaulois qui, ayant soutenu Vindex, avaient subi les foudres de Vitellius, les Éduens et les Arvernes en particulier, eurent tendance à prendre très vite le parti de Vespasien. Des tracts et des messages en sa faveur avaient été répandus en Gaule et jusque dans quelques garnisons de l'armée du Rhin, mais quand un soldat ou un centurion était surpris à en détenir ou à en distribuer, il était envoyé à Vitellius, qui le faisait immédiatement exécuter.

TUEZ-LES TOUS, JUPITER RECONNAÎTRA LES SIENS

Ceux qui avaient aimé la rivalité des deux généraux de Vitellius, Valens et Caecina, adorèrent la concurrence que se livrèrent les deux capitaines de Vespasien, le légat de Syrie Mucien et Antonius Primus, surnommé « Bec » ou « Nez crochu », mais dont Tacite écrivait qu'il était « dans la paix un détestable citoyen, dans la guerre un chef remarquable ». Ce dernier, d'origine toulousaine, qui, sous Néron, avait été chassé du Sénat pour une affaire de faux testament, avait été dédaigné à la fois par Othon et par

Vitellius, ce pourquoi il s'était rallié, faute de mieux, à Vespasien avec sa légion de Pannonie (ex-Yougoslavie).

Vespasien ne cherchait pas l'affrontement direct, préférant étouffer peu à peu le camp Vitellius. Mais Antonius Primus contrevint aux ordres, fit irruption en Italie et y engagea les hostilités. Avec d'autant plus d'entrain que, dans le camp adverse, Caecina démoralisé avait fait défection. Ses troupes étaient certes restées fidèles à Vitellius, mais étaient privées de chef.

Le hasard ne fait pas toujours bien les choses : la bataille opposant l'armée de Vespasien à celle de Vitellius se déroula presque au même endroit, non loin de Crémone, dans la plaine du Pô, que celle qui avait mis aux prises l'armée de Vitellius et celle d'Othon. Un nouveau carnage. Les chroniqueurs du temps décomptèrent 50 000 morts. Chiffre évidemment exagéré, mais qui témoigne de la consternation que suscita une telle tuerie. Crémone, soumise à quatre jours d'essorage ponctués d'incendies, fut quasiment réduite en poussière. Comme un vol de rapaces entourés d'une nuée de sauterelles, des dizaines de milliers de militaires, d'auxiliaires, de vivandiers, de valets d'armes, de domestiques, d'esclaves, de détrousseurs de cadavres, de nettoyeurs de champs de bataille, s'abattirent sur la ville. On la déchiqueta, on la dépeça, on la broya. Les temples furent dévalisés, les maisons particulières passées au peigne fin dès lors qu'elles affichaient bonne mine. Après quoi, on les faisait flamber à l'aide de torches qui, brandies par les pilleurs en armes, dessinaient dans la nuit de sinistres sarabandes. Quand un gradé se risquait à rappeler les règles de la discipline, on entrechoquait glaives et boucliers pour couvrir sa voix. De toute façon, on ne savait plus, dans cette mélasse, qui était qui et qui commandait quoi. Quand un propriétaire n'offrait pas aux assaillants le trésor espéré, on le torturait, au mieux en lui brûlant la plante des pieds, pour lui faire révéler la cachette. Résumé de Tacite : « Ni le rang, ni l'âge, ni le sexe, ne constituait une protection ; on mêlait le viol au meurtre et le meurtre au viol. »

Pourquoi le général de Vespasien, le Toulousain Antonius Primus, laissa-t-il faire ? Pourquoi n'empêcha-t-il pas qu'on massacre les prisonniers, et même qu'on vende des habitants de Crémone – des Italiens – comme esclaves ? Sans doute pour provoquer, dans toute l'Italie du Nord, des réactions de terreur qui inciteraient les villes à se rendre sans résistance à ses troupes. L'utilisation systématique d'auxiliaires « barbares » y contribuait, mais il s'agissait en l'occurrence moins de Gaulois que de cavaliers sarmates, que l'on pourrait rattacher aux Scythes d'Asie centrale. Effet garanti !

Lorsque le soleil se leva sur le champ de bataille de Crémone, des soldats originaires de Syrie tombèrent à genoux et saluèrent, les bras grands ouverts, l'apparition de l'astre divin, Mitra, dont le culte commençait à se répandre en Italie et même en Gaule, préfigurant certains aspects du christianisme (les chrétiens choisiront, pour fêter Noël, la date du 25 décembre, correspondant à la célébration païenne du « Soleil invaincu »).

D'autres bidasses feront preuve d'un plus basique matérialisme. Comme ils avaient parcouru à pied d'énormes distances, ils exigèrent, le lendemain de cette victoire, qu'on leur rembourse, sous forme d'indemnités, leurs frais de chaussures à clous.

Juste avant le dénouement de ce quatrième acte, la Gaule faillit redevenir un espace d'affrontements. Après la quasi-extermination de l'armée de Caecina, lâchée par son chef, Valens tenta un débarquement sur les côtes de la Narbonnaise, qui s'était ralliée à Vespasien. Il fit irruption à Monaco et caressa le projet de pénétrer en Gaule pour y rassembler tout ce qu'il pourrait trouver de mobilisable – militaires, civils, déserteurs, bandits, paysans, esclaves révoltés, auxiliaires, Celtes, Germains ou Ibères –, et lancer cette masse hétéroclite à l'assaut de l'Italie pour le compte de Vitellius. Mais, rejeté par une tempête sur les îles d'Hyères, il fut fait prisonnier et livré à ses ennemis.

Fin de l'aventure de Vitellius ? Non, car les troupes de Germanie lui restaient fidèles ; il tenait toujours Rome avec 15 000 hommes, renforcés d'auxiliaires germains et de vigiles recrutés de gauche à droite, y compris des gladiateurs. Et, surtout, les deux généraux de Vespasien, Mucien et Antonius Primus, maladivement jaloux l'un de l'autre, en venaient presque aux mains. Il fallut nommer un nouveau commandant en chef en la personne de ce Pertilius Cerialis, déjà aperçu, et qui va bientôt jouer un rôle majeur dans l'histoire des Gaules.

Guerre sacrale à Rome

Vitellius n'a qu'une obsession : que les habitants de Rome ignorent à quel point sa situation militaire s'est dégradée. Qu'on les informe de ses déconvenues, et ils le lâcheront. D'où la traque des informateurs potentiels, la chasse aux rumeurs et la neutralisation des hypothétiques messagers qui viendraient du camp d'en face. Des prisonniers, relâchés par l'ennemi pour rapporter ce dont ils ont été témoins, sont aussitôt interceptés, interrogés et exécutés. Un murmure devient une trahison. Hantise de l'information qui tue. Le silence ou la mort.

Peine perdue. D'autant que l'ennemi est déjà dans la place. Le propre frère de Vespasien, Flavius Sabinus, préfet de la ville, fait passer des messages : une abdication contre la vie sauve, de l'argent, une chouette retraite au bord de la mer et une armée de domestiques.

Vitellius craque. À une foule de soldats venus le supplier de tenir bon, il annonce qu'il met les pouces. Clameurs, hurlements : « Non ! Non ! Ne nous lâche pas ! On est avec toi ! » Et, surtout, ce qui n'est pas formulé expressément : « Si tu coules, qu'est-ce qu'on devient ? » Les soldats de l'armée du Rhin et ceux de leurs auxiliaires germains ou gaulois qui les ont suivis jusqu'à Rome, mais aussi les prétoriens, savent qu'on leur fera payer, les uns leur rébellion, les autres l'assassinat de Galba.

Cependant, au-delà de cette crispation militaire, c'est un clivage plus profond, plus ambigu également, qui se dessine : une grande partie de la plèbe urbaine se retrouve dans le « populisme » fruste et trivial, brut de décoffrage, de Vitellius. Peut-être aime-t-elle en lui un Néron de caniveau, comme on parle de presse de caniveau, c'est-à-dire le Néron des courses de chars côté tribunes populaires, mais débarrassé de tout intellectualisme décadent. Comment comprendre, autrement, la forme inouïe, dantesque, cataclysmique que va prendre la chute du goinfre ?

Porté en triomphe par sa garde, il reprend sa démission. La nuit lui portera conseil. Le lendemain, vêtu comme lorsqu'il devait quitter Rome pour Cologne en affectant une pauvreté ostentatoire, il réitère – il « ânonne », selon les témoins –, du haut d'une tribune, sa déclaration d'abdication. Et la même cause produit le même effet. Militaires et civils mélangés le supplient de ne pas se laisser abattre, de se battre jusqu'au bout, de ne pas les abandonner à la vindicte des hordes orientales. De nouveau, il se ravise.

Mais l'élite sociale, elle, a choisi l'autre camp. Elle se presse dans la demeure de Flavius Sabinus, le frère aîné de Vespasien, qui réside au pied du Quirinal : l'aristocratie sénatoriale y côtoie les chevaliers, gratin de la classe moyenne, des centurions et des gradés de la police. On communie dans la même espérance de « libération ». On s'alarme cependant : d'inquiétants attroupements se forment ; des légionnaires de l'armée du Rhin, flanqués d'éléments germaniques en sinistre goguette, quadrillent la ville ; la foule, comme électrisée, s'ébroue dans tous les sens, émulation brownienne ; des groupes antagonistes se toisent, se frottent, se défient, se lancent à la figure des boules puantes verbales. Sabinus prend peur. Il décide, avec ses enfants, son neveu Domitien, des sénateurs, un consul, le chef de la police urbaine, de se retirer sur le Capitole.

Initiative folle. Cette fois, la barbarie va submerger l'espace sacré qui avait échappé aux Gaulois de Brennus. Le symbole même de l'élite se retranchant sur les cimes, du sommet qui privatise le sommet, du haut qui s'enferme dans son mépris du bas, exacerbe un peu plus cette dégénérescence de guerre civile et sociale qui rappelle les pires heures des affrontements entre les partisans de Marius et ceux de Sylla.

L'assaut est donné : le Capitole brûle. Domitien, l'autre frère de Vespasien, parvient à s'enfuir comme dans un film de Gérard Oury : déguisé en prêtre du culte égyptien d'Isis, il se fond dans une procession religieuse et se dissout ainsi au sein du chaos.

Rebelote à la Curie. Vitellius, en un énième retournement, affronte la haute magistrature sénatoriale. Scène de Grand Guignol. Il affirme assumer toutes les conséquences de la tragédie qu'il a provoquée, tend un poignard, interpelle les Pères conscrits, tel un fantôme boudiné dans sa toge, et les invite à l'immoler au dieu de la paix civile. Toujours aussi courageux, les sénateurs présents se récrient. La foule, de nouveau, explosant en slogans et s'abîmant en lamentations mouillées de pleurs, refuse son retrait, comme si elle en avait fait son otage. La scène se renouvelle sur le Palatin. L'empereur d'un jour supplie qu'on le laisse prendre du champ, s'installer en Campanie. Pas question ! Son propre frère appelle à la poursuite des combats. Et, quand on apprend que deux colonnes de l'armée vespasienne approchent de Rome, l'une commandée par Cerialis, l'autre par Antonius Primus, une partie de la population court aux armes.

Négocier une trêve ? Les délégations qui la quémandent sont prises à partie ou repoussées par les deux camps. Parmi ceux qui cherchent à jouter les bons offices, un certain Musonius, penseur et stoïcien, banni par Néron. Aux assaillants, il entreprend de chanter les bienfaits de la concorde civile et de les initier à quelques notions philosophiques. Au début ça amuse, rapidement ça ennuie, bientôt ça énerve – « Il n'eut pas manqué, rapporte Tacite, d'être bousculé et piétiné par les soldats si, sur les conseils des plus modérés et devant les menaces des autres, il n'avait mis un terme à son intempestive sagesse. » Pourtant, Antonius Primus ne veut pas revivre la tragédie de Crémone qui, à ses dépens, a fait horreur à toute l'Italie. S'il ne tenait qu'à lui, ses troupes s'abstiendraient de pénétrer dans le chaudron romain. Mais s'arrêter devant Rome ? Devant la ville la plus opulente de l'univers, renoncer aux richesses qu'elle recèle et étale ? Avoir crapahuté jusque-là pour faire la fine bouche devant le gros lot ? Les soldats – et les auxiliaires encore moins – ne l'envisagent pas un instant. Ils ne l'entendent d'aucune oreille. On entrera donc, par trois colonnes, dans la cité impériale. Et, comme Antonius Primus le redoutait, ce sera effroyable.

Quelle belle tuerie, ma chère !

Jamais encore Rome n'avait connu une guerre de rues d'une telle férocité. Comble de l'humour noir, cette furie se déchaîne parallèlement aux festivités des Saturnales, qui se déroulent au même moment. Tacite n'eut pas à forcer son talent : têtes coupées et cadavres déchiquetés d'un côté, putes en transe et partouzes échevelées de l'autre ; aboiements guerriers et rires gras jaillissant des tavernes ; le sang coulant des blessures et l'eau chaude frémissant dans les bains publics ; le crime main dans la main avec la lubricité, la fureur enlaçant le vice, l'atroce côtoyant le libidineux. On saigne autant qu'on boit. On baise autant qu'on tue. On égorge, on dégorge. On éventre aux enchères. On se marre autant qu'on se meurt. Syncrétisme sauvage : ici, on montre qu'on a des couilles ; là, on les exhibe – on massacre dans une rue, on fornique dans celle d'â côté. Deux formes d'ivresse, ou plutôt de soûlerie, se font la courte échelle ; les deux vont rouler à terre. Et vomir ses tripes. Le rouge est mis partout, dans les verres et hors des veines.

C'est encore Tacite qui rapporte que des civils faisaient cercle autour des affrontements comme s'il s'agissait de combats de coqs ou de jeux du cirque, et applaudissaient ou encourageaient, à tour de rôle, ceux qui, d'un camp comme de l'autre, leur semblaient avoir accompli un exploit.

Quand leur attitude n'était pas plus ignoble encore. « Si l'un des deux partis fléchissait et si l'un de ses combattants s'était caché dans quelque coin, le peuple exigeait qu'on l'en arrachât, qu'on l'achevât, et se partageait ses dépouilles. » Bacchanale de sexe et de sang. Effarante compétition de bassesses. « Là, là, il est caché là ! », « Bravo, bravo, achevez-le ! », « Rattrapez-le ! Tuez-le ! »

Quand il avait pris conscience que tout était perdu, Vitellius s'était caché dans une loge de concierge. D'où l'on vint l'extraire après que ses propres amis l'eurent dénoncé. « Ceux qui avaient trahi Galba le livrèrent à Vespasien », constate Tacite. Suétone décrit la scène : on lui lie les mains derrière le dos, on lui passe une corde au cou, on déchire ses vêtements, on le traîne jusqu'au Forum en l'insultant, on lui jette des ordures et de la boue au visage, on le contraint, en pointant une épée sur sa gorge, à lever la tête, on le pousse au pied des marches des Gémonies, lieu d'exécution qui vit périr Vercingétorix, on le frappe, on lui crache dessus, il tombe sous les coups, on l'achève, on remorque son cadavre démantelé à l'aide d'un croc et on le jette dans le Tibre.

Cher payé pour le seul plaisir d'un règne si court.

On ne s'en tint évidemment pas là. L'exécution du frère et du fils de Vitellius, ce dernier âgé de huit ans, s'apparenta à une formalité. Après quoi, on fit le ménage. À en croire Tacite, on égorgeait un peu partout, au hasard des rencontres, on traînait des suspects hors de leur cachette et on les abattait sur place. Surtout, on faisait la chasse aux supplétifs barbares, germains ou gaulois, accusés en bloc de s'être mis au service de Vitellius.

Cette fois, c'est Flavius Josèphe lui-même, peu suspect d'être hostile au parti de Vespasien, qui en fait le constat, après avoir très exagérément estimé à 50 000 le nombre de victimes : « Apercevait-on quelqu'un de haute taille et d'allure jeune [des auxiliaires gaulois certainement], qu'on le massacrait instantanément, soldat ou civil sans distinction. »

Comme on n'en était plus à un règlement de compte près, Vespasien, une fois proclamé empereur – le cinquième ! –, fit exécuter les assassins de Galba. On avait retrouvé la lettre dans laquelle ces imprudents, ou ces écervelés, revendiquaient le crime et demandaient à Othon une récompense.

Antonius Primus, écarté par Mucien, fut mis à la retraite d'office et regagna, pour finir son existence, la ville où il était né : Toulouse. Ses troupes, elles, furent remobilisées, car la tragédie n'était pas terminée. Il restait à interpréter le dernier acte. Le plus dramatique peut-être. Et la Gaule, cette fois, en fut le seul théâtre.

Arrêt sur carnage : si l'on se fie aux récits des historiens romains, tout affrontement armé s'achève par le massacre, voire l'extermination, de l'armée vaincue. Civils compris quand ceux-ci, vieillards, femmes et enfants, suivent les armées. Ici, 20 000 tués ; là, 15 ou 20 000. Si l'on recense les victimes que sont censées avoir faites les différentes batailles qui ont ponctué la période 68-70, il en résulte qu'elles sont plus nombreuses que les soldats qu'étaient capables d'aligner l'ensemble des parties en présence. On en conclura que les termes « carnage », « massacre », « extermination », ainsi que le chiffrage qui les sous-tend, ne renvoient qu'à une manière purement rhétorique de dire qu'un combat fut particulièrement meurtrier.

Reste une inconnue. On se bat au glaive, au javelot, parfois à la lance, et non au canon ou au fusil d'assaut. Les blessés sont donc beaucoup plus nombreux que les morts. Or, il n'en est jamais fait état. Ils sont donc comptabilisés avec les morts. Mais que deviennent-ils vraiment ? Sont-ils relevés du champ de bataille ? Y a-t-il des services adéquats, c'est-à-dire des sortes de brancardiers ? Comment et où les soigne-t-on ? Et, surtout, les soigne-t-on ? Les gradés sans doute, mais les simples soldats ? Et, enfin, achève-t-on ou laisse-t-on mourir sur place les blessés de l'ennemi ?

CHAPITRE 11

Le réveil de la Gaule libre

Dès le départ, les partisans de Vespasien menèrent une véritable guerre psychologique en inondant l'armée du Rhin et la Gaule de messages incitant telle ou telle personnalité à se rallier à leur cause. C'est ainsi que l'une de ces lettres, qui fut interceptée par les agents de Vitellius, avait été envoyée par Antonius Primus à un chef d'unité d'auxiliaires bataves nommé Julius Civilis. Elle fut lue sur le front des troupes de légionnaires rhénans, qui en furent d'autant plus indignés qu'elle s'adressait à ce Civilis comme à un sympathisant et contenait des remarques plutôt aigres à l'endroit de l'armée de Germanie.

Qui était donc ce Civilis et qu'appelait-on les « Bataves » ? Les Bataves (nom qui signifiait « les meilleurs ») étaient un peuple qui s'était installé dans une île à l'embouchure du Rhin, formée par deux bras du fleuve, à l'extrémité donc de la côte gauloise. Il semble que, constituant à l'origine une élite guerrière de la tribu germaine des Chattes (que Jules César identifiait aux Suèves), ils en aient été chassés par une rébellion intestine et se soient repliés en ces lieux alors inhospitaliers et inhabités. Eux-mêmes ne se considéraient pas comme de purs Germains, mais, tels les Chattes, ils se fondirent deux siècles plus tard dans un conglomérat plus large qu'on appellera les « Francs ». Si bien que ce sont des « Francs » avant la lettre qui, comme nous allons le constater, provoquèrent le plus vaste soulèvement national que la Gaule ait connu depuis la défaite de Vercingétorix, et qu'en cela ils participèrent à un double titre à l'invention de la France.

Guerriers redoutés, cavaliers émérites spécialisés dans la traversée des fleuves, les Bataves, qui ne payaient que l'impôt du sang, fournissaient aux troupes romaines leurs meilleurs corps auxiliaires. Leurs unités, ethniquement homogènes comme celles des Trévires, conservaient le privilège d'être commandées par leur prince, ce qui était le cas de Civilis, « issu d'une race royale » selon Tacite, et placé à la tête d'une cohorte auxiliaire entièrement batave. Ce qui ne l'empêchait nullement de porter le titre envié de « citoyen » et d'officier romain. Ne se prénommait-il pas lui aussi Julius, en hommage à la lignée de César ? Or, seuls des empereurs pouvaient en accorder le droit.

Les habitants du petit pays batave n'étaient pas plus de 35 000, mais de 5 000 à 8 000 d'entre eux servaient dans l'armée romaine et se battaient sur tous les fronts, y compris dans la garde impériale avant que Galba ne la licencie – ce qui ne leur mit pas de baume au cœur. Ainsi, la 14e légion romaine, rapatriée de (Grande) Bretagne par Néron pour combattre Vindex, comprenait huit cohortes de Bataves… qui d'ailleurs, on l'a vu, firent preuve d'un certain mauvais esprit. Apparemment – cette précision est importante –, ils avaient pris parti contre Néron (peut-être justement à l'instigation de Civilis), alors que les légionnaires de l'armée du Rhin restaient fidèles au tyran. La cavalerie batave finira par être utilisée contre Vindex, mais Civilis le déplorera (il en fera d'ailleurs, plus tard, les frais). « La Gaule, regrettera-t-il, a finalement succombé sous ses propres coups et ses propres forces. » Son frère semble s'être opposé plus fermement encore à cette participation à la guerre contre Vindex.

De tout cela, on n'a certes pas de preuves absolues. Sauf que le chef de l'armée de Germanie inférieure, le néronien Capito (celui-là même que Fabius Valens fera déquiller par un séide), fit arrêter Julius Civilis et son frère Julius Paulus pour rébellion et trahison : Paulus sera jugé et exécuté, tandis que Civilis sera envoyé enchaîné à la cour de Néron. Galba le fera relâcher, ce qui milite en faveur de son engagement pro-Vindex et antinéronien. On le renvoie alors dans l'armée du Rhin. Peut-être lui a-t-on demandé de raccompagner, et de surveiller, les auxiliaires bataves licenciés de la garde impériale. Quand il arrive là-bas, Capito a été éliminé et Vitellius nommé à sa place. Mais, sitôt qu'ils l'aperçoivent, les fils de Capito crient au scandale et exigent sa mise à mort. Ce qui indiquerait que sa compromission avec Vindex ne fut pas purement platonique. Vitellius ne sait trop à quels saints se vouer. Il hésite. Et c'est finalement le nouveau légat de Germanie supérieure, Hordeonius Flaccus, qui lui accorde sa grâce et obtient qu'on lui rende son commandement.

On a d'autant plus besoin de se le concilier, il est vrai, que les huit cohortes bataves ont été un temps séparées de la 14e légion pour être cantonnées en territoire lingon. Or, dès lors que Vitellius entre à son tour en dissidence et se fait proclamer empereur par ses troupes, comment vont-elles réagir ? On compte justement sur Civilis pour les amadouer et les convaincre d'intégrer l'armée de Vitellius commandée par Valens. Civilis renâcle. Arguë de menaces sur la frontière qui lui interdiraient de se démunir de ces cohortes. Mais Vitellius a absolument besoin de soldats. On envoie donc en pays batave des recruteurs chargés de rafler tous ceux qu'ils trouvent pour les incorporer de force.

Comment on poussa les Bataves à bout

Est-ce la conséquence de la haine que les soldats légionnaires de l'armée du Rhin vouent au « traître » Civilis, haine bientôt renforcée par la lecture publique de la fameuse lettre que lui a envoyée Antonius Primus ? Toujours est-il que les sergents recruteurs se comportent chez les Bataves comme en pays conquis. C'est du moins ce que Civilis va dénoncer : ils y auraient rançonné les vieillards, bousculé les infirmes et, surtout, enlevé de jeunes garçons « bien faits et à la taille élancée » pour les livrer à la débauche, c'est-à-dire pour les offrir comme mignons à des officiers supérieurs. Ces exactions, réelles ou exagérées, vont constituer le prétexte invoqué par Civilis pour basculer totalement dans la rébellion. À quoi il convient d'ajouter (comme la lettre d'Antonius Primus le prouve) qu'il a décidé de soutenir le parti de Vespasien, dont il pense qu'il est le meilleur garant du droit des Bataves et des Gaulois.

On retrouve là le Civilis sympathisant de Vindex, se voulant solidaire de l'action exemplaire que ce héros a déclenchée, et ne pardonnant pas aux légions du Rhin, celles qui ont cautionné l'exécution de son frère, d'avoir écrasé l'armée de la liberté. Reprendre le flambeau, mais dans un sens plus nationaliste ? L'occasion, il est vrai, est inespérée puisque, l'essentiel des troupes de Germanie ayant suivi Vitellius dans sa marche sur Rome, le nord de la Gaule est en grande partie dégarni.

C'est encore Tacite qui nous raconte comment Civilis a franchi le pas. Ce qui pose problème, car il s'agit d'une source unique ; or Tacite – acquis, répétons-le, au parti aristocratique et impérialiste, hostile à l'intégration des barbares par le haut initiée par Auguste et Claude – ne dissimule pas son aversion pour le mouvement de libération nationale gaulois lancé par Civilis.

Donc, rapporte Tacite, « Civilis, sous prétexte d'un grand festin, convoque dans un bois sacré les notables du pays et les hommes du peuple les plus audacieux » – autre traduction possible : « les plus déterminés des plus humbles ». On mange, on boit, on s'échauffe. Cela se prolonge tard dans la nuit. Alors Civilis exalte la gloire de la patrie batave, énumère les violences qu'elle subit. « On vous traite, s'exclame-t-il, comme des esclaves. Que les Bataves lèvent seulement les yeux et ne se laissent pas épouvanter par la puissance purement apparente des légions romaines ! Nous avons une infanterie et une cavalerie d'élite. Les Germains sont nos frères, les Gaulois partagent nos vœux. »

Et Tacite lui fait dire, fielleusement, en prime : « De toute façon, si la fortune nous trahit, nous imputerons notre rébellion à Vespasien ; victorieux, nous n'aurons pas de comptes à rendre. »

Ces paroles, prononcées nuitamment dans le secret d'un sous-bois à peine caressé par les effleurements d'une lune languissante, devant des bouquets hirsutes de mâles plus ou moins affalés sur un tapis d'herbe, de feuilles et de mousse, électrisent cette petite multitude et la redressent. On clame son assentiment : ici, on le déclame même ; là, on l'éructe. On brandit, qui des branches d'arbre en guise de drapeaux, qui des lances qui ressemblent à des piques, on frappe en cadence sur les boucliers. Aucune réserve... Tacite en aurait fait état.

Les « Européens » d'aujourd'hui pourraient presque parler d'acte fondateur : pour la première fois est évoquée la perspective d'un front commun libérateur gaulois et germain dans le cadre d'une acceptation des acquis de la romanité, dont les Bataves, élite de l'armée romaine, eux-mêmes à la fois germains et gaulois, constitueraient les garants. Europe des nations ? Contrairement à Vindex, Civilis revendique son identité. C'est encore

Tacite qui note (l'intention est évidemment malveillante) : « Conformément à un vœu ordinaire chez les barbares, il avait, depuis qu'il avait commencé les hostilités chez les Romains, laissé croître ses cheveux teints en roux. »

Les premières initiatives de Civilis relèvent surtout de la guérilla. Embuscades, attaques de postes isolés. Et, surtout, actions de propagande en direction des différents peuples qui occupent l'hinterland entre la Germanie et la Gaule. Il ne se dévoile pas encore, mais il agit dans l'ombre. Des clans, germains et gaulois, se rallient (car ce qu'on appelle des « peuples » correspond plutôt à des entités claniques qui se font et se défont au gré de l'affirmation d'une dominance charismatique). Les Cananefates et les Frisons, notamment, participent aux premiers combats. En revanche, première déconvenue, une importante aile de cavalerie batave, commandée par Claudius Labeo, décide de rester fidèle à Rome et à Vitellius.

Il semble que dans un premier temps Civilis ait tenté de jouer double jeu, exactement comme l'avait fait le Germain Arminius, c'est-à-dire qu'il feint d'être un fidèle auxiliaire romain le jour et organise la rébellion la nuit.

Illustration : les Cananefates, répondant à l'appel de Civilis, élisent comme chef un de leurs héros (en le hissant sur un bouclier), un certain Brinio, très brave et très bête, qui, de concert avec les Frisons, attaque par mer un camp romain occupé par deux cohortes, le dévaste, prend quelques forts et élimine tous les commerçants ou fournisseurs romains qui traînaient dans les parages. Or, Civilis fait semblant de condamner fermement la révolte de ce Brinio, et même de blâmer l'abandon des forts par les cohortes romaines.

Répétons-le : la rébellion de Civilis puise d'autant plus facilement au sein des populations locales que le gros de l'armée d'occupation a dégagé les lieux en suivant Vitellius. Les auxiliaires restés sur place, Germains ou Gaulois, sont furieux, car non seulement ils ont été privés de primes, mais en outre ils ne participeront pas au partage du butin. Si bien que lorsque Hordeonius Flaccus, un gros bonhomme âgé et goutteux quasi infirme comme Galba, à qui Vitellius a confié le commandement des deux Germanies en son absence, décide de faire appel à ces supplétifs pour les envoyer contre Civilis, en particulier les Ubiens de la région de Cologne et les Trévires mosellans, ceux-ci tournent tout de suite casaque. Les cavaliers bataves qui avaient suivi Labeo le lâchent à leur tour. Les 15e et 5e légions romaines, laissées en plan par leurs auxiliaires, se replient et, harcelées par les rebelles, s'enferment dans le camp militaire de Vetera, le plus important de la région.

Les huit cohortes bataves qui avaient finalement suivi Vitellius, contraintes et forcées, sont rattrapées par un émissaire de Civilis, qui les informe de la révolte de leurs frères d'armes. Du coup, exaltés par cette nouvelle, rehaussés à leurs propres yeux, ces farouches combattants exigent... une augmentation ! Double paie, primes de productivité et recrutements. C'est tout juste s'ils ne revendiquent pas la mise en place d'un comité d'entreprise. Ce qui prouve qu'il y a bien quelque chose de gaulois chez le Batave. Une partie d'entre eux tournent bride.

Habilement, Civilis demande à ses nouvelles recrues de prêter serment à Vespasien. Ce qui place Hordeonius Flaccus en position délicate, car lui aussi, en réalité, penche pour le chef de l'armée d'Orient. On imagine donc qu'il ne fait pas de zèle. De plus en plus paralysé, physiquement et moralement, il passe ses journées au lit. Ses propres officiers le soupçonnent de trahison (envers Vitellius, s'entend). Quand un messager de Vespasien est arrêté, ceux-ci forcent leur général en chef, pour le mettre à l'épreuve, à envoyer le facteur à Rome pour y être exécuté !

Ambiance délétère, qui ne peut que favoriser l'entreprise de Civilis, vers lequel des renforts germaniques affluent. Ce qui lui permet d'encercler le camp de Vetera, sur la rive droite du Rhin, où se sont recroquevillées les 15e et 5e légions en déroute.

Les tribulations du brave Vocula

Va-t-on laisser deux légions romaines capituler en rase campagne devant des énergumènes que le légionnaire romain de souche et de base n'est pas loin de considérer – dirait-on aujourd'hui – comme une bande d'apaches anarchisants ? La honte ! Poussé – on n'ose pas dire « au cul », tant le sien est énorme – par ses officiers, le commandant en chef Hordeonius Flaccus, bousculé, insulté, hué par les soldats de deuxième classe, décide de nommer à la tête des quelques légions dont il dispose un officier bien-pensant, méritant et populaire nommé Vocula (Caius Dillius Vocula) et il lui confie, comme première mission, de dégager le camp de Vetera.

Deux légions enfermées, quasi mises en cage, sans doute l'équivalent d'une troisième, la 16e, envoyée en renfort avec Vocula, cela prouve assez à quel point ont grossi en quelques semaines les forces rassemblées par Civilis. Une mêlée sans queue ni tête s'engage. Succession de coups de main et de sorties. Alternance d'échecs et de succès dans les deux camps. À plusieurs reprises, Vocula parvient à percer les lignes bataves, mais chaque fois Civilis réussit à refermer le cercle. Le camp est ravitaillé, mais il reste investi. Équilibre des forces.

Quand les légionnaires de renfort attaquent, Civilis place en première ligne, pour leur briser le moral, les drapeaux et les aigles pris à l'ennemi. Mélange ébouriffé d'emblèmes romains, d'effigies celto-belges et d'animaux mascottes germaniques qui paraissent, à l'horizon, danser une terrifiante sarabande. Le chef batave a fait rassembler, sur ses arrières, les femmes et les enfants des combattants, y compris sa propre mère et ses propres sœurs, pour signifier que ce n'est pas simplement la nature d'une gouvernance qui est en cause, mais la survie d'un peuple.

C'est alors que parvient la nouvelle de la défaite, puis de la mort de Vitellius. Les légionnaires romains de l'armée de Germanie laissés sur place prennent donc conscience que leur parti a perdu, que leur camp a été écrabouillé. Les uns sont accablés, les autres enragent. Ce gros poussah d'Hordeonius Flaccus, n'ayant sans doute pas pris la mesure de cette fureur quasi suicidaire, profite du retour du brave Vocula pour donner un grand banquet au cours duquel il annonce l'exécution de Vitellius et la distribution de nourriture et de récompenses pécuniaires… au nom de Vespasien (alors que c'est Vitellius qui les avait envoyées). Indignés, hors d'eux, les soldats explosent, se précipitent sur l'impotent et l'égorgent. Ou, plus exactement, ils l'arrachent du lit qu'il ne quitte plus et le mettent en charpie. Ils sont même près à régler son compte au pauvre Vocula – au point où on en est ! –, mais celui-ci profite de la nuit pour s'extraire de cette marmite, déguisé en esclave.

On remarquera – et c'est au fond tout l'intérêt d'une hiérarchisation sociale exacerbée et rigidifiée – que, lorsqu'un haut personnage est pris au piège d'une hostilité qui l'environne, il lui suffit de s'autodégrader en dévalorisant son apparence pour parvenir à filer « à l'esclave », sinon « à l'anglaise ».

La débâcle de Vitellius et l'assassinat d'Hordeonius Flaccus changent radicalement la donne. Spectaculaire retournement de situation et d'alliances. À quel empereur, désormais, se vouer ? Qui commande ? Où est passée l'autorité ?

La Gaule, rappelons-le, s'était coupée en deux : les peuples du Sud, du Sud-Est et du Centre s'étaient ralliés à Vindex, tandis que ceux du Nord et du Nord-Est (la Gaule Belgique), ainsi que les auxiliaires germains, s'étaient rangés derrière l'armée romaine du Rhin commandée par Rufus, puis par Vitellius. Or Vitellius est mort. Une grande partie de l'armée du Rhin a été écrasée près de Crémone et l'autre partie vient d'immoler son propre chef. Conséquence : les supplétifs germains, ainsi que les peuples gaulois qui avaient pris parti contre Vindex, s'estiment en quelque sorte cocufiés. De toute façon, ils n'ont plus aucune raison de maintenir leur allégeance envers une faction en débandade. Conséquence : ceux-là même qui avaient refusé de se joindre à la rébellion légaliste de Vindex vont basculer du côté de la rébellion radicale de Civilis.

En plein combat, les Tongres de Gaule Belgique changent de camp ; les Nerviens, installés dans le Hainaut et le Brabant (leurs capitales, Tornacum et Cameracum, deviendront Tournai et Cambrai), lâchent les Romains, ce qui accentue leur débandade ; les Trévires et les Lingons (ces derniers occupent un territoire à cheval sur la Haute-Marne, l'Aube, l'Yonne, les Vosges et la Côte-d'Or) font défection. Les mutineries se généralisent. L'ordre romain s'effondre. Dans la réalité, et aussi dans la tête de Civilis, la décrépitude étalée d'un monde dope son aspiration à devenir le démiurge de celui qui le remplacera. C'est à ce moment précis que Civilis choisit l'option de la sécession ; qu'il se pose en chef d'un vaste mouvement de libération nationale.

Les Bataves ne viendront évidemment pas seuls à bout de la puissance romaine. Mais si l'ensemble des corps auxiliaires, des peuples de la Germanie occidentale et, surtout, des Gaules celtiques – « chevelues », comme on disait du temps de César – entrent massivement dans la danse... alors tout devient possible.

C'est donc aux Gaulois que le chef batave va s'adresser en priorité.

La Gaule ?

Martyrisée, dévastée, écartelée, véritable tapis-brosse sur lequel toutes les sauvageries sont venues s'essuyer les pieds, trompée, instrumentalisée, humiliée, la Gaule n'en peut plus. L'alourdissement de la fiscalité, les réquisitions, les recrutements forcés, les effets de la sécheresse y ont exacerbé toutes les tensions. Dans la somme dont Ernest Lavisse fut le maître d'œuvre, Gustave Bloch écrit : « Il [Civilis] reprit avec les Gaulois le thème connu : il flatta leur orgueil, évoqua la gloire passée, dénonçant, en les simplifiant, les maux apportés par la conquête, le poids des impôts, les exigences du service militaire, la dureté des fonctionnaires romains. »

Mais toutes les rancœurs internes n'ont pas été raturées par le stylet du malheur. Les peuples gaulois n'ont-ils pas été tous alternativement vaincus et vainqueurs, récompensés et punis ?

Civilis prend les devants : « Oui, reconnaît-il, les Bataves ont largement participé à la victoire romaine contre Vindex. Mais, justement, c'était une tragédie qu'il ne faut pas reproduire. Tous ensemble ! Cessons d'être les instruments de nos propres tragédies ! Unissons-nous contre les Romains, mais en retournant contre eux tout ce qu'ils ont appris aux Gaulois en matière de discipline ! Ce sont les Gaulois et les Germains qui ont fait mordre la poussière aux légions d'Othon. Qu'ils utilisent donc, enfin, cette force commune pour leur propre compte ! Arminius a donné l'exemple, et il a battu Auguste. »

Arminius ! Civilis parle à des Gaulois qu'il veut entraîner dans un soulèvement national. Or, l'idée ne lui vient même pas d'évoquer l'exemple de Vercingétorix, déjà oublié. Même aux yeux des Gaulois, la référence absolue – outre Brennus, un mythe –, c'est Arminius, le Germain qui a écrasé les légions d'Auguste.

Très habilement, le rebelle batave, lors de la première phase de sa révolte, a fait libérer les officiers gaulois qu'il avait faits prisonniers en leur offrant en prime des cadeaux.

Cette orientation recueille rapidement ses fruits. Trois chefs gaulois, dont il convient de retenir les noms, demandent à rencontrer Civilis : les Trévires Julius Classicus et Julius Tutor, à la tête de cavaliers d'élite, et le Lingon Julius Sabinus.

Tous les trois, remarquons-le, ont obtenu de l'Empire le droit de porter le patronyme césarien de « Julius ».

Des Trévires, qui donnèrent leur nom à la ville de Trèves, César écrivait dans *La Guerre des Gaules* : « Ce peuple est incontestablement le plus puissant de la Gaule en cavalerie. Il a, en outre, une infanterie considérable. » Ils occupent les deux rives de la Moselle et s'étendent jusqu'au Rhin. Fortes têtes s'il en fut, ils combattirent du côté de César contre les envahisseurs suèves ; leur cavalerie s'engagea, toujours pour le compte des Romains, contre les Vénètes de la région bretonne de Vannes ; mais, en 53 avant Jésus-Christ, ils s'étaient déjà soulevés et avaient été battus. Ils ne rallièrent pas Vercingétorix, mais tentèrent de relancer la résistance après la défaite d'Alésia. Sous la direction de Julius Florus, encore un Julius, ils avaient enfin été les coanimateurs d'une puissante révolte anti-romaine en 21, sous le règne de Tibère.

Mais, on l'a vu, ils se prononcèrent contre Vindex avant de rejoindre Civilis.

Cette convergence germano-gauloise va déboucher sur un épisode dont on a presque réussi à purger nos souvenirs historiques, mais qui eût mérité qu'on le considérât comme une date repère.

Chapitre 12

Quand Civilis imagine une fédération germano-gauloise

Comment a-t-on pu escamoter cet événement prémonitoire ?

C'est pendant l'hiver 69 que se déroule, dans une maison retirée de Cologne, la conférence au sommet qui réunit Civilis et les trois chefs gaulois rejoints par quelques Ubiens, les locaux de l'étape et des chefs tongres. Le fait qu'une telle réunion puisse se tenir impunément dans une cité où s'est établi le quartier général de l'armée du Rhin montre assez son degré de délabrement.

Une idée inouïe en surgit : la constitution d'un « empire des Gaules », projet porté par le Lingon Julius Sabinus, à quoi Civilis oppose sa propre conception d'un sous-empire qui consisterait en une confédération batavo-germano-gauloise. La France, l'Allemagne et le Benelux.

Sabinus, que Rome fascine d'autant plus qu'il se prétend descendant des amours illicites de Jules César et d'une Gauloise, imagine la conclusion d'un accord en bonne et due forme entre l'Empire romain et cet empire gaulois, le second dût-il formellement se réclamer du premier, comme le Canada se réclame formellement de l'Angleterre au sein du Commonwealth.

Civilis, lui, voit l'empire gaulois passer un contrat d'« alliance fraternelle » avec l'entité batavo-germanique dans un cadre romain vaguement confédéral. Double pacte, en quelque sorte, interne aux rebelles et des rebelles avec l'ancienne métropole. De toute façon, précise-t-il, c'est à l'issue de la lutte commune que chacun devra choisir son destin.

On se dispute un peu sur la nécessité de se montrer clément ou implacable à l'égard des légionnaires romains une fois qu'ils auront été vaincus. Puis on convient que le Lingon Julius Sabinus exercera la fonction de premier empereur gaulois. Le personnage, à la fois roi pour son peuple et général romain, beau, conscient de l'être, n'ayant nul besoin de col pour s'en hausser, vaniteux en un mot, mais animé d'une mâle et vertueuse ardeur, en jette encore plus qu'il n'en impose. Au fond, il assume la confluence de deux identités : une romanité qui le façonne et un gallicanisme qui l'habite. Comme Classicus, riche aristocrate propriétaire de grands domaines des deux côtés du Rhin, commandant de la cavalerie trévire, officier supérieur romain par conséquent, mais se réclamant complaisamment, selon Tacite, « d'ancêtres qui avaient combattu contre Rome ». Classicus concède la prépondérance à Sabinus, mais exercera la fonction de chef militaire. Quant à son compagnon d'armes, Tutor, de noble extraction lui aussi, longtemps fidèle à Rome au point que Vitellius l'avait chargé de la garde des frontières rhénanes, il soutient avec force le projet de création d'un empire gaulois autonome coopérant à la fois avec Rome et avec l'entité batavo-germanique.

Instant magique – digne de figurer en creux et en relief sur toutes les tablettes de cire et de bronze – où un nationalisme émancipateur prend forme en même temps que, pour la première fois, s'esquisse le concept d'un fédéralisme européen. Tentative, également, de transcender des clivages ethniques qui avaient déjà semé et qui sèmeront de plus en plus la fureur et la désolation. Tentative qui se soldera par un échec, puisque c'est précisément le réveil, excité par les Romains, de l'antagonisme germano-gaulois qui permettra de juguler la rébellion, comme il avait permis à Jules César de conquérir la Gaule. Mais intuition stupéfiante qui eût mérité que les Européens d'aujourd'hui s'en réclamassent.

Ajoutons que, au cours de la conférence de Cologne, on ne semble pas avoir évoqué l'hypothèse d'un élargissement du mouvement à l'ensemble du monde celte, en particulier aux Bretons de Grande-Bretagne, que les Bataves pourtant connaissaient bien puisque plusieurs de leurs cohortes participèrent, au sein de l'armée romaine, à l'occupation de l'île. Quant à la Gaule Narbonnaise, la Gaule du Midi romanisée depuis presque deux siècles, les insurgés paraissent avoir admis qu'elle faisait partie de l'espace romain.

Comment expliquer qu'un événement aussi considérable, aussi prémonitoire ou prophétique que cette conférence de Cologne ait été effacé de notre épopée nationale officielle ; qu'on l'en ait en quelque sorte raturé ?

On devine la réponse : il ne s'articulait à aucun surplomb mystificateur. La bien-pensance monarcho-aristocratique n'allait pas héroïser une insurrection dirigée contre l'ordre établi – et quel ordre ! –, d'autant que la révolution de Civilis déboucha, à son détriment d'ailleurs, sur la convocation de la première assemblée nationale délibérante des Gaules. Donc de la France. Et les nationalistes, de leur côté, n'allaient pas promouvoir une rébellion émancipatrice dont un mélange gallo-germanique détonant avait constitué le carburant.

Cependant, ce qui s'était révélé impossible face à César faillit cette fois réussir et anticiper – mais sous une forme moins mono-ethnique, et sous un joug moins tyrannique – ce que réalisera Clovis, de façon éphémère et par conquête.

À cette explication s'en ajoute une autre. Comme on le constatera à propos de l'immense mouvement social qui prit la forme du soulèvement quasi autogestionnaire « bagaude » du IIIe siècle, l'événement peut être facilement enseveli sous les sables de l'oubli, pour peu que la chronique d'en haut ait volontairement méprisé cette actualité d'en bas. Clovis eut son « enchanteur » en la personne de Grégoire de Tours, alors que les révoltés germano-gaulois de Civilis, eux, n'ont eu droit, et cela jusqu'au XVIIIe siècle, qu'aux rares récits que leurs adversaires ont faits de leurs combats. Civilis raconté par Tacite, c'est un peu comme si l'on ne connaissait de Jean Moulin que ce qu'en pensait Robert Brasillach.

Le jour de gloire des chefs trévires

En cette fin de l'année 69, c'est tout le nord et le nord-est de la Gaule qui brise ses chaînes.

Quand, en pays rhénan et mosellan, on apprit comment, en pleine guerre de rues à Rome, les partisans de Vespasien s'étant réfugiés sur le Capitole, les troupes de Vitellius y avaient mis le feu, les esprits s'exaltèrent : ainsi, même quand les Gaulois de Brennus s'étaient emparés de Rome, le Capitole, sauvé par les fameuses oies criardes, avait échappé au désastre. Et, cette fois, il brûle. Message apocalyptique. L'Empire s'écroule. Si son centre n'est plus que cendres, bientôt sa périphérie ne sera plus que ruines. On prétend que les pays danubiens et balkaniques sont également en effervescence (en fait, ces régions avaient simplement été les premières à se rallier à Vespasien), que les Sarmates et les Daces se sont révoltés et ont occupé des camps romains. Prime à l'information catastrophe. Atmosphère de fièvre millénariste et de délire eschatologique. Ici et là, on voit réapparaître les druides qui se terraient depuis que Claude avait donné l'ordre de les pourchasser : inspirés par une prophétesse de Germanie, la vestale bructère Velléda, à qui Civilis envoie volontiers ses trophées, ils prophétisent que l'équilibre du monde est en train de basculer, que c'est aux peuples gaulois et germains qu'il revient désormais de gouverner l'Empire. Et l'univers.

Cependant, le brave Vocula a réapparu. Il a réussi à regrouper les légions restées fidèles et leur a fait prêter serment à Vespasien. Il en a pris le commandement, auxiliaires compris. Car il compte encore sur ces supplétifs dont il ignore que, pour la plupart, ils ont rejoint Civilis. Il n'a évidemment pas été informé de la conférence de Cologne. Et donc le pauvre Vocula, le dindon de la farce, qui a rejoint le camp retranché de Vetera (après avoir échappé de peu, lors d'un engagement précédent, à un désastre grâce à l'arrivée soudaine de renforts… basques), appelle à la rescousse les deux ailes de cavalerie trévires commandées par Classicus et Tutor. Lesquels, feignant d'accepter, accourent. Et, en fait, renforcent, pour le compte de Civilis, l'encerclement du camp romain. Irruption de renforts amis : on est sauvé ! Ils se transforment en ennemis : on est foutu !

Quand il prend conscience de la ruse, Vocula est effondré. Mais, on ne le répétera jamais assez, ce Romain est un brave. Il rassemble donc ses troupes passablement démoralisées (d'autant que les insurgés germains se sont emparés d'un navire de ravitaillement), et leur tient – ou bien Tacite lui fait tenir – un beau et fort discours de brave Romain : « Soldats, ne désespérez pas ! La puissance romaine n'est pas ébranlée par les guerres civiles au point de devenir objet de mépris. Non ! Non ! Il lui reste des armées victorieuses, la bonne étoile de l'empereur et les dieux vengeurs. » *Bis !*

Il arrive que l'héroïsme soit communicatif. Ainsi, pour contraindre les défenseurs du camp de Vetera, déjà bien affamés, à la capitulation, Civilis fait défiler devant eux, qui se sont massés derrière les palissades, des enseignes enlevées aux légions ainsi que des légionnaires faits prisonniers. Tandis que des Bataves à la voix forte leur hurlent que ce qui subsiste de l'armée impériale a été partout mis en déroute et qu'il ne leur reste plus qu'à se rendre. Alors, tel le jeune Bara, le héros républicain, un des prisonniers se dégage et s'écrie, de toute la puissance de son organe, que tout cela est faux et n'est que vile propagande. Aussitôt, il tombe percé de coups. Brave Romain !

Et, en effet, Vocula, sauvé miraculeusement par ce contingent basque surgi d'on ne sait où, avait réussi à rejoindre les assiégés qui, pour lui permettre d'accéder jusqu'à eux, avaient effectué une belle et courageuse sortie. Ce qui avait tellement surpris Civilis – lequel, comme Hannibal, était semble-t-il presque borgne – qu'il était tombé de cheval et qu'on l'avait cru mort.

Cependant, Vocula doit finalement évacuer les lieux pour se replier sur un autre camp, celui de Novaesium. Mais, son aura en ayant cette fois pris un coup, il ne parvient pas à entraîner tous les soldats dans sa retraite. Certains désertent. D'autres, et pas seulement des auxiliaires, se rallient aux deux chefs trévires. Même des centurions font défection. Classicus, en position de force, pousse son avantage. Il mène en direction des forces romaines en retraite une véritable guerre psychologique. Par tous les moyens dont il dispose, en utilisant des prisonniers et des déserteurs, il leur fait passer ce message : « Ouvrez les yeux, voyez ce que Vocula appelle la paix romaine : débandade, anarchie, désordre ! Rejoignez-nous et instaurons ensemble une paix gauloise ! »

En l'occurrence, il joue sur les deux tableaux, car, alors même qu'il tient un discours indépendantiste, il s'habille en général romain pour en imposer. Ce discours n'en fait pas moins des ravages. Cette fois, c'est la quasi-totalité des auxiliaires qui lâchent Vocula. Outre les Cananefates et les Frisons, les Ubiens et les Bructères, les Chauques, les Chattes également rejoignent l'insurrection.

« Les Gaulois les achetaient », prétend Tacite qui ajoute, en impérialiste romain cohérent et convaincu : « On vit – forfait jusque-là inconnu – une armée romaine s'engager à se soumettre à des étrangers. »

Vocula ne veut pas s'avouer vaincu. Après avoir dû évacuer en catastrophe le camp de Vetera, va-t-il devoir livrer à l'ennemi celui de Novaesium ? Il se cabre à l'idée d'une telle humiliation. Plus question de fuir. Il convoque les soldats qui l'ont suivi en assemblée générale et leur sert une harangue dont on est en droit de se demander si elle est totalement de son cru ou si c'est Tacite qui l'a retravaillée pour rehausser la sanctification patriotique de son héros. Encore qu'y affleurent d'émouvants accents de vérité.

« Vous préparez ma perte, lance, bravache, Vocula à ses soldats. Je l'ai appris sans regret. Au milieu de tant de désastres, j'attends une mort honorable comme la fin de mes misères. Le Trévire Classicus fait luire à vos yeux l'empire des Gaules. Si je vous déplais, vous avez d'autres chefs. Vous pouvez même choisir pour vous commander un centurion ou un soldat. Mais qu'on ne dise pas, qu'on ne dise jamais que vous avez servi de supplétifs à Civilis ou à Classicus. Si les Germains et les Gaulois vous conduisaient sous les remparts de Rome, tourneriez-vous vos armes contre la mère patrie ? Comment, un Batave vous donnerait le signal du combat ! Jupiter très bon et très grand, je vous supplie, si vous voulez qu'un autre que moi maintienne cette armée dans le devoir et dans l'honneur, de ne pas souffrir qu'elle soit avilie et souillée par un Tutor ou par un Classicus. »

Sur ces paroles belles, héroïques et racistes, Vocula se retire sous sa tente. Il a senti que ses mots étaient tombés dans le vide. La virilité ostentatoire paie dans les armées, pas l'étalage des états d'âme. On aime les matamores, on méprise les pleureuses.

Découragé, effondré à l'idée de devoir cautionner une capitulation, Vocula veut se suicider. Ses affranchis et ses esclaves se précipitent et l'en empêchent. Mais Classicus envoie un officier déserteur de la 1re légion, un certain Emilius Longinus, qui feint de s'approcher de lui pour lui remonter le moral – haut les cœurs, mon commandant ! Et là-dessus, d'un coup de poignard au bon endroit, il le liquide. *Exit* Vocula, le brave Romain. Tout alors s'effondre. Le camp retranché s'est transformé en un camping après le passage d'un ouragan. Les légionnaires dépenaillés en sont arrivés à se partager les bagages des absents. Classicus peut tranquillement faire son entrée dans ce qui fut une place forte, en tenue de général romain, rassembler ceux des légionnaires qui ne se sont pas évanouis dans la nature et, après avoir bredouillé une manière d'ordre du jour tant il est ému, faire prêter serment à l'« empire des Gaules ».

Scène inconcevable : ce n'est même plus le barbare Brennus qui s'empare de Rome, c'est Rome qui se livre au barbare Brennus et se fait gauloise. Affront aux mânes de César : la guerre des Gaules recommencée, mais à l'envers. Ce n'est pas la place forte gauloise d'Alésia qui capitule devant les légions romaines, c'est la place forte des légions qui capitule devant les hordes gauloises. Cela se passe, rappelons-le, en l'an 69.

Le premier empire gaulois

Deux « légats », c'est-à-dire deux officiers supérieurs de Vocula, sont faits prisonniers. Tutor, lui, remonte la vallée du Rhin, investit Cologne, fait prêter le même serment à la garnison et aux habitants. Les postes voisins se rendent.

Cologne conquise, c'est la chute du quartier général, une quintessence romaine – Colonia Agrippina – installée comme une proue au nord de la Gaule Belgique. Les tribuns militaires de Mayence refusent, eux, de récuser la légalité romaine. Ils sont hachés menu. Novaesium, Cologne, Mayence tombés, il ne reste plus que le camp à moitié déserté de Vetera. Affamés, privés de commandement, les derniers défenseurs capitulent et prêtent serment à leur tour à la Gaule restaurée. Ce qui n'empêche pas une multitude d'insurgés, que cette victoire a exaltés et surexcités, de fondre sur ce qui subsiste de cette caserne des bords du Rhin pour la piller et l'incendier. Des groupes de fantassins impériaux désarmés, qui se repliaient en bon ordre, tombent dans des embuscades tendues par des dissidents germains et sont exterminés. Le légat du camp est exécuté. Civilis reprochera amèrement à ses alliés leur sauvagerie. Toutes les fortifications romaines de la région rhénane sont prises et détruites. Seule Mayence tient encore, malgré le supplice des tribuns. Huit légions romaines, en sous-effectif il est vrai, se sont comme évaporées. Des prisonniers sont envoyés à la prêtresse bructère Velléda. On frappe une monnaie représentant le buste de la Gaule accolé à l'emblème du sanglier. En fait, et ce seul constat donne la dimension de l'événement, il n'y a plus d'armée romaine en Gaule.

Scène finale et symbolique, les deux légats romains prisonniers sont envoyés à Trèves, où les accueille, sous les huées, presque toute la population rassemblée. Vercingétorix figura au triomphe de César. Les malheureux légats figurent au triomphe de Civilis. Les unes après les autres, les cités gauloises, sous la pression d'un parti antiromain désormais omniprésent, font savoir qu'elles basculent de l'empire gouverné depuis Rome à l'empire gaulois.

À la fois traditionaliste et social, le mouvement indépendantiste semble gagner l'ensemble de la Gaule celtique.

Gustave Bloch, dans le monumental Lavisse, en a fort lucidement analysé et la profondeur et l'ambivalence. « Au sein des masses populaires et rurales, écrit-il, la haine de l'étranger était entretenue par la survivance des mœurs et des traditions celtiques. Ces sentiments étaient attisés par les druides qu'on voit surgir tout à coup, non sans surprise. Leurs prédications fanatiques, leurs anathèmes, leurs prophéties, atteignent l'âme de la foule. Mais un second courant, plus complexe, était incarné par les chefs. Ils étaient trop acquis, déjà, à la civilisation romaine pour en répudier les bienfaits. Pour eux, un gouvernement régulier ne peut être qu'une réplique du gouvernement romain. Les régimes qu'ils essaient de fonder, en effet, tablent sur un compromis entre aspiration à l'indépendance et respect presque superstitieux des pratiques et institutions impériales. »

En vérité, nous assisterons à un phénomène presque identique lorsque, après guerre, les leaders indépendantistes des pays colonisés, et tout particulièrement les Algériens du MTLD ou les Tunisiens du Néo-Destour, mobiliseront leurs peuples au nom des principes et des valeurs que leur aura légués la gauche républicaine française... celle-là même qui relança, à la fin du XIXe siècle, la dynamique coloniale. Ce que Civilis aura appris en combattant au sein de l'armée romaine – il ne cessera de faire référence à cette leçon de « discipline » –, combien de nationalistes algériens l'ont-ils intégré en militant au sein de la CGT française ?

Julius Sabinus, le chef lingon que les insurgés ont choisi pour prendre la tête de l'empire gaulois – il en représente, en effet, le cœur entre Champagne, Bourgogne et source de la Seine –, fait certes détruire les tables de bronze sur lesquelles étaient gravés les traités conclus entre son peuple et Rome, mais il se fait saluer comme « César ». Il revendique hautement, et de façon presque ostentatoire, sa romanité, mais c'est lui qui recherche et obtient le soutien des druides. Ainsi, dans le sillage de celui qui se veut descendant du conquérant des Gaules, surgissent des bardes qui vont de bourg en bourg chanter les anciennes épopées, des prédicateurs qui déclament d'antiques légendes, des cueilleurs de gui, des prophètes qui annoncent l'avènement d'un nouveau monde, des prêtres qui ressuscitent de vieilles divinités gauloises et leur immolent, dans la liesse de foules ébahies, des taureaux sacrés. Ici et là – mais pas dans le Sud très romanisé –, on assiste à un puissant élan d'enthousiasme populaire. Les notables, ceux qui parlent latin comme Léopold Sédar Senghor parlait français, hésitent, se défaussent, marchent à reculons, mais la plèbe – et particulièrement la plèbe rurale qui, à cette époque, n'a pas encore bradé la langue celte, pas plus que des colonisés africains n'ont répudié le bantou ou le swahili – retrouve spontanément les vieux rêves, sinon les antiques instincts.

Or, cette dynamique va se fracasser sur le roc d'une autre réalité spécifiquement gauloise : la profondeur des rivalités claniques et tribales.

Chapitre 13

L'échec de la Gaule libre

Apparemment, la Gaule est libérée.

Mais, passé les premières exaltations, le mouvement patine. On refuse l'hégémonisme trévire et lingon, et d'autant plus violemment qu'on se rappelle que ces deux peuples ont pris parti contre Vindex et activement participé à la répression de son soulèvement.

Ainsi, les Éduens et les Arvernes acceptent de se ranger derrière Sabinus, mais de façon purement formelle et à condition de ne rien céder de leurs anciennes prépondérances et prérogatives. Les Morins et les Cénomans (Nord, Pas-de-Calais, Sarthe) ne refusent pas, *a priori*, le nouvel ordre établi ou à rétablir, mais à condition que cela ne leur impose aucun devoir de solidarité, et ils revendiquent, *de facto*, une indépendance dans l'interdépendance. Avec les Séquanes, qui rayonnent sur un territoire qui va de la vallée de l'Aube à la vallée du Doubs, de la Haute-Saône au Haut-Rhin, cela va être encore plus coton. Eux, redoutent une alliance entre Lingons, Arvernes et Éduens dont ils feraient les frais. Mais, en même temps, ils ne veulent pas apparaître comme le dernier rempart du parti pro-romain. Ils se proclament donc indépendants. Les Séquanes, qui à l'origine étaient des Parisiens, mais qui avaient émigré lors d'une invasion teutonesque, étaient des gens d'autant plus admirables que – déjà – ils se distinguaient par la qualité de leurs fromages et de leurs charcuteries, qu'ils exportaient vers Rome. Mais l'antagonisme qui les opposait aux Éduens, lesquels leur disputaient la vallée de la Saône – voie d'eau à l'importance stratégique qui permettait de prélever sur toute embarcation des taxes élevées –, l'emportait sur tout sentiment national. Paradoxalement, c'est leur éternel conflit avec les Éduens – dont ils avaient, selon César, anéanti les élites – qui les avait conduits, cent vingt-cinq ans plus tôt, à s'aboucher avec les Germains Suèves commandés par Arioviste. Or, cette fois, ils reprochaient à Sabinus son alliance avec les Germains et les Trévires. Sabinus tente de les raisonner, les supplie d'adhérer à l'empire gaulois. Mais ils ne veulent rien entendre. Il commet, alors, une erreur fatale : il cherche à régler ce litige par la force. Militairement. Il attaque les récalcitrants à la tête d'une petite armée de Lingons et d'Éduens.

Pour Rome, c'est une aubaine. La capitale impériale, où règne désormais Vespasien, envoie aussitôt un corps expéditionnaire commandé par un certain Frontin au secours des « rebelles à la rébellion ». Ainsi renforcés, les Séquanes, qui du coup se rallient ouvertement aux Romains, infligent une lourde défaite aux Lingons de Sabinus, qui se débandent. Les Éduens n'étant pas les derniers à retirer leur épingle du jeu. L'éphémère « empereur des Gaules » en est réduit à s'enfuir avec une petite poignée de partisans. Ils errent dans la nature, traqués par leurs vainqueurs et accablés par leurs amis d'hier devenus les ennemis du lendemain. Aux environs de Luxeuil, Sabinus, désespéré, leur annonce qu'il ne lui reste plus qu'à se donner la mort. Il avise une maison abandonnée. Sabinus s'y enferme et demande à ses compagnons d'y mettre le feu afin de se jeter dans le brasier.

Mais pourquoi, alors, exige-t-il de ses amis qu'ils se retirent ? Comme s'il refusait leur dernier hommage...

Brusque et tragique retournement de situation : l'annonce de la mort de Sabinus consterne les peuples qui avaient investi en lui, ou plutôt en sa miraculeuse fonction, toutes leurs espérances. Le mouvement indépendantiste, qui avait embrasé la Gaule centrale, piétine, s'enlise, avant de s'effondrer. Julius Classicus devient officiellement le chef de l'empire gaulois, mais le combat est désormais circonscrit à la Gaule Belgique. Le temps est proche, et déjà lointain pourtant, où Civilis avait lancé l'appel solennel à l'émancipation conjointe et solidaire des peuples germains et celtes. « Jusqu'ici, avait-il déclamé en une magnifique envolée sur le front de ses troupes, la Gaule a succombé à cause d'elle-même. Sous ses propres coups. Les Germains et les Gaulois ne forment plus maintenant qu'un seul parti, fortifié par la connaissance de toute la discipline romaine. La Syrie, l'Asie, l'Orient, accoutumés aux rois, sont faits pour l'esclavage, mais pas la Gaule, qui se souvient du temps où l'on ne payait d'impôts à personne. La nature donne la liberté à tous, même aux animaux. Mais le courage est l'attribut de l'homme. Pendant que les Romains tiennent les uns pour Vespasien, les autres pour Vitellius, écrasons-les tous ensemble ! »

Mais voilà : Vespasien règne seul, dorénavant. Il envoie toutes ses légions disponibles, quitte à les rappeler d'Espagne ou de Grande-Bretagne, en direction de la Gaule, puis du Rhin. Les Gaulois ont créé de nouveau, comme toujours, toutes les conditions qui les condamnent, comme le résumait Civilis, « à succomber à cause d'eux-mêmes ». Beaucoup d'entre eux préféreraient, tout compte fait, une oppression romaine qui les a culturellement façonnés, dont ils sont devenus les enfants fascinés, à une domination germaine ressentie comme antagonique.

Les peuples ont certes frissonné à l'appel de Civilis. Quelque chose s'est réveillé en leur tréfonds. Ce fut comme les lendemains de victoires tricolores en Coupe du monde de football, l'apparente fusion multiethnique comprise. Mais qui, au sein d'une élite totalement romanisée, et à qui les peuples déléguaient leur représentation, était vraiment disposé à ressusciter la vieille Gaule ? On voyait ce qui avait été acquis et on se souvenait vaguement de ce qu'on n'avait pas su acquérir. On constatait cette pacifique unité, longtemps si propice à la bonne marche des affaires, l'appelât-on « paix romaine », et on la comparait à ces innombrables guerres civiles qui, selon les anciens, avaient permis aux Romains de dévorer la Gaule morceau par morceau. Beaucoup de cités avaient salué le mouvement de renaissance nationale, mais quatre seulement s'étaient engagées militairement : Lingons, Trévires, Nerviens et Tongres.

Des Nerviens, peuple guerrier et farouche du Brabant, Jules César écrivait, après les avoir un peu massacrés : « Ils accablaient les autres Belges de reproches et de railleries pour s'être soumis à Rome et avoir fait litière de la vertu de leurs ancêtres. »

Les Tongres, qui eux aussi étaient des Belges, les suivaient de près en réputation.

Mais il n'est pas sûr, si un référendum avait été organisé dans toutes les Gaules, qu'une majorité n'aurait pas exprimé son désir de rester romaine. Une forte majorité, même, si la Gaule Narbonnaise avait participé à un tel scrutin.

Les événements en offriront rapidement une spectaculaire confirmation.

L'armistice de 69 est-il comparable à celui de 1940 ?

Alors que le général Cerialis, que nous avons rencontré à l'occasion de la prise de Rome, est nommé par Vespasien nouveau gouverneur de la Germanie inférieure et prend la tête d'une puissante armée, les Rèmes champenois convoquent, dans ce qui deviendra la ville de Reims, une assemblée des délégués de toutes les cités gauloises. C'est leur premier magistrat, Julius Aupex, un personnage influent et respecté, dont on vantait la pondération, qui en a pris l'initiative. Il y a invité aussi bien des représentants romains que les Bataves et les peuples germains de l'Empire.

Il y avait, chez Aupex, un côté Edgar Faure mâtiné d'Alain Poher. Le genre de personnage qu'on choisit toujours pour étouffer les grandes aventures sous de gros édredons. Les Rèmes, dont le territoire correspondait aux actuels départements de la Marne, des Ardennes, de l'Aisne et de la Meuse, n'avaient-ils pas, sur ses conseils, adopté une attitude conciliatrice et presque neutraliste ? Ils en avaient l'habitude. Ils s'étaient soumis sans combattre à César, lui étaient restés fidèles, en refusant de se rallier à Vercingétorix, avaient dénoncé les velléités de rébellion des Bellovaques. Ils s'étaient naturellement tenus à l'écart de toutes les agitations. Michelet voyait en eux des « collaborationnistes » invétérés. Injuste, sans doute. Les Québécois pro-français sont-ils traîtres au Canada ? Le choix de la civilisation de l'occupant valait-il acceptation de l'asservissement ? Dilemme.

Aupex, de toute façon, et quelque perverses qu'aient été ses intentions, n'en fut pas moins à l'origine d'une « première » fulgurante. À elle seule, cette conférence de Reims, qu'il initia, eût mérité qu'on l'élevât au rang d'événement fondateur. D'abord, parce qu'on peut la considérer comme la première assemblée nationale représentative et délibérative des Gaules – d'une Gaule très provisoirement indépendante, donc de France. Et parce que sa convocation, sans que le pouvoir romain y soit pour quoi que ce soit, prouvait l'ampleur et l'importance de l'élan libérateur imprimé par Civilis. Mais aussi parce que – pour peu qu'on prête l'oreille à la méchanceté de Michelet – les intenses et dramatiques débats qui s'y déroulèrent, l'affrontement tribunitien qui fascina tant Tacite anticipent d'une certaine manière la confrontation de Gaulle-Pétain de juin 1940 (ou Gambetta-Thiers de 1870). La question en débat – la fièvre des uns et le bon sens des autres creusant des clivages qui en enflammèrent l'examen – fut clairement celle-ci : résistance ou arrangement ? front du refus ou coalition du compromis ? continuation du combat ou armistice ?

Fallait-il poursuivre la lutte ou admettre la suprématie de la puissance romaine, suprématie qui n'était pas seulement militaire ? Ce qui revenait, dans la bouche des conciliateurs, à présenter le dilemme de la sorte : casser la baraque ou sauver les meubles.

Troublante analogie : on aura droit à un « discours du 18 Juin » qui se heurtera aux arguments « réalistes » des partisans du renoncement. Face aux incertitudes du combat que les uns veulent poursuivre, les autres parviendront à rendre la capitulation raisonnable. Le « discours du 18 Juin » sera donc presque unanimement acclamé, mais les partisans de l'armistice l'emporteront largement. La fougue résistancialiste enflammera cet aréopage, avant que la tempérance démobilisatrice n'étouffe l'incendie. On fit une *standing ovation* à celui qui appelait au soulèvement généralisé, et on vota massivement en faveur de ceux qui conseillaient de déposer les armes.

Moins contradictoire qu'il n'y paraît. De tout cœur on plébiscite le courage, et de tout corps on choisit la pusillanimité. On voudrait se battre, mais on n'a pas envie de perdre. On aspire à la liberté, mais on est presque convaincu qu'un retour à l'ancien temps n'en consacrerait pas le triomphe. On sait qu'on n'arrachera pas l'indépendance sans le concours de Germains, mais on craint de la perdre aussitôt si on l'emporte grâce à eux.

Ambivalence qui en recoupe une autre : on est gaulois et on est romain. L'âme est de ce côté-ci, l'esprit de ce côté-là. Déchirure entre ce qu'on est par nature et ce qu'on est devenu par culture. C'est de Brennus s'emparant de Rome qu'on est fier, pas de Vercingétorix se laissant bêtement enfermer dans Alésia. On a été vaincu derrière les bardes, on a vaincu sous les aigles. Pour réacclimater les druides dont l'analphabétisme fut le terreau, faudra-t-il abandonner les dieux romains, auxquels on s'est converti de plus ou moins bonne grâce, mais dont on sait qu'eux furent chantés par Homère ou Virgile ? La Gaule en bois était gauloise, la Gaule en dur est romaine. Civilis l'assumait, qui reconnaissait aux Romains – aux adversaires – le mérite d'avoir apporté aux insurgés le sens de la « discipline », autrement dit cette exemplaire organisation que sécréta leur civilisation.

La grande conférence se tient en août 70. Toutes les Gaules y sont représentées. C'est-à-dire toutes les formes d'aristocratie, de démocratie et de chefferie gauloises. Roitelets, magistrats, hauts fonctionnaires, notables, noblesse de sang ou de fonction, chefs militaires, délégués des grands propriétaires...

Il n'y a plus d'administration romaine. L'éphémère empereur lingon est mort. Aucun leadership gaulois n'a réussi à s'imposer. L'assemblée de Reims (Durocortorum) va donc faire office de gouvernement provisoire, et la Gaule s'ériger, pour un temps, en république censitaire présidée par Aupex. Même si ce parlement ne survivra évidemment pas à la restauration de la domination romaine, on comprend pourquoi l'historicisme nationalisto-bonapartiste ne fit rien pour en entretenir le souvenir.

La première séance – car il y en eut plusieurs, les décisions se révélant moins nombreuses que les palabres ne furent éloquents – s'ouvrit sur un appel sensationnel, au sens exact du terme, du porte-parole de la délégation trévire, jeune chef de guerre admiré, principal lieutenant de Classicus et de Tutor, Julius Valentinus (Valentin). Paroles incandescentes, électriques, qui empoignent et transportent l'assemblée. L'orateur se projette physiquement sur son auditoire. Il est tout entier la Gaule en lutte. La Gaule indomptée. La Gaule qui rougit d'elle-même à la seule pensée d'avoir un maître. Tacite le qualifiera ainsi : « Un agitateur, un trublion à l'éloquence extravagante ». Un éloge, sous sa plume.

« Rome, clame Valentin, a traité la Gaule comme une chose. La plupart des empereurs ont été injustes et voraces. La Gaule a été la principale victime des guerres intestines romaines entre empereurs rivaux, alors que cela ne la concerne absolument en rien. Aucune compensation n'est venue adoucir ces fléaux. Va-t-on continuer à se laisser piétiner ? La libération s'impose. L'avenir est dans l'indépendance. Si l'on veut éviter le retour des Romains, l'alliance avec les Bataves est indispensable. L'unité est la condition de la victoire au même titre que le courage. Mais, quand Rome aura renoncé à sa domination, alors des négociations pourront se dérouler et des rapports d'amitié dans le respect mutuel s'instaurer. En attendant, il faut résister, lutter, se battre contre Rome et ses mercenaires, frapper partout. »

Cette fois, de Gaulle perd

La péroraison est pathétique. On explose en acclamations. Non par calcul, mais parce que chacun porte en lui un peu de ce que déclame Valentin. Parce qu'on voudrait être lui, même si en son for intérieur on a déjà choisi d'être son contraire. La sincérité de cet appel bouleverse. En Valentin, la Gaule tout entière s'admire. Ou voudrait s'admirer. Il rayonne de la cause qui l'habite. Et qui les habite encore un peu, malgré tout. Ce que *La Marseillaise* de Rude sera à la République. Par les applaudissements, on investit en Valentin tout ce que, par le vote, on refusera à Valentin. Car, parmi ceux qui ont applaudi, parce qu'une telle conviction articulée à un tel courage les a comme soulevés, rendus fiers d'eux-mêmes à travers lui, combien sont prêts à accepter les sacrifices et à braver les vicissitudes ? D'ailleurs, même Aupex a applaudi. Il a rendu hommage à une telle générosité, à une telle bravoure.

Puis il a entrepris de défendre le point de vue exactement inverse. « La résistance ? interroge-t-il à mi-voix, quelle résistance ? Les Gaulois sont divisés. Les Séquanes ont fait la guerre aux Lingons. Sabinus est mort. L'élan libérateur est retombé. Regardez la situation en face : elle ne permet pas d'envisager une prolongation de la lutte. Chaque cité s'oppose à l'autre, la division est partout, même chez les Bataves. »

Le silence qui accueille ces propos est à déchirer à la serpe. Le réel comme un bloc de plomb. Alors Aupex monte d'un cran, gratte sadiquement la plaie qui déjà blesse les consciences. Ne pas se voiler la face : n'assistons-nous pas à une germanisation de plus en plus évidente des troupes de Civilis ? Les Gaulois peuvent-ils assumer la sauvagerie des bandes qui ne rêvent qu'incendies et pillages ? On doit se poser franchement cette question : Civilis est-il encore obéi ? « La guerre ? » commence Aupex, sachant qu'il réveille ainsi tous les antagonismes. « Mais qui aura la haute direction des opérations ? D'où émaneront les ordres suprêmes ? Et, en cas de victoire, quelle ville sera choisie comme capitale ? » Ah, le choix de la capitale !

En termes moins diplomatiques : les jalousies, les différents ancestraux, les anciennes vendettas et les nouvelles querelles, toutes ces contradictions qui travaillent en interne les peuples gaulois sont telles que la domination romaine constitue un moindre mal. Mieux vaut une paix imposée qu'une multiplication de conflits autodéterminés. Conclusion d'Aupex : le plus raisonnable, aujourd'hui, est de déposer les armes, d'attendre les légions romaines qui vont affluer, et de traiter avec l'envoyé de Vespasien. Cette mercuriale défaitiste, mais implacable, ne suscite certes aucun enthousiasme. Elle est peu applaudie. Mais aucune remarque, aucun cri, aucun soupir même ne l'ont interrompue.

La discussion s'engage. Tendue. Parfois confuse. On voudrait être du côté de Valentin et on a été convaincu par Aupex. Comment l'exprimer ? On choisirait la résistance, si l'on n'intégrait pas mentalement la défaite. On est centriste. On fait assaut d'imagination pour proposer des solutions intermédiaires : ne pas se démarquer de Civilis, mais l'amener à déposer les armes. Désigner explicitement des représentants de l'« empire gaulois » chargés de négocier une paix d'égal à égal avec le légat de Vespasien. Ou bien – pourquoi pas ! – se sauver par la surenchère, suggèrent les cités les plus fidèles à l'Empire. Envoyer des renforts aux légions romaines, se mettre ostensiblement sous leurs ordres. Aucun doute qu'une telle attitude serait récompensée. C'est-à-dire surtout qu'elles, ces cités fidèles, en seraient récompensées.

Et puis, un tiers parti s'esquisse : il aspire, sans honte, à une paix romaine, mais exige que sous cette férule soient abolis tous les privilèges, les différenciations iniques, les inégalités statutaires. La fraternité, oui, mais par l'égalité.

En attendant, entre les représentants des différentes cités, toutes les vieilles chicanes resurgissent. On ne liquide nullement les vieux comptes, on les règle. Bien gentils, les Trévires et les Lingons, mais où étaient-ils quand une grande partie de la Gaule se dressait derrière Vindex ? Eux, ils marchaient derrière Rufus et, maintenant, ils s'acoquinent avec les Germains. Où sont les vrais patriotes ? Un Gaulois qui se respecte peut-il cautionner la tuerie de soldats romains désarmés du camp de Vetera ? Du pire terrorisme !

Séance après séance, la controverse s'éternise. Alors Aupex, solennellement, exige le silence, se lève et présente, dirait-on aujourd'hui, un « point d'ordre » : maintenant, on tranche ! Assez tergiversé, on accepte ou non de déposer les armes. Il est temps de passer au vote.

On vote donc… Et ce n'est pas une majorité, c'est une quasi-unanimité qui se rallie à Aupex. Déjà, nous cultivions les sorties de congrès réconciliatrices.

Chapitre 14

Un dernier combat désespéré

Rideau ? Non… La situation paraît désespérée. Des cohortes auxiliaires constituées de peuples danubiens ou balkaniques arrivent de Rhétie. Les suivent les 2e, 8e, 11e, 13e et 14e légions, en provenance de différentes provinces de l'Empire. Une ruée !

Le dissident batave Labeo, resté fidèle à Rome, et que Civilis s'était contenté d'exiler chez les Frisons, revient, recrute et mène des opérations de guérilla sur ses arrières.

En juin 70, Cerialis, le commandant romain, entre à Trèves, la capitale des Trévires, après avoir battu et fait prisonnier Valentin près de Mayence. Il l'épargne, malgré les protestations de ses centurions qui veulent le mettre à mort immédiatement.

Une scène a été rapportée : les soldats de la garnison, ceux qui ont capitulé et se sont ralliés aux insurgés, se tiennent immobiles et muets, désarmés, tête basse. Les légionnaires de Cerialis surexcités les couvrent d'insultes, appellent à la vengeance. Leur fureur est à la mesure des humiliations qu'ils ont intériorisées. Pas de quartier ! Il faut exterminer cette racaille, ces traîtres, détruire la ville. Cerialis s'y oppose, comme Civilis s'était opposé au pillage. Il exige simplement des vaincus un serment d'allégeance. En fonction de quoi il leur propose, sous les grognements hostiles des soldats restés fidèles, de les réintégrer dans l'armée.

Ensuite, le vainqueur fait demander à Aupex de lui envoyer les délégués gaulois de la conférence de Reims. Et c'est devant cette assemblée qu'il tient un discours qui, rapporté par Tacite, représente la quintessence de l'idéologie impérialiste romaine. Il convient de déguster comme il se doit ce véritable chef-d'œuvre de rhétorique propagandiste intelligente. Nul jamais n'avait aussi cruellement placé les Gaulois devant leurs contradictions et leurs responsabilités. Leçon implacable. Dialectique presque imparable, quoique cynique, qui consiste à dénoncer – et avec quelle lucidité ! – la tendance de tout oppresseur à dissimuler ses forfaits derrière l'instrumentalisation du concept de liberté, et cela pour mieux convaincre ses interlocuteurs gaulois que c'est au nom de la liberté qu'il leur demande d'accepter leur oppression.

« Gaulois, si nos chefs et empereurs sont entrés dans votre pays, c'est à la requête de vos ancêtres [ce qui, au demeurant, est vrai]. Ils étaient épuisés par leurs discordes, et les Germains, appelés à leur secours, avaient asservi alliés et adversaires [nous verrons que c'était également exact]. Depuis ce temps, nous montons la garde sur le Rhin, moins pour protéger l'Italie que pour empêcher un nouvel Arioviste de s'emparer de l'empire des Gaules. Pensez-vous que Civilis, les Bataves, les nations d'outre-Rhin seront des amis plus sûrs que leurs ancêtres ne l'ont été autrefois pour les vôtres ? La même cause qu'hier attire les Germains en Gaule : la cupidité, l'avarice, le besoin de se déplacer en échangeant, par votre asservissement, leurs marécages et leur solitude contre votre sol fertile. La liberté n'est, dans leur bouche, qu'un prétexte spécieux. Il est bien connu qu'on ne parvient à opprimer autrui qu'en se servant de ce mot de liberté. Des tyrannies, des guerres, voilà ce qu'on trouvait dans les Gaules jusqu'à ce qu'elles se fussent rangées sous nos lois. Bien qu'ayant été souvent attaqués par vous, nous n'avons usé du droit du vainqueur que pour assurer votre protection et la paix. Or, pour maintenir la paix, il faut une armée : pas d'armée sans solde. Pas de solde sans impôts.

« Pour le reste, nous partageons tout. Très souvent, c'est vous qui commandez nos légions et qui gouvernez nos provinces [c'était le cas de Vindex]. De notre part, ni privilège, ni exclusion : vous partagez le profit du règne des bons princes, et la cruauté des mauvais retombe sur nous également – surtout sur nous, d'ailleurs, qui sommes plus proches d'eux. On supporte les sécheresses les plus excessives et autres fléaux de la nature : supportez les débordements, les injustices, les cupidités des puissants. Il faut faire avec !

« Tant qu'il y aura des hommes, il y aura aussi des vices, mais le mal n'est pas sans répit : il est compensé par des périodes de bienfaisance. Espérez-vous un régime de modération sous le gouvernement de Tutor et de Classicus ? Espérez-vous qu'en adoucissant les impôts vous repousserez Germains et Bretons ? »

On notera que, pour Cerialis, les Bretons de Grande-Bretagne sont des sauvages au même titre que les Germains, et l'on rappellera que, si César parvint à vaincre la coalition gauloise regroupée derrière Vercingétorix, c'est en grande partie grâce à un renfort massif de cavaliers germains.

« Si, continue Cerialis, les Romains étaient chassés, qu'arriverait-il ? Je vais vous le dire : la guerre partout ! Huit cents ans d'heureuses fortunes et de bonnes politiques [Cerialis utilise en fait la même expression que Civilis et dit : "de discipline"] ont cimenté Rome. Elle ne peut être jetée à bas sans entraîner dans sa chute ses destructeurs. Des envieux se jetteront sur vous, qui possédez l'or, la richesse ; ce ne sera que la première des guerres. Puissiez-vous ne pas préférer la résistance qui ruine à l'obéissance qui sauve ! »

De l'Aupex dans le texte. Mais beaucoup de vérités, aussi, derrière beaucoup de cynisme. Car il est vrai que l'effondrement de l'Empire romain sera catastrophique pour la Gaule.

Mais tout y est. Déjà. Que déclarait d'autre un Jules Ferry quand il défendait la politique coloniale de la France ? Cela : nous apportons la stabilité et la paix dans des pays où de petits chefs et autres roitelets se faisaient des guerres continuelles. Nous protégeons les Tonkinois contre l'impérialisme chinois. Nous intervenons en Algérie contre la piraterie barbaresque. Nous apportons la civilisation à des pays qui, sans nous, retourneraient à leur Moyen Âge. Que faut-il préférer : le progrès sous nos drapeaux ou l'indépendance qui amènerait la misère ? Les nationalismes indochinois, algérien, malgache étaient totalement illusoires en l'absence de véritables nations, quand, au contraire, la nation française avait depuis plus de mille ans fait la preuve de sa pérennité !

Et puis, était-il inexact que Rome avait plus souffert de Caligula que Lyon ? Que la Lyonnaise avait été placée sous le gouvernorat d'un Gaulois, en l'occurrence Vindex ? L'Algérie française a-t-elle jamais eu un gouverneur algérien arabo-musulman ? Les commandants en chef Rufus, Priscus, étaient d'origine gauloise. En revanche, une armée française a-t-elle jamais été commandée par un général vietnamien ou sénégalais ? Eût-il été imaginable que se réunissent à Constantine, l'Algérie étant province française, des délégués envoyés par toutes les populations arabes du pays, y compris des représentants du FLN ou des chefs de maquis, comme cela se passa à Reims sous l'empereur Vespasien ?

Que l'Empire romain ait fait plus de citoyens égaux en droit que l'Empire français, qui le niera ? Même si – déjà

– les conservateurs romains s'en offusquaient. Cerialis ne le savait pas encore, mais il y aura un empereur gaulois à Rome et des Germains à la tête de l'armée impériale.

Tacite boit évidemment du petit-lait en rapportant les propos de Cerialis, qu'il a sans doute quelque peu rewrités. Mais on sait, depuis César, à quel point les grands chefs militaires romains se devaient d'avoir assimilé, comme s'il s'agissait d'une incontestable composante de tout commandement, les règles de l'art oratoire. Cette « discipline » qu'évoque Civilis. Le glaive vainqueur est celui qui a su conquérir, ou kidnapper, les mots pour en affûter sa lame. Les mots vainqueurs sont ceux qui ont permis, précisément, d'aiguiser les glaives.

On se demande pourquoi ce texte mémorable n'est pas mis en exergue de tout ouvrage portant une pensée conservatrice. Tout y est également : l'acceptation de l'ordre établi, fût-il oppresseur et injuste, car ses inconvénients temporaires ne sont que les dérapages aléatoires d'une stabilité et d'une autorité qui lui permettent d'être fondamentalement libérateur et juste. Qu'y peut-on ? C'est moins la mauvaise gouvernance qui engendre le pire que la nature humaine qui le favorise. On gagne moins en cherchant à changer l'organisation des choses qu'on ne perd en voulant en bouleverser les équilibres séculaires. L'acceptation est de l'ordre du réalisme, et la résistance de celui de l'utopie. Or, le réalisme constitue le ressort de la paix, romaine en l'occurrence, quand l'utopie, celle par exemple d'une patrie gauloise, exacerbe les antagonismes. Les antagonismes sur lesquels Cerialis insiste – avec d'autant plus de lourdes complaisances qu'il sait réveiller bien des angoisses gauloises – sont ceux qui opposent les Celtes aux Germains, les Français aux Allemands en quelque sorte, les Gaulois aux Boches, hier les Méridionaux aux Cimbres et aux Teutons, les Éduens aux Suèves d'Arioviste, demain l'empereur Julien, ami de la Gaule, aux Alamans et le dernier roi romain des Gaules, Syagrius, aux Francs de Clovis. Tous ont oublié qu'ils étaient issus de la même souche.

Mais, soudain, cette vision répétitive de l'Histoire se trouble, puisque ce sont les Francs, donc des Germains, qui, en l'emportant, deviendront les Français. Comme, un jour, des Suèves germains et des Wisigoths germains deviendront des Espagnols. Comme d'ailleurs les Celtes gaulois, qui formaient avec les Germains des séquelles différenciées d'une même migration originelle, avaient fait souche dans la plaine du Pô, en Espagne (Galice), au pays de Galles ou en Turquie (les Galates). Cerialis était conservateur également en ceci qu'il était « fixiste » en matière d'évolution et de différenciation ethnique.

Ou, plus exactement, ça l'arrangeait. Car, plus tard, c'est un empereur romain qui installera les Wisigoths dans le sud de la Gaule. Et des Francs, Clovis en tête, se présenteront d'abord en supplétifs romains.

Cependant, malgré la disproportion de plus en plus évidente du rapport de forces, Civilis, Classicus et Tutor ne renoncent pas. Ils subissent des revers sur les bords de la Moselle, mais marquent encore des points ici et là. Rarement on fit preuve d'une telle ténacité et d'une telle résistance dans l'adversité. Rien ne paraît décourager les deux chefs trévires. Des cohortes de Nerviens et de Tongres se rendent, mais les insurgés se regroupent et détruisent la flotte romaine de Boulogne. Une aile de cavalerie romaine envoyée en avant-garde pour réoccuper le camp de Novaesium subit une déroute. Des combattants de la 10ᵉ légion, dont un préfet et cinq centurions, sont attaqués et tués alors qu'ils participaient à une mission de ravitaillement.

Tutor, qui a réussi à s'échapper avec toute sa cavalerie après le désastre essuyé par Valentin, et qui a pu rejoindre Classicus près de Tolbiac, tente de recruter de nouveaux partisans au sein des tribus germaniques de la région de

Worms. Mais ces bandes ne tiennent pas face à une légion romaine commandée par Sextilius Felix. Des supplétifs rebelles se rallient aux Romains, mais des supplétifs romains désertent au profit des rebelles. Confusion. Les trahisons se croisent et s'entrecroisent. Des cohortes auxiliaires passent d'un camp à l'autre. Des mutineries succèdent aux ralliements. Au point que Cerialis lui-même, pourtant en situation de force, mais harcelé au cours de sa progression par des groupes d'insurgés dont il ignore l'importance, craint d'être lâché par une partie de ses troupes et, prenant acte de leurs hésitations, leur lance : « Tenez bon… sans quoi je vous conseille d'aller annoncer à Vespasien, ou à Civilis – ce qui exigerait un moindre déplacement –, que vous avez abandonné votre général sur le champ de bataille. Mais alors, sachez-le, il viendra des légions, d'autres légions, toujours plus de légions, qui ne supporteront pas que nous restions, moi sans vengeance, vous sans châtiment. »

Victoire ou défaite, Cicéron l'emporte.

Il faut attendre l'automne de l'année 70 pour que les dernières troupes de Classicus et de Tutor soient défaites sur les bords du Rhin. Les deux chefs trévires s'échappent, de peu, en barque malgré l'intervention d'une flotte romaine spécialement reconstruite et armée par Cerialis.

Chapitre 15

Mourir en héros

Faut-il poursuivre le combat ? Reste-t-il encore une chance de l'emporter ? Civilis est conscient que l'insurrection tourne à une guerre intestine que rythment moins les batailles que les massacres. De toute façon, la conférence de Reims l'a délégitimé, et la prise de Trèves déterritorialisé. Il est décidé à mettre fin à l'aventure. Il se réunit, non loin de la capitale des Trévires, avec Classicus et Tutor, et tous trois conviennent d'envoyer des émissaires à Cerialis. Qui les reçoit. Il ne s'agit pas de capituler. Pas encore. Aussi font-ils à leur adversaire en chef une proposition pour le moins étrange et décalée : Civilis serait reconnu empereur d'un État batavo-germanique qu'il pacifierait, extrairait de l'anarchie dans l'intérêt des Romains eux-mêmes ; Cerialis serait, lui, proclamé César des Gaules avec l'aide de Classicus et de Tutor, puis obtiendrait l'aval de Vespasien ; enfin, pour couronner le tout, serait réalisée l'entente des trois empires fédérés acceptant la prépondérance de l'empereur de Rome.

Ce plan de la dernière chance, on ne le connaît que de source romaine par Tacite interposé. Il est permis d'émettre des doutes. Mais il ne constitue finalement qu'un *remake* du grand projet évoqué à la conférence de Cologne. Si visionnaire soit-il – cela finira d'ailleurs, à la fin du

Ve siècle, à peu près comme ça –, il n'était pas très réaliste d'en faire la condition d'un règlement du conflit au moment où le fils de Vespasien lui-même, Domitien, franchissait les Alpes à la tête de nouvelles légions. Mais mentionner un tel *deal* permettait surtout à Tacite de démontrer que Civilis cherchait d'abord à préserver son intérêt personnel.

Cerialis décline la proposition. Évidemment. Et les affrontements reprennent. S'intensifient même. On se bat au bord et sur le Rhin, chaque partie disposant de sa flotte fluviale. Cerialis pénètre dans l'île des Bataves et la met à feu et à sang. Il y fait diffuser ce message : « S'il vous fallait choisir des maîtres, les Romains seraient pour vous moins maléfiques que ne le furent les Germains. »

Civilis redemande à rencontrer Cerialis. En tête-à-tête. L'entrevue se déroule (cela aussi deviendra un classique) sur un pont qui enjambe le fleuve Nabalia. Le chef batave (mais il n'y a pas de témoin et il s'agit donc d'informations recueillies de la bouche de Cerialis) rappelle qu'il a soutenu Vespasien contre Vitellius, qu'il a toujours manifesté le plus grand respect à l'égard du nouvel empereur, qu'il ne s'est rebellé que parce qu'on l'y a contraint, par devoir. On ne lui a pas laissé le choix. Il a décidé de mettre fin aux combats. Il reconnaît – puisque c'est Vespasien qui exerce le pouvoir – l'autorité de Rome, s'engage à renoncer désormais à toute activité politique et militaire, à condition qu'on le laisse se retirer dans l'honneur et sans le poursuivre, en compagnie de Classicus et de Tutor. Accordé !

Les trois chefs insurgés, suivis de cent treize notables trévires, vont donc pouvoir s'enfoncer sans encombre dans la Germanie profonde. Ils vivront, semble-t-il, comme des propriétaires terriens dans la région de Cobourg. Et ils ne feront plus parler d'eux.

Inhabituelle mansuétude de la part de la puissance romaine. Civilis, Classicus et Tutor sont peut-être les trois seuls meneurs d'une grande révolte nationale qui aient pu survivre à une confrontation, un temps victorieuse, avec l'Empire.

Comment l'expliquer ? Les craintes qu'ils continuaient à susciter ? Le risque de laisser s'installer des deux côtés du Rhin, frontière stratégique, une guérilla interminable alimentée depuis la Germanie intérieure ? Le respect que leur courage et leur persévérance inspiraient ? Tout se passe comme si Civilis et Cerialis, au-delà de leur match, étaient liés par une estime mutuelle, sinon par de plus mystérieuses accointances. Ainsi Cerialis avait-il décidé de retirer la 14e légion du théâtre des opérations parce qu'il savait que les Bataves, du temps où ils servaient dans l'armée romaine, avaient eu maille à partir avec elle. Et surtout, quand ses troupes occupèrent puis dévastèrent l'île des Bataves, il donna l'ordre de ne pas toucher aux domaines et aux fermes appartenant à Civilis.

Ici, deux explications possibles : soit il éprouvait une réelle sympathie teintée d'admiration envers l'homme, soit il essayait de le déshonorer auprès de ses partisans en le faisant passer pour un individu louche qui menait double jeu et cherchait, surtout, à défendre ses propres privilèges. Il n'est pas non plus exclu que Vespasien ait recommandé à Cerialis l'indulgence, compte tenu des actions que Civilis avait entreprises en sa faveur.

Et le troisième chef trévire, Valentin ? Ayant refusé de déposer les armes après le vote de l'assemblée de Reims, il avait repris le combat, remporté quelques succès, puis avait été battu, fait prisonnier… et envoyé enchaîné auprès de Domitien. Lui aussi pouvait avoir la vie sauve : qu'il reconnaisse seulement la vanité de sa révolte, esquisse une repentance… De toute façon, les jeux étant faits, quelle importance ? On lui mit le marché en main. Il le refusa, nargua, provoqua. S'il devait regretter quoi que ce soit, il ne regretterait que l'ignoble trahison d'Aupex, l'effet désastreux du vote de l'assemblée gauloise de Reims, l'insuffisance de la résistance, le refus de Rome de reconnaître le droit de la Gaule à disposer d'elle-même. D'être non sa vassale, mais son associée.

Demander grâce ? Pas question. Jamais il ne trahirait la juste cause pour laquelle il avait lutté. Il avait perdu, qu'on le traite en vaincu. Normal ! D'ailleurs, s'il ne s'était pas suicidé, c'est qu'il préférait marcher fièrement au supplice. Héros de légende, que la légende, cependant, a évacué. Injustice majeure. En quoi fut-il moins brave que Bayard, moins patriote que Du Guesclin ? En quoi son sacrifice fut-il moins glorieux que celui de La Tour d'Auvergne ? Ainsi, un maréchal Soult, traître à sa cause, eut droit à un boulevard, mais Valentin, qui se sacrifia à la sienne, celle de la patrie, même en Moselle, chez lui en Moselle, n'a même pas droit à une impasse.

Domitien, l'un des fils de Vespasien, qui lui succédera comme empereur, n'avait guère le choix : il épargna à Valentin la honte d'une clémence.

Tandis qu'on conduisait sur les lieux de l'exécution ce résistant farouche – les conciliateurs le traitaient, eux, de « jusqu'au-boutiste » –, un centurion lui cria, à la fois provocateur et admiratif : « À quoi a servi tout ce courage que tu as su déployer, puisque ta patrie est au pouvoir des Romains ? » Et lui de répondre simplement : « C'est justement cela qui me console de mourir ! »

Le sacrifice héroïque d'Éponine

Et Julius Sabinus, le chef lingon, éphémère empereur des Gaules ? Vous pensez sans doute que poser une telle question témoigne d'un moment d'absence, puisqu'il est mort après s'être jeté dans le brasier de la maison qui lui avait servi de dernière demeure. Or, miracle, Sabinus est bien vivant ! Sa spectaculaire auto-immolation n'était en réalité qu'une ruse, ce pourquoi il avait exigé de ses compagnons, sauf un, qu'ils quittassent les lieux. Aussitôt qu'ils eurent le dos tourné, il s'était enfui et réfugié dans une caverne du plateau de Langres, accompagné du seul soldat, un fidèle parmi les fidèles, qu'il avait mis au courant de son stratagème. Il y aménagea une sorte de cabane enterrée, tandis que son garde du corps, qui se faisait passer pour un forestier misérable occupant ses jours à ramasser du petit bois, lui apportait régulièrement de quoi se nourrir et se désaltérer.

Le faux forestier apprend un jour, par les villageois, que l'épouse de Sabinus, Éponine, inconsolable, se laisse mourir de faim. Il prend contact avec elle, lui révèle le secret et la conduit jusqu'à la cachette de son époux. Ces retrouvailles rallument leur passion, provoquent comme un second coup de foudre. À partir de ce jour, Éponine, tout en jouant les veuves éplorées, rendra régulièrement visite, secrètement bien sûr, à son mari ; elle passera même de longues périodes auprès de lui dans la caverne après avoir annoncé autour d'elle qu'elle partait en voyage (n'oublions pas qu'elle faisait partie de l'aristocratie locale).

Deux jumeaux naîtront de cette passion souterraine, mis au monde et élevés dans ce refuge obscur. Un écrivain grec, qui connut plus tard un des deux jumeaux devenus grands, a pu écrire : « Seule, comme la lionne au fond de sa tanière, elle supporta les douleurs de l'enfantement et nourrit de son sein ses deux lionceaux. »

En fait, Éponine alla au moins une fois à Rome pour sonder l'état d'esprit du nouveau pouvoir. Sabinus voulut absolument l'accompagner : il se rasa la tête, s'enveloppa d'espèces de bandelettes, se rendit méconnaissable. Mais, leur contact leur ayant révélé qu'ils n'avaient aucune indulgence à attendre, ils revinrent se terrer.

Cette vie recluse, en marge du monde, va se poursuivre pendant neuf ans. Neuf ans ! Jusqu'au jour où le si dévoué compagnon de Sabinus meurt. Mais où pouvait bien habiter ce brave forestier dont on s'était habitué à croiser la silhouette dans les parages ? Laissait-il une veuve, des enfants ? On chercha. Et c'est ainsi que des fouineurs particulièrement opiniâtres repérèrent la grotte, constatèrent qu'elle était habitée et finirent par découvrir la personnalité de son locataire.

Comment réagirent alors ces braves gens ? Ils livrèrent les proscrits volontaires aux soldats romains en en espérant une récompense.

France Soir, du temps de sa splendeur, aurait consacré cinq colonnes à la une à l'événement, surmontées de cet appel : « Sensationnel ! » En ce temps-là, c'est la rumeur publique qui faisait office de presse populaire. Et la nouvelle, effectivement sensationnelle, fit de gros titres dans les têtes et alimenta les éditoriaux des conversations. On ne parlait plus que de cela. Au point que l'information remonta très vite jusqu'à l'empereur, qui exigea que l'on fasse comparaître devant lui ce couple devenu célébrissime.

Comment se comporta Sabinus ? On ne sait. Sans doute pas comme Valentin. Il avait démontré qu'il tenait à la vie. Habilement, il laissa d'ailleurs son épouse plaider leur cause, et donc sa cause. « César, supplia-t-elle en montrant ses deux enfants, je les ai mis au monde et élevés dans la profondeur d'un tombeau afin que nous soyons plus nombreux à nous courber devant vous pour, de votre générosité, obtenir la vie sauve ! »

Lui, Sabinus, ne trouva nullement déshonorant de se dissimuler derrière sa femme. Il se fit tout petit. Il n'en fut pas moins condamné à mort. L'empereur avait baissé le pouce. Neuf ans après les événements. Et alors que Civilis, Classicus et Tutor avaient obtenu un diplomatique pardon.

Mais Sabinus est gaulois. Et l'angoisse de l'Empire, ce n'était pas une rébellion germanique, dans l'ordre des choses, mais une rébellion gauloise. Justice romaine.

À Éponine, si émouvante qu'elle apparaissait entourée de ses deux jumeaux terrifiés, Auguste fit grâce. C'est alors qu'on assista à une scène dont tous les témoins resteront marqués et dont on s'étonne qu'aucun dramaturge ou musicien ne lui ait consacré une tragédie ou un opéra. La grâce ? Pour elle ? Pour elle seule ? La suppliante se redresse soudain, se cabre et, à la face de l'empereur, hurle sa haine de l'oppresseur romain, insulte César, exige de mourir aux côtés de celui qu'elle aime. « Eh bien ! frappe-nous tous les deux, n'hésite pas, car j'aime mieux la nuit de la tombe que la lumière du jour en face de toi ! »

L'a-t-elle dit comme cela ? Exactement comme cela ? Comme le grand Corneille lui aurait sans doute fait dire ? Et comme les témoins le rapportèrent ? Du moins était-ce le sens de son imprécation. Car l'empereur lui accorda aussitôt ce privilège : suivre son époux dans la mort. Seuls les jumeaux seront épargnés.

Sur ce sublime et lamentable épilogue se terminait l'un des épisodes les plus effroyablement intenses qu'ait connus le monde occidental.

Pendant plusieurs mois, ensuite, des enquêteurs envoyés par Rome parcoururent les cités gauloises qui avaient soutenu la rébellion, et se firent désigner ceux qui s'étaient montrés les plus favorables à la subversion de l'ordre établi. Et la répression fut impitoyable.

CHAPITRE 16

Pourquoi une telle épopée fut-elle occultée ?

Le combat qui venait d'être perdu avait-il une chance, une seule, de connaître une autre issue ? Peu probable. Et pas nécessairement désirable, hélas, quand on constate le formidable bond en avant qui transforma la Gaule romaine au cours des quelque deux cents années qui suivirent cet embrasement et ce désastre. Mais ces progrès, dans presque tous les domaines, c'est aussi à cette lutte héroïque qu'elle les devait. Que l'éducation des jeunes générations fût définitivement arrachée aux druides, que, partout, une vie municipale presque démocratique prît son essor, que cette Gaule qui ne parvint jamais à s'unifier face à Rome se découvrît culturellement comme nation grâce à Rome, qui aurait pu le regretter ?

Encore est-ce le peuple qui, peu à peu, apprit à se définir unitairement comme gaulois, alors qu'après la dernière révolte l'élite nobiliaire se considéra de plus en plus comme romaine, bien qu'une partie d'entre elle ait choisi la rébellion.

Combien de lecteurs savaient-ils, non seulement qu'un Gaulois déclencha le grand soulèvement antityrannique de mai 68 qui bouleversa le monde romain, mais, surtout, qu'en l'an 69 et 70 la Gaule retrouva un temps son indépendance à l'issue d'une guerre, provisoirement victorieuse, de libération nationale ?

Pourquoi les mêmes qui n'ignorent pas que Charles Martel arrêta les Arabes à Poitiers, même si ce n'étaient pas des Arabes et s'il n'y eut pas réellement de bataille ; qui connaissent par cœur la date de la victoire de Marignan, bien qu'elle ait plutôt ressemblé à un match nul ; qui se souviennent que Clovis dut son succès militaire de Tolbiac à une intervention divine, ce qui est absurde ? Pourquoi ceux qui peuvent vous citer Du Guesclin, Bayard, Turenne, mais aussi Jean le Bon qui présida à une débâcle, le Grand Condé qui n'hésita pourtant pas à passer à l'ennemi, peut-être Louvois, criminel de guerre, Mac-Mahon, général vaincu, et qui peuvent vous décliner dans l'ordre une série impressionnante de défaites, Alésia, Azincourt, Crécy, Waterloo, Sedan, pourquoi ceux-là ignorent-ils tout de l'épopée dont Civilis, Classicus, Tutor ou Valentin furent les héros ?

Reposons-nous cette question : pourquoi le culte de Vercingétorix et cette occultation de Vindex, de Civilis et des chefs trévires ? Pourquoi une colossale statue de Vercingétorix à Clermont-Ferrand, mais aucune de Civilis et de ses compagnons à Metz ?

Pourquoi un tel contraste dans le traitement commémoratif ? Parce que les Bataves n'étaient pas de purs Gaulois, et que les Trévires étaient des Belges un peu allemands (Trèves, leur capitale, deviendra pourtant la capitale des Gaules) ? Parce que le rêve d'une fédération gallo-germanique défrisait les nationalistes du XIXe siècle ? Parce que les armées de Vercingétorix étaient des armées légales, expression d'un ordre établi, alors que celles de Civilis ou Classicus étaient insurrectionnelles, donc attentatoires à l'ordre établi ? Parce qu'on soupçonnait Civilis et ses alliés de tendances anarcho-républicaines ? Parce que la direction du mouvement était trop collective pour que le national-bonapartisme y trouve matière à célébrer un héros providentiel ?

De tout cela un peu, sans doute.

Rome, en définitive, l'emporta. Rome finissait toujours par l'emporter. Rome cessa d'être dans Rome avant que la Gaule cessât, elle, d'être romaine. Lutèce était encore romaine que les barbares s'étaient déjà emparés de Rome. L'Empire fut déposé avant que la Gaule admît qu'elle n'était plus la perle de l'Empire. Ce n'est pas d'être roi des Francs que Clovis fut le plus fier, mais d'être distingué consul par un empereur romain qui avait survécu à l'Empire.

Charlemagne et Napoléon ne furent-ils pas obsédés par l'idée de se faire couronner à Rome ? N'est-ce pas à Rome que nos catholiques ultramontains restèrent jusqu'au bout fidèles ? Le prix le plus prestigieux auquel rêvèrent nos musiciens n'était-il pas le Prix de Rome ? N'instaura-t-on pas un Consulat ? Notre propre empire ne se dota-t-il pas d'un sénat ? Ne recruta-t-on pas des soldats pour la « légion » ? Ne fut-on pas fiers de nos « tribuns » ?

Mais la Gaule s'imposa autrement : en intégrant à l'Empire, de plus en plus solidement à l'Empire, sa continuelle contestation de l'Empire. En opposant Rome à Rome, comme déjà s'y essayèrent Sabinus et Civilis, ou en bravant Rome au nom de Rome, comme Vindex.

Quand les Germains germanisèrent la romanité, les Gaulois la re-romanisèrent. Nietzsche l'a très bien montré en opposant la germanité de Wagner à la romanité de Bizet. Les Germains s'emparèrent de la Rome impériale, et la Rome impériale s'empara des Gaulois. La force des Germains découla de leur conquête de Rome ; la grandeur et la puissance des Gaulois, de leur conquête par Rome.

Or, Civilis et ses principaux alliés étaient quelque part germains, gaulois et romains. Ils voulaient vaincre l'Empire, mais l'Empire était en eux : c'est du sein de l'Empire qu'ils surgirent, c'est la Gaule qu'ils réveillèrent, c'est en Germanie qu'ils disparurent. Tacite écrit, à propos d'une bataille qui opposa les chefs insurgés aux Romains : « Tutor, Classicus et Civilis, chacun à son poste, animaient le combat : ils excitaient les Gaulois par les cris de liberté, les Bataves par l'amour de la gloire, les Germains par la vue du butin. »

Ce qu'il y avait de farouche chez Civilis était peut-être germanique. Mais sa philosophie était gauloise et sa culture était romaine. Il agissait en Germain, pensait en Gaulois, parlait comme un Romain. Parce qu'il était complexe, tiraillé, triple, le personnage est fascinant. Son intuition visionnaire fut profonde, son aventure immense. Il n'est pas certain que sa personnalité ait été à la mesure de ses grandeurs.

Pourquoi ne pas en avoir fait un film ?

On peut se demander pourquoi aucun réalisateur n'eut jamais l'idée de consacrer un film d'action, un western national en somme, à l'insurrection de l'année 69 et aux batailles auxquelles elle donna lieu, à côté desquelles la prise de Fort Alamo paraît une vulgaire escarmouche.

Une seule scène, dont on ne sait si elle conviendrait le mieux à John Ford ou à Gérard Oury, en assurerait le triomphe : alors même que la partie était déjà perdue, Civilis, Classicus et Tutor continuèrent à harceler les troupes romaines et remportèrent même, ici ou là, d'incontestables et même spectaculaires succès grâce à la soudaineté de leurs attaques.

Ainsi, en pleine nuit, surprirent-ils Cerialis qui, trop sûr de sa victoire, s'était accordé un sommeil réparateur. Ils forcèrent son camp, mirent sa cavalerie en fuite, s'emparèrent d'un pont stratégique sur la Moselle et contraignirent le général romain à se lever d'un bond pour rameuter ses troupes sans avoir eu même le temps de revêtir le moindre uniforme. Si bien qu'il dut hurler que, quoique absolument rien ne le signalât, il était vraiment le grand chef !

Ce qui sauva les Romains, pris totalement au dépourvu, c'est que les Germains, au lieu de pousser leur avantage, ne pensèrent qu'à s'emparer du plus de butin possible et se mirent à se battre entre eux, comme des chiffonniers, chacun voulant s'en réserver une plus grande part.

Or, la même mésaventure faillit, cette fois, être fatale au général en chef romain. Alors qu'il était parti inspecter deux camps récupérés par ses troupes, il s'en revint par voie fluviale et décida, fort imprudemment, le soir venu, de camper sur la rive. Il avait en fait pour cela une très bonne raison, mais elle n'était pas avouable. Les insurgés en furent informés et préparèrent un coup de main. Ils profitèrent de la nuit, qui était particulièrement sombre, pour se laisser porter au fil de l'eau – qui nageant, qui s'accrochant à un tronc d'arbre – et s'infiltrer dans le retranchement que les Romains avaient hâtivement installé.

Ils s'approchent alors un peu plus près, en rampant, sans émettre le moindre bruit, coupent les cordes qui soutiennent les tentes des légionnaires et subtilisent les armes placées au pied des uniformes.

Si bien que, lorsque l'alerte est enfin donnée, les soldats romains s'entortillent dans leur toile de tente et les rebelles parviennent à les mettre hors de combat sans difficulté, tandis qu'une autre fraction d'entre eux jettent des grappins sur les bateaux empruntés par Cerialis et s'en emparent.

À ce moment précis, les assaillants, qui étaient jusqu'ici restés totalement silencieux, se mettent à hurler tous ensemble. Les Romains affolés se répandent dans le camp, les uns ne trouvant pas leurs armes qui leur avaient été dérobées, les autres errant complètement nus ou une simple serviette dissimulant leur virilité.

Que faire ? Où est passé le général ? En fait – c'était la raison de son arrêt intempestif –, Cerialis avait passé la nuit en dehors du camp dans les bras d'une jeune femme ubienne qu'il avait trouvée à son goût, et si les sentinelles n'avaient pas donné l'alarme, c'est que leur général leur avait recommandé la plus grande discrétion. Du coup, dispensées d'appels réguliers, elles s'étaient endormies.

Preuve que les historiens romains étaient de sacrés fouineurs, Tacite donne même le nom de la dame qui faillit être la cause d'une défaite romaine majeure : Claudia Sacrata. Conséquence : Cerialis n'avait rejoint son QG provisoire que très tard dans la nuit et s'était effondré de fatigue. Résultat : une fois de plus, dormant à poings fermés au moment de l'attaque, il se retrouva quasiment à poil au milieu de ses soldats qui s'agitaient, eux aussi, dans le plus simple appareil.

Le jour venu, les assaillants se retirèrent en emmenant la petite flotte amirale avec eux. Ce fut l'un des derniers épisodes de ce drame parfois ubuesque. Mais, on en conviendra, ce ne fut pas le moins cinématographique.

Deuxième partie
La résurrection de la Gaule vaincue

Non, la résistance ne se termine pas à Alésia

Remontons cent-vingt ans en arrière. Ce que prouve l'insurrection de Civilis, c'est que, contrairement à toutes les idées reçues, la résistance gauloise ne s'était pas arrêtée à Alésia. La réalité est presque inverse. Le combat continua. Et, aux cent vingt ans de résistance, brûlante ou larvée, qui suivront la défaite de Vercingétorix, succéderont, en 257 – mais qui le sait ? –, presque deux décennies d'indépendance retrouvée sous des empereurs spécifiquement gaulois qui furent, d'une certaine manière, les premiers rois de France. Ce fut, ensuite, une grande jacquerie à dimension révolutionnaire et sociale qui ébranla la domination romaine, avant qu'en 287 un certain Carausius, débarqué des îles Britanniques, n'arrache de nouveau pendant sept ans l'autonomie des Gaules.

En revanche, les démantèlements successifs décidés ou imposés par les occupants germaniques ne rencontreront pratiquement pas de résistance, sauf de la part des Arvernes face aux Wisigoths et des Aquitains face aux Francs.

C'est donc cette période, qui voit la Gaule à la fois s'imprégner de Rome et s'insurger contre Rome ; être conquise par Rome, mais peu à peu conquérir Rome ; se donner à la culture du vainqueur, mais refuser l'oppression de l'occupant ; intégrer une civilisation, mais pour mieux réinventer la sienne – c'est cette histoire, non d'une soumission, mais d'une métamorphose, d'une réappropriation émancipatrice de soi en réaction à une perte humiliante d'identité, dont nous entendons retracer, en cette deuxième partie, le déroulement.

CHAPITRE 1

Tout ce qu'on n'ose pas dire sur Alésia

Nous sommes en 52 avant Jésus-Christ. Il y a des calmants propagandistes qui mériteraient d'être remboursés par la Sécurité sociale. Ainsi ceux qui permettent, dans la mémoire collective, de transformer des désastres en épopées : Waterloo et Cambronne, Fort Alamo et Davy Crockett, Sedan et les cuirassés de Reichshoffen, Diên Biên Phu et de Castries. On a presque failli héroïser l'effondrement de 1940 grâce aux cadets de Saumur. Aussi devons-nous être redevables à Plutarque de nous avoir permis de dissoudre la peu glorieuse catastrophe d'Alésia dans le récit merveilleux de la reddition de Vercingétorix, qui aurait pu constituer le clou d'un grand spectacle de Robert Hossein.

Sauf qu'il s'agit d'une scène que Plutarque a purement et talentueusement imaginée, quelque soixante ans après les faits, et qui, hélas, ne tient pas la route.

On a vu, précédemment, comment les Romains traitaient les rebelles vaincus, fussent-ils romains eux-mêmes, et ils traiteront Vercingétorix, après l'avoir exhibé et couvert de chaînes, comme un chien enragé qu'on abat sans autre forme de procès dans la pénombre d'une arrière-cour. Conçoit-on un seul instant que César, assis sur son trône proconsulaire, ait accepté que le chef du grand soulèvement qui lui avait causé tant de soucis sorte, armé de pied en cap, de son retranchement, glorieusement campé sur son cheval blanc, et se livre impunément à une cavalcade d'apparat autour de la personne de son vainqueur, avant de jeter à ses pieds, en un geste de quasi-défi, son épée et son bouclier ? Croit-on que les légionnaires et les centurions auraient accepté ce rôle de spectateurs passifs, invités à admirer, sinon à applaudir, l'ultime tournée de la star ? On a vu comment quelques gardes de Vitellius faillirent découper Rufus en rondelles parce que son domestique s'était approché trop près du pseudo-empereur.

Si, d'ailleurs, César avait fait preuve de grandeur d'âme, attitude exceptionnelle en soi, en laissant son adversaire organiser lui-même, pour l'Histoire et les manuels scolaires de la IIIe République, la mise en scène de sa reddition, il n'aurait pas manqué, lui, si prolixe et si précis quand les détails le servent, de décrire l'épisode par le menu.

Or, il le résume sèchement en une ligne et quatre mots. Quatre mots ! « *Vercingetorix deditur, arma proiciuntur.* » « On jette les armes, on livre Vercingétorix. » C'est tout ! Autrement dit, les assiégés, contre la vie sauve, avaient accepté de remettre aux Romains et leurs armes et leur chef.

Ils n'avaient plus le choix. L'armée de secours, venue à la rescousse en provenance de presque toute la Gaule, s'était évaporée. Il est vrai que deux de ses quatre commandants, des Éduens, Viridomaros et Époredorix, détestaient Vercingétorix, dont ils contestaient le rôle de guide suprême, et, une fois rempli pour la galerie leur devoir patriotique, ils n'avaient nulle envie de lui sauver la mise. Il s'était mis dans cette panade, qu'il y reste ! L'essentiel de l'infanterie n'avait même pas participé à la bataille. L'armée de renfort, relève Plutarque, « s'était évanouie comme un fantôme ou un songe »... S'était-il agi, effectivement, d'un songe ? Ou d'un fantôme ?

Le ravitaillement avait été épuisé. La disette commençait à faire des ravages. Sur ordre du chef, on avait chassé de la ville la population civile, femmes, vieillards, enfants et malades. Loin de les accueillir, les Romains les avaient repoussés. Ils s'entassaient au milieu des lignes. Ils imploraient, gémissaient, hurlaient, tendaient les mains. Il semble bien qu'on les ait laissés « crever » comme des pestiférés dans leur *no man's land* transformé en mouroir. Quand les archers ne les ont pas achevés pour faire taire leurs cris.

Un chef arverne, Cutognatos, après avoir fustigé les traîtres qui poussaient à la capitulation, avait même proposé que les bouches inutiles soient offertes en ragoût aux bouches utiles. Il n'avait pas convaincu. On lui avait fait valoir que l'anthropophagie n'était pas gauloise ! On repoussa également l'idée d'une tentative de sortie en masse. On en vint presque aux mains. Pour la énième fois, Vercingétorix, pris à partie par quelques têtes chaudes, jura qu'il n'avait nullement recherché une gloire personnelle, comme certains l'en accusaient, mais que seule la cause de la liberté gauloise l'avait animé. Qu'on décide de son sort ! On décida… de le livrer.

Un autre historien romain, Florus, décrit un Vercingétorix se jetant, en suppliant, aux pieds de César en déclamant : « C'est un brave que tu as vaincu parce que tu es le plus brave ! » Peu crédible. César se serait fait une joie de rapporter une telle scène.

En revanche, la thèse avancée par Dion Cassius est plausible, même si elle est tardive. Pourquoi le roi arverne ne s'est-il pas suicidé, comme le faisaient généralement les chefs vaincus, particulièrement les Gaulois ? Comme le feront Vindex, Sacrovir, Florus, comme feindra de le faire Sabinus ? « Il aurait pu également fuir, note l'historien, mais il espéra que l'amitié qui l'avait lié, jadis, à César lui vaudrait la clémence… Vercingétorix tomba à genoux et étreignit les mains de César pour l'implorer. Mais César lui reprocha précisément ce sur quoi il avait compté le plus pour son salut. En opposant à cette ancienne amitié l'hostilité qui la suivit, il montra que sa faute avait été plus grave ! »

Vercingétorix, effectivement, comme de nombreux jeunes aristocrates gaulois remis aux Romains par leurs cités en garants de leur fidélité, avait fait partie, à la veille du débarquement dans les îles Britanniques, de l'état-major du proconsul, qui l'apprécia, et l'aurait même pris en estime.

Que Vercingétorix ait espéré que cette courte « collaboration » lui vaudrait la clémence n'est donc pas exclu.

Reste qu'en effet, après une telle catastrophe, on ne voit pas ce que la Gaule pouvait encore opposer à l'impérialisme romain.

Les chiffres sont rédhibitoires. L'armée gauloise enfermée à Alésia, contrainte à la capitulation, et vendue à l'encan, est censée avoir regroupé 80 000 fantassins et 8 000 cavaliers. L'armée de secours, elle, aurait été forte d'au moins 250 000 guerriers sinon plus. Soit une masse de 340 000 soldats gaulois (plus considérable que celle, allemande, qui fut engagée dans la bataille de Stalingrad en 1942). Masse dont il ne resta rien, sinon quelques fuyards retournés à leurs champs. Comment, après un tel coup de massue, envisager fût-ce le moindre combat d'arrière-garde ?

Sauf que ces chiffres sont totalement fantaisistes. On les doit à César lui-même qui, en sculptant sa propre statue, faisant œuvre de propagandiste soucieux de préparer l'opinion à sa prise de pouvoir, ne cesse d'exagérer les forces de l'ennemi pour mieux mettre en valeur le mérite de l'avoir vaincu. Il suffit de visiter le site d'Alésia pour prendre conscience qu'il ne pouvait absolument pas contenir 80 000 combattants, plus quelques milliers de cavaliers et leurs chevaux, plus les troupeaux pour le ravitaillement des troupes, plus les servants et autres domestiques, plus la population civile locale... D'ailleurs, pourquoi une armée aussi considérable se serait-elle laissé aussi bêtement enfermer par quelque 40 000 légionnaires romains renforcés d'auxiliaires et, par conséquent, inférieurs en nombre ? 90 000 individus, c'est près de deux fois la population d'Angers qui, sur un espace beaucoup plus vaste, compte de nombreuses maisons de plusieurs étages.

Quant à l'armée de secours et à ses 250 000 hommes, comme le reprennent en boucle les historiens après César (alors que la Grande Armée de Napoléon engagée dans la campagne de 1809, celle de Wagram, n'en rassemblera, contingents étrangers compris, que 180 000), il suffit de raisonner un tantinet pour conclure à l'absurdité d'un tel chiffrage.

La Gaule indépendante, débordant sur la Belgique et l'Allemagne rhénane, mais ne comprenant ni le Dauphiné, ni la Provence, ni Midi-Pyrénées, ni Languedoc-Roussillon, ni l'Aquitaine, ne comptait à l'époque pas plus de 5 millions d'habitants (même 6 millions, ça ne changerait rien). En outre, plusieurs nations, tels les Rèmes champenois, les Trévires mosellans, les Lingons (Haute-Marne, Vosges, une partie de l'Aube, de l'Yonne et de la Côte-d'Or), avaient refusé d'envoyer des contingents, de même que certains peuples, tels les Vénètes du Morbihan ou les Éburons des Ardennes, qui, depuis la répression qui avait suivi leur défaite précédente, n'en avaient plus les moyens. De quelque 2,5 millions d'éléments masculins, il faut évidemment retirer les enfants, les vieillards (à plus de cinquante ans, à l'époque, on était le plus souvent un vieillard), les infirmes, les malades, les inadaptables et tous ceux qui devaient rester sur place pour faire fonctionner les services et l'administration d'une soixantaine de nations différentes.

Déjà, une mobilisation réellement générale eût difficilement permis de réunir 380 000 combattants. Mais, en outre, cette idée d'une mobilisation générale avait été repoussée, et il ne s'agissait que de contingents, parfois purement symboliques – les Bellovaques, situés entre Seine et Somme, refusant, par exemple, de mourir pour Vercingétorix ! Les effectifs n'avaient donc rien à voir avec la comptabilité affichée pour nourrir l'autopromotion césarienne.

Et puis, comment croire que César, encerclant une armée de plus de 80 000 hommes piégés dans Alésia, et apprenant qu'un renfort de 250 000 guerriers, cinq fois plus nombreux que ses propres légionnaires, accourait pour l'attaquer à revers, n'ait pas bougé de sa position au risque de se faire prendre en tenaille et écrabouiller ? Comme ses espions l'informaient régulièrement sur les faits et gestes de l'adversaire, on ne peut qu'en conclure que n'estimant pas cette force si considérable, donc si dangereuse, il se contenta d'ajouter aux lignes de fortifications tournées vers les assiégés de nouvelles lignes tournées vers les assiégeants.

Ne serait-il pas humiliant que les Gaulois se soient fait battre par des forces plus de six fois inférieures en nombre ? Ne suffit-il pas, pour titiller notre honneur, que notre supériorité n'ait été que du double : deux Gaulois pour un Romain ?

César évoque les renforts gaulois couvrant l'étroite plaine des Laumes – s'étendant sur 3 000 pas, précise-t-il – qui s'insinue à travers les collines entourant Alésia. Mais c'est sur plus de 10 kilomètres que devrait s'étaler, compte tenu du relief, un camp abritant 250 000 fantassins et 8 000 cavaliers. Et une colonne de combattants remontant par les chemins celtes jusqu'à cette langue de terrain plat s'allongerait, pour des rangs de dix hommes, sur 25 kilomètres environ.

Rappelons que, lorsqu'ils franchirent le Dniepr pour envahir la Russie, les 400 000 hommes de l'armée paneuropéenne de Napoléon mirent quatre jours et quatre nuits !

À force d'être exagéré jusqu'à l'absurde, tout devient faux. Ainsi, les Romains avaient omis d'intégrer à leur ligne une hauteur que ne défendait qu'un camp de deux mini-légions, soit peut-être 8 000 soldats établis sur un terrain en pente, donc difficilement défendable. Cette position fut attaquée – du moins selon le récit officiel mille fois répété – par 60 000 des meilleurs guerriers gaulois commandés par un cousin de Vercingétorix nommé, le pauvre, Vercassivellaunos. Cette masse, qui avait pu s'approcher nuitamment sans être repérée, se rua, par surprise, sur le camp romain situé en contrebas. Celui-ci aurait dû être submergé et emporté en moins d'une heure : 60 000 contre 8 000 ! Eh bien, pas du tout : il tint bon et six cohortes commandées par Labienus eurent le temps de le dégager. Finalement, il suffira qu'un corps de cavalerie prenne les Gaulois à revers et que César jette de nouvelles forces dans la mêlée pour que l'offensive gauloise – engageant soi-disant 60 000 hommes – se solde par un fiasco gigantesque (le cousin est fait prisonnier), entraînant, on l'a vu, la disparition et la dissolution de l'ensemble de l'armée de secours.

Tout cela ne tient évidemment pas debout.

Alésia fut un « moment ». Ce ne fut pas la fin de tout. Le crépuscule des dieux. L'effondrement de 1940.

La Gaule ne s'y était pas consumée. Les forces engagées étaient beaucoup moins considérables qu'on ne l'a prétendu et même récité. Elles ne résumaient nullement toute la Gaule.

Le parti pro-romain avait toujours été puissant. Les Éduens, intacts, rentrèrent aussitôt dans le rang. Ils n'attendaient que cela. Les Arvernes désavouèrent Vercingétorix, qu'ils accusèrent d'avoir réalisé un coup d'État pour renverser le système sénatorial et rétablir, à son profit, la monarchie. Et ils se plièrent à la loi du vaincu. Mais les tenants de la résistance poursuivirent la lutte.

Chapitre 2

Commios et quelques autres de ceux qui ont dit non

Qui furent ces héros qui refusèrent la capitulation ? Certains de ceux qui avaient tenté, sans succès, de prévenir le désastre programmé.

Vercingétorix avait souhaité une mobilisation générale qui eût permis de diriger sur Alésia une masse telle que les Romains eussent été emportés par une marée humaine. Mais l'assemblée des Gaules ne lui avait pas donné satisfaction (comment nourrir, comment discipliner une telle multitude ?) et l'on se contenta d'envoyer des contingents.

Les principaux chefs de ces cohortes expéditionnaires de secours se retrouvent afin de coordonner leur action, dans la capitale des Éduens, Bibracte, proche de l'actuelle ville d'Autun. Commios, le roi atrébate du Pas-de-Calais, et le chef cadurque (région de Cahors, dans le Quercy) Lucterios insistent pour ne pas tarder, pour ne pas laisser à César le temps de consolider ses fortifications. Mais rien n'y fait : on s'engage dans des palabres interminables, chacun voulant tirer la couverture à lui. Qui allait diriger une telle troupe au sein de laquelle la plupart des petits chefs, fussent-ils à la tête d'un minuscule contingent, voulaient conserver leur autonomie ? Surtout, pas question, après la victoire, de laisser Vercingétorix dominer toute la Gaule. On le soupçonnait déjà trop d'intentions despotiques. Donc, pas de chef arverne, puisque ce serait l'homme de Vercingétorix. Mais pas Commios non plus, car il est belge. Et pas Lucterios, parce que c'est un client des Arvernes. Les Éduens revendiquent naturellement un leader éduen. Pas question non plus ! Veto des Arvernes. On perd un temps précieux. On se bouffe le nez, moustache comprise. Le chef des Bellovaques (Somme et Seine-et-Oise), Correos, refuse soudain de mettre le moindre soldat au service d'un Vercingétorix qui a trop tendance à se pousser du col. Puis il se ravise. Tout le monde s'accorde, cependant, pour admettre que le général en chef idéal pour coordonner tous ces corps de troupes disparates aurait été Litaviccos, un général en chef éduen, indépendantiste dans l'âme. Pourquoi cette unanimité ? Parce que ce Litaviccos avait été tué, après le succès de Gergovie qui lui devait tout, à l'occasion d'un accrochage avec des cavaliers germains au service de Jules César. Il ne dérangeait donc plus personne.

C'était le foutoir. Puisqu'il s'agissait de sauver la Gaule, les Gaulois se surpassaient en se révélant plus gaulois que nature. On en vint même à en référer au druide des druides, un certain Gutuater, qui interrogea les entrailles d'on ne sait quelle bestiole. Elles se révélèrent totalement muettes. On décida donc de désigner quatre généraux, dont Commios l'Atrébate, un Arverne et deux Éduens. La pagaille étant assurée, on se mit enfin en marche.

Quelle était la stratégie ? Nul n'en sut jamais rien. On réitéra celle qui avait complètement échoué après Gergovie, c'est-à-dire que la cavalerie chargea inconsidérément sans soutien d'infanterie et qu'on se fit étriller dans les grandes largeurs par les cavaliers germains tenus en réserve et engagés au dernier moment.

On se battit un peu. On donna à voir. On caracola beaucoup. Puis, comme si l'on avait réalisé le minimum imposé, la plupart des chefs, en particulier les chefs éduens, très contents d'eux, laissèrent Vercingétorix en plan et rentrèrent chez eux.

Mais cela ne signifiait nullement l'abandon du combat. De nouveaux chefs prirent le relais. Parmi eux, le leader des Andes, Dumnacos ; celui des Bellovaques, Correos ; le roi des Atrébates, Commios – c'est-à-dire la Sarthe, la Somme et le Pas-de-Calais. Mais aussi Suros, un Éduen dissident ; le Cadurque du Quercy, Lucterios ; Gutruat, le leader antiromain des Carnutes de l'Orléanais ; le chef des Sénons de la région de Sens, Drappès, spécialiste de la guerre de partisans.

En fait, les Gaulois, comme toujours, réagirent de façon aussi désordonnée que contradictoire. Les « peuples » qui avaient fourni, et de loin, le plus de combattants à Vercingétorix, les Arvernes et les Éduens, se rallièrent sans état d'âme aux Romains. L'oncle de Vercingétorix rendit même hommage à César. Mais d'autres cités réanimèrent la flamme : les Bituriges du Cher et de l'Allier, dont la capitale deviendra Bourges, s'ébrouèrent et leur pays fut dévasté ; les Carnutes, qui avaient donné le signal de la révolte, suivirent les Bituriges et connurent le même sort. Correos et Commios, eux, à la tête des contingents bellovaque et atrébate, s'installèrent entre Soissons et Compiègne dans l'intention de tenir tête aux légions. Des Aulerques (situés entre Seine et Loire), des Vélocasses (région de Rouen), des Ambiens (région d'Amiens), vinrent les renforcer. Commios, s'avisant que c'étaient des cavaliers germains qui, à deux reprises, leur avaient mis la pâtée, s'en alla en recruter une brigade chez les Sicambres qui, comme chacun sait (« Courbe la tête, fier Sicambre »), furent les ancêtres des Francs.

Dans un premier temps, bien que leurs préparatifs aient été dénoncés aux Romains par les Rèmes de Champagne, Correos et Commios tinrent bon, repoussèrent une première fois les cohortes de César, puis, à l'abri d'un rideau de feux qu'ils avaient volontairement allumés, réussirent à se replier sur une seconde ligne de résistance. Finalement enfoncés, ils menèrent une guerre d'embuscades, mais, Correos ayant été tué par des mercenaires germains, son peuple décida de se soumettre. Commios, lui, refusa toute compromission, s'entoura d'une petite brigade de fidèles et erra, entre deux coups de main, entre deux opérations de guérilla, sans jamais faire acte d'allégeance.

Portrait d'un dissident

Le destin de ce Commios l'Atrébate est particulièrement croustillant et typique des « grandeurs et servitudes » d'une nation gauloise en gestation, dont il incarna à lui seul toutes les ambiguïtés.

Qui l'a fait roi de son peuple ? Jules César en personne. Celui-ci a même placé sous sa couronne les Morins établis sur le littoral de la Flandre et dont le principal port, Portus Itius, qui deviendra Boulogne-sur-Mer, concentrait le trafic avec la Grande-Bretagne. César, l'ayant remarqué au cours des combats qui l'opposèrent à la ligue des « Gaulois Belges », lui avait proposé, contre remise d'impôts, de passer à son service. Il lui faisait une telle confiance qu'il l'avait envoyé, avec le titre d'émissaire personnel, en Bretagne – c'est-à-dire en Grande-Bretagne – pour convaincre les peuples de cette île réputée sauvage, ou au moins leurs souverains, de se rallier à lui, César.

Commios devenait, en quelque sorte, le fer de lance d'une « action psychologique » destinée à préparer l'invasion de ce pays, dont la « celtitude » était encore plus affirmée qu'en Gaule. (En fait, on vivait en Grande-Bretagne comme en Gaule deux siècles plus tôt.)

L'initiative, qui consiste à transformer en un tour de main un chef du camp adverse en activiste de son propre camp, peut surprendre. Mais il faut bien comprendre que la guerre des Gaules se réduisit rarement à un choc frontal entre légions romaines et gauloises : Jules César ne cessa de signer des traités avec telle ou telle tribu, d'instrumentaliser leur chef, de jouer les cités les unes contre les autres, d'accorder des privilèges enviés à celles qui se ralliaient à lui, de s'immiscer dans leur vie politique interne, de s'appuyer sur un parti contre un autre, de provoquer le renversement de dirigeants qu'il jugeait suspects pour les faire remplacer par des prétendants qu'il avait à sa main, ou plutôt à sa botte. Et c'est ainsi qu'il avait assuré la promotion de ce Commios, qui lui était apparu sous les traits d'un jeune homme un peu fruste, mais plein d'avenir. Surtout, il était rejeton de famille royale !

Commios s'acquitta de sa mission le mieux qu'il put, au point que le principal chef breton, le considérant, non sans raison, comme un vulgaire espion de l'ennemi, le fit jeter en prison. Il ne fut libéré qu'après le débarquement romain. À partir de ce moment, l'ami de César devenait un bon placement, ce pourquoi le grand chef britannique lui accorda l'une de ses filles en mariage.

En l'occurrence, l'intervention romaine en Grande-Bretagne ne fut qu'un coup d'épée dans l'eau. Une eau d'ailleurs frondeuse, car une tempête détruisit une partie de la flotte romaine de débarquement. Elle permit seulement à César de se vanter, dans ses messages au Sénat, d'avoir ajouté un nouveau territoire à l'Empire. Mais, comme l'opération n'avait rapporté, à Rome et à son proconsul, que des clopinettes, et qu'on l'avait convaincu que l'île recelait des réserves d'or, et même de perles, il décida de remettre ça, fit construire une nouvelle flotte, regroupa des forces importantes à Boulogne (exactement comme le fera Napoléon dix-neuf siècles plus tard) et convia les chefs gaulois amis à l'y rejoindre. En fait, les hauts magistrats des peuples soumis étaient sommés de lui envoyer leurs enfants – sortes d'otages – s'ils avaient l'âge de combattre.

Dans un premier temps, on se bouscula, car c'était une façon de se faire bien voir du proconsul. Mais, comme les vents, visiblement anglophobes, n'étaient pas au rendez-vous, l'attente s'éternisa. Le climat s'en ressentit, la propagande antiromaine commença à faire des ravages dans les rangs gaulois, où l'on ne se tournait pas que les pouces.

Le premier qui s'éclipsa pour rejoindre sa tribu fut le jeune chef éduen Dumnorix, très populaire, très riche, très vaniteux et très écervelé. Pro-romain un jour, antiromain le lendemain. César, furieux, lança sa cavalerie à ses trousses. Elle le rattrapa. Il ne voulut rien entendre, hurla qu'il était un homme libre, chef d'un peuple libre, qui n'était aux ordres de personne. En cas de résistance, avait précisé César, vous le liquidez. Ce fut chose faite. La nouvelle provoqua comme un malaise dans le camp de Boulogne. D'autant qu'on avait ramené de force les cavaliers éduens qui avaient suivi Dumnorix et que ces derniers faisaient ostensiblement la gueule. Leurs canassons aussi.

Un autre chef, encore plus jeune celui-là, quasi inconnu au bataillon à cette époque bien qu'il ait furieusement tendance à la ramener, profita de la confusion pour filer à l'anglaise. Ou à la bretonne. Le lecteur va sans doute être surpris, mais il s'agissait de Vercingétorix qui, alors, servait comme auxiliaire de César. Ce dernier l'appréciait presque autant qu'il en pinçait pour Commios. César avait un faible pour les petits jeunes de grandes familles, aux allures chevaleresques et plutôt bien foutus de leur personne. La désertion du jeune homme sera d'ailleurs fort mal ressentie par les autorités de sa propre cité, car, sitôt revenu à Gergovie sa capitale, on lui intentera une manière de procès et son oncle, pro-romain, l'éloignera de la ville.

Commios, lui, participa, toujours comme agent, et même comme interprète personnel de César, à la seconde invasion de la Grande-Bretagne, négocia la soumission du grand chef local et, à son retour, mit la cavalerie de sa cité au service des Romains !

En fait, comme beaucoup, il commençait à jouer double jeu. César, à qui « rien n'échappait » – c'est lui qui le dit –, s'en inquiéta et, peiné, vexé plus exactement, à l'idée de voir un personnage plein d'avenir, dans lequel il avait investi toute sa confiance, lui échapper, tenta sans doute de le faire assassiner. Quelque chose lui disait que, celui-là, il ne fallait pas l'avoir contre soi. Il chargea du forfait un de ses officiers, un certain Volusenus, qui, ayant fait connaissance avec Commios lors de l'expédition bretonne, lui tendit une embuscade et, sans l'avoir averti qu'il s'agissait d'un duel, lui porta un coup d'épée à la tête. Commios, gravement blessé, n'en mourut pas, mais devint furieusement antiromain. Or, plus tard, après la chute d'Alésia, alors qu'il menait des opérations de harcèlement autour d'Arras, la capitale de son peuple, et qu'il avait déjà ajouté à son tableau de chasse un nombre impressionnant de soldats romains éliminés au cours de leurs corvées de ravitaillement, Commios tomba sur un petit groupe de soldats ennemis conduits – quelle coïncidence ! –... par le même Volusenus. Et, partisan au sens strict, mais sans le savoir, de la loi du talion, il lui porta à la tête le même coup d'épée que celui qu'il avait reçu.

Entre-temps, il était devenu l'un des principaux chefs de la grande révolte gauloise et il avait décidé, après la chute d'Alésia, de poursuivre le combat coûte que coûte. Il fut le dernier résistant. Puis, conscient que ses dernières opérations armées tournaient au banditisme, il retourna en Grande-Bretagne... où il devint, semble-t-il, un personnage considérable puisqu'on retrouva des médailles et des pièces de monnaie à l'effigie de son fils.

Ambiguïtés gauloises, avons-nous dit. Dans le cas de Commios, en effet, l'ambiguïté était double. D'abord, parce que celui qui continua à combattre César bien après que tous les autres eurent dû y renoncer s'était, avant tous les autres, mis totalement à son service. Ensuite, parce que sa haine des Romains avait deux motifs : il exécrait l'occupant au nom de la liberté des siens, mais cet homme attaché aux traditions, réactionnaire au sens propre du terme, exécrait également la modernité que représentait à ses yeux la République romaine.

Coupez-leur les mains !

Dumnacos, chef des Andes de la Sarthe, décida, lui aussi, de poursuivre la lutte après le désastre d'Alésia. (Les Andes donnèrent leur nom à Angers et à l'Anjou.) Il regroupa autour de lui plusieurs petits peuples armoricains. Mais la guerre des Gaules fut, aussi, une guerre civile. Il s'en prit donc, avant d'affronter les Romains, à un personnage qu'il considérait comme un « collabo », un certain Duratios, le chef de la faction pro-romaine de la tribu des Pictons, lesquels vivaient, comme leur nom l'indique, dans l'actuelle région du Poitou. Ce Duratios avait, sans honte, révélé à César le plan des insurgés gaulois. Dumnacos l'assiégea donc dans sa capitale, Lemonum. Ce qui provoqua une intervention du général romain Fabius, qui mit les rebelles en fuite et, sous peine d'une punition collective, les contraignit à la soumission.

Lucterios, lui, était le chef des Cadurques du Quercy, qui donneront leur nom à la ville de Cahors. Vercingétorix l'avait chargé de soulever les Ruthènes, installés dans l'Aveyron actuel, mission qu'il avait menée à bien. Après quoi, il avait envahi le territoire des Volques Arecomiques (Hérault et Gard), province de la Gaule romaine dont la capitale était Nîmes et le port Narbonne. C'était évidemment ce que César ne pouvait tolérer. Sa réaction fut rapide et brutale. Lucterios dut se replier. Mais, après la chute d'Alésia et la reddition de Vercingétorix, il entreprit d'intensifier la lutte. Il rallia à lui, non seulement son peuple, mais, de nouveau, les Ruthènes de l'Aveyron et les Nitiobriges (de Lot-et-Garonne), dont la capitale Aginnum deviendra Agen.

De son côté, Drappès, chef des Sénons (qui rayonnaient sur un vaste territoire allant de Seine-et-Marne au Loiret en passant par l'Yonne et l'Aube, et dont la capitale deviendra l'actuelle Sens), avait, après Alésia, rassemblé des fuyards ainsi que des paysans révoltés et constitué une petite armée de 2 000 hommes qui se dirigea vers le Sud, c'est-à-dire vers la Gaule déjà romaine. Les Sénons avaient, à l'issue d'une révolution, chassé un roi croupion que leur avait imposé César et refusèrent, à partir de ce moment, toute entente avec les Romains.

Donc les deux chefs, Lucterios et Drappès, se rejoignirent et se dirigèrent ensemble vers la province romaine, c'est-à-dire la « Provence ». Ils furent stoppés par deux légions commandées par Caius Caninius et remontèrent jusqu'à la ville d'Uxellodunum, redoutable place forte du Quercy, dans laquelle ils se retranchèrent.

Les deux hommes, obsédés par le précédent d'Alésia et la famine qui avait contraint Vercingétorix à la capitulation, organisèrent une sortie pour aller recueillir et accumuler le plus de blé possible. Lucterios pensait profiter de la nuit pour introduire le froment dans la ville, mais son convoi fut attaqué par les cohortes de Caninius. La plupart de ses soldats furent tués. Il ne réussit, de justesse, à s'échapper qu'avec un petit groupe de fidèles. Drappès, lui, qui s'était installé dans un camp en rase campagne pour protéger Lucterios, fut attaqué à son tour, sa troupe exterminée ou dispersée, et lui-même fait prisonnier. Caninius, renforcé par d'autres légions commandées par Caius Fabius, organisa alors le siège d'Uxellodunum. Jules César lui-même, après avoir fait flageller jusqu'à ce que mort s'ensuive le druide des druides qui avait osé s'opposer à lui, et exécuter après tortures le chef carnute de l'Orléanais qui avait brandi contre lui le drapeau de l'indépendance (là encore, un roi « collabo » avait été préalablement renversé par une révolution), prit la direction du Quercy, décidé à faire un exemple.

La garnison d'Uxellodunum opposa aux Romains, nettement supérieurs en nombre, une résistance aussi opiniâtre que désespérée. Un jour, les assiégés eurent l'idée de remplir des tonneaux de bitume, de suif et de petit bois, d'y mettre le feu et de les faire rouler contre les terrasses et les tours qu'avaient construites les assiégeants. Ils avaient inventé le cocktail Molotov ! La trouvaille se révéla efficace, mais les Romains parvinrent à éteindre les incendies.

César trépignait. Il ne comprenait pas qu'un petit groupe de 2 000 guerriers gaulois renforcés de civils mal armés pût ainsi mettre en échec le vainqueur d'Alésia. Il décida alors, au prix de gigantesques travaux, d'assécher la source qui alimentait la ville en eau. Plusieurs dizaines de personnes étant déjà mortes de soif, Uxellodunum offrit sa reddition.

Le proconsul donna alors un ordre terrible : que l'on coupe les mains de tous ceux qui avaient porté les armes. Et qu'on les laisse quitter la ville vivants pour témoigner de ce qui attendait (au mieux) les derniers dissidents. Hitius, l'historien qui termina le livre de Jules César, osa écrire à ce propos : « César savait sa réputation de clémence trop bien établie pour craindre qu'un acte de rigueur ne pût être imputé à la cruauté de son caractère. »

Les deux derniers résistants ne furent pas épargnés : Drappès, prisonnier, se laissa mourir de faim plutôt que de mendier sa grâce ; Lucterios se réfugia chez un notable arverne qui le livra, enchaîné, à César. Dans le Nord, les Trévires qui se battaient encore furent écrasés et les Romains s'emparèrent du rebelle Éduen Suros qui s'était réfugié chez eux.

En réalité, la chute d'Alésia ne marqua nullement la fin de la résistance gauloise. Et c'est faire affront à tous ceux qui poursuivirent la lutte que de le laisser penser.

CHAPITRE 3

Au-delà de l'image d'Épinal

La résistance d'Uxellodunum fut, finalement, plus héroïque que celle d'Alésia.

Comment a-t-on pu, afin de réduire la guerre des Gaules à un seul personnage, rétrécir à huit mois de campagne et à deux batailles des affrontements qui durèrent près de six ans, qui commencèrent par l'insurrection des Belges et se terminèrent, non par la reddition de Vercingétorix, mais par une multitude d'actions d'autant plus sublimes qu'elles étaient sans perspective, pour l'honneur en somme ?

De même qu'en France chaque sensibilité politico-idéologique a, depuis 1790, produit sa propre histoire de la Révolution française, de même chaque courant de pensée a-t-il pu s'investir dans sa façon d'occulter ou d'exalter, d'ignorer ou d'héroïser, de banaliser ou d'exagérer, de socialiser ou de nationaliser la résistance gauloise et de l'opposer prioritairement, soit à l'oppression romaine, soit à la compression germanique.

Toutes ces visions ont cependant en commun d'avoir minimisé le fait que la défaite d'Alésia ne signifia pas une fin de l'histoire, pas plus que l'insurrection incarnée par Vercingétorix n'en constitua le début. Le combat continua, dont Civilis et Classicus furent des héros intermédiaires. Mais cette lutte ne se réduisit jamais, non plus, à un choc frontal entre romanité et celtitude. Elle fut toujours plus complexe et transcenda assez régulièrement les clivages ethniques.

Ainsi, sauf rares exceptions comme les Rèmes ou les Lingons, n'y eut-il pas opposition entre peuples foncièrement pro-romains et peuples foncièrement antiromains, mais, au sein de chaque cité, entre partis pro-romains et partis antiromains ou indépendantistes. Chaque parti, comme chez les Éduens, les Pictons ou les Arvernes, étant susceptible de prendre le pouvoir tour à tour. Les élites penchaient généralement vers une entente avec Rome – surtout celles qui avaient appris le latin –, alors que la base populaire, ne serait-ce que sous l'influence des druides, était beaucoup plus sensible aux discours indépendantistes et identitaires.

À quoi l'on ajoutera que (comme lors de tous les conflits entraînant une guerre civile) des individus – qu'il s'agisse d'opportunisme intéressé, de trahison rétribuée ou d'évolution sincère – passèrent d'un camp à l'autre en faisant preuve d'une souplesse déconcertante.

Ainsi, lors de la bataille de Gergovie, au moment où s'engageait le combat, des cavaliers éduens « retournèrent leur veste » : en tant qu'auxiliaires de l'armée romaine, ils portaient une cape fermée par une fibule fixée sur l'épaule gauche. Or, comme un seul homme, ils firent soudain passer cette fibule sur l'épaule droite, ce qui caractérisait la cavalerie de Vercingétorix et revenait à retourner sa cape. Ce fut la cause de la seule petite défaite subie par César.

Tout en vérité se chevauchait, y compris la tendance au régionalisme dans le nationalisme. On a vu que Correos, le Bellovaque de la Somme, qui poussa à la poursuite de la lutte après Alésia et y laissa la vie, n'était pas chaud pour voler au secours de Vercingétorix. Les Trévires, qui refusèrent de se joindre à la grande armée nationale gauloise en 52, n'en résistèrent pas moins, eux aussi, après la capitulation d'Alésia, accueillirent le chef indépendantiste éduen Suros et affrontèrent, en 51, le principal lieutenant de César, Labienus.

Les contradictions étaient partout, dans tous les camps, puisque ce Labienus, bras droit de César en Gaule, peut-être le véritable vainqueur de cette guerre, devint l'un de ses plus implacables adversaires lors de la guerre civile contre Pompée.

Guerres indiennes

La façon dont l'image d'Épinal a rendu compte de la confrontation entre « armée romaine et armée gauloise » relève de la propagande. En fait, nous pourrions comparer certaines phases de la guerre des Gaules de César aux guerres indiennes d'Amérique du Nord. Après chaque victoire (et il en revendique plus de cent), César prétend avoir vaincu une nation. En réalité, ce sont le plus souvent des tribus ou sous-tribus qu'il affronte, fortes de 1 500 ou 2 000 guerriers au grand maximum, quelquefois même de simples bandes. Et qui, en matière d'armement, et surtout de techniques militaires, sont à ces machines de guerre que sont devenues les légions ce que les Sioux, ou parfois même les Apaches, seront aux « Tuniques bleues ». Aussi bien les Gaulois ne parvinrent qu'une fois, nous le raconterons dans la quatrième partie, à exterminer un corps romain tout entier. C'est Ambiorix, le roi des Éburons des Ardennes, qui réalisa cet exploit, et sa victoire, compte tenu de la tactique choisie, peut être comparée à celles remportées par Sitting Bull et Crazy Horse contre Custer à la bataille de Little Big Horn. Les scissions, au sein des cités ou tribus, entre les guerriers qui décidaient de se rallier à César contre d'alléchantes promesses et les groupes de « jusqu'au-boutistes » qui refusaient de déposer les armes ne sont-elles pas comparables à celles qui séparèrent Geronimo de Cochise au temps des guerres apaches ?

Une autre comparaison est éclairante. Elle est d'autant moins « anachronique » que Napoléon ne cessa de s'identifier à César. Lors de la guerre d'Espagne, l'empereur des Français, qui s'était assuré la collaboration des élites urbaines éclairées et ne doutait pas qu'il représentait le camp du progrès ou même de la civilisation, se heurta à une insurrection populaire encadrée par le clergé qui mêlait des aspirations profondément sociales à des rétractions ultra-conservatrices. Or, on devine déjà en filigrane ce schéma à travers le déroulement de la guerre des Gaules. Il caractérisa, également, l'insurrection de Civilis.

Un troisième parallélisme révélera l'ampleur de la transformation que va connaître la Gaule, sans que ses pulsions identitaires en soient affectées : cent trente ans après la conquête de l'Algérie par la France, en 1830, les indigènes du pays restaient quasi unanimement musulmans et parlaient arabe, malgré la présence d'un million d'Européens. Cent trente ans après la conquête de César, en revanche, la Gaule parlait latin, les noms propres s'étaient latinisés, l'*oppidum* était devenu une ville latine dont s'était romanisée l'architecture, et les Gaulois avaient délaissé leurs dieux pour ceux de l'Olympe (ou, plus exactement, ils avaient infusé les restes de leur propre religion dans la religion romaine), et cela bien que les Romains n'aient jamais eu une importante communauté en Gaule.

CHAPITRE 4

Comment la Gaule accoucha du césarisme

Jules César avait martyrisé la Gaule, dont la partie Nord avait été totalement dévastée. Et, en même temps, dès lors qu'elle se soumettait, il la choya. Osant même, au grand scandale des patriciens, accueillir des Gaulois, faits préalablement citoyens romains, au Sénat. « Ils déposèrent leurs braies à la Curie pour y revêtir la toge. » Les conservateurs poussèrent des cris d'orfraie. Il n'en eut cure. Et c'est avec des guerriers gaulois qu'il constitua l'une de ses meilleures divisions, l'Alouette, qui lui fut d'un grand renfort pendant la guerre civile. Parallèlement, il accentua la colonisation du sud du pays, la Provence, en plaçant des vétérans de la 10e légion à Narbonne, de la 8e à Fréjus, de la 7e à Béziers, de la 6e à Arles, de la 2e à Orange, et en favorisant d'autres installations à Vienne, Valence, Nyons…

Et cependant, au cours de la guerre entre César et Pompée, il se passa cette chose assez stupéfiante que des Gaulois, qui avaient été engagés de gré ou de force des deux côtés (même s'ils étaient majoritairement et paradoxalement pro-César), se virent opposés les uns aux autres sur le champ de bataille. Ainsi des cavaliers gaulois « césariens » taillèrent-ils en pièces des cavaliers gaulois « pompéiens » recrutés en Narbonnaise et commandés par Labienus. Hirtius, le continuateur des mémoires de César, rapporte que l'*Imperator* pleura, le soir du carnage, « ces beaux et prodigieux corps » ! Mais, la plupart du temps, quand des Gaulois se retrouvaient face à des Gaulois, ils s'arrangeaient entre eux, évaluaient lequel avait le plus de chances de l'emporter, et tous finissaient par se rallier à celui-là.

Bien commandés, ils se révélèrent d'assez bons soldats pour que, la guerre civile terminée, toutes sortes de souverains exotiques se disputassent leurs services : Juba, roi de Mauritanie, s'offrit une garde de cavaliers gaulois ; Antoine en offrit 400 à Cléopâtre, évidemment pas pour assouvir ses désirs ; Octave, le vainqueur d'Antoine, ne sachant qu'en faire, en fit cadeau au roi des Juifs, Hérode, celui-là même dont Marie et Joseph durent fuir les persécutions avant la naissance de Jésus.

César récompensa de nombreux combattants venus des Gaules, en particulier ceux de la division « Alouette », en leur accordant la citoyenneté romaine – ce qui, on l'a dit, provoqua une levée de boucliers à Rome et leur valut, au début, des injures publiques, en pleine rue, de la part de citoyens qui voyaient dans l'arrivée de ces « métèques » l'assurance du déclin de la race.

Cicéron, qui n'avait pas accepté qu'on les massacrât pour mieux les piller, mais ne les en méprisait pas moins, dénonça au Sénat « ces égouts de la République qui viennent dans notre cité entretenir la délinquance et l'insécurité ». Déjà, on en fit des chansons. On moqua l'accent rude de ces rustres, dont le « sabir » portait atteinte à la sacro-sainte éloquence romaine. « Adieu l'urbanité, se lamentait encore Cicéron, adieu la fine et élégante plaisanterie ! » Sous-entendu, ils vont polluer notre culture par leurs lourdes gauloiseries...

Cependant, lors du panégyrique qu'il prononça devant le corps de César assassiné, Marc Antoine, qui fut l'un de ses officiers en Gaule, put s'écrier : « Voyez cette Gaule qui naguère nous envoya des sauvages, aujourd'hui entretenue et cultivée comme l'Italie. Des communications nombreuses et sûres sont ouvertes de l'une de ses extrémités à l'autre. » Autosatisfaction en grande partie illusoire.

De fait, dans le Sud, en Aquitaine, tout de suite après la mort de César, les combats reprirent.

En 39 (avant Jésus-Christ), les Aquitains donnèrent le signal d'un nouveau soulèvement, qui eut des répercussions de la Seine au Rhin et ranima la résistance en Gaule Belgique, en particulier chez les Trévires. Cette fois, hélas, il n'y eut pas de Jules César pour nous en faire le récit, si bien que cette nouvelle guerre d'indépendance, marquée par une succession d'accrochages meurtriers suivis d'une répression aveugle, se déchaîna dans le plus total anonymat. Tout juste sait-on que c'est le gendre d'Auguste en personne, Agrippa, qui en vint à bout. Très provisoirement puisque, peu de temps après, en 33, les Aquitains se soulevèrent de nouveau, imités cette fois par les Morins peuplant les côtes de l'actuel Pas-de-Calais. En 29 encore, les Trévires de Moselle, toujours eux (le peuple dont étaient issus Classicus et Tutor), exterminèrent une garnison romaine et proclamèrent leur indépendance, ce qui réveilla la rébellion des Aquitains jusqu'aux Pyrénées. Il faudra deux ans au proconsul romain, Valerius Corvinus, pour triompher de cette insurrection, largement appuyée par les Ibères et les Basques, et sa victoire finale sera jugée assez salvatrice pour lui valoir le « triomphe » à Rome.

En 27, nouvelles émeutes et actions de guérilla provoquées par les opérations, jugées vexatoires, du cadastre, dont chacun avait compris qu'elles préludaient à une augmentation des impôts, « lesquels étaient impopulaires par eux-mêmes et plus encore par les abus auxquels ils se prêtaient ». De nouveau, cela valut au général chargé de la répression un triomphe à Rome. Ce qui signifie que Rome dut entreprendre une véritable guerre « pacificatrice ».

Sous Auguste, des expéditions doivent encore être organisées pour mater les Alpins et les Pyrénéens, fort turbulents, mais des Gaulois, en particulier des Nerviens (Nord) et des Lingons, se battent en Afrique, dans la 3e légion, en Cyrénaïque, en Égypte. Le Santon (de Saintes) Julius Macer se déclare très fier, une fois revenu dans sa cité, d'avoir servi dans l'armée romaine : il est d'ailleurs devenu, pour cette raison, une petite star locale. Un prince picton (du Poitou) du nom d'Alectoris devient même chef d'escadron légionnaire. On a pu enfin le constater : Julius, prénom de César, devient le patronyme qu'on s'arrache dans les grandes familles quand on a les moyens. En somme, le désir d'indépendance et la soif d'intégration ne cessent d'exercer leurs logiques contradictoires.

Mais comment était-on passé de César proconsul, nommé par le Sénat de la République, à César dictateur, puis à Auguste empereur ? La Gaule constitua le facteur essentiel de ce basculement.

Le conquérant des Gaules, qui risquait d'être démis de ses fonctions par le Sénat à majorité conservatrice (n'oublions pas qu'il était, lui, le leader du parti démocrate populaire – on dirait aujourd'hui de la « gauche »), avait « franchi le Rubicon » ; autrement dit, il s'était rebellé contre le pouvoir légal. Ce qui avait provoqué une guerre civile l'opposant au super-héros de la droite sénatoriale, Pompée. Les sénateurs, suivis par de nombreuses familles nobles, avaient d'ailleurs évacué Rome pour Capoue.

Avec quelles forces César mena-t-il sa guerre de conquête du pouvoir ? Avec les légions qu'il commandait en Gaule, renforcées de contingents auxiliaires gaulois. Ainsi fait-il participer à sa marche sur Rome trois légions qui hivernaient dans les vallées de la Saône et du Rhône. Et, comme il ne veut pas être attaqué sur ses arrières, il multiplie les gestes en direction des tribus vaincues, prodiguant les titres d'alliés et d'« amis du peuple romain ».

Une fois installé à Rome, il fait ce qu'est censé faire un leader populiste de gauche : il distribue largement argent et blé à la plèbe. Ce qu'il peut se permettre sans creuser les déficits publics, vu tout ce qu'il a fait piller en Gaule. La Gaule finance en quelque sorte la guerre « populiste » menée contre la République oligarchique. Sa popularité assise, il s'en va poursuivre les troupes de Pompée qui se sont repliées en Espagne.

La liquidation de Marseille

C'est à cette occasion que va se dérouler un événement qui comptera dans l'« invention de la France » : pour parvenir en Espagne, il faut traverser la Provence et disposer d'un port d'embarquement assez proche de la péninsule Ibérique. Or, Marseille refuse à César et le passage et le concours de sa flotte. Pourtant, la ville, Massalia, fondée vers 600 avant Jésus-Christ par les Phocéens, des Grecs d'Asie Mineure, avait d'emblée entretenu des rapports d'alliance étroite et même d'amitié avec Rome, ce qui lui avait permis de résister à plusieurs assauts étrusques, carthaginois et surtout ligures. Grâce à quoi elle avait pu se constituer en république aristocratique indépendante, comme Venise plus tard, et créer ses propres colonies, telles Nice, Antibes ou Agde.

Marseille contrôlait, par la vallée du Rhône, l'essentiel du commerce méditerranéen avec la Gaule intérieure et la Germanie. Elle joua en cela le rôle, comme l'écrivit le géographe grec Strabon, d'« école des barbares », c'est-à-dire de « porte de la civilisation ». Elle enseigna à l'élite gauloise, dépourvue d'écriture, l'alphabet grec et aussi certaines techniques agricoles, telles la taille de la vigne ou l'acclimatation de l'olivier.

Pourquoi Massalia fermait-elle ses portes à César ? Officiellement parce qu'elle aimait trop les Romains, les

Romains en bloc, pour choisir ses préférés en leur sein. Dès lors, donc, que deux partis rivaux les partageaient, les dressaient les uns contre les autres, il n'était pas question de prendre parti pour l'un, autrement dit contre l'autre. D'où une proclamation de neutralité !

En réalité, la république aristocratique marseillaise, profondément conservatrice, se retrouvait politiquement dans le parti de Pompée, mais, puisque c'était l'armée de César qui campait sur ses terres, elle préférait prudemment se déclarer « neutre ». César, lui, ne l'entendait ainsi d'aucune oreille. Marseille lui avait manqué. Elle avait choisi l'autre camp. Elle devait payer !

Il fit donc construire une flotte de douze vaisseaux à Arles et décida d'investir la ville, les sièges étant devenus sa grande spécialité.

De toute façon, la cité phocéenne avait connu son âge d'or. La conquête de la Gaule dite « chevelue » la coupait des marchés celtiques, du Rhin et de la Grande-Bretagne. Raison suffisante pour préférer Pompée à César. Ce dernier pensait qu'il ferait une bouchée de la cité méridionale, plus connue pour sa faconde et sa vantardise que pour son ardeur au combat. D'ailleurs, ces commerçants dans l'âme n'avaient pas fait la guerre depuis belle lurette. Or, encerclés par six légions, les Marseillais, soutenus par la flotte de Pompée, tinrent bon. Ils disposaient d'énormes réserves de nourriture. Leurs très efficaces fortifications doublaient leurs défenses naturelles. Comme ils étaient riches, ils avaient engagé des mercenaires particulièrement aguerris et les vaisseaux pompéiens croisaient au large, empêchant la flotte de César de harceler la ville par la mer.

Pendant un mois, César piaffera et piétinera devant les murailles phocéennes. Les Marseillais se révélèrent plus ingénieux que les défenseurs d'Alésia : ils parvinrent à incendier les terrasses en bois que les Romains avaient poussées contre les remparts ; ils crevèrent la carapace de la tortue qui s'apprêtait à enfoncer les portes d'une partie de la ville basse ; ils renversèrent les tours à roues au sommet desquelles étaient postés des archers. Dotés, comme les Romains, de machines de guerre qui leur faisaient office d'artillerie, ils avaient confectionné une sorte d'arbalète géante dont les traits pouvaient traverser plusieurs obstacles, avant de se ficher profondément dans la terre.

De guerre lasse, Jules César confie la suite des opérations à son lieutenant Trebonius et passe les Pyrénées avec trois légions pour poursuivre les troupes de Pompée. Un temps en difficulté, il rétablit la situation grâce à des renforts – et à du ravitaillement – venus des Gaules. Les pompéiens d'Espagne écrasés, César reprend le chemin de Marseille, dont les défenseurs ont incendié une nouvelle terrasse érigée par les Romains à l'aide du bois en provenance de la forêt de la Sainte-Baume. Une nouvelle tortue-bélier est neutralisée. Une tentative pour parvenir jusqu'au port à l'aide d'une galerie creusée nuitamment est également mise en échec. Un premier combat naval s'était cependant terminé en défaveur des Massaliotes devant les îles du Frioul. Puis, entre Sanary et Toulon, au niveau de Six-Fours, chacun ayant renouvelé et renforcé sa flotte, les deux escadres se rencontrent de nouveau.

Le poète Lucain, fasciné par le spectacle, fera le récit de cette maritime empoignade, et c'est peut-être l'un des plus extraordinaires poèmes qu'on ait jamais consacré à une bataille navale.

L'engagement, d'abord : « La mer tout à coup blanchit d'écume ; on voit les rameurs balayer les flots et, renversés sur leur banc, se frapper le sein du levier qu'ils ramènent. Les proues se heurtent à grand bruit ; les vaisseaux se repoussent l'un l'autre ; mille traits lancés se croisent dans l'air, bientôt la mer en est semée. Déjà les deux flottes se déploient et les vaisseaux divisés se donnent un champ libre pour le combat. Alors, de même que dans l'Océan, si le flux et le vent sont opposés, la mer avance et le flot recule, de même les vaisseaux ennemis sillonnent l'onde en sens contraire ; la masse d'eau que l'un chasse est à l'instant repoussée par l'autre et, balancée entre deux rames, elle y demeure comme en suspens. »

Les forces et les faiblesses des deux camps reflètent les qualités et les défauts des deux peuples. Achille contre Ulysse. La force drue et brutale contre la flexibilité et l'agilité. « Les vaisseaux de Massalia étaient plus propres à l'attaque, plus légers à la fuite, plus faciles à ramener par de rapides évolutions, plus dociles à la main du pilote ; ceux des Romains, au contraire, par leur pesanteur et leur stabilité, avaient pour eux l'avantage d'un combat de pied ferme et tel que sur terre on peut le donner. »

Les Romains ne cherchent pas à concurrencer les Marseillais en matière d'art naval. Ils savent qu'ils seraient perdants. Ils transforment donc le combat sur mer en une forme de combat sur pont, si ce n'est sur terre.

« Dès lors le combat, qui était jusqu'alors à l'avantage des Marseillais, change. Chaque vaisseau qui, de sa proue, heurte le flanc des vaisseaux romains, y reste attaché, vaincu par le choc et retenu captif par le fer qui l'enfonce. D'autres sont arrêtés par des griffes d'airain ou liés par de longues chaînes ; les rames se tiennent enlacées et les deux flottes, couvrant la mer, forment un champ de bataille immobile. Ce n'est plus le javelot, ce n'est plus la flèche qu'on lance ; on se rejoint, on croise les armes et on se bat épée à la main. » Autrement dit, les Romains, qui perdaient sur mer, ont fini par gagner à l'abordage.

Alors, l'armée pompéienne d'Espagne ayant capitulé, les Marseillais comprennent qu'ils n'ont plus aucune chance de l'emporter. Ils se rendent en décembre 49. Avec les honneurs de la guerre. La ville est épargnée. Les défenseurs ont la vie sauve. La petite république conserve son indépendance formelle. Simplement, tous les attributs de sa puissance lui sont retirés : plus de flotte, plus d'armée, plus d'argent, plus de droit à la frappe de la monnaie. Trésor à sec. Deux légions la surveillent de près. Ses colonies lui sont confisquées pour y installer des vétérans. « Marseille, tais-toi ! Marseille, tu criais trop fort. »

Exit Pompée

Pour financer sa nouvelle campagne militaire, celle de Rome contre Rome, César n'avait pas craint de s'emparer du trésor du temple de Saturne qui, depuis des lustres, depuis la prise de Rome par le Gaulois Brennus, avait été accumulé pour financer, si besoin était, la résistance de Rome contre les Gaulois. À un « tribun du peuple » qui s'était précipité pour s'opposer à ce sacrilège, César avait rétorqué, goguenard : « La République n'a rien à craindre, je l'ai déliée de ses serments en soumettant la Gaule. Il n'y a plus de Gaulois ! »

Grâce au nerf de la guerre, il restait cependant à éliminer définitivement Pompée.

L'acte final se déroule en Thessalie, au nord de la Grèce. À Pharsale. Le rapport de forces est favorable à Pompée. Mais, du côté de César, il y a César. Et peut-être aussi une rage de vaincre, une verdeur idéologique, une rancœur aussi, qu'on ne trouve pas chez les pompéiens. Aux yeux des césariens, en effet, le camp d'en face est celui des nantis et des politiciens. Ceux de Valmy contre ceux de Coblence. Les pompéiens subissent une raclée mémorable. Ils étaient plus nombreux, et plus nombreux sont leurs morts. Un carnage. Revanche des Gaulois : leur covainqueur, Labienus, passé entre-temps de l'autre côté, ne conserva la vie que grâce à une fuite éperdue. Il ne manquait pourtant rien à Pompée, hormis l'intelligence. Pour parler cru, c'était un con superbe, sinon généreux. Ce qui prouve que ce point de détail peut faire parfois la différence.

Crime collectif

Pourquoi, comme dans un roman d'Agatha Christie, César sera-t-il, en 44 avant Jésus-Christ, lardé de vingt-trois coups de glaive, en pleine Curie, par vingt-trois assassins ?

Vingt-trois assassins, dont un certain nombre avaient crapahuté à ses côtés en Gaule : ainsi Minucius Basilus, qui fut l'un de ses légats durant cette campagne, comme Trebonius, comme Sulpicius Galba. Brutus Albinus, lui, avait été l'un de ses tribuns militaires, préfet de la flotte lors des combats contre les Vénètes de l'actuel Morbihan et coresponsable de l'opération navale contre Marseille. N'oublions ni Servilius Casca ni surtout Labienus, qui ne faisait pas partie des meurtriers, mais dont on a vu qu'il était passé chez Pompée. Ce constat montre assez que les conquérants de la Gaule ne constituaient nullement un bloc césarien homogène. À quoi l'on ajoutera qu'un autre lieutenant de César en Gaule, Marc Antoine, s'opposera par les armes à son fils adoptif Octave, qui deviendra Auguste. Quant au fameux Brutus, âme de la conspiration, fils adoptif de César, il avait, lui, refusé de servir en Gaule.

Pourquoi donc ce meurtre collectif ?

Parce que les conjurés soupçonnaient César de vouloir rétablir la monarchie à son profit. En soi, l'accusation est stupéfiante. César, au début de l'année 44, s'est fait attribuer la dictature à vie, la sacro-sainte fonction tribunitienne, le consulat pour dix ans, la grande prêtrise ; on doit lui prêter un serment de fidélité personnel ; il cumule ou contrôle tous les postes ; aucun autre magistrat – consul, prêteur ou questeur – ne lui fait contrepoids ; tous les hauts fonctionnaires sont ses créatures ; il désigne les sénateurs à sa convenance, transformant peu à peu la noble assemblée, qui passe de 600 à 900 membres, en un aréopage de courtisans ; il peut, à sa fantaisie, créer des patriciens et n'hésite pas à faire accéder des Gaulois à la caste aristocratique, tels Valerius Procillus, un Helvien de l'Ardèche, ou les parents de Trogue Pompée, un Voconce, peuple de la Drôme et de l'Isère, et qui deviendra l'auteur d'une histoire universelle ; il se voit accorder le droit de décider seul de la paix ou de la guerre ; il se fait élever des statues aux temples ; il distribue des provinces à sa guise ; il dissout les partis, y compris le sien, et les clubs, dont ceux qui l'avaient soutenu, ne conservant que les associations professionnelles ; il rend sa pourpre héréditaire après s'être arrogé le droit de la porter en permanence ; il instaure la censure préalable, place sous son contrôle direct l'information qu'il transforme en pure propagande, créant un « moniteur officiel », la première presse d'État.

Il met en place, en quelque sorte, et à son profit, un régime totalitaire. D'autant plus facilement que, l'opposition aristocratique ayant quasi unanimement rallié Pompée, elle est censée avoir été écrasée et éliminée. Il rassemble entre ses mains plus de pouvoirs que la plupart des rois de l'univers.

Mais il n'est pas roi. Les formes républicaines sont préservées et le seront jusqu'au bout, y compris par Néron. Le Sénat est peut-être croupion, mais il y a un Sénat. Et une opposition, fût-elle parfois opposition de Sa Majesté, parviendra toujours à s'y exprimer. La lettre de la constitution est respectée. Officiellement, les institutions restent en état, les lois sont votées selon les traditions. On est toujours en République ! Et c'est pourquoi ceux-là même qui, par adhésion ou lâcheté, avaient tout accepté, vont soudain s'insurger, lorsque quelques signes paraissent montrer que César songe, effectivement, à se faire couronner roi.

Rome est allergique à la royauté, mais elle ne l'est pas à la tyrannie.

UNE RÉVOLUTION SOCIALE

Ce républicanisme antimonarchique fut-il un prétexte ? En partie. Les conjurés, membres de la noblesse sénatoriale, qui avaient cautionné les pires dérives institutionnelles, avaient, en effet, une raison beaucoup plus forte de mettre un terme à l'autocratisme césarien : c'est que le dictateur à vie ne se contentait pas de bétonner un pouvoir absolu, il en profitait pour mener à bien une révolution sociale dont on a du mal, aujourd'hui, à concevoir la radicalité : moratoire pour les locataires pauvres, effacement des dettes du quart des citoyens les moins bien lotis, suppression de la contrainte par corps, distribution régulière de vivres et d'argent au peuple (ainsi, en 46, attribution à chaque citoyen de 87 livres de blé, 10 litres d'huile, plus 400 sesterces, 20 000 sesterces à chaque vétéran, 40 000 à chaque centurion et 80 000 au tribun militaire), distribution de terres, création de colonies réservées au prolétariat urbain, interventionnisme étatiste exacerbé, multiplication de grands travaux d'infrastructures pour contribuer à la résorption du chômage, promotion à l'ordre supérieur, décimé par la guerre civile, de chevaliers, de bourgeois, de provinciaux enrichis, en particulier de Gaulois, mais aussi de centurions, de sous-off, voire de simples soldats exemplaires, d'affranchis ou de fils d'affranchis (on pointera même le cas de l'ascension d'un ancien muletier), naturalisation en masse de Gaulois transalpins, instauration de l'autonomie municipale, campagne contre l'excès de richesses et le luxe tapageur, interdiction de garder par-devers soi plus de 15 000 deniers en espèces, taxes frappant les façades et péristyles à colonnes multiples, confiscation des offrandes des sanctuaires au profit du Trésor public, interdiction aux femmes sans enfant de se faire transporter en litière, permission de porter perles et bijoux réservée aux seules matrones de plus de quarante et un ans, incitation à ne plus mettre en vente sur les marchés de plats cuisinés trop fins... Un côté robespierriste, sinon bolchevique : égalitarisme et règne de la vertu.

L'INVENTION DU BONAPARTISME

Deux raisons nous font insister, non seulement sur la personnalité de César, mais également sur la nature de son système de gouvernance. D'abord le rôle central qu'il a joué dans l'histoire de la Gaule et donc, cent fois plus que Clovis, dans l'« invention de la France ». Mais aussi le modèle que le « césarisme » offrit à ce courant cofondateur de la France moderne qu'est le bonapartisme.

Napoléon, lui aussi, passa d'un jacobinisme d'extrême gauche particulièrement brutal (après la prise de Toulon, comme le raconte Barras, il se prononça en faveur de l'exécution de tous les suspects) à une restauration monarchique qui ne disait pas son nom, mais se révéla plus absolutiste que la monarchie elle-même. Or, Napoléon – comme Napoléon III après lui, qui lui consacra un livre – était obsédé par le personnage de César, dont il avait étudié les moindres faits et gestes. L'un et l'autre en exaltèrent le génie, et en imitèrent le cynisme.

Un exemple de ce qui caractérisera le césaro-bonapartisme : César vida totalement de sa substance la fonction de « tribun du peuple » (et pour cause, car, du temps où ces tribuns exerçaient un véritable contre-pouvoir, le dictateur les avait utilisés systématiquement pour abattre le régime aristocratico-républicain), mais il élargit amplement aux provinciaux leur corps électoral, leur fit construire un somptueux enclos tout de marbre revêtu et leur fit l'honneur, très intéressé, de s'asseoir à leurs bancs. Il n'épargna rien pour se concilier les faveurs populaires, mais n'épargna rien non plus pour mettre hors d'état de nuire quiconque manifestait malgré tout de la réticence à son endroit. Il acheta les consciences, amollit les oppositions par l'amnistie, retourna les armes par les promotions, démobilisa les contestataires par l'« ouverture ». Mais quand, insensible aux câlins, on continue de lui résister, il tue !

Les générosités étaient publiques, les exécutions aussi. On n'hésita pas, en guise d'avertissement pédagogique, à faire clouer quelques têtes coupées sur un mur réservé à cet effet.

Un épisode est significatif : en 47 (avant Jésus-Christ), un agitateur tribunitien, nommé Dolabella, exige un effacement des dettes et un moratoire sur les loyers. Il en appelle à la mobilisation de la plèbe. Des barricades se dressent sur le Forum. Marc Antoine, qui est le maître de la cavalerie (la seule fonction importante que César tolère à côté de lui), charge la foule. On compte 800 tués. 800 ! César applaudit à la répression, mais, ensuite, reprend à son compte la plupart des revendications de ce Dolabella.

Le bonapartisme, comme tous les césarismes, y compris cette forme de césarisme monarchique qu'incarnera Louis XIV, empruntera une autre pratique à la méthode césarienne : la volonté de fasciner les masses populaires par le faste des manifestations officielles et la magnificence des déploiements cérémoniaux. Ainsi, en 46 (avant Jésus-Christ), César invita 6 000 convives à un gigantesque banquet, au cours duquel furent enfournés 2 000 kilos de lamproies et engloutis des torrents de vins parmi les plus prestigieux, après quoi tout ce beau monde fut convié à assister, autour d'un bassin creusé spécialement, à une bataille navale mettant aux prises 400 rameurs. En 45, il fit organiser à ses frais, grâce à tout l'argent qu'il avait raflé, des représentations théâtrales, une par quartier, dans toutes les langues (volonté de s'assurer le soutien des minorités visibles), à quoi s'ajoutèrent ballets, défilés de tableaux vivants évoquant les victoires en Gaule et autres cavalcades, courses de chars et de chevaux, concours de lutte, démonstrations de gymnastes.

C'est à l'occasion de l'une de ces manifestations d'incontinence festive qu'on fit défiler dans la nuit, au milieu d'une liesse très arrosée, 40 éléphants portant sur le dos de monumentales torches ; on vit, au grand cirque, s'affronter simultanément, sous un immense vélum tendu pour protéger le public du soleil, deux troupes de deux fois 250 fantassins renforcées de 30 cavaliers et de 20 éléphants. On y représenta des scènes de chasse qui coûtèrent leur vie de fauve à 400 malheureux lions venus d'Afrique ; on y exhiba des girafes, on y organisa les premières courses de taureaux qui consistaient non pas à enfoncer une épée dans le cou de la bête, mais à le lui tordre à mains nues.

Tout cela fut-il exagéré ? Peut-être, comme l'étaient – ô combien ! – les récits des combats de la guerre des Gaules. Mais que les chroniqueurs de l'époque aient rapporté ces faits, en les rehaussant de cette comptabilité, témoigne de leur impact sur les esprits. L'essentiel n'était pas qu'il y eût vraiment 400 lions et 20 éléphants, mais qu'on l'eût cru.

Du césarisme, Jérôme Carcopino a donné cette définition, qui aurait dû lui interdire de devenir ministre de Pétain : « régime qui dépouille le peuple de son pouvoir aux acclamations des masses ».

Notre monde moderne n'a pas renoncé au gigantisme spectaculaire, loin de là, mais l'évolution des mœurs et les impératifs écologiques ont permis aux éléphants d'obtenir des dispenses et aux lions d'être exonérés d'holocauste. Sans compter que l'abus hitléro-stalinien des tableaux vivants, derrière lesquels se dissimulait l'horreur des natures mortes, a quelque peu nui à la bonne réputation de certaines festivités païennes monstrueusement pantagruéliques.

À un Jules César, les Gaules, comme les autres provinces romaines, ont dû également, outre l'accentuation de l'intégration culturelle et d'un certain universalisme religieux, une unification de la monnaie et du calendrier, l'année bissextile pouvant être considérée comme un acquis césarien !

CHAPITRE 5

Auguste en empereur des Gaules

César assassiné, la guerre civile rebondit. Elle oppose, d'abord, son camp, dont l'homme fort est Marc Antoine, héros de la guerre des Gaules devenu maître de la cavalerie, à celui des contempteurs républicains du tyran, représentés par Brutus. Ensuite, au sein cette fois du corps césarien triomphant, Marc Antoine à celui dont César avait fait son fils adoptif, un petit-fils de sa sœur, personnalité chétive et introvertie, Octave, qui deviendra – car il ne faut jamais se fier aux apparences – Auguste.

A priori, cette phase ne nous concerne pas. Sauf que le duel Marc Antoine-Octave Auguste opposa l'Orient – dont Cléopâtre représentait un peu le symbole et les mirages – à l'Occident. Et comme l'Occident, à travers Octave Auguste, l'emporta, la Gaule se retrouva dans le camp du vainqueur. Elle en profita largement puisque Auguste, qui y effectua quatre voyages, contribua plus que tout autre souverain à la transformation en profondeur de notre pays.

Peut-être même peut-on considérer que le règne d'Auguste remodela aussi radicalement ce qui deviendra la France que, plus tard, la Révolution ou l'Empire.

La dictature pour préserver la liberté

L'homme qui ne payait pas de mine, du moins quand il n'était pas attifé en Auguste, était un cérébral qu'on ne vit jamais sur les champs de bataille. Son adversaire, Marc Antoine, au contraire, était un guerrier, un sabreur au physique avantageux, beau et assez con à la fois. La case qui lui manquait dans la cervelle explique sans doute qu'il se soit fait battre, à la bataille d'Actium (31 avant Jésus-Christ), bien qu'il ait disposé, comme Pompée, de forces supérieures à celles de son concurrent et bien que, comme dirait l'autre, les sondages aient été en sa faveur puisque 300 sénateurs et deux consuls l'avaient rejoint.

Il est au demeurant significatif que Cléopâtre ait couru après Jules César, séduisant bien que chauve, alors que Marc Antoine courut, lui, après Cléopâtre. Laquelle, quand la bataille d'Actium tourna au vinaigre, courut effectivement très vite dans sa fuite.

On ne sait si cette pharaonne au nez parfait était aussi belle qu'on l'a prétendu, ses quelques portraits n'en témoignant pas, mais elle avait réussi, chose inouïe, à contraindre César, cet hyperactif compulsif qui ne tenait pas en place à effectuer en sa compagnie, et dans sa couche, une croisière de plusieurs mois sur le Nil. Alors que Marc Antoine, lui, ne parvenant pas à la retenir, passait son temps à la poursuivre, y compris de ses assiduités.

Il fallait être un « cerveau », comme Auguste, pour (et en ce sens il fut un incontestable précurseur) justifier la plus totale des dictatures au nom de la défense de la liberté.

Il s'en expliqua dans une manière d'autobiographie-testament : « J'ai rendu la liberté à la République opprimée par une faction. En récompense, le Sénat me confia l'*imperium*. Il me chargea de veiller au salut public. » Pinochet prononcera une phrase quasi identique.

Et même, plus fort encore, cet aveu dont le cynisme a quelque chose de ravissant : « Après avoir éteint les guerres civiles en vertu de pouvoirs absolus que m'avait conférés le consentement universel [*sic*], j'ai fait passer la République de mon pouvoir dans celle du Sénat et du peuple romain. Pour honorer cet acte méritoire, par sénatus-consulte, j'ai été nommé Auguste. Dès lors, je l'ai emporté sur tous en autorité. »

On dirait Staline vantant lui-même, dans un texte qui lui était consacré, la grande modestie de... Staline.

Quand les dieux gaulois revêtent la toge

Ce cynisme, appliqué à la question religieuse, aura une incidence sur l'évolution des Gaules en la matière.

Auguste se réclame de la philosophie stoïcienne. Comme il ne croit pas aux dieux – c'est-à-dire à leur existence effective –, héritage grec auquel il n'accorde qu'une fonction (essentielle, il est vrai) d'unification culturelle ou civique et d'ancrage patriotique, il ne lui répugne nullement de se diviniser lui-même et, ce qu'un vrai croyant se fût interdit, d'instaurer son propre culte, temples à l'appui. Ainsi à Lyon ou à Saintes. On disait déjà le « divin César », ce qui signifiait clairement que c'était aux hommes de décider ce qui était divin. Et que, en l'occurrence, c'était le pouvoir qui divinisait, le surnaturel n'ayant rien à y voir.

Pourquoi Auguste accorde-t-il tant d'importance à la composition de l'*Énéide* par Virgile ? Parce que cette épopée para-homérique le fait descendre d'Énée, donc de Vénus. Auguste imagine d'autant moins descendre réellement de Vénus (encore que ça faisait la nique à Marc Antoine) qu'il sait fort bien que Vénus n'est qu'un mythe, au point que n'importe quel écrivain peut lui inventer de nouvelles aventures. Mais cela, et c'est le principal, apporte un supplément de majesté, une aura mystique, à la fonction impériale. Bonne pioche ! Or, pourquoi cela influencera-t-il l'évolution religieuse de la Gaule ? Parce que la religion romaine, déchargée de tout mysticisme, sans mystères complexes, apparaîtra aux Gaulois moins comme une croyance opposée à la leur, comme un spiritualisme de substitution, que comme un code de convenances civiques signifiant, non pas l'adhésion à une vérité suprême, mais le ralliement à un type de civilisation.

Si l'empereur est une sorte de dieu, si donc la nature de ce dieu change au rythme des successions d'empereurs, il en résulte que la divinité n'est que le nom donné, par utilitarisme, à une réalité terrestre, et que la religion est une simple convention qui permet de faire communauté. Dès lors, les Gaulois pouvaient s'y convertir sans que cela leur pose un grand problème métaphysique. Ils infusèrent donc ce laïcisme pseudo-clérical de leur propre système de croyances, donnèrent des formes de dieux romains à leurs dieux gaulois, mélangèrent ou empilèrent les mythologies, unifièrent les âmes, revêtirent de toges les symboles de leur panthéisme. Les dieux grecs étaient devenus romains, les dieux romains devinrent gaulois.

Auguste mettait cependant le doigt dans un mécanisme redoutable, car, à faire croire, en en rigolant soi-même, qu'on est un dieu, on finit par se prendre réellement pour un dieu et sans rigoler. Or, certains empereurs basculeront dans ce délire, mettant d'autant plus de rage à se faire adorer qu'ils étaient moins adorables.

Le divin Auguste, lui, ne s'offusquait nullement de la concurrence d'autres divinités, d'où qu'elles proviennent. Leur exotisme oriental le flattait presque. La pizza ne répudiait ni le couscous ni les nems. Être mis sur le même plan qu'Osiris lui paraissait délicieux. Le dieu des juifs était certes un peu exclusif, mais il était considéré comme un dieu purement ethnique, donc tolérable. Il n'en sera pas toujours ainsi. Et quand, à tous ces dieux qui se valaient bien, puisque leur cohabitation conviviale leur interdisait de prétendre incarner une vérité absolue, certains voulurent en substituer un seul qui incarnait le « vrai » dont il était le « verbe », cela tourna vite au drame. D'autant que quelques empereurs – mais on n'en est pas là – en prendront cette fois ombrage et que, si l'adoration cessait d'être pluraliste, si elle devenait unique, alors il fallait choisir entre l'adorer, lui, l'empereur, ou adorer l'« autre ».

Ce n'est pas qu'ils refusent de célébrer le culte de Jupiter, mais qu'ils n'acceptent pas de se plier au culte impérial, qui provoqua la persécution des premiers chrétiens. Heureusement, du vivant d'Auguste, Jésus-Christ n'était pas né.

Les élites romaines, ai-je suggéré, étaient attachées à des dieux auxquels elles ne croyaient pas réellement. La preuve en est fournie par Auguste lui-même. Il inspira à Virgile la rédaction de l'*Énéide*. Or, le poète n'hésite pas à y poursuivre, au gré de ses fantaisies, l'épopée fort dissolue des dieux de l'Olympe. Qu'est-ce que des dieux dont on peut raconter l'histoire à sa convenance ?

Pour un dieu, Auguste était, au demeurant, fort accessible (contrairement aux futurs empereurs chrétiens de Constantinople, qui s'enfermèrent dans leur bulle). Trop, même, aux yeux de son entourage. Ainsi, comme ce grand hypocrite conviait volontiers chez lui de jeunes femmes, parfois mariées, qui préféraient être introduites jusqu'à ses appartements en litière fermée, il avait supprimé les opérations de fouille. Un des vieux philosophes stoïciens qui le fournissaient en conseils éclairés s'en inquiéta. Un jour, il utilisa donc une semblable litière. Les gardes, s'interdisant toute curiosité intempestive, la laissèrent passer, et le digne ancêtre se retrouva dans la chambre à coucher du monarque, qui en tomba sur le cul.

Comment Octave réinventa les Français

Dieu créa le monde terrestre (c'est une rumeur) ; Auguste, lui, remodela radicalement la Gaule et esquissa en cela ce qui devint la France. Là où une multiplicité de républiques et de mini-principautés, qui n'avaient de sens qu'en fonction de leur clientèle autour d'un noyau clanique, se jalousaient les unes les autres, l'empereur regroupa le tout en trois grandes régions, chacune surplombée par un légat : la Gaule Lyonnaise, la Gaule Aquitaine et la Gaule Belgique, à quoi s'ajouta la Narbonnaise, ou « Provence », comprenant Toulouse et régie par un proconsul. Les provinces alpestres étaient considérées, elles, comme propriété de l'empereur.

Ces trois régions furent elles-mêmes supervisées par un super-légat qui résidait à Lyon, où se tenait une assemblée annuelle des Gaules, celle-là même à l'occasion de laquelle Vindex appellera au soulèvement contre Néron.

Chacune des Gaules, disposant d'une assemblée, était divisée en *civitates*, cités qui ne sont pas sans annoncer nos départements : vingt-cinq en Gaule Lyonnaise, vingt-deux en Gaule Belgique, dix-sept en Gaule Aquitaine. Chaque *civitas* était composée de cantons appelés *pagi*. Chaque *pagus* avait son bourg faisant office de chef-lieu, administré par une assemblée de « décurions », notables élus qui élisaient à leur tour des magistrats. Quelques peuples furent détachés de la Narbonnaise pour former les Alpes-Maritimes, dont le chef-lieu était Cimiez (Cemenelum), qu'on intégra à l'Italie, tandis que Nice (Nikaïa) dépendait de la petite république marseillaise. Ce qui d'ailleurs était absurde, puisque Antibes devint italienne, alors que Nice resta gauloise, ou plutôt marseillaise.

Les frontières du Rhin furent renforcées grâce au recours à des troupes d'auxiliaires germains dont on a constaté le rôle majeur au moment de la révolte de Civilis. C'est à cette époque que furent créées les deux provinces de Germanie inférieure et de Germanie supérieure, qui contribueront et à la germanisation de l'Alsace et à la « franquisation » de la Gaule. La Germanie supérieure allait jusqu'à Besançon et le lac Léman.

On conserva, pour l'affichage, les anciennes divisions tribales, mais on les remania de façon spectaculaire, notamment en éradiquant la plupart des anciennes capitales en forme d'*oppidum* pour les transplanter ailleurs et leur donner une apparence purement romaine.

Ainsi, Gergovie, capitale arverne, disparut, et une bourgade nommée Nemetum fut métamorphosée en une ville que l'on baptisera plus tard Clermont. Ou Clermont-Ferrand. L'ancienne capitale des Bellovaques, Bratuspantium, sera transférée dans une ville nouvelle nommée d'abord Caesaromagus, qui deviendra Beauvais. Noviodunum, capitale des Suessions, sera transférée à Augusta, qui deviendra Soissons. Pour les Vermandois, on construisit une nouvelle ville qui s'appellera Saint-Quentin. On installa les Tricasses à Troyes, les Ausques à Auch. Le chef-lieu des Turons devint Caesarodunum, puis Tours ; celui des Lémovices, Augustoritum, puis Limoges. Les Éduens durent abandonner Bibracte pour Augustodunum, qui se transformera en Autun. Toutes ces villes furent dotées d'une milice urbaine qui ressemblait à une garde nationale.

On peut se demander comment les Gaulois réagirent à un aussi radical bouleversement de leurs habitudes administratives, que la monarchie franque, tout à sa dynamique régressive, remettra en cause, mais que restaureront en partie la Révolution française et Bonaparte. À dire vrai, on l'ignore. Aucun signe d'agitation sur ce thème.

La raison en est double. D'abord, les peuples gaulois concernés avaient l'habitude de constituer des ligues, telles la ligue belge, la ligue armoricaine ou la ligue des cités d'Aquitaine. En outre, comme les révoltes de Vindex et de Civilis le prouveront, ils continuaient à se définir en termes de peuple : ainsi les Arvernes donnèrent-ils leur nom à l'Auvergne, les Lémovices au Limousin, les Pictons au Poitou, comme les Vénètes à Vannes, les Boiocasses à Bayeux, les Turons à Tours, les Rèmes à Reims, les Cadurques à Cahors, les Namnètes à Nantes, les Andes à Angers, les Bituriges à Bourges, les Bellovaques à Beauvais, les Trévires à Trèves...

Au fond, aujourd'hui encore, on se définit comme ch'ti ou basque, et non pas comme pas-de-calaisien ou pyrénéen-atlantique. On est provençal, et non pas « pacasien » ; normand tout court, et non pas « bas- ou haut-normand ». On est breton à Nantes, qui fait partie de la région Pays de la Loire. On ne remet pas pour autant en cause la structure administrative. Ainsi en fut-il longtemps pour les Gaules après Auguste.

Un journal de la résistance alpine en 1944 ne s'appelait-il pas *Les Allobroges*, nom du peuple du Dauphiné ?

CHAPITRE 6

Comment et pourquoi les Gaulois deviennent des Gallo-Romains

L'autre grande question que pose la formidable et intrinsèque mutation que connut la Gaule après Auguste est celle-ci : comment des peuples que réunissait un puissant sentiment d'appartenance à une même communauté religieuse, culturelle, ethnologique, voire ethnique, mais que divisaient leur vécu, leur histoire, leurs habitudes, leurs modes de gouvernance, ont-ils pu si rapidement, d'un côté, échanger, contre un acquis d'importation, leur culture, leur religion, leur ethnicité exprimée à travers leur langue, et, de l'autre, collectiviser leurs différences en transcendant leurs antagonismes ?

Quel autre exemple connaît-on d'une aussi profonde transformation de soi sans renoncement à soi ? La colonisation de l'Algérie, on l'a dit, n'a produit aucune de ces conséquences. On y a appris le français sans délaisser l'arabe ; on y a joué à la pétanque sans détruire les minarets. L'Afrique noire, sous domination française ou anglaise, a gardé ses langues, une grande partie de ses cultures, ses traditions, sa façon de se vêtir. Aucune civilisation ne s'est totalement dissoute sous la pression d'une civilisation concurrente et dans cette civilisation concurrente. Même pas Hong Kong, même pas Singapour, même pas Bangkok. Les seuls cas comparables correspondent à des transferts de population, c'est-à-dire à des remplacements d'un peuple par un autre : en Australie, en Amérique du Nord.

Rien de semblable en Gaule. Qui, d'ailleurs, est restée romaine, même quand les civilisations barbares parurent la submerger. Elle ne fut pas germanisée, elle romanisa ses envahisseurs.

Encore une fois, c'est la dissolution de tribus indiennes dans des ensembles hispaniques ou anglo-saxons qui peut se comparer à cette fusion gallo-romaine. Mais, soit ces communautés indiennes, vaincues par le nombre, ont été avalées purement et simplement, soit, comme au Pérou, en Bolivie, au Paraguay, elles ont conservé leurs langues, leurs traditions, leurs habillements. La quasi-éradication de toute culture gauloise, jusqu'à ce que les Bretons de Grande-Bretagne la réimplantent en Armorique, représente donc un exemple rare et assez stupéfiant d'avalement et de digestion d'une culture par une autre. Comment l'expliquer ?

Peut-être en se mettant à la place d'un Gaulois qui, sortant de sa cabane, voit Rome surgir à sa porte, sous ses yeux, Rome et ses beautés, ses conforts, ses fastes, ses jeux, ses plaisirs, et à qui l'on demanderait : voulez-vous qu'on détruise cette partie de Rome qui vient jusqu'à vous, ou retourner dans votre cabane ?

L'image n'est qu'en partie caricaturale. Non seulement, s'il habite le sud du pays, notre Gaulois a vu (ou on lui en a parlé) exploser sous son nez ces petites Rome que sont Narbonne, Nîmes, Orange, Fréjus, Aix, Avignon, Carpentras, Apt, bientôt Vienne. Lyon surtout, à la confluence du Rhône et de la Saône, au carrefour de quatre grandes routes stratégiques et commerciales, qui, en quelques années – sous l'impulsion d'Auguste, relayé sur place par le gouverneur Muniatus Plancus –, précédemment simple bourgade, devient métropole. Non seulement, donc, notre

Gaulois est témoin de ce miracle, mais en outre, un peu partout ailleurs, il assiste à l'abandon de l'*oppidum* en bois haut perché, peu accessible, inconfortable, mijotant dans sa boue, et à l'avènement « révolutionnaire » de la ville en plaine, au bord d'un fleuve, reliée aux autres villes par des routes carrossables. Quand on sort du tipi et qu'on aperçoit New York, rejoint-on la hutte ?

C'est évidemment une simple image, car la Gaule indépendante avait accompli d'énormes progrès en un siècle, comme en témoigne la redécouverte de villes, telle Bibracte, qui intégraient déjà les fonctions commerciales, administratives et industrielles. De plus, le petit peuple rural, lui, est peu concerné. Le plus souvent, il ne voit rien, engoncé qu'il est dans la Gaule profonde et qui le reste. Mais les élites sociales, elles, circulent. Elles constatent. Elles enregistrent. Quoi ? L'avènement d'un nouveau monde.

Il suffit, pour se faire une idée du choc culturel que ce constat induit, de se remémorer la façon dont la France « éternelle » s'est métamorphosée, entre 1950 et 2010, en soixante ans, comment de gros bourgs dont les maisons ne dépassaient pas trois étages, où les commerces se réduisaient à des épiceries, merceries, bazars et marchands de couleurs, aux bistros sur la grand-place, ont vu s'élever des tours, se multiplier les hypermarchés, se déployer des centres commerciaux où étaient représentées toutes les grandes marques françaises, italiennes ou américaines, s'implanter des McDo et des Maître Kanter, et comment ce bouleversement remodela les esprits.

Il faut se souvenir également de la submersion, en trente ans, de la chanson française, c'est-à-dire cinq siècles de tradition, par les rythmes anglo-saxons ; de la refondation de l'art culinaire, du passage des banquets à six plats à des dîners de gala à trois plats ; de l'éradication du vin de table, ce gros rouge qui tache ; de la disparition de langues régionales ; de la substitution de l'écran au papier, de la sortie au spectacle par l'irruption du spectacle chez soi.

Mais, de l'ancien, aujourd'hui, il reste des traces, des séquelles, des empreintes. On peut aller au théâtre, écouter des chansons françaises, acheter un grille-pain dans un bazar, manger un cassoulet au bistro du coin. De la vieille Gaule celtique, en revanche, à la fin des fins, il ne resta plus rien, sauf dans le creux des esprits, au fond des âmes, dans les recoins des intelligences. Car ce n'étaient pas deux mondes qui se faisaient face. Ou plutôt ce fut éphémère, car, finalement, le face à face s'organisa au sein du même monde. S'imposèrent une façon romaine d'être exploiteur et une façon romaine d'être exploité. Une façon romaine d'être exclu comme une façon romaine d'être inclus.

Révolution urbanistique, donc, mais attention : il ne s'agit pas d'un urbanisme qui s'oppose à un autre, comme les quartiers européens aux villages nègres dans les pays colonisés ; il ne s'agit pas non plus d'une architecture qui en défierait une autre, tels les gratte-ciel face aux anciennes maisons coloniales à colonnes. Les Gaulois, en effet – artistiquement si créatifs par ailleurs –, n'ont ni urbanisme proprement dit, ni architecture : ils ne construisent pas en dur (sauf des murailles solides, car elles intègrent de la feraille), n'utilisent pratiquement pas la pierre de taille. Un peuple sans monuments peut-il l'emporter sur le peuple qui les multiplie ? Certes, les Mongols de Kubilai Khan conquirent la Chine, mais, précisément, c'est la Chine des monuments qui finit par s'imposer aux Mongols sans monuments. Par les avaler.

Datent du règne d'Auguste : la Maison carrée de Nîmes (la ville est, alors, dotée de six kilomètres de remparts), les débuts des travaux du pont du Gard, les théâtres d'Orange, d'Arles, de Lyon, le temple d'Auguste à Vienne. Augustodunum, à 25 kilomètres de l'ancienne Bibracte des Éduens, s'étale déjà sur 200 hectares et devient une ville universitaire renommée. On trace des routes, on lance des ponts, on multiplie les relais de poste. Qui dit arènes dit jeux, qui dit hippodromes dit courses, qui dit théâtres dit spectacles. Derrière l'urbanisme, il y a l'urbanité. Derrière l'architecture et les espaces qu'elle borde, il y a le bouillonnement citoyen. La cité entraîne la civilité. La civilité entraîne la paix civile. Le représentant d'Auguste en Gaule, Agrippa, est à la fois un militaire et un constructeur. Il entend aussi, par sa politique de grands travaux, quadriller le pays, favoriser le mouvement des troupes et offrir des dérivatifs aux multitudes turbulentes.

La conquête par la culture

Mais, à ce basculement prodigieux de la Gaule dans la modernité romaine – basculement auquel elle était beaucoup plus préparée qu'on ne l'a dit –, il y a une autre et plus fondamentale raison : les Gaulois n'ont pas d'écriture. Ils n'ont donc pas de littérature. Ils ne sont ni dispensateurs de leur propre histoire, ni maîtres de leur récit national, ni diffuseurs des idées qu'ils portent. Les bardes ne créent pas, ils ressassent. Rhéteurs dans l'âme – ils deviendront à Rome des orateurs appréciés –, les Gaulois doivent abandonner à l'ennemi le soin de graver dans le temps leurs paroles éphémères. Ils disent, sans transmettre. On s'étonnera donc moins que ceux qui transmettent ce qu'ils disent – et peuvent, de la sorte, déformer leurs dires à eux – deviennent leurs conquérants.

N'a-t-on pas assisté à un phénomène approchant avec la domination, de plus en plus universelle, des modes de communication anglo-saxons ? L'hégémonie de la langue, s'appuyant sur le contrôle des principaux moyens de transmission, a fini par induire l'hégémonisme culturel. On peut, pour compenser, créer Al Jazeera. Mais les Gaulois étaient dans la position de ceux qui, aujourd'hui, ne disposeraient d'aucun moyen audiovisuel pour se faire entendre. Ni d'aucun journal.

Or, ce peuple sans littérature, sans écrivains, se trouve soudain confronté – et cela correspond précisément au long règne d'Auguste – à la plus prestigieuse explosion d'œuvres littéraires mémorables qui se puisse concevoir : Virgile, Ovide, qui fut un temps exilé pour pornographie, Horace – et, en soi, cela aurait suffi –, mais aussi Properce, qui consacra l'essentiel de son œuvre à étaler sa passion torturée pour une femme mariée qui le faisait tourner en bourrique ; Tite-Live, dont l'œuvre, pas seulement historique, était si vaste que Sénèque la qualifia d'« effrayante ». Conscience double, il servit fidèlement Auguste tout en affichant sa nostalgie de la pureté républicaine d'antan et son adhésion à tous les combats libérateurs. Qu'importe, suggère-t-il, que ce qu'il rapporte d'un glorieux passé romain soit vrai ou légendaire – le plus souvent légendaire –, si le souvenir qu'on en garde concourt à la grandeur de la cause ! Cornelius Nepos, l'auteur de *La Vie des grands capitaines*, ouvrage encensoir qui défrisa des générations d'écoliers ; le tendre poète élégiaque Tibulle, un faux Jésus en culotte de velours ; Varron, cet ex-lieutenant de Pompée devenu bibliothécaire de César, qui, en véritable encyclopédiste, rédigea soixante-quatorze ouvrages sur des sujets allant de la philologie à la grammaire, de l'agriculture à la philosophie et de l'histoire à l'économie, et à qui l'on doit ce chef-d'œuvre réactionnaire, les *Satires Ménippées*, où il moque la vogue ridicule – déjà – des religions orientales. Lucrèce, le génie par excellence, un Karl Marx qui écrirait comme Lamartine, était mort un peu plus tôt. Comme Catulle, qui fut cocu et le chanta obsessionnellement avec un talent fou.

Salluste, l'immense historien, avait tiré sa révérence quatre ans avant le triomphe d'Auguste sur Marc Antoine.

Ses chroniques du temps, marquées par un césarisme de centre gauche, ont toutes les qualités qui siéent au genre et, en particulier, une totale inobjectivité. Salluste savait de quoi il parlait, car, avant d'écrire l'Histoire, il s'attacha à la vivre avec intensité. D'abord parce que, élu sénateur, il fut démis sous prétexte qu'un de ses collègues l'avait surpris, en flagrant délit, en train de baiser sa femme. Ensuite parce que, nommé proconsul en Numidie, il s'enrichit hors de proportions en pillant la province également hors de proportions. Un homme de son temps, en somme !

Comment les élites gauloises, elles-mêmes à sec de textes à lire et à relire, muettes quant à l'écriture (formule grammaticalement latine s'il en est), ne se seraient-elles pas laissé prendre à un si plaisant, valorisant et mélodique filet ? Comment leur confrontation à un savoir, non plus transmis de bouche à oreille, mais gravé, empilé, compilé, ordonné, ne les aurait-elle pas ébouriffées ? Qui, confronté à un déferlement de lumières électriques, pourrait continuer à s'éclairer à la bougie ? Quiconque aurait été privé, même de glacière, n'hésiterait pas à se convertir au réfrigérateur une fois qu'on lui en aurait fait découvrir l'usage et, à supposer que ce fût un « Frigidaire », à en adopter la marque.

Aux lettres romaines, à la poésie romaine, à la philosophie romaine, à la science romaine, les Gaulois n'avaient pratiquement rien à opposer. Ils s'approprièrent donc le tout. Or, sous Auguste, il en était de la littérature, et même de la philosophie, comme de la culture sous Staline (ou, à un moindre degré, sous Louis XIV) : tout concourait obligatoirement à asseoir la gloire de l'empereur et à justifier la magnificence, fût-elle totalitaire, de son système. De son régime. Le philosophe stoïcien Athénodore de Tarse ravissait son maître lorsque, comparant l'empereur en son empire au soleil en son cosmos, il identifiait le prince à l'âme immortelle qui insuffle sa vivifiante ardeur, sa dynamique créative à tous les membres de cet immense corps qu'est l'univers.

L'intellectuel organique, sous Auguste, devait contribuer à façonner les esprits. Par voie de conséquence, il façonna celui des Gaulois. Pas un membre de leur aristocratie qui, bientôt, ne fût capable de réciter du Virgile, de l'Ovide, du Horace. Et aussi, hélas, d'imiter Cicéron.

Cependant, cette rage intégrationniste que manifestèrent les élites gauloises, cette résurrection du vaincu à travers son assimilation conquérante de toutes les avancées du vainqueur, cette façon de s'inspirer de l'autre pour rester soi, ne permit en rien d'éradiquer l'esprit de résistance.

Certes, la Gaule, entre – 27 et + 21, traversera un demi-siècle de calme relatif. Des troubles mineurs furent étouffés par les milices locales constituées par les Gaulois eux-mêmes.

On enregistra, ici ou là, des émeutes fiscales provoquées, encore et toujours, par les opérations cadastrales. Mais l'explosion économique, le dopage des échanges commerciaux favorisés par le développement des infrastructures, l'enrichissement des couches supérieures et leur romanisation accélérée qu'amplifia une politique systématique de promotions, la peur des Germains devenus les nouveaux « barbares », tout cela contribua à l'instauration apparente d'une paix romaine. Jusqu'en l'an 21 après Jésus-Christ, sous le règne de Tibère.

CHAPITRE 7

Tibère, ou la perversité sur le tard

Auguste était mort en août 14. Pas de fils. On se rabat sur le beau-fils, Tibère, qu'il avait adopté. Lui demanda-t-on même son avis ? On a dit qu'au fond de lui-même, il était républicain. Possible. Auditionné par le Sénat avant d'être investi, il avait, de façon emberlificotée, proposé un partage du pouvoir. Par pure flagornerie, les sénateurs s'étaient récriés. Ils le regretteront.

L'homme était plutôt heureux en ménage, quand Auguste lui avait ordonné de divorcer pour épouser sa propre fille, Julia. Il n'était pas vraiment à son goût, il était déjà relativement vieux. Elle le trompa donc abondamment, mais avec élégance. Ça l'arrangeait plutôt, car cela lui permit d'assouvir, sur le tard, sans complexes excessifs, sa propre sexualité aussi exacerbée que pervertie. Une vie de débauche, comme on dit. Sexe débridé et grosses bouffes. Festins de deux jours et deux nuits : on dégueule et on remet ça. Un quidam aurait été nommé à un poste honorifique parce qu'il avait réussi à boire, au cours du même repas, une amphore de vingt-quatre pintes. Vrai, faux ? Du moins, ça se racontait. *Le Canard enchaîné*, à l'époque, était oral.

Suétone, obsédé par les histoires de cul, en rajouta sans doute. L'empereur rassemblait dans son boudoir, écrit-il, des troupes – sinon des troupeaux – de jeunes filles et de mignons, ainsi que des inventeurs d'accouplements bizarroïdes, pour que, « enlacés en une triple chaîne, ils se prostituassent mutuellement devant lui afin de ranimer par leur spectacle ses désirs défaillants ». Tibère aurait inventé le film pornographique.

On a, ici, affaire à un malade. Mais qui ? Tibère ou Suétone ?

D'autant que ce dernier en remet ensuite une couche : « Il se couvrit d'une infamie plus grande qu'on a peine à croire et rapporter. [N'empêche qu'il la rapporte sans peine.] Il dressait, paraît-il [notons le "paraît-il"], des garçons à l'âge le plus tendre, qu'il appelait ses petits poissons, à s'ébattre et à jouer entre ses cuisses pendant qu'il nageait et à l'attraper de la langue et des dents. Il apprenait aussi à des bébés, déjà forts mais non encore sevrés, à lui prendre le sexe comme ils eussent fait du sein de leur nourrice. » Tibère est le seul souverain dont on ait jamais rapporté qu'il aimait à se faire sucer les couilles par des nouveau-nés.

En fait, du moins dans un premier temps, Tibère ne fut pas un mauvais empereur. D'esprit plutôt ouvert, il alliait à une vaste culture latine une solide formation grecque. Il taquinait la muse. Un mélange de paganisme sceptique et de stoïcisme rationalisant le conduisit à réprimer le druidisme gaulois, qui lui apparaissait abracadabrantesque, et à manifester son hostilité à l'égard du judaïsme, dont le monothéisme choquait son sens de la pluralité : peut-être fut-ce sous l'influence de son procurateur en Judée, qui avait une dent contre les Juifs et provoqua des émeutes en accumulant les maladresses à leur endroit, notamment en chouravant une partie du trésor du Temple pour faire construire un aqueduc. De là à en faire le premier antisémite d'Occident !

Au demeurant, de l'événement le plus considérable, par ses conséquences, qui se déroula sous son règne, Tibère ne fut pas même au courant. Car, lorsque son procurateur en Judée, qui s'était fait copieusement engueuler, fut confronté à de hauts notables juifs qui exigeaient le jugement d'un certain Jésus – lequel, entre autres forfaits, affirmaient-ils, se présentait quasi en concurrent de l'empereur –, bien que cette affaire lui parût cousue de fil blanc, il céda. Terrible acte manqué qui le poursuivit toute sa vie. Pire que le rendez-vous raté du général Grouchy à Waterloo pour cause de dégustation de fraises ! Et, en prime, le pauvre voulut faire savoir qu'il tenait à garder les mains propres. Le retentissement imprévu de cette affaire le rendit neurasthénique. Après avoir été débarqué, à la demande des Samaritains, il se retira. Où ? On n'est sûr de rien, mais des sources prétendent que ce fut en Gaule, à Vienne, où il se suicida.

Il s'appelait Ponce Pilate. Il avait été l'acteur involontaire d'un petit fait d'actualité, comme on dit, qui eut, en particulier sur l'évolution des Gaules et la mentalité des Gaulois – sur l'émergence des Français, en conséquence –, une influence à nulle autre pareille.

Tibère, lui, n'y vit que du feu. C'est un classique. Est-ce que Louis XVI fut informé qu'un certain Robespierre, avocat d'Arras, s'était taillé un franc succès en défendant l'inventeur du paratonnerre ? Est-ce que le tsar Nicolas II, quand il s'engagea d'un cœur léger dans la guerre de 14, avait entendu une seule fois prononcer le nom de Lénine ? Ce n'est d'ailleurs que quarante-cinq ans plus tard que des rumeurs à Rome firent état des agissements de disciples d'un certain « Christos ».

Timide, revêche, sans charme, Tibère maintint l'Empire sans se pousser du col. Il administra plutôt consciencieusement. Surtout, après ce panier percé d'Auguste, il se conduisit en assez efficace gestionnaire pour araser les déficits, dégonfler le montant de la dette, faire reculer les spéculateurs, réduire les impôts et laisser à son successeur – Caligula, hélas ! – des finances en excellent état.

Avant d'être empereur, il avait exercé avec un certain bonheur des fonctions militaires, témoignant d'une sympathique proximité avec le troufion de base. Ainsi, en Pannonie, il força un préfet des camps, que son inhumanité avait rendu odieux à la troupe, à entreprendre une interminable marche forcée avec un énorme barda sur le dos et, le suivant à cheval, il lui demandait tous les cinq cents mètres s'il prenait vraiment son pied !

Tout, ensuite, se gâta. Avant de devenir empereur par défaut, à cinquante-six ans, ce qui n'était peut-être pas raisonnable, Tibère avait vécu sobrement, stoïquement, sans ostentation, hors de la politique, en chef militaire efficace et avisé.

Mais il y eut d'emblée un couac. L'épouse trompeuse de Tibère, et fille unique d'Auguste, avait eu, avec son premier mari, le fameux Agrippa qui apporta tant à la Gaule, un premier fils. Il aurait pu disputer le trône à Tibère. Pas compliqué : on le trucida promptement. Et on l'accusa, lui, de ce crime, bien qu'il n'en fût sans doute pas responsable, du moins pas l'instigateur.

Puis cela se compliqua. L'épouse d'Auguste, mère de Tibère, avait eu un premier mari dont elle avait eu un fils qui aurait pu, lui aussi, prétendre au trône. Devenu un guerrier prestigieux accumulant les succès, le jeune homme avait battu à plates coutures le grand chef germain, de la tribu des Chérusques, Arminius (les Allemands disent Hermann), à la bataille d'Idistaviso. Or, cet Arminius ou Hermann, un barbare, avait, à Teutobourg, infligé, quelques années plus tôt, aux légions romaines une des plus humiliantes raclées qu'ils aient jamais subies. Le vainqueur rendit les honneurs funèbres aux milliers de soldats romains tombés au champ d'honneur (l'équivalent de trois légions). À ce jour, on l'appela « Germanicus » et sa popularité devint considérable.

Ici, une parenthèse s'impose. Arminius avait d'abord servi parmi les auxiliaires germains de l'armée romaine du Rhin. Il donna tellement satisfaction que, outre la citoyenneté, Rome lui accorda le rang de « chevalier ». Il devint l'ami du gouverneur de la région, Varus, et se prévalut officiellement de cette proximité pour, secrètement, mettre sur pied une vaste coalition de tribus, lever une armée, attaquer et surprendre les légions de celui dont il était le protégé.

À ceux qui ont lu la première partie de ce livre et dont la mémoire ne fait pas défaut, ce schéma doit rappeler quelque chose : ce destin évoque furieusement ceux de Classicus et de Civilis. Civilis, qui rusa lui aussi, parvint à fédérer tribus germaines et tribus gauloises, et, s'il n'anéantit pas trois légions, il en neutralisa au moins quatre et provoqua une éphémère indépendance de la Gaule.

Or, Arminius, sous le nom de Hermann, est considéré comme un héros national en Allemagne. Un monument lui a été élevé en 1875 sur les lieux de son exploit. Plusieurs œuvres musicales et pièces de théâtre lui ont été consacrées, dont une par Kleist. Civilis, lui, a été volontairement dissous dans l'oubli. Encore une fois, pourquoi ?

Le désastre de Teutobourg (qui vit la machine de guerre romaine réduite à l'impuissance, après que les « barbares » germains eurent terrorisé et empêché les légionnaires de dormir en poussant des cris épouvantables toute une nuit dans la forêt) eut une incidence qui concerne directement notre histoire : il incita les Romains à porter la frontière de l'Empire, et donc des Gaules, sur le Rhin. Et il retarda la latinisation de la Germanie, ce qui fit de la Gaule l'avant-garde de la latinité !

Germanicus, l'homme qui a sauvé l'honneur, est adulé par les foules romaines. Déjà, il était venu à bout d'une mutinerie de plusieurs légions de l'armée du Rhin – ce qui, là encore, annonçait des lendemains qui se révéleront souvent tragiques pour l'histoire de la Gaule. Il était accompagné, sur place, par sa collante et vindicative épouse, Agrippine (la première Agrippine), et par l'un de leurs enfants, devenu chouchou des soldats, qui s'amusaient à le déguiser en bidasse, croquenots aux pieds – ce pourquoi on le surnomma « Petits godillots », en latin Caligula.

Déjà les légionnaires avaient manifesté une dangereuse et fâcheuse tendance à vouloir proclamer empereur leur général en chef. Tibère commençait à s'inquiéter. L'empereur envoya la star en Arménie. Mais il y remporta un nouveau succès. Et un nouveau triomphe. On l'expédia en Égypte. Où il fut accueilli en héros.

La vérité est que, dans le tréfonds des armées, on opposait ce vieux cocu de Tibère (et pourtant, si on avait su !) à Germanicus, ce jeune héros qui, lui… en avait ! En Égypte, Germanicus aggrava son cas. Il remonta le Nil jusqu'à Assouan. La croisière que s'était offerte Jules César dans les bras de Cléopâtre. Était-ce le climat de l'Orient ? Un beau jour, il ne se sentit pas bien. Un mal mystérieux. Il en mourut. Non sans avoir laissé entendre qu'on l'avait empoisonné.

On l'apprit, à Rome, où tout finissait par se savoir et où c'étaient les conversations particulières qui véhiculaient des *tweets* qu'on retrouvait ensuite, sous la forme de graffitis, sur les murs de la ville. Combien de palissades sur lesquelles des quidams avaient inscrit rageusement : « Rends-nous Germanicus ! » On s'attroupa nuitamment pour accuser Tibère du crime. L'empereur n'osa même pas se montrer aux obsèques, qui tournèrent à l'émeute. La veuve, élégamment éplorée, incarnait le ministère public !

Pourquoi ces soupçons ? Il se trouve que Tibère avait nommé l'un de ses proches, l'ex-consul Pison, gouverneur de Syrie. Et que ce Pison détestait Germanicus. Bon sang, mais c'est bien sûr ! Et, pour couronner le tout, Pison, traduit en justice, se sentant lâché par Tibère, se suicida.

Le plus probable est que Germanicus n'ait pas été empoisonné. Mais le mal était fait. Tibère, abasourdi, déprimé, se replie sur lui-même. Il se durcit. S'isole. Se retire à Capri. En compagnie – car Tibère n'est quand même pas n'importe qui – d'un philosophe platonicien !

À partir de ce moment, ayant placé toute sa confiance en un homme de main nommé Séjan (qui fut élu consul, puis tribun), cet empereur romain, et en conséquence roi des Gaules, gouverne par courrier. Par correspondance. S'il avait pu, il aurait inventé la vidéoconférence. Sa gouvernance lointaine, épistolaire, relayée par son mauvais génie qui contrôle la garde prétorienne et place un peu partout ses créatures, devient de plus en plus tyrannique. On ne cesse de découvrir de prétendus complots et d'en informer l'empereur. Les lettres de dénonciation fleurissent. Sur simple soupçon, on est envoyé à la mort. Le propre fils de Tibère, Drusus, tombe victime de ces intrigues.

En fait, Séjan couchait avec l'épouse de Drusus et, ce dernier, après l'avoir découvert, menaçant de lui infliger une dégelée, les deux amants, comme dans *Les Diaboliques* de Clouzot, l'avaient fait empoisonner.

Il est rare que ce type de crime soit parfait. Et, en effet, l'ex-épouse de Séjan s'arrangea pour tout dévoiler à Tibère. De son côté, la veuve de Drusus raconta dans une lettre à l'empereur tout ce que Séjan disait de lui derrière son dos. Il tombe de haut. Capri, c'était fini ?

Confit en sa retraite, l'Auguste fait d'abord semblant de s'en battre l'œil. Ne bouge pas un cil. Mais il confie à un autre affidé, un ex-préfet des vigiles, un flic, Macron, le soin de faire avaliser par le Sénat la vengeance qu'il mitonne. Celui-ci prépare le terrain, actionne la machine à bakchichs, achète les gardes prétoriens (ils en prendront l'habitude), et, quand le fruit est mûr, Tibère fait lire devant le Sénat une lettre qui démasque Séjan, l'ex-homme fort devenu un épouvantable traître, et donne l'ordre de l'arrêter illico. Effet immédiat. Tout bascule en un tour de main. On crache sur celui devant lequel on se prosternait. Plus d'amis ! Le vide... La foule le cherche, le traque, l'attrape, le lynche avec un certain raffinement, attache son corps à un croc pour le traîner jusqu'aux Gémonies et, là, le réduit en charpie en mettant le plus de cœur possible à l'ouvrage.

Ça ne suffit pas : on extermine sa famille, on démasque ses supposés complices, qui ne sont souvent que ses courtisans, on criminalise sa clientèle et on met tout ce petit monde en pièces. Salement. Véritable nuit des longs couteaux. Certains prétoriens, à qui l'on a insuffisamment graissé la patte, se laissent aller à un petit mouvement d'humeur : ils incendient, ici et là, quelques maisons dont la façade ne leur dit rien qui vaille.

Macron est devenu le nouveau caïd impérial. Et il en rajoute presque sur son prédécesseur. À la terreur d'hier, il substitue la terreur du lendemain. Aux anciens complots, on en accroche de nouveaux. On purge en matinée et en soirée.

C'est pendant cette période, de 31 à 34, que Tibère, neurasthénique, de plus en plus misanthrope – on le serait à moins –, écœuré de tous (y compris de lui-même), se serait livré aux polissonneries dégradantes que Suétone nous décrit par le menu. Mais faut-il le prendre au mot ? Suétone, comme Tacite, a ses têtes. Et ses propres convictions politiques. N'empêche que l'empereur est effectivement azimuté. Le prouvent ses multiples velléités de retour à Rome : il approche de la capitale et, chaque fois, au dernier moment, il tourne bride et repart s'enterrer à Capri. Rome fait peur au maître de Rome. Il a appelé auprès de lui Caligula, le fils unique d'Agrippine, que Séjan voulait liquider lui aussi, mais que Tibère couve jalousement. L'héritier aurait dû être Claude, le fils de son frère Drusus. Mais il passe, parce qu'il est bègue, pour un crétin alcoolique. Tibère lui préfère donc Caligula !

L'âge n'est jamais neutre et les excès n'ont qu'un temps. L'empereur, en déplacement, se sent mal, porte la main à sa poitrine, s'écroule : crise cardiaque ! On accourt, Macron en tête. Lequel n'attend pas une seconde, car on ne sait jamais, pour proclamer Caligula. Or Tibère, increvable, revient à lui. Danger ! Macron prend le taureau par les cornes et l'étouffe sous les couvertures. Caligula amusé ne s'en offusque pas. Quand, en 1957, Nikita Khrouchtchev racontera la mort de Staline, il fera jouer à Beria exactement le même rôle qu'à Macron.

Précisons, pour que le lecteur s'y retrouve dans le lupanar romain, où il semble qu'une dizaine de personnes couchent ensemble, que Claude régnera tout de même après Caligula. Qu'il épousera Messaline la débauchée, puis, après l'avoir renvoyée aux enfers, une autre Agrippine, Agrippine la jeune, fille de Germanicus et de la première Agrippine, donc sœur de Caligula, laquelle d'un premier mariage avait eu un fils qui deviendra Néron. Ce Néron qui épousera, en premières noces, la fille de Claude. Ouf !

Ils ne dételLent jamais à temps

Si nous avons retracé l'étrange carrière impériale de Tibère – empereur des Gaulois comme des Romains, c'est parce que sous son règne se déroula la plus importante insurrection qu'ait connue la Gaule après la défaite d'Alésia. Nous allons la découvrir, puisqu'elle aussi est généralement occultée.

Mais qu'on me permette une remarque préalable.

Tibère, ça commence bien et ça finit mal. Néron aussi. Caligula aussi. Commode aussi. Et, finalement, Louis XV aussi, dit le « Bien-Aimé », mais qui, vieillissant comme Tibère, aussi lubrique mais sans Suétone pour le raconter, avait pourri vivant avant de pourrir mort. Et Louis XIV également qui, au terme d'une existence interminable non dépourvue d'aspects néroniens, après un début solaire, brillant de mille feux, repoussant les frontières du pays, devait rabougrir la France à mesure que, congelé par Madame de Maintenon, il se rabougrissait lui-même. Qu'est le génial Bonaparte devenu en 1814 ? Un Napoléon mégalo, engraissé, courant au-devant du désastre.

Que de drames la France dut-elle traverser parce que le règne d'un Charles VI fou, maintenu sous la coupe d'une Isabelle de Bavière petite Messaline, n'en finissait pas ? Fringant, on écrit Bouvines ; épuisé, on signe Waterloo. On débute avec Solférino, et l'on tire sa révérence avec Sedan.

Comme chacun sait, on respecte en France la vie privée. En particulier celle des grands. Les chroniqueurs s'abstiennent donc de suivre nos rois dans leur chambre à coucher. Alors que les historiens romains, eux, ne s'en privaient pas. On devine, vaguement, la vie maladivement dissolue de Louis XV, mais sur celle de Néron on sait tout. On laissa Louis XIV être libidineux en paix, pas Tibère. Henri III, c'est par ouï-dire ; Caligula, c'est dit. On imagine ce que Suétone aurait écrit sur les rapports entre Louis XIII, Luynes et Concini.

Surtout, comment éviter les décrépitudes ? La République romaine, marquée par les dérives – sexuelles, entre autres – de ses derniers rois, y avait songé. Cela l'avait même obsédée puisque, passant sans doute d'un excès à l'autre, elle avait confié le pouvoir exécutif à deux consuls renouvelés tous les ans. Or, ce sont bien l'hérédité et la longévité impériales qui débouchèrent sur tant d'excentricités que l'assassinat et le coup d'État militaire devinrent les modes de régulation ordinaires. Le pouvoir personnel dérive ? Aucun pouvoir parlementaire ne l'équilibre plus ? Alors, faute d'être en mesure de voter une motion de défiance, on tue. On ne met pas en minorité, on assassine. Ce que le corps électoral ne peut plus imposer, c'est la garde prétorienne qui s'en charge.

Cela ne fut pas vrai qu'à Rome. Ce le fut également à Constantinople. À Londres, où l'on trouva trop long le règne de Charles Ier. En France même. Mais, dès lors que les gardes prétoriens avaient été mis au pas (imagine-t-on les mousquetaires renversant Louis XIII ?), que les armées de province ne constituaient plus des États dans l'État et que l'Église elle-même, alertée par le cas Ravaillac, excommuniait le régicide, quel autre régulateur restait-il que la révolution ? Ou la République ?

Le drame des Romains, c'est d'avoir eu la République avant, sous la forme la plus contestable, et de ne pas avoir su la réinventer après par la révolution. Qui sait, un 1789 romain eût-il esquissé les contours d'une démocratie vraiment républicaine que l'Empire romain, devenu fédéral, eût peut-être survécu ? La France, elle, se sauva en répudiant à temps ses empereurs.

CHAPITRE 8

Cet autre Vercingétorix nommé Sacrovir

Premier constat : les deux principaux chefs de la révolte gauloise de 21 ne sont pas des traditionalistes affichant leur « celtitude », mais deux nobles latinisés, portant tous les deux le patronyme envié de Julius, citoyens romains, servant tous les deux dans l'armée romaine, mais nostalgiques néanmoins de l'indépendance perdue : l'Éduen (ou Bourguignon) Julius Sacrovir et le Trévire (ou Mosellan) Julius Florus.

Tous les deux, très au fait de ce qui se passait dans l'Empire, avaient esquissé, dans leur tête, une analyse de caractère géopolitique : le mécontentement enflait dans une Italie « opprimée par un mauvais empereur », *dixit* Tacite. Des désordres étaient survenus dans les légions d'Orient.

« Voilà le moment ou jamais de ressaisir notre liberté, expliquaient les deux hommes. Nous avons des ressources, alors que l'Italie est épuisée. Ce sont des étrangers qui font la force des armées romaines. »

Des réunions secrètes, des conciliabules au fond des bois, des prises de contact dans chaque village, la mise en place de petits groupes clandestins de comploteurs auxquels s'agrégeaient des indigents ou des justiciables, avaient permis de créer les conditions de l'insurrection.

Sacrovir est un notable de l'Est nivernais qui, à la tête d'une garnison en repos au lieu qui deviendra Château-Chinon, a réuni autour de lui un certain nombre d'officiers patriotes auxquels se sont ralliés de nombreux paysans et villageois des alentours.

Florus, le Mosellan, est en quelque sorte l'héritier de l'irrédentisme trévire. La cause du soulèvement ? « Il y avait peu de cantons, reconnaît Tacite, où ne fussent semés les germes de cette révolte. » Le mécontentement des régions agricoles avait été exacerbé par la multiplication des taxes, des redevances, l'accumulation des dettes, l'usure, les réquisitions de denrées, mais aussi la concurrence qu'exerçait sur le marché l'implantation ininterrompue de nouveaux colons. Et cela, alors même que Rome manifestait des velléités de réduire certaines productions gauloises trop concurrentielles. « Les misérables manquaient de tout », écrit encore Tacite.

Les initiateurs du soulèvement étaient disparates. Beaucoup de nobles avaient promis leur concours, mais feront défection au dernier moment, profondément acquis qu'ils étaient, en réalité, au régime romain. Et c'est finalement au sein des couches les plus populaires, paysans, commerçants, artisans, petite bourgeoisie urbaine qui se retrouvait dans les conseils municipaux, que la cause nationale recruta le plus largement.

Outre les Éduens et les Trévires, quels peuples se rallièrent le plus spontanément au mouvement insurrectionnel ? Les Aulerques Cénomans (entre la Mayenne et la Loire), les Andécaves (Anjou), les Turons (Touraine), les Séquanes (Jura et Doubs) – autrement dit, le Nord, le Centre, l'Ouest et le Nord-Est sont touchés. L'incendie menace de se généraliser.

Sacrovir était un organisateur-né. Contrairement à la propension qu'avaient les Gaulois à se lancer dans des aventures tête baissée, il avait préparé son affaire de longue main, sans précipitation, rationnellement, prudemment... Et voilà – catastrophe ! – que deux peuples, les Andécaves et les Turons, prennent prématurément les armes. Aussitôt, des cohortes romaines stationnées à Lyon font mouvement. Ce qui aurait dû prendre l'aspect d'un soulèvement général démarre donc de façon parcellaire. Sans attendre que les conditions soient mûres.

Du coup, affolées, de nombreuses cités font état de leur fidélité à l'Empire et condamnent vertement les dissidents. C'est à qui donnera le plus de gages. Les chefs insurgés eux-mêmes font semblant de se ranger du côté du parti de l'ordre établi. Mieux : Sacrovir participe lui-même au combat contre les deux peuples révoltés. Au premier rang. Et sans casque.

En fait, il cherchait ainsi à se faire reconnaître des insurgés, dont certains savaient que c'était lui, l'inspirateur du soulèvement, et prenaient donc soin de l'épargner.

Les Turons et les Andécaves écrasés, Sacrovir feignit de rentrer gentiment à la maison. Les Romains, cependant, soupçonnèrent la ruse. Et l'on commençait à s'inquiéter à Rome.

Tibère, confronté à des difficultés qui le touchaient de près, en était arrivé à se ficher d'à peu près tout. La réaction impériale n'en fut pas moins rapide, et brutale. Une cohorte partie de Lyon se précipita contre les insurgés des pays de la Loire. On préleva, en catastrophe, des troupes sur plusieurs garnisons romaines pour les envoyer contre les peuples rebelles. Dans le Centre, la révolte tourna vite à la jacquerie généralisée.

Sacrovir, alors, tombe le masque. Avec les soldats ralliés, il s'empare d'Autun, où il mobilise – de gré, mais peut-être aussi de force – la jeunesse étudiante qui fréquente les collèges de la ville. Cette initiative suscite, dans toute cette région centrale, un élan comparable à celui dont bénéficiera Vindex, quarante-sept ans plus tard. Les volontaires affluent, y compris en provenance des cités qui n'ont pas officiellement pris parti. Les milices éduennes, recrutées et formées par les Romains, se déclarent en faveur de Sacrovir. On avait, depuis des mois, fabriqué des armes en cachette, ce qui permet d'armer de nombreux paysans. Et aussi d'en distribuer aux étudiants d'Autun.

Là encore, les chiffres sont à l'évidence exagérés, mais on estime à 40 000 les insurgés que Sacrovir a réussi à regrouper autour de lui, dont, hélas, 8 000 seulement sont entraînés et 6 000 sérieusement armés, le reste brandissant haches, faucilles ou coutelas, voire gourdins !

Rome envoie deux légions, dont les généraux se tirent la bourre, renforcées de quelques cohortes d'auxiliaires, en particulier germains, pour investir Autun. Sacrovir pouvait, soit s'enfermer dans la ville (mais ses élites, très romanisées, ne lui étaient pas acquises), soit battre la campagne, élargir la contestation, harceler les troupes romaines. Au lieu de quoi – folie ! –, il sort de la ville et s'avance au-devant des légions, convaincu sans doute d'être à la tête d'une force considérable.

Il se passe alors ce qui se passera, près de Besançon, face à Vindex : le professionnalisme guerrier romain ne fait qu'une bouchée d'une multitude d'amateurs. Sacrovir s'était, certes, adjoint des esclaves formés au métier de gladiateur, mais leur armure de fer les paralysait autant qu'elle les protégeait. On assistera donc à cette scène inoubliable : les légionnaires, non seulement utilisent des haches et des cognées pour abattre ces hommes de fer, mais en renversent d'autres à l'aide « de fourches et de leviers », comme le précise Tacite, après s'être rendu compte que ceux-ci, une fois à terre, ne parviennent pas à se relever.

S'adressant à ses troupes, Sacrovir rappele les hauts faits des anciens Gaulois et exalte le temps lointain de la liberté. Le général romain, lui, lance en substance, avec mépris :

« Nous avons sans aucun mal infligé une dérouillée aux Turons et aux Séquanes ; les Éduens riches et voluptueux ne feront pas le poids devant nos légions. »

La bataille s'engage. Les 8 000 soldats gaulois entraînés et bien armés sont défaits. Les autres, les civils en colère, s'enfuient dans tous les sens. Sacrovir se replie dans la ville d'Autun, ressent l'hostilité de ses notables, renonce en conséquence à y soutenir un siège.

Épilogue du drame ? Sacrovir s'enfuit avec ses principaux lieutenants. Rejoint une maison qu'il possède dans la région. Y fait mettre le feu et, selon une tradition gauloise, se précipite dans les flammes avec quelques-uns de ses compagnons. Comme plus tard Sabinus, le mari d'Éponine, fera semblant de le faire. Tacite avance une autre version : Sacrovir et ses compagnons se seraient entre-tués avant que quelques survivants les fassent brûler.

De toute façon, le conflit prit fin quand il eut dévoré celui qui l'avait provoqué.

Dans le Nord, la répression fut plus difficile, bien que l'insurrection ait été moins massivement soutenue. Florus, dans le secret des sous-bois, avait fait confectionner des armes par des forgerons amis. Il sait pouvoir compter sur quelques petites garnisons d'auxiliaires. Des officiers, qui l'ont rejoint, encadrent les contingents de volontaires. Une esquisse de mobilisation populaire compense le refus massif de l'élite aristocratique et d'une majorité d'officiers supérieurs d'adhérer à un mouvement qu'ils perçoivent plutôt comme une conjuration. Ainsi, l'essentiel de la cavalerie trévire refuse de se rallier au chef rebelle et accepte même de l'affronter. Florus, au prix de ruses invraisemblables, parvient à rencontrer ces soldats d'élite sur lesquels il comptait tant. Il leur lance un appel dramatique, au nom d'une patrie commune qui ne dit pas encore son nom. Il exalte les vertus ancestrales. Dénonce l'humiliation de l'occupation étrangère. Évoque, non pas Vercingétorix, oublié, mais Arminius, le vainqueur des légions d'Auguste. Il y met toutes ses tripes, car l'issue du mouvement se joue là, à ce moment précis. Si les auxiliaires trévires basculent – on le constatera lorsque Classicus et Tutor prendront le relais –, c'est toute la Gaule Belgique qui flambe. On l'écoute. On l'acclame. Mais on ne le rallie pas. Les quelques cavaliers qui font mine de piquer vers lui sont entourés et neutralisés par leurs camarades. La cavalerie trévire reste fidèle à Rome. Cette fois. Son chef, Julius Indus, l'a montée contre son ancien camarade, officier comme lui, qu'il jalouse. Il incite même ses hommes à s'emparer du dissident et à le retenir prisonnier. Certains y sont prêts. D'autres s'y opposent. Florus en profite pour leur échapper. De justesse. Il se réfugie dans la forêt des Ardennes, protégé par des paysans insurgés. Mais la jacquerie s'étiole peu à peu. Il erre, traqué, de plus en plus seul, au milieu de cette nature sauvage, sublime et ingrate. Ses propres clients, qui l'avaient d'abord suivi, se découragent. Pour être sûr d'échapper à ses poursuivants, il se donne la mort.

Nous retrouvons, dans cet épisode, la persistance d'un résistancialisme national qu'équilibre – ou brouille – une romanisation accélérée des élites. Mais l'opposition peuple-aristocratie ne correspond nullement (et pour cause, puisque les Francs ne sont pas encore là) à la guerre ethnique évoquée par Guizot et quelques autres. Le peuple est gaulois. L'aristocratie également. Les soldats romains n'interviennent qu'en renfort.

En fait, nous retrouvons un schéma qui dominera l'histoire de France : une large fraction du peuple mobilisée derrière une minorité de l'élite affronte une majorité de l'élite à laquelle reste fidèle une fraction non négligeable du peuple. Et le parti de l'ordre ne dédaigne pas les renforts extérieurs. C'est-à-dire étrangers. Révolte sociale, nationale et libertaire que celle de Sacrovir. Or, pour la décrire, après avoir honnêtement reconnu son ancrage profond dans la population, Tacite, le talentueux publiciste du parti conservateur, utilise des termes que l'on verra ensuite refleurir dans toutes les descriptions contre-révolutionnaires des mouvements révolutionnaires : « Il s'agissait, écrit-il, des turbulents, des misérables manquant de tout, des criminels désireux d'échapper au châtiment, des aventuriers mus par l'attrait du brigandage. » La populace, comme on dira...

Question redondante, enfin : Vercingétorix a une statue à Clermont-Ferrand. Pourquoi aucune de Sacrovir dans le Nivernais ?

Chapitre 9

Quand Caligula choisissait la ville de Lyon pour organiser ses ventes aux enchères

S'il fallait prendre un exemple emblématique du lien qui rattachait Caligula, le successeur de Tibère, à la Gaule, on ne pourrait trouver mieux que les ventes aux enchères, qui ravissaient Michelet.

Né en Gaule Belgique, chez les Trévires (la patrie de Florus, de Tutor et de Classicus, entre autres), Caligula appréciait particulièrement la ville de Lyon, où il résida. Un jour, désireux d'arrondir son magot, il décida d'y organiser des enchères publiques au cours desquelles il mettrait en vente toutes sortes de biens personnels, de trésors appartenant à l'État ou à sa famille (dont il avait condamné un certain nombre de membres à l'exil, ce qui lui avait permis de les récupérer).

Ceux qui, parmi les acheteurs potentiels, allaient préalablement jeter un coup d'œil dans la salle des ventes, pouvaient y découvrir non seulement des esclaves ou des domestiques affranchis, mais aussi, bien sûr, des meubles, de la vaisselle, des bibelots, des bijoux, etc. L'empereur y jouait personnellement le rôle de commissaire-priseur, prenant un plaisir indicible, quoique inscrit sur son visage, à inciter au surenchérissement pour faire monter la cote de ces pans du patrimoine national qu'il considérait sans complexe comme lui appartenant en propre.

« Combien pour cet objet qui me vient de mon père Germanicus ? Pour celui-là que m'a légué Agrippa ? Pour cette figure offerte à César par Cléopâtre ? Pour ce vase égyptien dans lequel buvait Marc Antoine et dont Auguste s'empara après la bataille d'Actium ? Comment, on ne me propose que cette somme ridicule pour cette merveille qui n'a pas de prix ? Je le répète, ce vase a été offert par César à Marc Antoine, c'est une pièce unique, chargée d'histoire, celui qui la possédera fera des envieux ! Allez, ne lésinez pas, qui est prêt à renchérir ? On me propose tant là-bas, c'est votre dernier mot ? Qui dit mieux ? Une fois, deux fois ! Adjugé ! »

On n'avait, évidemment, jamais vu ça. Et, d'ailleurs, on était venu d'un peu partout, des régions les plus reculées de la Gaule, pour voir ça ! Pour faire des affaires ? Rien de moins sûr. C'était l'empereur, on n'allait pas lui acheter ses bijoux de famille pour des clopinettes. D'autres avaient eu de gros ennuis pour de moindres insolences.

Dion Cassius, qui, après Suétone et quelques autres, rapporte cette scène – difficilement concevable, mais qui ne s'invente pas –, précise que ces ventes produisaient des sommes considérables. On le croit sans mal. On imagine le général de Gaulle trônant salle Drouot et mettant lui-même aux enchères l'original du « Discours du 18 Juin » pour se faire de l'argent de poche ! Ou Napoléon invitant à surenchérir sur le prix de petits chapeaux dédicacés…

Comment Caligula justifia-t-il cette incongruité ? Ainsi : « Je veux meubler les Gaulois, c'est une marque d'amitié que je dois aux braves alliés du peuple romain. »

Les Gaulois en question n'eurent cependant pas à se féliciter de tant d'excentricités. Obsédé par l'aura de Germanicus – en l'occurrence, il n'eut pas à tuer le père puisque, selon la rumeur publique, Tibère s'en était chargé –, Caligula entreprit, lui aussi, d'aller dérouiller les Germains (même si l'on ne sait pas pourquoi, eux le savent), afin de se faire décerner le pompon du triomphe. Mais on ne peut même pas dire que, comme Varus, il tomba sur un os : il tomba sur rien du tout. Pas un Germain à se mettre sous la dent. Ni sous le glaive. Pas le plus petit engagement qu'il eût pu faire transformer, par sa propagande, en victoire homérique. Un fiasco ! Il était ridicule. Il se replia donc sur Lyon, sa ville fétiche, prétendit qu'il avait remporté de grandes batailles et ordonna qu'on lui prépare tout de même, à Rome, un retour triomphal.

Mais, pour cela, il fallait pouvoir exhiber des prisonniers. Comme César se conservant un Vercingétorix au garde-manger pour le jour où, et y ajoutant, pour faire bon poids, la reine de Chypre, Arsinoé, qui s'était révoltée contre sa sœur Cléopâtre. Mais là, rien. Bernique ! Pas un poil de barbe de prisonnier barbare. Caligula ne se démonta pas : il fit choisir en Gaule, « dans toutes les classes de la population, même parmi la première noblesse », précise Suétone, des hommes de la plus haute taille possible – « de taille triomphale », avait-il insisté – pour les transformer en Allemands. On leur donna des noms adéquats, plus guttural tu meurs, on les déguisa en sauvages tudesques, on leur apprit quelques mots de la langue locale qui n'était pas encore celle de Goethe, on leur rougit les cheveux, puisque c'était paraît-il la mode outre-Rhin, et on les envoya remplir quelques prisons romaines en attendant de jouer, à leur corps défendant, le rôle du « sale boche » dans la mise en scène impériale. Et que devinrent-ils ensuite ? On enquête toujours.

Suétone, rejoint bien après par Dion Cassius, nous en raconte une autre tout aussi croquignolesque. « Un jour, il jouait aux dés et il perdait. Il quitta la table, se fit apporter le registre des taxes de la province et désigna pour la mort quelques-uns des Gaulois les plus imposés, puis il revint à ses compagnons de jeu en leur disant : “Vous vous donnez grand-peine pour quelques drachmes ; moi, je viens d'en ramasser 150 millions d'un coup." »

Mais est-ce vrai ? Cette fois, c'est difficile à croire. Suétone, qui officie sous le régime de Vespasien, n'est pas un contemporain (Dion Cassius encore moins), même s'il eut, sous l'empereur Hadrien, accès aux archives impériales, où il dénicha en particulier – de cela, on a la preuve – des documents intéressants concernant l'enfance de Caligula, le gamin aux petits godillots. Il fut aidé dans ses investigations par un préfet du prétoire, c'est-à-dire un chef de la police détenteur de secrets d'État. Pline, son ami, le décrit en outre comme méticuleux, scrupuleux, honnête, érudit. Mais, comme Tacite, il n'est pas neutre. Il a ses idées et ses têtes. Caligula, comme Néron, incarne à l'évidence ce qu'il exècre. Non sans raison. Or, parmi les documents qu'il utilise, figurent nombre de pamphlets, d'opuscules plus ou moins clandestins et scandaleux, ainsi que des recueils de ragots. Le journal *Voici* n'existait pas à Rome, mais certaines tablettes qu'on se passait de main en main en faisaient office. Fallait-il tout prendre à la lettre ? « Ce féroce farfelu, écrit encore Suétone à propos de Caligula, soumit la Gaule à des exactions inouïes auxquelles personne n'échappait : après avoir exigé des contributions exorbitantes, il réprimait des conspirations imaginaires et tuait sans pitié pour dépouiller en même temps. »

Or, si cela était exact, totalement exact, comment expliquer que la Gaule, qui s'était révoltée sous Tibère, et se révoltera sous Néron, soit restée tranquille sous Caligula ? Qu'elle ait souffert sans broncher une telle oppression ? Même si un Gaulois de Vienne, Asiaticus, fit partie des conjurés qui lui firent subir un étranglement prophylactique.

Suétone ne rassemble-t-il pas tout ce qui s'est dit, raconté, murmuré, plaisanteries comprises, sur Caligula, après sa chute, quand les flagorneurs d'hier se transformèrent en procureurs du lendemain ? Ses méfaits de mégalomane déjanté étaient, en soi, assez gratinés pour que chacun se permette d'en rajouter allégrement une louche. C'est un peu comme si, dans un peu plus de deux siècles, un historien de tendance social-démocrate reconstituait la présidence de Jacques Chirac en compilant les articles de *Minute* et de *Rouge*.

Ce qui est incontestable, c'est que le successeur de Tibère manifesta à l'égard des élites en général, et de la classe dirigeante, donc de la caste sénatoriale et des riches en particulier, c'est-à-dire de toute la haute société romaine, une haine tellement viscérale qu'elle en devint maladive. Cette phobie se doublait – on pourrait parler d'un populisme quasi démentiel – d'un amour agressivement affiché pour une plèbe fantasmée, qu'il ne rencontrait jamais, qu'il ne connaissait pas, mais qui lui servait de contrepoids rhétorique à des exactions visant, bien évidemment, non ceux qui n'avaient rien, mais ceux à qui l'on pouvait tout prendre.

Tout n'était-il que démagogie dans le discours et l'attitude anti-oligarchiques – fussent-ils paranoïaques – d'un Caligula, qui s'entoura effectivement d'affranchis et réautorisa les collèges populaires qui avaient été supprimés par Auguste ?

Philon d'Alexandrie, philosophe d'origine juive, spécialiste de la Bible (il chercha à concilier le monothéisme hébraïque et la pensée platonicienne), hostile à Caligula – à qui il reproche, entre autres, d'avoir voulu faire élever sa propre statue dans le temple de Jérusalem –, n'écrit-il pas : « De son temps, les riches ne passaient pas devant les pauvres, ni les célébrités devant les gens obscurs. Les maîtres ne l'emportaient pas sur les esclaves. Les circonstances donnaient l'égalité. » Et Dion Cassius lui-même : « Il fut le plus démocratique des princes. »

Cet égalitarisme sauvage, rageur, revanchard, haineux, ce côté khmer rouge, n'incita-t-il pas les publicistes proches du parti conservateur à rajouter des tombereaux à ses incontestables turpitudes ? Car, en la matière, il fit très fort. Son démocratisme se doublait d'une tendance – on parlerait aujourd'hui de stalino-fascisme – à un absolutisme démentiel doublé d'une autodivinisation délirante.

Quelques manifestations bien connues en révèlent les symptômes : il fait courir des sénateurs en toge, à pied, à côté de sa voiture ; contraint des notables chenus ou mal foutus à se battre au cirque avec des gladiateurs à la retraite ; impose qu'on se prosterne devant lui, que les sénateurs lui baisent les pieds, qu'on psalmodie à la façon orientale – car le despotisme perso-égyptien le fascinait – des litanies à sa gloire ; fait bénéficier l'un de ses chevaux d'un luxe ostentatoire et laisse entendre que, vu la médiocrité des parlementaires, il pourrait le nommer consul ; ordonne que l'on scie les têtes des statues du Panthéon grec pour les remplacer par la sienne. Et veut se faire adorer dans le temple de Jérusalem – ce qui indigne les juifs, qui lui envoient Philon d'Alexandrie en délégation. Un jour, à Lyon, alors qu'il siégeait en majesté sur la place publique, un Gaulois anonyme s'immobilisa, ébahi, devant lui, et laissa tomber ces mots : « Vous me semblez une grande extravagance ! », puis il passa son chemin, plantant là un empereur prostré de stupéfaction.

Et pourtant, là encore, cela avait plutôt bien commencé. Ce qui prouve que c'est la fonction qui gâte tout. Et que, comme disait l'autre, l'absolutisme gâte absolument.

Quand il vint revêtir la pourpre à Rome, en mars de l'an 37, il fut accueilli avec d'autant plus de ferveur qu'il était le fils de Germanicus. Pas de plus efficace viatique. Les foules lui font escorte. On lui crie : « Mon poupon, mon bébé, mon étoile polaire ! » Lui-même se montre adorable avec tout le monde. Caresse les sénateurs dans le sens du filage de la toge et en obtient l'investiture sans une anicroche. Distribue de l'argent à la plèbe (il lui jettera même, plus tard, des brassées de pièces d'or). Rappelle les exilés injustement frappés sous Tibère.

Les premières mesures ne mangeaient ni pain ni poivre : la Gaule n'eut pas à s'en plaindre. Il institua des concours littéraires en sa ville de Lyon chérie et, surtout, fit construire à Boulogne-sur-Mer un phare géant pour éviter que les navires ne se perdent dans la nuit.

Que se passe-t-il alors ? On parle d'une maladie de type épileptique. De toute façon, très vite, comme le chantait Francis Blanche, ça ne tourne plus rond dans sa petite tête, et il a de drôles d'idées.

Passe encore qu'il couche, non pas avec une, mais avec ses trois sœurs, affichant une prédilection pour Drusilla. Ou qu'il fasse exécuter Macron, le dernier favori de Tibère, flic en chef, qui, objectivement, ne l'emporta sans doute pas au paradis. Mais son beau-père, Silanus, pourquoi ? Combien d'innocents payèrent-ils les sautes d'humeur misanthropiques du pervers ? Le sénateur gaulois Groecinus, né à Fréjus (mérite une plaque, non ?), refusa d'accabler un homme contre lequel il n'existait aucune preuve. Il passa aussitôt à la casserole.

Domitius Afer, Gaulois né à Nîmes, considéré comme le plus grand orateur de son temps, mais dont la crapulerie se hissait au niveau du talent, eut plus de chance. Sorte de Vichinsky du système Caligula, il s'était spécialisé dans les réquisitoires féroces dirigés contre ceux, n'eussent-ils rien à se reprocher, que l'empereur voulait perdre. Il avait officié sous Tibère, il continuera sous Néron. Or, un beau jour, Caligula prononça, au cours d'une séance du Sénat, et en sa présence, un acte d'accusation qui le visait expressément. Il était perdu. Ses collègues commençaient à se laisser glisser sur leur banquette pour ménager un espace vide entre eux et lui. Alors il se leva, se précipita vers l'empereur et s'écria qu'après des paroles aussi éloquentes, un discours aussi brillant, jamais, au grand jamais, il n'oserait plus, lui, ver de terre de l'art oratoire, ouvrir la bouche. Il était sauvé !

Ensuite, a-t-on chargé la barque ? Choisit-il lui-même, dans les prisons, au hasard, installé au milieu de la galerie centrale bordée par les cellules, de la nourriture humaine à livrer aux lions ? Fit-il enfermer certaines de ses victimes dans des cages où elles devaient se tenir à quatre pattes ? Contraignit-il des pères à assister au supplice de leur fils ?

Que ne racontait-on pas ? Par exemple, qu'avec une infinie délicatesse il envoya sa propre litière à un condamné malade, ce qui ne l'empêcha nullement de le faire exécuter. Qu'il pouvait se montrer charmant, enjoué, avec une de ses futures victimes, la distraire, sans lui faire grâce pour autant. Ce qui ne fait pas de doute, c'est qu'il lui arriva de se tromper de condamné, d'envoyer à la mort quelqu'un qu'il avait pris pour un autre, sans s'émouvoir outre mesure. Ou qu'il fit, au sens plein du terme, « étriper » un sénateur récalcitrant, dont les entrailles furent traînées dans la rue.

Le reste, qu'il aimait tellement l'or qu'il en prenait des bains, qu'il buvait des perles dissoutes dans du vinaigre, pourrait bien faire partie de la légende noire, comme le cheval nommé consul, ce qui n'était qu'une boutade. Il dépensa beaucoup, en peu de temps, mais ne vida pas totalement les caisses comme l'en accuse Suétone. Qui était vraiment Caligula ? Un jugement de Sénèque mérite attention : « On n'en finirait pas de rappeler par le menu les paroles blessantes qu'il eut contre ses parents, ses ancêtres et tous les ordres de l'État. » On pourrait ajouter : « et toutes les formes d'ordres institués par l'État ».

On lui a fait dire : « Plût aux dieux que le peuple romain n'eût qu'une seule tête, que je puisse abattre d'un seul coup ! » Peu crédible. L'est, en revanche, beaucoup plus cette autre saillie qu'on lui prête à propos des humains : « Qu'ils me haïssent, pourvu qu'ils me craignent ! »

Albert Camus, qui consacra, en 1944, une pièce à ce personnage tragi-comique, bien que très influencé par les textes de Suétone, avait sans doute raison d'y voir comme une parabole vivante, nietzschéenne, d'un nihilisme subversif qui ne peut s'assumer que dans le pouvoir absolu.

Plus encore que Néron, Caligula avait découvert que ce pouvoir-là – et c'est probablement ce qu'on appelle sa « maladie » – est le seul outil qui permet d'inverser, de façon radicalement révolutionnaire, tous les rapports institutionnalisés et même intériorisés, sociaux et moraux, hiérarchiques et religieux, de force ou de convenance, économiques et éthiques, de gouvernance ou de respect, qui fondent une gouvernance « normale ».

Le chef est-il censé combattre le risque de famine ? Que permet alors de faire un pouvoir absolument absolu ? De tout renverser, y compris les termes. Et donc de « décréter la famine ».

Et Caligula, pas seulement dans la pièce de Camus, l'a fait.

Qu'on y songe : un cheval à la place d'un consul, des sénateurs dans l'arène offerts à des gladiateurs décrépits, des humains handicapés traités comme du bétail, mais les animaux honorés avec ostentation, les innocents envoyés à la mort à la place de coupables par étourderie, les puissants à pied et les riches à quatre pattes, l'amour avec ses sœurs, le vol promu en recours légitime pour se refaire au jeu, les meubles du palais impérial vendus par l'empereur lui-même à l'occasion d'un vide-grenier, l'affront suprême aux dieux consistant à se décréter soi-même Dieu – toutes les inversions poussées à leur paroxysme, en somme !

Quel serait l'intérêt de pouvoir tout se permettre si l'on ne s'autorisait que de petites choses ? Comme n'importe qui ! Pouvoir tout se permettre n'est intéressant, avait intégré Caligula, que si l'on se permet, grâce à ce pouvoir, tout ce qu'il est d'ordinaire convenu qu'on ne peut précisément pas se permettre. Par exemple : ne pas chasser les lions pour divertir les hommes, mais les hommes pour satisfaire les lions ; ne pas gagner des batailles pour faire de vrais prisonniers, mais faire de faux prisonniers pour ne pas avoir à gagner des batailles.

Ça ne pouvait évidemment pas durer. Ou alors c'en était fini de l'ordre public. Encore que, faire courir des patriciens en toge autour de sa carriole impériale, qu'a fait d'autre Louis XIV en transformant des héritiers de grande famille en larbins courbatus ? Se comparer soi-même au soleil, se faire statufier partout habillé en César, faire embrocher jusqu'à des enfants soupçonnés de ne pas lire la Bible dans le bon sens, chasser de leur pays des dizaines de milliers de personnes de très haute qualité parce qu'on avait, sur la nature de la Vierge Marie, une conception légèrement différente de celle de l'astre royal, semer la mort pour offrir à son rejeton un trône, ravager une région entière pour pouvoir y placer la femme de son héritier, ruiner son propre pays pour assurer sa gloire par des guerres inutiles et sa grandeur par un faste intempestif – tout étant relatif, Caligula a-t-il vraiment fait bien pis ? Tout absolutisme n'inclut-il pas du caligulesque ? La preuve par Staline…

Le Gaulois Asiaticus fut de ceux qui, épaulés par quelques officiers de la garde prétorienne, acculèrent Caligula dans un coin et l'étranglèrent.

Suétone décrit sa mort comme s'il anticipait celle de Raspoutine. Comme si, ça aussi, la mort, Caligula voulait la subvertir.

Écroulé à terre, il criait, rythmé par des soubresauts de tout le corps, qu'il vivait encore. Qu'on paierait cher cet attentat. On l'acheva en lui portant trente coups de couteau ou d'épée. Une écumoire. On aurait poussé le zèle jusqu'à lui sectionner les couilles. Mais ses domestiques, suivis par ses gardes du corps germains, alertés par le bruit, accoururent et commencèrent à massacrer tous ceux qui s'étaient massés autour du cadavre et qu'ils soupçonnaient d'être les meurtriers. Au Gaulois Asiaticus, ils demandèrent, menaçants, de leur révéler le nom de l'assassin en chef : « Plût à Dieu que ce fût moi ! » leur répondit-il. Et, bizarrement, cela le sauva. Il fit d'ailleurs ensuite une belle carrière.

CHAPITRE 10

Un bègue devient une chance pour la Gaule

Nous avons vu comment Tibère, en choisissant Caligula comme héritier, avait écarté le frère de Germanicus, parce qu'il était moche et que sa timidité le faisait prendre pour une andouille.

En vérité, cet érudit qui aimait parler grec et citer Homère à tout bout de champ était paradoxalement trop cultivé et trop intelligent pour ne pas être considéré, par une société guerrièrement virile, comme un esprit dangereusement embrouillé.

Il avait fallu que les gardes prétoriens, dans le désordre qui suivit le meurtre de Caligula, apercevant des croquenots qui dépassaient d'une tenture, le découvrent, tremblant, planqué derrière ce rideau, pour qu'on s'avise soudain que, héritier légitime avant Caligula, il l'était encore plus après.

On proclame donc Claude empereur, bien qu'il n'ait strictement rien demandé. Les Romains lui trouvaient tous les défauts, l'accusaient d'être un soûlard invétéré, accro, en outre, à la boustifaille au point qu'il n'y avait pas d'heure du jour où il ne fût capable de s'assoupir pour s'être démesurément empiffré.

Mais il se révéla, lui qui était né à Lyon, une véritable aubaine pour la Gaule. D'abord, il la libéra du druidisme qui avait tant contribué à son retard, en particulier intellectuel et culturel, et avait pris, dans les régions les plus reculées, des formes effectivement barbares.

Ce n'est pas la philosophie des druides qui était en cause, dont l'immortalité de l'âme et la métempsycose constituaient le fondement – ce qui en faisait, en quelque sorte, des pythagoriciens inconscients –, mais leur prétention farouche à s'imposer comme centre unique, exclusif, de toutes les réflexions tolérées et de tous les savoirs permis. Système qui correspond aux pires heures des totalitarismes cléricaux, chrétiens au bas Moyen Âge, musulmans encore aujourd'hui dans certains pays, où il n'est pas, non seulement de morale, mais également de philosophie, de science, de politique possible autres que celles qu'incarnent les maîtres du sacré. Pas d'Aristote, pas de Platon, pas d'Épicure, pas d'Hérodote, pas de Protagoras possibles, le druide seul étant habilité à remplir leurs fonctions et à jouer leurs rôles. Ce que l'interdiction de l'écriture favorisait puisque, comme chez les talibans, l'enseignement ne laissait aucune place à la créativité, à l'invention, au développement autonome, mais consistait à apprendre par cœur et à répéter. Inlassablement.

Seul le druide sait. Ou, plus exactement, a le droit de savoir. « Il déclare connaître, relève Pline l'Ancien, la grandeur et la forme de la terre et du monde, les mouvements du ciel et des astres ainsi que la volonté des dieux. » Qu'un Euclide, un Ptolémée, un Galien (car le druide s'appropriait également la médecine), cherchent à lui disputer ces monopoles et ils étaient jugés impies. Pline ajoute ce trait significatif, qui implique la négation de l'idée d'enseignement public : « Ils enseignent à l'élite de leur peuple [et à elle seule], en secret, et pendant longtemps, soit dans une grotte, soit à l'écart dans des forêts. » Pas question que les gens ordinaires accèdent à un savoir qui devait conforter les hiérarchies établies : l'ésotérisme a toujours été un moyen de protéger des privilèges claniques. Selon Pline, la magie y contribue. Au fond, le druide est à la fois philosophe, physicien, chimiste, devin, astronome, médecin, sorcier, magicien, juge, diplomate, enseignant…

Plusieurs auteurs ont estimé que les séquelles du druidisme (car son ancrage national contribua à en pérenniser certaines manifestations, comme on a pu en relever dans le sillage de l'insurrection de Civilis et de Sabinus) ensemencèrent le terrain sur lequel se développera si rapidement et si puissamment le catholicisme en Gaule. Au point qu'à ce phénomène l'empereur Constantin aurait été particulièrement attentif. L'Église ne finira-t-elle pas, plus tard, après une phase subversive et égalitariste, par s'arroger le contrôle social qu'avaient réussi à instaurer les druides ? Il faut relire César à ce propos : « Ce sont les druides qui tranchent presque tous les conflits entre États et entre particuliers, et, si quelque crime a été commis, s'il y a eu meurtre, si un différend s'est élevé à propos d'héritage ou de délimitation de propriétés, ce sont eux qui jugent, qui fixent les amendes à verser ou les dédommagements à recevoir. » Et d'ajouter – ce qui justifie l'emploi du terme « totalitarisme clérical », tant y sont déjà prégnants les concepts d'excommunication et d'inquisition : « Un particulier ou peuple ne s'est-il pas conformé à leurs décisions, ils lui interdisent les sacrifices. C'est chez les Gaulois la peine la plus grave. Ceux qui en sont frappés, on les met au nombre des impies et des criminels, on s'écarte d'eux, on fuit leur abord et leur entretien, craignant de leur contact impur quelque effet funeste ; ils ne sont pas admis à demander justice ni à prendre part à aucun honneur. »

Les druides étaient secondés par des *vates*, sortes de devins et de servants du culte. « Ils vivaient dans la société », synthétise l'historien Amédée Thierry, au XIXe siècle, dans son *Histoire des Gaulois*, « dont ils dirigeaient en grande partie le mouvement. Au sein des villes, à la cour des chefs, à la suite des armées, dans toutes les circonstances de la vie, ils imposaient la volonté du corps puissant des druides dont ils étaient les interprètes : aucune cérémonie publique ou privée, aucun acte, y compris civil, ne pouvaient s'accomplir sans leur ministère ».

On a vu, plus haut, que Sacrovir se donna la mort en se jetant dans les flammes, rite auquel fit également semblant de recourir Sabinus. Cette banalisation du suicide, après une défaite, découlait de la croyance, portée par les druides, en une forme d'éternité spirituelle rythmée par des réincarnations successives. L'un des points principaux de la doctrine druidique, note encore Jules César, « est que les âmes ne meurent pas, mais qu'après la mort elles passent en d'autres corps. Une telle doctrine est le ressort du courage ».

Cette croyance était tellement ancrée que, lorsque des différends commerciaux n'étaient pas réglés, les Gaulois pouvaient proposer à leurs créanciers de payer leurs dettes ou leurs ardoises après leur mort.

Pomponius Mela, géographe latin d'origine espagnole et contemporain de Tibère, s'en fit l'écho : « Autrefois, il arrivait qu'ils donnent rendez-vous aux enfers pour y conclure des affaires commerciales ou le paiement de leurs dettes. » Les meubles, les ustensiles et le char qui figurent dans le fameux trésor de Vix à Châtillon montrent bien que la croyance en une autre vie après la mort impliquait qu'on prît ses précautions et qu'on emmenât avec soi sa vaisselle et ses moyens de transport. Aujourd'hui, ce serait son ticket de métro.

« Mais, comme toutes les superstitions, insiste Amédée Thierry, celle-ci donna naissance à des dévouements admirables et à des actions atroces. Il n'était pas rare de voir des fils, des femmes, des clients, se précipiter sur le bûcher pour n'être point séparés du père, du mari, du patron qu'ils pleuraient. La tyrannie s'empara de ces touchantes marques d'affection et les transforma en un devoir affreux. Dès qu'un personnage important avait fermé les yeux, sa famille faisait égorger un certain nombre de ses clients et des esclaves qu'il avait le plus aimés ; on les brûlait et on les enterrait à ses côtés, ainsi que son cheval de bataille, ses armes et ses parures, afin que le défunt pût paraître convenablement dans l'autre vie et [et surtout !] y conserver le rang dont il jouissait dans celle-ci. » En fait, ces pratiques étaient anciennes. Et, un siècle déjà avant la conquête, les Gaulois s'en étaient émancipés.

On ne soulignera jamais assez que la supériorité des Romains ne résidait pas dans leur religion, qui ne tenait pas debout, mais dans le fait que les personnes un peu instruites n'y croyaient pas, ce pourquoi la cité était ouverte à presque toutes les autres croyances. Est-ce qu'un musulman, un juif, un chrétien, pourraient, sans risquer l'anathème, ajouter au Coran, à la Bible, aux Évangiles, des épisodes permettant à Dieu de revenir sur certaines de ses erreurs antérieures ou de régler des comptes qu'il n'avait pas précédemment soldés ?

Le druidisme, en revanche, impliquait une totale soumission à sa propre globalité dogmatique.

Quelques historiens du XXe siècle, poussant jusqu'à son ultime logique la forme la plus réactionnaire du nationalisme ethnique, ont expliqué que si les druides, dans leur immense sagesse, proscrivaient l'écriture, c'est qu'ils avaient compris que laisser les citoyens libres de commenter les textes écrits et de diffuser ces commentaires ne pouvait déboucher que sur un pluralisme idéologique forcément générateur d'opposition et donc de troubles. On ne saurait plus naïvement reconnaître l'intention totalitaire de l'interdit.

Il est évident que Claude, en refoulant le druidisme – que Suétone qualifie de « religion atroce et barbare » –, n'était pas seulement motivé, en bon stoïcien qu'il était, par une allergie d'ordre philosophique… Il visait, également, à assécher l'une des sources identitaires du sentiment national gaulois propice, selon lui, aux soubresauts insurrectionnels.

En réalité, la religion romaine avait déjà pénétré en Gaule. César remarquait que les Gaulois, comme les Romains, « croient qu'Apollon guérit les maladies, que Jupiter est le maître du ciel, que Minerve enseigne les éléments des arts ». Dans tout le pays, on vit s'élever, après la conquête, des temples syncrétiques, dans lesquels on célébrait le culte indigène et le culte de l'État colonisateur. On imagina des mixtes, dévolus aux mêmes prières, de Mercure et de Teutatès, de Jupiter et d'Ésus, d'Hercule et d'Ogmios.

Les élites se détachaient de rituels perçus de plus en plus comme passéistes et obscurantistes. Inversement – ce qui explique la réaction de Claude –, plus le druidisme était réprouvé avec dédain et parfois dégoût par les classes supérieures dont il avait constitué naguère le talisman protecteur, plus il se réfugiait dans les profondeurs des couches les plus populaires et prenait un caractère de farouche protestation nationaliste et identitaire contre les nouveautés « modernistes » imposées par des conquérants impies.

Les méthodes employées pour éradiquer ce « ferment » n'en furent pas moins détestables. Parfois abominables. Des épisodes rappellent les scènes du roman de Graham Greene, *La Puissance et la Gloire* qui se déroule sur fond de lutte contre une Église dénaturée et corrompue, mais restée populaire, lutte menée par le pouvoir révolutionnaire et laïc mexicain. Le simple port d'insignes renvoyant à la croyance suspecte était puni de mort. Un chevalier romain du pays des Voconces (Drôme), donc ethniquement gaulois, fut condamné et exécuté parce qu'on découvrit sur lui un « œuf de serpent », grigri druidique.

Dilemme éternel : la lutte contre le fanatisme justifie-t-elle qu'elle soit menée avec fanatisme ? Doit-on décréter que le seul taliban tolérable est un taliban mort ? Les « nettoyeurs » de Claude n'étaient pas loin de raisonner de cette façon. Les rescapés se réfugièrent dans les territoires qui leur étaient encore des havres : au fin fond de la Grande-Bretagne et sur les côtes d'Islande. Les cohortes de Claude les y suivirent. Un traître à son pays, Veric, incita à cette invasion. On parvint même à faire débarquer des éléphants. Et des « ratissages » épouvantables s'ensuivirent qui en rappellent d'autres.

Certains prêtres gaéliques trouvent réfuge, en désespoir de cause, dans l'île de Mona, située au large du pays de Galles (c'est du moins une supposition). On les y poursuit, on les y rejoint, on les y débusque. Les vestales qui gardent et entretiennent ces lieux sacrés se précipitent sur le rivage, échevelées, en poussant des hurlements terrifiants et en agitant des torches dans la nuit, tandis que les druides, rapporte Tacite, « lançaient des prières sinistres en levant les mains vers le ciel... Les soldats durent s'exciter eux-mêmes pour ne pas trembler de peur devant cette troupe de femmes et de fanatiques ».

Druides et vierges sont passés au fil de l'épée. Tacite trouve les mots qui justifient le massacre : « On rasa les bois consacrés à leur cruelle superstition, car honorer les autels avec le sang des prisonniers et consulter les dieux dans les entrailles humaines passait chez eux pour un devoir rituel. »

Ce que refusaient les responsables romains, au nom même de leur tolérance, c'était les religions exclusives qui repoussaient les concurrentes comme autant de mensonges. Au nom d'une vérité transcendante, absolue, et non partageable. « Alors, notait Amédée Thierry, on accumulait, sur le culte condamné à périr [c'est-à-dire contre lui], toutes les accusations d'impiété et d'insociabilité. On le proclamait pernicieux, infâme, odieux à la terre et au ciel, puis on l'étouffait dans le sang de ses prêtres. C'est ainsi que le gouvernement romain anéantit le druidisme en Gaule et en Bretagne, sans que les autres religions excentriques pussent se croire menacées... C'est encore ainsi qu'on déclara une guerre acharnée aux chrétiens, qu'on jugeait faibles, parce qu'ils ne formaient pas, comme les juifs, un corps de nation. »

Le druidisme a encore ses fans

Cela étant dit, la religion gauloise – dont, en vérité, on ne connaît pas grand-chose – avait ce mérite inestimable qu'elle ne prévoyait pas d'édifices réservés au culte et ne s'abîmait pas dans la représentation répétitive, rigidifiée et sacralisée, donc idolâtre, de ses dieux. Aucun anthropomorphisme apparent. Ses temples étaient les forêts, et ses autels les sources.

D'un crucifix, ustensile de torture, nos ancêtres n'auraient retenu que le bois noueux dont on fait les croix, tant ils infusaient de transcendance dans la symbolique des arbres dont la sève, ce sang qui vivifie la nature, nourrit l'incessant dépassement de soi grâce à cette captation-projection de l'énergie terrienne qui leur permet de brandir, toujours plus haut, leurs bras enfeuillés ou nus vers les cieux. Ils n'arrachaient pas le sacré à la nature, ils imprégnaient la nature du sacré. Religion écologique, en quelque sorte, qui multipliait les divinités pour mieux les fondre dans une unicité environnementale ; ce mysticisme intériorisé représentait la face lumineuse de ce qui pouvait apparaître comme un ésotérisme de bazar.

Régine Pernoud, qui a été l'une des grandes vulgarisatrices de Jeanne d'Arc et de « nos ancêtres les Gaulois », a consacré de belles pages à cette religion. Mais en a, hélas, rajoutées !

Fascinée, elle écrit par exemple : « La religion celtique dépasse infiniment l'ensemble des doctrines philosophiques et morales d'une sagesse tout humaniste sur laquelle vécurent des populations méditerranéennes » (*sic*). « La religion des Gaulois, ajoute-t-elle, inspira une sorte de répulsion à des cerveaux nourris de logique rationnelle. » Et, pour elle, « rationnel » était une insulte.

Du coup, Jules César ayant affirmé que les druides avaient proscrit l'écriture pour éviter que leur science ne se répande dans le vulgaire, elle l'engueule : « C'est bien le genre de réponse simpliste qu'on peut attendre du général qui se prétendait descendant de Vénus [quel rapport ?] et pour qui la plèbe n'a jamais été qu'une masse électorale ! » Tour à tour, elle s'extasie sur le fait que le pouvoir religieux (celui des druides) prenait largement le pas sur le pouvoir civil ou politique (définition de la théocratie), et fait l'éloge d'un enseignement druidique fondé sur la transmission « de longs poèmes que l'on retient grâce à des rythmes qui sont à la fois musique et mnémotechnique ». Autrement dit, vive les manières d'écoles coraniques dont sont issus les talibans... Ailleurs, Régine Pernoud oppose la culture « de la parole et du verbe », de l'« expression poétique récitée ou chantée », qui caractériserait la civilisation celto-druidique, à la rhétorique et à l'éloquence gréco-romaines, plus soumises aux contraintes politiques. Remarque d'autant plus amusante que les rhéteurs et orateurs gaulois excellèrent à Rome, y compris au service des pires pouvoirs politiques, alors que leurs poètes, au cours des quatre siècles de civilisation gallo-romaine, Ausone compris, n'ont jamais cassé trois pattes à un canard.

Surtout, notre hagiographe ne se pose jamais cette question : pourquoi la religion gallo-druidique, contrairement aux grandes mystiques collectives qui se sont identifiées à une communauté humaine – christianisme, islam, bouddhisme, hindouisme et autres –, a-t-elle si facilement et si rapidement disparu sans laisser (contrairement au manichéisme, au fétichisme, au chamanisme, au zoroastrisme, etc.) la moindre trace ?

L'opposition au fanatisme ne justifie cependant ni les bûchers de Montségur, ni l'écrabouillage de Misrata. Les sacrifices humains aztèques n'exonèrent pas Hernan Cortés de ses crimes.

Le droit de vote aux étrangers... gaulois

Mais Claude, à un tout autre titre, mérite une reconnaissance moins mitigée de la Gaule tout entière : c'est lui qui fit admettre les Gaulois à tous les emplois publics dans l'Empire. Ce qui scandalisa la caste des patriciens – et pas seulement eux –, qui s'étranglaient à l'idée que deviennent des magistrats romains honorables et honorés « ceux dont l'aïeul ou le bisaïeul avait commandé des tribus ennemies, taillé en pièces des armées romaines, tenu le divin Jules César assiégé autour d'Alésia ». Il s'agit là, notons-le, de l'une des très rares allusions, sinon de la seule, qu'on ait pu relever à la guerre contre Vercingétorix.

Des avis, affichés sur certaines places, invitaient les Romains à ne pas indiquer à ces élus semi-barbares le chemin du Sénat. On ridiculisait leur accent, on moquait leurs incorrections de langage, on imitait la démarche grégaire de ces ploucs, on faisait rire à leurs dépens. Les blagues belges étaient des blagues gauloises. Témoignage d'une double angoisse provoquée, et par la mondialisation, et par l'immigration. Déjà.

S'insurgeaient, au fond, contre le droit de vote accordé aux étrangers ceux qui s'insurgent encore aujourd'hui. Sauf que l'étranger n'était ni asiatique, ni africain, ni maghrébin : il était éduen de Bourgogne ou allobroge du Dauphiné. En ce temps-là, le bougnoule était gaulois.

On a écrit mille fois que l'Empire romain accéléra sa chute en s'ouvrant trop largement aux populations barbares. Que cette infusion ait fini par le dissoudre, c'est exact. Mais, sans elle, par anémie, déclin démographique et forces militaires insuffisantes, l'Empire aurait chuté deux siècles plus tôt. En vérité, l'apport gaulois à la citoyenneté romaine procura à cette civilisation deux siècles de répit. Claude, devant le Sénat, fit preuve, pour affronter cette opposition, d'autant d'habileté que d'éloquence. Il se trouve qu'on a découvert, à Lyon, des tables de bronze sur lesquelles son discours avait été gravé. On dispose donc du texte original, et non d'une recomposition *a posteriori* par Tacite ou Dion Cassius.

« Le moment est venu, commença Claude, où il faut plaider ouvertement la cause de la Gaule chevelue. On m'objectera que la Gaule a mené une guerre contre le divin Jules César pendant dix ans. Mais qu'on oppose à ce souvenir cent ans d'une fidélité invariable et d'un dévouement mis à l'épreuve en maintes circonstances critiques. Mon père, Drusus, a pu soumettre les Germains parce que derrière lui régnait une paix profonde, assurée par la tranquillité des Gaulois.

« Pourquoi Sparte et Athènes sont-elles tombées, malgré la gloire de leurs armes, si ce n'est pour avoir toujours exclu de leur sein les vaincus, tandis que notre fondateur, bien plus sage, vit la plupart de ses voisins, le matin ses ennemis, devenir des concitoyens le soir ?

« Encore, si nous examinons l'histoire de nos guerres, verrons-nous que nulle autre ne fut aussi promptement terminée que la guerre contre les Gaulois. Croyez-moi, sénateurs, concluons cette union de deux peuples dont les mœurs, les arts, les alliances sont communs ! »

À Claude aussi, notre nation devrait élever des statues. Ce que prouve ce plaidoyer ? D'abord, que le formalisme républicain du régime impérial pouvait n'être pas totalement un vain mot et que, contrairement par exemple à Napoléon (ou même à Napoléon III au début de son règne), l'empereur romain, si autocrate qu'il fût, était toujours confronté à la nécessité de convaincre le Sénat conservateur. Ensuite, que la guerre des Gaules était considérée, avec le recul, comme une guerre relativement facile, contrairement à celles contre les Parthes, les Perses, les Numides, les Juifs ou les Germains. Enfin, que la fidélité à Rome de la grande majorité des élites aristocratiques gauloises était intégrée et qu'elle était d'autant plus appréciée que la Gaule était devenue, et deviendra de plus en plus, l'arrière d'un front représenté par le Rhin.

On peut, en prime, se demander pourquoi aucune expérience coloniale ou impériale n'a, par la suite, sur un aussi vaste espace et aussi longtemps, atteint un aussi haut degré d'intégration que l'Empire romain. L'Empire britannique y a approché, mais approché seulement, car il n'y eut jamais de chef kikuyu à la Chambre des lords. Suétone raconte que, lors des obsèques de Jules César (en l'occurrence, ceux qui l'assassinèrent étaient hostiles à cette intégration), les juifs de Rome se distinguèrent par la profondeur de leur affliction et restèrent plusieurs nuits en sentinelle auprès du bûcher.

Dion Cassius met dans la bouche de Salluste ce discours significatif adressé au premier César : « Plus tu réuniras auprès de toi d'hommes distingués venant de tous les points de l'Empire, plus facilement tu administreras par toi-même. Et les nations sujettes se convaincront que nous ne les tenons point pour esclaves, ni pour des êtres inférieurs à nous, mais qu'aimer et défendre la chose publique romaine, c'est pour elles défendre et aimer leur propre chose publique. Je voudrais même que tous les étrangers reçussent le droit de citoyen, afin qu'ils ne regardassent plus leurs patries diverses que comme les bourgades de Rome. »

Faut-il préciser que, de ce programme-là, la droite sénatoriale avait viscéralement horreur ? Et que la rumeur publique accusait ces étrangers, Gaulois et Espagnols surtout, de faire monter le prix de l'immobilier en rachetant les villas, les palais, les jardins que n'arrivaient plus à entretenir les patriciens autochtones ruinés par les guerres civiles ?

Claude fit procéder à un recensement, le premier ayant été réalisé sous le règne d'Auguste. On était passé, entretemps, de 16 652 000 citoyens romains à 28 millions. Une augmentation de 12 millions en moins d'un demi-siècle !

Ce qu'on entendait dire un peu partout, selon Tacite, « c'est qu'il était déjà ridicule que des Vénètes [du Morbihan] ou des Insubres [de la Côte-d'Or] siègent au Sénat, mais qu'il devenait scandaleux que l'irruption d'un ramassis d'étrangers changeât la nature même des plus honorables institutions de la République. Ne sont-ce pas ces Gaulois, à qui l'on offrait aujourd'hui la toge, qui avaient jadis brûlé Rome avec Brennus et assiégé la capitale ? »

Claude parvint à faire adopter par le Sénat son sénatus-consulte, mais l'image de l'empereur ne s'en remit pas. Il avait livré Rome aux étrangers. Son épouse, cette « pute » de Messaline, n'était pas la dernière à trafiquer de vieux droits romains, c'est-à-dire à vendre des naturalisations. Un libelle qui circulait abondamment accusait Claude, parce qu'il était né à Lyon, d'être un « Franc Gaulois », ce pourquoi – parce que telle était l'obsession de sa race – « il avait pris Rome » !

Claude, disait-on dans ce libelle, avait l'intention de transformer tout le monde en Romains, Espagnols, Gaulois, Bretons... mais les dieux finiraient bien par le faire mourir, car « il faut bien conserver en ce monde quelques étrangers pour graine ». Or, horreur, qui était l'auteur de cette infamie ? Sénèque, le philosophe !

CHAPITRE 11

Les Gaulois de l'intégration à l'assimilation

Au moment où les adversaires du multi-ethnicisme poussaient des cris d'orfraie, l'assimilation était pourtant déjà largement consommée. Dans tous les sens puisque, à partir de Nerva, il n'y aura pratiquement plus d'empereur romain d'origine réellement romaine. Ils seront espagnols, puis africains, puis yougoslaves (illyriens), puis bientôt syriens, gaulois, germaniques, etc.

Une littérature gallo-romaine commence à s'affirmer. Le poète Tarentinus Varron, né à Narbonne, surnommé « l'homme de l'Aude », avait composé, en latin évidemment, une fresque épique et à succès sur le conflit entre les Séquanes et les Éduens, ainsi que sur la guerre contre le Germain Arioviste. Cornelius Gallus, né à Fréjus, poète délicat et mondain, eut la chance, bien que ses œuvres soient perdues, que Virgile consacre quelques vers à ses amours tumultueuses.

L'historien Trogue Pompée est un cas particulier. Il était, par sa famille, originaire du pays des Voconces, entre Drôme et Durance, donc gaulois de souche. Les siens avaient obtenu la citoyenneté romaine après avoir servi, les uns César, les autres Pompée. L'œuvre de Trogue Pompée a été perdue et on ne la connaît que par le résumé, un peu bâclé, qu'en a donné Justin. Mais ce qu'on en sait – et cela peut, *a priori*, apparaître comme un gag –, c'est qu'il s'agissait, en 44 volumes, d'*Histoires philippiques* [sic] *contenant les origines du monde entier et la description de tous les peuples* – pas moins. Et, en effet, cette somme, dont on n'ose avancer qu'elle fut assommante, embrassait la naissance et l'histoire de toutes les populations de la planète pendant deux mille ans, depuis la fondation de l'empire de Babylone jusqu'à la chute de la République romaine. On en frémit. Et c'est un Gaulois qui avait conçu à lui tout seul cette cyclopéenne encyclopédie !

L'autre gloire gauloise, bien qu'elle fût trop sulfureuse pour qu'on lui rendît de son vivant l'hommage qu'elle méritait, fut le fameux Petronius Arbiter, *alias* Pétrone, l'auteur du *Satyricon*. Né à Marseille, il y dépeint, avec une élégance cruelle et décapante, une société de nouveaux riches, capitalistes à l'affût de toutes les sources de profit possibles, qui, comme dans *La Cerisaie* de Tchekhov, bousculent la vieille élite patricienne pour prendre sa place avec ses gros sabots, substituent à la possession de la culture celle des bons du Trésor, achètent les intelligences parasites, soûlent et empiffrent les talents pervertis, singent l'aristocratie dans un langage quasi barbare, et remplacent les plaisirs qui élèvent l'esprit par ceux qui calent l'estomac. Ainsi découvre-t-on, au milieu de cette faune que Bruegel et Goya auraient pu tous les deux peindre à leur façon, un entrepreneur en pompes funèbres qui ne rate pas un festin mortuaire parce que ça le nourrit tout en l'excitant.

On ne comptait déjà plus, sous Néron, les grammairiens, les orateurs, les jurisconsultes, originaires de Gaule ou, plus exactement, du sud de la Gaule. L'affreux Domitius Afer, accusateur public attaché, sous tous les tyrans, à la perte des innocents, était gaulois, mais également Vatienus Montanus, ce stoïcien lumineux qui, dénoncé par ses propres compatriotes narbonnais, paya d'un exil aux

Baléares sa stigmatisation hautaine des turpitudes de Tibère.

Les écoles romaines commençaient à se multiplier, y compris en Gaule du Nord. Les librairies de Lyon étaient réputées. Dans la bibliothèque de Vienne, on pouvait se procurer les ouvrages les plus récents. Les concours d'éloquence annuels de Lugdunum, Lyon, en langues grecque et latine, faisaient fureur : les règles en étaient d'autant plus bizarroïdes qu'elles avaient été concoctées par Caligula en personne. Les concurrents vaincus devaient payer les frais du prix délivré au vainqueur et composer eux-mêmes, ensuite, en vers si possible, l'éloge de celui qui les avait devancés. L'auteur d'un texte mal jugé par le jury devait l'effacer avec sa langue, sans quoi on le plongeait dans le Rhône.

Exemple de cette fascination qu'exerçait de plus en plus, sur la Gaule, la culture gréco-latine : le plus célèbre sculpteur grec de l'époque conçut, à la demande des Arvernes, pour leur capitale, la future Clermont-Ferrand, une statue colossale en bronze de Mercure jugée à ce point admirable que l'artiste fut sommé de se rendre à Rome pour se fendre d'un monument semblable en l'honneur... de Néron – lequel devait naturellement être plus colossal encore que celui de Clermont-Ferrand.

Ce que subirent, sous les différents tyrans, les plus illustres Romains, les Gaulois romanisés l'endurèrent également. Originaire du pays des Santons (Saintonge), Julius Africanus fut, par exemple, condamné à la peine capitale comme complice de Séjan, l'âme damnée de Tibère.

Surtout, c'est un notable gaulois, dont nous avons déjà fait la connaissance, qui, sous Claude, fut l'acteur, en grande partie involontaire, d'une tragi-comédie à n'y pas croire.

Il s'appelait Valerius Asiaticus. D'origine viennoise, il s'était établi à Rome sous Tibère. Il s'était fait confectionner, car il était devenu richissime, le plus beau, le plus bigarré, le plus opulent jardin qu'on ait jamais vu dans la capitale de l'Empire.

Tout étant bon pour s'élever toujours plus haut dans la hiérarchie impériale, il devint intime de Caligula. Mais ce dernier, pervers jusqu'au bout, fricota avec sa femme... et, au lieu d'agir avec discrétion, il ridiculisa le cocu en se foutant ostensiblement de sa gueule en public. L'autre encaissa. Ou, plutôt, feignit de prendre les choses avec philosophie : partager son épouse avec l'empereur, un honneur ! En réalité, il enrageait, il bouillait. Il prit donc contact avec les contempteurs du maboul et anima le complot qui en eut raison. Non seulement il avait pensé et organisé l'étranglement de l'Auguste, mais c'est lui qui donna le coup de grâce.

On a déjà évoqué la suite : comme les gardes et les domestiques, accros au despote, se ruent sur lui et lui intiment l'ordre de dénoncer l'assassin, il leur crie : « Vous voulez savoir qui a tué Caius ? Plût aux dieux que ce fût moi ! » La réplique désarme les lyncheurs. Nous avons noté qu'il fera ensuite une belle carrière. Effectivement, il accompagne Claude dans son expédition en Grande-Bretagne, qui ressemble plus à un carnage qu'à une véritable guerre. Il devient l'un des chefs de la milice et réussit à se faire élire, à Rome, deux fois consul. Ayant ainsi occupé les plus hauts postes dont il puisse rêver, il se retire... où ? Dans son jardin, bien sûr. Il y mène une vie de petit pacha bucolique.

Hélas, c'est à son tour de fricoter avec une jeune femme fort avenante, Sabina Poppée (ne pas confondre avec l'autre, Augusta, qui devint épouse de Néron). Mais cette Poppée-là se trouve être la rivale exécrée de Messaline, l'épouse de Claude, qui avait tendance à pratiquer le collectivisme sentimentalo-sexuel. En plus, cette Messaline lorgnait sur les jardins d'Asiaticus, dont elle eût volontiers fait le cadre enchanteur de ses dévergondages. Elle harcèle Claude, son impérial époux. Elle lui serine que cet homme est dangereux, qu'il est riche, qu'il est entreprenant, qu'il fut l'un des meurtriers de Caligula – ce qui, *a posteriori*, l'avait rendu populaire –, qu'il est gaulois, qu'il bénéficie en Gaule d'une vaste parentèle et clientèle, et qu'il pourrait bien, un jour, soulever sa nation contre Rome.

Claude finit par craquer. Il se fait amener Asiaticus. On le conduit, chargé de chaînes, au palais. On le confronte à ses accusateurs, dont Messaline. On lui reproche sa liaison avec Poppée, mais aussi des pourboires qu'il aurait versés à des soldats pour les acheter. Il se défend de façon si brillante et si émouvante que Claude fond littéralement, et que Messaline elle-même ne peut refréner une esquisse de sanglot. Elle feint de sortir pour sécher ses velléités de larmes… et donne l'ordre aux gardes de surtout ne pas laisser sortir Asiaticus libre.

Claude est incapable de résister à sa femme, dont il ne se libérera qu'en la faisant assassiner. Le suspect, d'on ne sait trop quoi d'ailleurs, est condamné à mort. Mais on n'est pas chien. On a du cœur. On lui accorde le choix du mode d'exécution. Les courtisans de l'empereur ont une chouette idée : « Pourquoi, lui conseillent-ils, ne vous laissez-vous pas mourir de faim ? – Je vous dispense, leur répondil, de tant de sollicitude ! »

Non, il sélectionne la mort stoïcienne par excellence, celle que choisira Sénèque : il s'ouvrira les veines. Mais pas question de se laisser aller à la moindre agitation qui ferait désordre. Posément, il règle d'abord ses affaires en suspens, fait son petit ménage, prend un bain, convoque des amis à un grand repas où tout le monde, lui le premier, se montre très gai. Il fait remarquer qu'avoir échappé aux sauvageries de Tibère et aux fureurs de Caligula pour finir victime des intrigues d'une courtisane, c'est vraiment trop bête. Puis il va jeter un coup d'œil d'esthète au bûcher qu'il a fait dresser dans son jardin et qui est destiné à consumer sa dépouille. Il regarde, fait trois pas en arrière, esquisse une moue et demande qu'on le recule, car les flammes et la fumée risqueraient de « gâter la fraîcheur de ses arbres ». Après quoi, tranquillement, il se sectionne les veines. Peut-on imaginer plus romain que ce Gaulois ?

Claude n'en avait pas seulement après les druides. Adepte d'une religion de convenance qui ne correspondait nullement à une authentique conviction, d'une foi qui ne signifiait qu'adhésion à une loi, il combattit tout ce qui lui paraissait « superstition étrangère ». Il expulsa donc de Rome les astrologues (Auguste, lui, avait fait brûler 2 000 ouvrages de divination), conscient qu'on est d'autant plus maître du présent qu'on se débarrasse de ceux qui prétendent être capables d'anticiper l'avenir. Il envisagea, enfin, d'éloigner de la capitale de l'Empire les juifs qui, au nom d'un vrai dieu, refusaient de rendre hommage à l'empereur qui en était un faux. On trouva un compromis : les juifs acceptèrent de prier le vrai dieu pour qu'il accorde sa protection au faux.

Il faut rendre à Claude cette justice : il fut d'autant plus détesté qu'il se refusa à criminaliser le fait qu'on le détestât. De lui, les Gaulois auraient eu toutes les raisons de retenir qu'il mit en place la première véritable bureaucratie d'État, dont il confia la plupart des manettes à d'anciens esclaves affranchis. À l'évidence, nos ancêtres en prendront de la graine. Surtout, il élargit encore l'Empire en prenant le risque d'y intégrer deux sources de nationalisme sourcilleux, la Judée et la Grande-Bretagne. Si bien que son successeur, Néron, devra affronter trois révoltes : celle des Britanniques, celle des Juifs et celle des Gaulois.

Le problème de Claude (dont nos aïeux se plurent à porter le nom en prénom), c'est que l'Histoire retient moins ses réalisations que la vie infernale que lui firent subir ses quatre femmes successives, lesquelles ne lui pardonnèrent apparemment pas d'être aussi peu Don Juan que Caligula était rationaliste. « Beaucoup de défauts le défiguraient quand il parlait – grave sur ses tablettes l'impitoyable Suétone –, que ce fût pour plaisanter ou sérieusement : un rire affreux, une colère pire, avec une bouche écumante et le nez qui coulait, et la tête qui tremblait sans cesse au moindre de ses mouvements. » Et, en plus, ce repoussoir était mou du jarret. Il claudiquait. On comprend ses déboires matrimoniaux.

Sa troisième épouse, qui le trompait à un rythme que l'on qualifiera plus tard de « stakhanoviste », il la fit exécuter. La quatrième, Agrippine, c'est elle qui l'exécuta. Un plat de champignons l'élimina du monde. Juste avant, elle lui avait fait adopter son rejeton, Néron, pour qu'il lui succède. Et c'est ce Néron de fils qui la dézingua à son tour. Drôle de monde !

Troisième partie

Comment tout a commencé

Nous venons de parcourir les cent vingt-deux ans qui, de la chute d'Alésia à l'investiture de Vespasien, précipitèrent l'avènement d'une Gaule unifiée dans le tréfonds – et à la surface aussi – de laquelle prenait peu à peu forme et consistance ce qui deviendra la France et qui le serait devenu plus vite – on y était presque au IIIe siècle – sans, paradoxalement, la terrible régression franque.

Ces cent vingt-deux ans – puisque nous n'avons pas suivi de façon linéaire le fil chronologique – se sont découpés de cette façon : chute d'Alésia ; persistance de la résistance indépendantiste ; effort de César pour se concilier et se rallier sa conquête ; prise et affaiblissement de Marseille, qui avait choisi le camp de Pompée ; romanisation accélérée, sous Auguste, rythmée de bouffées insurrectionnelles, en particulier en Aquitaine et en Gaule Belgique ; grande révolte de Sacrovir et de Florus, sous Tibère, qui témoigne de la profondeur du sentiment national et identitaire dans toute la Gaule centrale ; épisode Caligula, dont Lyon constitua la scène théâtrale préférée ; avènement de Claude, qui refoula le druidisme et intégra l'ensemble des élites gauloises à la romanité ; basculement néronien dans le despotisme oriental, à quoi la révolte du Gaulois Vindex, soutenue par une majorité des peuples celtiques, permit de donner un coup d'arrêt ; enchaînement de guerres civiles, quatre empereurs se disputant la succession, anarchie débouchant sur la grande révolte ethnico-nationaliste de Civilis, Tutor, Classicus et Sabinus, et apparition du premier empire gaulois, qui lui-même suscita la convocation de la première assemblée nationale délibérative de ce qui deviendra la France.

Mais comment en était-on arrivé là, au désastre d'Alésia, à cette perte d'indépendance, à cette acculturation au profit d'une romanité triomphante ? D'où venons-nous ?

Cette France qui commence à s'affirmer sous la Gaule, cette Gaule dont la personnalité, qui se cristallisera en ces temps de troubles, continuera à s'affirmer sous la France, dans quel terreau originel ont-elles plongé leurs racines ? À partir de quels éléments cette chimie s'est-elle constituée et comment a-t-elle réalisé sa catalyse ?

De l'explosion artistique de Lascaux à la capitulation de Vercingétorix, quels furent les ingrédients de ce qui permit de faire « France » ?

CHAPITRE 1

Notre histoire commence à Marseille

C'est sur les côtes d'Asie Mineure, l'actuelle Turquie, vers l'an 600 avant notre ère, avec Thalès de Milet, que naquit, dans son acception moderne, la philosophie.

Dans une autre cité grecque de cette côte, Phocée, située près de l'actuelle Izmir, on s'adonnait moins à la spéculation philosophique qu'à l'art de la construction navale. Ce n'était pas la recherche esthétique qui motivait ces armateurs, mais le sens du commerce. N'empêche qu'aux lourds, informes et incommodes navires traditionnels, ils avaient substitué un bâtiment effilé, léger, à l'éperon conquérant, que boostait un équipage de cinquante rameurs.

Une révolution dans l'économie de la mer.

Il fallait bien ce saut technologique pour rivaliser avec les puissances maritimes qui, à l'époque, se livraient, en Méditerranée, une concurrence implacable : Tyr et ses Phéniciens, Carthage, Rhodes et les Étrusques.

Les Phocéens, ces Grecs d'Asie Mineure, décidèrent d'entrer dans le match.

Ils tentèrent leur chance du côté de Cadix, mais la célèbre « belle » ne les y retint pas. Ils entrèrent dans le Tibre, mais les Étrusques s'y étaient déjà installés, régnant sur ce qui deviendra une capitale d'empire : Rome. Un jour, enfin, un de leurs bâtiments mouilla dans une rade qui tapa dans l'œil des matelots : vaste, bien abritée, articulée à la large embouchure d'un grand fleuve, ouvrant sur un vert vallon que l'urbanisme sauvage n'avait pas encore défiguré, agrémenté d'indigènes qui correspondaient à l'idée que Jean-Jacques Rousseau s'en fera plus tard et qui, surtout, ne se réclamaient d'aucune puissance hégémonique. C'était Cadix en mieux !

Le lieu les emballa. Ils l'évoquèrent avec enthousiasme une fois rentrés chez eux. On consulta la déesse Athéna, dont le temple d'Éphèse, situé également sur la côte d'Asie Mineure, représentait un peu le QG, et on obtint son aval, c'est-à-dire qu'on paya grassement les prêtres qui parlaient en son nom. Et ainsi, bardés d'autorisations divines, on s'embarqua pour ce qui allait devenir Massalia – autrement dit, Marseille.

Ce lieu enchanteur appartenait à une tribu ligure, les Ségobriges, sur laquelle régnait un petit chef assez cool qui s'appelait Nann, nom caractéristique de petit chef assez cool.

Quand la petite flotte débarqua dans ce décor bucolique, elle tomba, comme cela se passe généralement dans les premiers actes des opéras-comiques, sur une fête villageoise. Ce n'était pas un comité d'accueil, mais une noce. Athéna avait bien fait les choses. Le roi Nann mariait ce jour-là sa fille Gyptis, ce qui faisait opérette viennoise jusqu'au bout.

S'inquiéta-t-on de l'irruption de cette mini-armada étrangère venue d'on ne sait où ? Pas du tout. Au contraire : on invita les gentils étrangers à partager le gueuleton nuptial. Ce qui intrigua fort nos Phocéens, c'est que la mariée y figurait effectivement, y trônait même, mais qu'on n'y distinguait pas l'ombre d'un époux, comme si la belle Gyptis s'y mariait avec elle-même. Ce qui prouve que nos marins commerçants grecs, venus d'une des villes qui prétendaient avoir été le lieu de naissance d'Homère, avaient oublié cette fameuse scène de l'*Odyssée* qui voit Pénélope contrainte, au cours d'une cérémonie, de choisir comme nouvel époux celui de ses prétendants qui serait capable de tendre l'arc de son ex, Ulysse, présumé disparu. Gyptis, en effet – ce qui était, paraît-il, assez courant chez les Ligures –, devait sélectionner son promis non pas avant le mariage, mais pendant.

Ils étaient donc tous là, les petits notables locaux qui avaient demandé la main de la belle. Elle se leva, tenant une coupe d'eau que nous présumons fraîche. Il était traditionnellement convenu que c'était celui auquel Mademoiselle remettrait la coupe qui deviendrait Monsieur. Or, elle passa, altière, devant les prétendants communautaires, sans les gratifier du moindre regard, se dirigea sans hésitation vers le patron de la petite expédition grecque, Protis, et lui tendit la coupe. Ce qui n'était pas stupide de sa part, car il s'agissait de l'un des plus opulents commerçants de Phocée et il ne s'était pas embarqué sans biscuits.

Le roitelet Nann se récria-t-il ? Nullement ! Pétri de bon sens, il reconnut une main divine qui ne pouvait qu'avoir poussé sa fille dans le dos vers le meilleur parti possible. On n'engage pas une partie de bras de fer avec une main divine. Donc, tope là. Grec, je te reconnais pour mon gendre !

Et, sur ces mots, il accepta également de reconnaître aux Grecs la propriété du territoire sur lequel ils avaient commencé à s'installer.

Hélas, aussitôt mariés, Protis et Gyptis – ce qui empêcha de leur consacrer une opérette marseillaise – changèrent de nom et devinrent – ce qui avait plus de chances d'inspirer Aristote que Vincent Scotto – Euxeinos, « l'hôte bienvenu », et Aristoxena, « la plus hospitalière des femmes ».

On fonda une ville, on éleva un temple à Athéna – qui méritait bien cela – et on construisit un stade, mais ce n'était pas encore pour y jouer au foot.

Naturellement, ce récit ne tient pas debout, bien qu'il ait été précisément rapporté par Aristote deux siècles et demi après l'événement. On imagine mal des chefs tribaux ligures se faire souffler leur meuf sous le nez par un métèque sans émettre le moindre grognement de mécontentement ou de dépit.

Il s'agit évidemment d'un mythe. Et, pour le coup, d'un mythe fondateur. Mais de la réalité, sans aucun doute plus terre à terre, qui se dissimule derrière cette bluette, on ne sait rien. Et l'on ne saura jamais rien. C'est donc le mythe qui, siècle après siècle, a fait office de réalité. De substitution.

Dans un film d'Orson Welles, un personnage montre deux tableaux identiques : il y en a un vrai et un faux. Lequel est le vrai ? interroge-t-il. Son interlocuteur sèche. Alors il en jette un dans le feu d'une cheminée et il proclame : « Il n'en reste plus qu'un, c'est donc le vrai ! » Ainsi en va-t-il de certains mythes : la réalité s'étant consumée, ils lui servent de doublure.

À l'époque de la fondation de Marseille, toute cette partie de la future France, qui n'était pas encore la Gaule, était occupée par une multitude de tribus ligures. Ce qui désigne moins une ethnie qu'un peuplement.

Une certaine proximité linguistique, et donc culturelle, définissait sans doute leur spécificité à côté des Latins, des Étrusques et des Ibères. De nombreux noms de lieux, dans la France actuelle, mais aussi en Espagne et en Italie, renvoient à des « racines » qui leur sont attribuables.

Pour le reste, il s'agissait déjà d'un mélange, d'un enchevêtrement, d'une macédoine. Il en fut des Ligures comme des Celtes : plus qu'un peuple, c'était une appellation. On devenait ce qu'on vous baptisait : on vous aspergea chrétien, on devint chrétien. On vous intitula Arabe, on devint Arabe. On vous décréta Ligure, puis Celte, puis Romain, c'est ce qui contribua le plus à vous le faire devenir. De même que le Germain fut pour l'essentiel un Celte d'après les Celtes, le Ligure fut en partie un Gaulois d'avant les Gaulois.

Les Ligures faisaient corps avec leur emplacement : proches des Ibères dans le voisinage de l'Espagne, Aquitains en Aquitaine, hellénisants dans le sillage de Massalia, dont ils apprirent à cultiver la vigne et l'olivier, ils firent corps ailleurs avec les celtes. Ici, ils étaient cultivateurs ; là, nous dit le géographe grec Strabon, venant de la montagne, ils se louaient comme ouvriers agricoles à des propriétaires terriens ; ailleurs, ils pratiquaient la piraterie. Les rapports sociaux qui régissaient ces populations pré-gauloises étaient déjà très modernes, c'est-à-dire tout à fait archaïques. Un autre géographe grec, Posidonios, qui les avait visitées, raconte qu'une jeune femme ligure, faisant partie d'une cohorte d'ouvrières agricoles employées sur la propriété d'un Marseillais (un certain Charmalaus), saisie soudain des douleurs de l'enfantement, se retira discrètement dans un petit bois, accoucha, posa le bébé sur un lit de feuillage et revint reprendre son travail. Mais les cris du nourrisson la trahirent et le contremaître des travaux voulut la licencier immédiatement. C'est tout juste si elle parvint à se faire verser son salaire.

Et, cependant, les rapports entre les hommes et les femmes de culture ligure étaient beaucoup plus modernes qu'ils ne le deviendront dans la Gaule « celtisée ». On a vu, à propos de la fondation de Massalia, que certaines de ces femmes au moins choisissaient elles-mêmes leur mari. Ce qui n'est pas improbable, car plusieurs historiens grecs rapportent qu'un différend ayant surgi au sein d'un de ces peuples, les hommes s'étant armés et étant prêts à en découdre, les femmes se précipitèrent au milieu de ce qui risquait de devenir une guerre civile et ordonnèrent qu'on leur expliquât le motif de la discorde. Elles en discutèrent entre elles et émirent un jugement si raisonnablement équitable que la paix fut immédiatement rétablie. Épisode d'autant plus crédible que ce rôle de médiation des femmes ligures devint presque une tradition. Lorsque Hannibal, après avoir traversé l'Espagne, franchit les Pyrénées et convia les représentants des tribus ligures locales à une conférence à Ruscino (d'où aujourd'hui le Roussillon), il dut accepter que, en cas de différend entre ses soldats et les indigènes, les femmes ligures, et elles seules, soient appelées à en juger.

C'est dans ce milieu ligure, et bien avant que ne s'affirme une Gaule celtique, que s'esquissèrent des agglomérations qui deviendront plus tard les grandes villes du midi de la France : ainsi Ruscino sur l'emplacement de Castel-Roussillon, Narbo (Narbonne) et Nemausus (Nîmes), gros bourg des Élesykes. Peut-être Tolosa (Toulouse), dont les Volques Tectosages, de culture celtique, feront ensuite leur capitale. Les Salyens, qui dans le voisinage de Massalia avaient remplacé les Ségobriges si accueillants, avaient, eux, créé sur la rive gauche du Rhône une petite cité, Arlath (Arles), qui deviendra leur ville principale.

Quant aux Cavares, situés à côté de la puissante tribu des Voconces, ils avaient deux chefs-lieux, Avenio et Cabellio, devenus ensuite Avignon et Cavaillon.

On se demande pourquoi on n'entend jamais dire « nos ancêtres les Ligures ».

Ce ne serait pas plus absurde que « nos ancêtres les Gaulois ».

CHAPITRE 2

Quand les Gaulois sont les envahisseurs

Les meilleures choses n'ont qu'un temps.

Si les autochtones avaient d'abord fort bien accueilli les Grecs phocéens, c'est certes parce que leur évidente supériorité culturelle leur en imposait, mais surtout parce que ceux-ci n'étaient pas arrivés les poches vides, qu'ils avaient de quoi se concilier – pour ne pas dire acheter – d'utiles amitiés, qu'ils devinrent très vite d'importants employeurs de main-d'œuvre locale et, enfin, qu'ils firent découvrir aux populations de la région les grandeurs du vin et les petitesses de l'ivresse. Mais, en même temps, et à mesure qu'elle étalait ses charmes et ses richesses à la face de va-nu-pieds qui eussent aimé devenir superbes, la colonie phocéenne devenait l'objet de toutes les convoitises. Le fils et héritier de Nann, un certain Comanus, se demanda pourquoi le magot de ces Grecs ne lui reviendrait pas. Il s'acoquina donc avec d'autres roitelets des parages et ils convinrent de s'emparer de la cité en gestation à la faveur d'un jour de bamboula. Heureusement, si entre les deux peuples on ne convolait pas encore, on couchait déjà. Une femme ligure, au courant du complot, en informa son amant, qui se trouvait être un jeune Hellène. La veille de l'opération projetée, les Phocéens en armes attaquèrent donc préventivement et par surprise le camp ligure, en firent du petit bois, décidèrent de fermer désormais leurs portes, d'ériger de solides murailles, de se tenir sur leurs gardes et, chaque fois qu'il y aurait festivités, de surveiller de très près les « étrangers ». Étrangers dans leur propre pays, soit dit en passant.

Cette première anicroche eut de lourdes conséquences : Massalia se referma sur son hellénisme, fit venir des renforts de sa métropole, se disciplina militairement et, plutôt que de se fondre dans le paysage, entreprit, en intermédiaire qu'elle était entre deux mondes, de faire rayonner son exceptionnalité à la fois par son influence intellectuelle et par son savoir-faire commercial. Elle choisit de transformer Arles, bourg ligure, en une ville relais à l'arrivée du Rhône. Elle s'ouvrit une large porte sur les Pyrénées du côté de l'actuelle Port-Vendres. Elle s'établit, sur sa droite, en haut du rocher de Monaco, d'où elle avait une vue imprenable. Elle prit pied en Corse à Alalia (l'actuelle Aléria).

Peut-être les Grecs phocéens en seraient-ils restés là si, vers 560 avant Jésus-Christ, le roi perse Cyrus, après avoir conquis une grande partie de l'Asie Mineure, n'avait fait investir la ville mère de nos Marseillais. Les Phocéens résistèrent jusqu'à épuisement de leurs ressources, laissèrent entendre qu'ils étaient prêts à capituler, mais demandèrent et obtinrent préalablement une trêve. Ils en profitèrent pour s'embarquer, pendant la nuit, avec armes, bagages, statues de leurs dieux, meubles et fortune, sur une flotte qu'ils avaient rassemblée en cachette, et faire subrepticement voile vers les rives de la Méditerranée occidentale.

Repoussés de partout, ils rejoignirent la colonie marseillaise d'Alalia, en Corse, mais, considérant qu'on ne pouvait rien tirer de cette île, ils errèrent en s'adonnant à la piraterie, jusqu'à ce qu'une fraction d'entre eux obtiennent sans difficulté de leurs frères massaliotes qu'ils leur accordent asile.

Deuxième date importante, car, dès lors, Marseille accroissait sa population et sa puissance, et, n'étant plus la colonie de personne, devenait une métropole qui créait à son tour des colonies.

Entre-temps, un autre bouleversement – sans doute moins fondamental que la pénétration et l'irradiation grecque par l'intermédiaire de Marseille, mais beaucoup plus spectaculaire – était intervenu, qui allait marquer d'une empreinte indélébile l'image, et donc l'histoire, de ce qui devenait peu à peu la Gaule avant de se métamorphoser en la France : le lent, mais régulier et irréversible, glissement de populations venues du nord et de l'est du monde occidental vers le sud de l'Europe.

Or, vers l'an 400, plusieurs de ces tribus nordiques qui s'étaient installées en Gaule et qui, pour certaines, y avaient fait « peuple », reprirent leur migration – ou, plus exactement, certaines fractions d'entre elles, qui avaient sans doute hérité des terres les moins propices à assurer la nourriture qu'exigeait leur croissance démographique, décidèrent de poursuivre l'aventure dans toutes les directions. Dilatation plus qu'invasion. C'étaient des civilisations qui en bousculaient et en subvertissaient d'autres plus que des peuples entiers qui, par la conquête, se substituaient à d'autres.

On a parlé de phases d'expansion gauloise, ce qui serait acceptable à condition de déconnecter le concept de « Galles », de culture celtique, de la notion de « Gaule », totalement inexistante à cette époque et qui restera artificielle jusqu'à la conquête romaine.

De toute façon, en ces temps reculés – car 400 avant Jésus-Christ en Gaule correspond à 3000 avant Jésus-Christ en Égypte ou à plus de 4000 à Sumer –, l'Histoire, inenregistrée parce qu'inenregistrable, se confond avec la légende.

Et que nous dit la légende qui, faute de mieux, remplace le vide laissé par l'Histoire ? Que le roi du peuple biturige, qui exerçait une quasi-hégémonie sur les autres peuplades celtiques, un vieillard du nom d'Ambigate, confronté à un phénomène de surpopulation (à cette époque, Malthus eût biché, car, effectivement, la production agricole ne rattrapait pas la croissance des populations), ordonna à ses deux neveux, Sigovese et Bellovese, d'entraîner le surplus, l'un vers l'est et l'autre vers le sud, en intégrant au passage d'autres bandes celtiques exposées au même dilemme : des Volques, des Boïens, des Arvernes, des Éduens, des Sénons, des Carnutes, des Aulerques, etc. Toutes tribus que nous retrouverons au cours de l'histoire de la Gaule et dont certaines joueront un rôle majeur dans la résistance à Jules César.

Sigovese emmena les tribus installées en Séquanie et en Helvétie, c'est-à-dire dans les régions du Jura, de la Suisse et des Vosges, jusqu'aux rives du Danube. Quant à Bellovese, qui avait pris la direction des Alpes, puis de l'Italie, il fut contacté en chemin par les Massaliotes (les Marseillais), qui lui demandèrent un coup de main pour amener à la raison des tribus ligures, en particulier les Salyens, qui ne cessaient de leur chercher noise. Comprenez qu'ils lui graissèrent la patte pour le convaincre de faire un détour par chez eux et de tomber sur le râble de leur ennemi. En effet, dit la légende, Bellovese, avant d'envahir le nord de l'Italie et d'y créer la ville de Milan, se détourna de son chemin pour infliger une raclée aux Ligures qui énervaient les Marseillais.

Ce qui laissa un peu plus le champ libre aux très helléniques Massaliotes. Lesquels en profitèrent pour étendre leur espace colonial et fonder des établissements relais propices à l'expansion de leur commerce. Une bataille navale remportée contre les Étrusques leur permit de créer Nikaïa (ou Nicaea, « qui donne la victoire ») devenue Nice, Antipolis (« la ville d'en face ») devenue Antibes, Olbia (Hyères), Tauroeis (« la ville du taureau »), Citharista (« la ville de la lyre »), qui anticipaient l'éclosion, au même emplacement, de Sanary et de La Ciotat. De même qu'Astromela, qui commandait l'étang de Berre, devint Istres. Ils renforcèrent le rôle commercial d'Avignon et de Cavaillon, s'établirent à côté d'Arles et surtout de Narbonne, restées « barbares », ce qui permit l'émergence d'Agde (« la bonne ville ») à la sortie de l'Aude.

Un accord conclu avec le roi de la fédération celto-ligure des Salyens, qui avait fini par regrouper les tribus des environs, écarta, pour un temps au moins, les derniers dangers. Comme on ne voulut pas reconnaître que le souverain en question avait lui aussi été acheté, on raconta que la déesse lui était apparue en songe et lui avait intimé l'ordre de faire la paix avec Marseille.

Un dernier bouleversement va tracer le destin, non seulement de la cité phocéenne, mais, au-delà d'elle, du sud de la Gaule et, en conséquence, avec un peu plus de deux siècles de décalage, de la Gaule tout entière.

Ceux qu'on appellera les « Gaulois » s'étaient répandus, on l'a dit, dans le nord de l'Italie, c'est-à-dire la plaine du Pô. Ils s'imposèrent aux peuplades locales et, comme plus tard les Francs en Gaule même, ils provoquèrent un véritable recul de civilisation, dont l'historien grec Polybe témoigne quand il décrit ainsi les nouveaux dominants : « Ils habitaient des bourgades sans murailles, dépourvus de meubles, dormaient sur la paille, ne s'occupaient que de la chicane et un petit peu d'agriculture : là se bornaient leur science et leur industrie. »

Un groupe composé principalement de Sénons, originaires de la vallée de la Seine, dirigé par celui que les Romains appelleront Brennus ou Brennos, dont l'existence n'est pas certaine et qui n'est sans doute qu'une nomination de chef, décide de marcher sur la petite ville étrusque de Clusium (Chiusi), attiré, selon Tite-Live, par la saveur des vins locaux. Les Clusiumiens appellent Rome à l'aide. Les Romains envoient une ambassade aux Gaulois. On se castagne. Un Gaulois est tué. Du coup, Brennus fonce sur Rome en guise de représailles. Ceci se passe plus de trois-cents ans avant notre ère.

La suite frise encore plus la pure légende, bien que les historiens romains, Tite-Live en tête, lui aient conféré un statut d'événement réel. Mais ce récit, mille fois répété, enseigné, sanctifié, a tellement marqué les esprits romains, a tellement déterminé leur attitude future, et cette attitude a eu des conséquences si lourdes sur le devenir de cette partie de la Gaule qui deviendra la France, qu'il est impossible d'en purger l'Histoire elle-même.

À supposer que la vie de Jésus (ou celle de Mahomet) soit en grande partie une légende, cela retire-t-il quoi que ce soit à l'importance du récit que nous en font aussi bien l'Évangile que le Coran ? Le fait que Dieu n'ait évidemment pas envoyé ses anges et ses archanges convaincre Jeanne d'Arc qu'elle devait absolument aller dérouiller ces autres chrétiens qu'étaient les Anglais doit-il interdire aux historiens rationalistes de rapporter le contenu des voix qu'est censée avoir entendues Jeanne d'Arc ?

QUAND LES CHEMINS GAULOIS MENAIENT À ROME

Donc, les Gaulois issus du peuple sénon, auxquels s'étaient agglomérées, au passage, toutes sortes de tribus, descendirent jusqu'à la rivière Allia, située à une demi-journée de Rome, et, là, taillèrent en pièces les troupes romaines levées en catastrophe. Ils auraient pu fondre aussitôt sur la ville, mais préférèrent festoyer toute la nuit, s'enivrer, se partager les dépouilles des vaincus et, selon leur tradition, couper des têtes qu'ils brandirent en haut de leurs piques ou attachèrent au poitrail de leurs chevaux.

Détail non superflu quand on sait à quel point ces pratiques déplorables participèrent de l'image que les Romains se feront ensuite des Gaulois.

Après cette défaite, les Romains abandonnèrent la ville basse (n'oublions pas que Rome, à cette époque, n'était qu'une petite cité, et non la capitale impériale qu'elle deviendra), la population se réfugiant dans les bourgades des alentours, tandis que le Sénat se retirait, avec 1 000 hommes en état de combattre, dans la citadelle surplombant le Capitole. On décida que seuls les infirmes et les vieillards, plutôt que d'errer sur les routes en gênant les mouvements de la population valide, resteraient dans leurs foyers. Les seniors qui avaient rempli des charges publiques exhiberaient les anciens insignes de leurs fonctions et s'installeraient, assis dans des manières de sièges curules, sur le pas de leur porte, un bâton d'ivoire à la main, dans l'espoir que leur respectable majesté en imposerait à l'envahisseur. Rappelons que l'Histoire côtoie ici la légende.

Au XIXe siècle, on peignit volontiers de très solennelles scènes de l'Antiquité latine. Comme s'ils le soupçonnaient par avance, les burgraves romains offrirent donc un très esthétique et très académique tableau antique à ceux qui se feraient, vingt-deux siècles plus tard, un plaisir de le reproduire, pour obtenir... un « Prix de Rome » !

Les Gaulois laissèrent passer la nuit, puis pénétrèrent dans la ville et se rassemblèrent sur la place centrale, appelée Forum Maximum. Ce qui prouve qu'ils n'étaient pas plus de 200 000, comme le rapporte la chronique, mais environ une dizaine de milliers. Peut-être moins. Une grosse bande. Si l'on en croit Tite-Live, ils étaient, en fait, comme pétrifiés. Le vide et le silence de la cité les paralysaient. Foncer dans le tas, se ruer sur l'adversaire, en raccourcir quelques-uns, terroriser les populations, ça, ils savaient faire. Mais se retrouver devant rien ni personne les déstabilisait totalement. Le Gaulois bravait volontiers la mort, mais se troublait devant le morne. Comme le soulignera plus tard César, il avait besoin du « tumulte ».

Cependant, quelques-uns de nos soudards d'ancêtres découvrent les quelques maisons qui sont restées habitées. Et, devant ces demeures, ils observent avec sidération des statues de vieillards barbus – car à Rome un notable rassis se devait, à cette époque, d'être barbu – brandissant un étrange petit bâton blanc. Et voilà – stupeur ! – que certaines de ces statues bougent. Un Gaulois qui veut en avoir le cœur net s'approche d'un aïeul confit dans sa dignité, lui caresse doucement la barbe, mais aussitôt le patriarche lui abat son sceptre d'ivoire sur le cuir chevelu et lui ouvre, de ce fait, le crâne. Le Gaulois illico dégaine sa grande épée de fer et, furieux que la statue lui ait pris la tête pour la fendre, lui coupe la sienne. Ce qui donne le signal du massacre. On tue tout ce qui bouge, y compris ceux qui bougent peu, et même ceux qui ne bougent pas. On pille, on incendie (mais, de cela, on ne dispose d'aucune preuve, même pas archéologiques), après quoi les assaillants montent à l'assaut du Capitole, mais sont repoussés. Ils se répandent alors dans la campagne environnante, qu'ils dévastent systématiquement. Au point que, très vite, ils se retrouvent presque autant en manque de subsistance que les assiégés du Capitole.

Ils se portent, alors, sur une petite ville du nom d'Ardée, où se sont réfugiés de nombreux Romains et où, surtout, réside un ancien chef militaire de la République du nom de Marcus Furius Camillus – Camille pour les intimes –, que les citoyens excédés par sa brutale arrogance et ses manières insupportablement aristocratiques avaient contraint à l'exil. C'est lui, raconte Tite-Live, qui, le premier, se ressaisit et appelle les Latins – en l'occurrence, les habitants du Latium – à la résistance. L'historien lui fait tenir ce discours significatif de l'idée que les Romains se font, et se feront longtemps, de ceux dont ils envahiront à leur tour les territoires : « Déjà rebutés d'un siège qui commence, vous les voyez se disperser dans les campagnes, se gorger de viande et de vin, et, abrutis, dormir couchés à même le sol comme des bêtes fauves, sans retranchement, sans corps de garde ni sentinelles. Donnez-moi une petite troupe et ce n'est pas seulement un combat victorieux que je vous promets, c'est un carnage, c'est une boucherie. Si je ne vous livre pas les Gaulois à égorger, traitez-moi comme m'ont traité les Romains ! »

Les Gaulois eurent d'autant plus de mal à s'extraire de ce portrait-robot qu'ils s'y conformèrent parfois avec délectation.

Ainsi, quelques jours après l'exhortation de « Camille », revenus de l'une de leurs razzias, alourdis de butin, imbibés de vinasse, ivres morts, ils s'affalèrent sur l'herbe, sans même avoir dressé leurs tentes, leurs armes répandues sans protection, et plongèrent dans un sommeil de plomb plus que de plume. C'est alors que Camille, averti par des espions, les surprit. L'historien romain précise même que, bien que ce dernier ait fait sonner les trompettes guerrières, ils ne se réveillèrent pas et furent, pour la plupart, saignés la bouche ouverte pendant leur sommeil.

Après quoi, tous les rescapés du désastre romain s'offrirent à se mobiliser derrière ce Camille redevenu un héros. Mais celui-ci, qui était non seulement une peau de vache, mais également une tête de mule, se refusa à exercer tout commandement, tant que le Sénat de la République ne l'aurait pas totalement réhabilité. Sans doute le peuple était-il prêt à en faire son chef, mais, précisément, l'idée d'être choisi par le peuple, c'est-à-dire la plèbe, lui était insupportable, et c'est par le Sénat aristocratique qu'il exigeait d'être investi.

Il fallut donc qu'un jeune volontaire franchisse, le soir venu, le Tibre à la nage, soutenu par des écorces de liège, parvienne sans bruit au pied du Capitole, l'escalade jusqu'à la première sentinelle – qui faillit le précipiter dans le vide –, se fasse conduire devant les sénateurs, leur annonce la première victoire remportée sur les Gaulois – ce qui leur remonta le moral –, obtienne que la sentence frappant Camille soit levée et, dans la foulée, que le général soit nommé « dictateur » (temporaire), puis redescende et rejoigne sa base, pour que l'insupportable m'as-tu-vu accepte de prendre la tête de la résistance !

Encore avait-il, par son entêtement, manqué de provoquer une catastrophe, car le jeune Romain qui avait réussi à escalader le Capitole pour obtenir l'aval des sénateurs avait laissé des traces de son passage. Les Gaulois les découvrirent, ce qui leur donna l'idée d'emprunter nuitamment le même chemin pour surgir au milieu de la garnison assiégée. Et il ne tint qu'à un cheveu, ou plutôt à quelques plumes, qu'ils n'y parvinssent pas.

Les envahisseurs allaient, en effet, franchir les derniers escarpements, sans avoir éveillé le moindre soupçon, après avoir préalablement neutralisé les chiens de garde en leur lançant des morceaux de pain, quand ils longèrent une chapelle dédiée à Junon, la régulière de Jupin, *alias* Zeus. Or, dans cette chapelle végétaient quelques oies sacrées que, malgré la famine, et la saveur de leur chair, on n'avait pas osé rôtir parce qu'elles avaient été consacrées à la déesse. Alors ces volatiles, dont le moins qu'on puisse dire est qu'ils n'avaient pas été gavés, espérant soudain, pour avoir perçu une présence humaine, qu'on venait enfin les rassasier, se mirent à battre des ailes en piaillant comme seules des oies savent le faire. Le boucan fut tel qu'il réveilla toute la garnison. On courut aux armes et on parvint à repousser les assaillants, tout en se félicitant que les oies aient l'ouïe fine et le bec piapiailleur.

Les Gaulois en furent quelque peu découragés, d'autant que leurs excès dévastateurs les avaient conduits à vivre dans des conditions d'inconfort et d'insalubrité qui avaient fait des ravages dans leurs propres rangs.

Les assiégés ne se portaient pas mieux et avaient dû, pour survivre, faire bouillir le cuir de leurs godasses. Quelques officiers eurent pourtant une idée : alors même qu'il ne leur restait plus que quelques morceaux de pain à grignoter, ils en jetèrent quelques-uns ostensiblement du haut des murailles pour signifier que, dans leur nid d'aigle, ils vivaient quasiment comme des satrapes. La ruse contribua à aggraver la démoralisation des troupes de Brennus.

Informés, en outre, qu'il s'en passait de belles sur leurs arrières, ils décidèrent de négocier. Et, comme on était épuisé et exsangue des deux côtés, on se mit rapidement d'accord. Les Romains s'engageaient à payer 1 000 livres pesant d'or aux Gaulois, à leur faire fournir des vivres et les moyens de transport par leurs alliés et à leur concéder une parcelle de territoire. Ils promettaient, enfin, de laisser une porte de leur ville perpétuellement ouverte !

Le jour du paiement de la rançon, les « Gaulois » étant toujours massés dans la ville basse, Brennus attendait devant une balance et des poids. On pesa : il s'avéra que certains poids étaient truqués. En outre, un soldat gaulois appuyait sans complexe sur un des plateaux de la balance. Les Romains poussèrent les hauts cris. Alors Brennus lança son épée et son baudrier dans le plateau qui contrebalançait celui où s'entassait l'or et, comme on lui demandait d'expliquer cette frauduleuse inconvenance, il répliqua en rigolant que cela signifiait : « Malheur aux vaincus ! » Plus tard, Marius, puis César, se rappelleront l'expression, dont le souvenir devint obsessionnel.

Les Romains ne bronchèrent pas, mais, sitôt que les Gaulois eurent le dos tourné, le dictateur Camille annonça que le traité était annulé, car lui seul, selon la loi, était en droit de le conclure. Étrangement, le seul point de l'accord respecté fut l'obligation de laisser continuellement une porte ouverte.

On l'a dit : ce que nous venons de rapporter, à la suite de tous les historiens latins, relève autant, sinon plus, du mythe que de la réalité. Mais, encore une fois, que cela se soit ou non passé ainsi n'a guère d'importance, puisque ce récit a modelé, façonné, formaté même, tant le conscient que l'inconscient collectif du monde latin. D'où il résulte que si, dans notre Cinépanorama national, le Romain est perçu comme l'archétype du conquérant et de l'oppresseur, c'est le Gaulois qui, dans le regard romain, occupa cette fonction, joua ce rôle, s'imposant même comme le plus féroce et le plus sauvage de tous les envahisseurs possibles.

Dès lors, dans tout l'univers gréco-romain, les Gaulois font peur. D'autant que l'une de leurs bandes s'était emparée de la ville de Delphes, le siège sacré de l'oracle fameux. Et l'avait pillée. On raconte sur eux des horreurs à faire frémir les petits enfants et les mamies. On récite, dans les écoles grecques, un poème laissé par une jeune fille de Milet qui avait préféré se donner la mort plutôt que de tomber entre leurs mains. Ils incarnent le mal absolu. Ils pratiquent des sacrifices humains, décorent leurs demeures des têtes coupées de leurs ennemis (ce qui, soit dit en passant, fut longtemps exact). Ils n'enterrent pas leurs morts (ce qui est faux), violent les tombes, exterminent par plaisir femmes et enfants (comme tout le monde). Ils trichent (les fameux poids truqués), affichent le plus déplaisant cynisme (« Malheur aux vaincus ! »), ne respectent que la force, se vautrent dans la luxure, se soûlent non comme des Polonais, mais comme des Gaulois. Les dieux multiplient les miracles pour protéger les cités civilisées des effets de leur barbarie (plus tard, Dieu, devenu unique, protégera les cités gauloises menacées par les hordes d'Attila). Toute personne qui les affronte victorieusement est héroïsée et adulée.

On ne comprendrait rien à l'instrumentalisation politique, par Jules César, de sa « guerre des Gaules » si l'on évacuait la trace presque indélébile qu'avait gravée dans toutes les têtes latines le souvenir entretenu du cauchemar Brennus. À quoi répondit le fait que les Gaulois eux-mêmes en vinrent à mythifier ce moment inouï où ils parvinrent à s'emparer de Rome. On a vu que cette légende contribua à renforcer l'assise de Civilis lorsqu'on apprit, en l'an 70, que le Capitole avait été incendié par les séides de Vitellius.

Or, les Massaliotes, qui n'étaient pas nés du dernier coup de mistral, comprirent très vite l'avantage qu'il y aurait à exploiter la phobie romaine. À la semi-légende dont Brennus avait été le douteux héros, ils en ajoutèrent donc une autre : ils affirmèrent, répétèrent, enseignèrent que, consternés par la douloureuse infortune de Rome, ils avaient presque unanimement participé à la collecte des fonds nécessaires au paiement de la rançon, qui offrant ses bijoux, qui abandonnant sa vaisselle d'or ou d'argent.

Et les Romains se firent un devoir de le croire. De toute façon, eux-mêmes se considéraient comme porteurs d'une culture et d'une civilisation grecques qu'ils avaient reçues en héritage. De la grande Grèce, ils avaient acclimaté les dieux, intégré les arts et les lois, récupéré le théâtre, imité l'architecture, adopté les écoles philosophiques se divisant volontiers en platoniciens, stoïciens, épicuriens ou cyniques. Marseille leur apparaissait un peu comme leur reflet.

En conséquence se développèrent, s'approfondirent entre les deux républiques des rapports dont l'étroitesse, l'intensité, ne sont pas sans rappeler ceux qui lient, aujourd'hui, la puissance hégémonique américaine au petit État juif d'Israël. On retrouve en effet un schéma semblable. Vue de

Rome, Massalia, comme Israël vu de Washington ou de New York, apparaissait comme une enclave de civilisation peuplée de gens « comme nous », cernée par un océan hostile dont les vagues étaient constituées de peuples fanatiques qui ne rêvaient que de la détruire. On y servait les mêmes dieux, au nom des mêmes valeurs, on y avait instauré une république garantissant un État de droit.

Marseille usera et abusera de cette proximité pour inciter constamment la puissance romaine à intervenir dans le sud de la Gaule. Il en résultera que le midi de notre France actuelle sera peu à peu romanisé au point qu'on l'appellera, à Rome, la « Province », ce qui deviendra la « Provence ». Or, c'est parce que Rome contrôlait la Provence, nommée également Gaule transalpine, qu'elle fut amenée à intervenir dans la Gaule celtique, celle du Nord, du Centre et de l'Ouest. C'est-à-dire à intégrer l'ensemble des Gaules à son empire.

En résumé, ce sont les Phocéens de Marseille qui firent pénétrer la civilisation en Gaule. C'est à travers Marseille et ses possessions que les premiers géographes grecs et romains découvrirent la Gaule ; c'est grâce ou à cause de Marseille que les Romains conquirent le sud, puis l'ensemble de la Gaule ; c'est ce rôle de Marseille qui favorisa l'intégration culturelle de la Gaule au monde gréco-romain.

Ce qui nous conduit à examiner de plus près cette exceptionnalité dont se prévalait le petit empire massaliote.

CHAPITRE 3

Marseille, porte de la civilisation ouverte sur la barbarie

Marseille fut d'abord gouvernée par une petite caste héréditaire, censée descendre des fondateurs (un peu comme la république des États-Unis au XVIIIe siècle), qui exerçait un pouvoir absolutiste. Comme souvent, le développement de la cité, l'enrichissement d'un grand nombre de citoyens, l'émergence d'une classe moyenne, provoquèrent une révolution. Et l'instauration d'une république censitaire. Ce n'était plus la naissance, mais la réussite et la fortune qui constituaient les conditions d'une participation à la gouvernance.

Marseille représente donc la première cité qui, dans ce qui deviendra la France, rompt avec la déplorable pratique du pouvoir personnel, ou purement oligarchique, s'érige en république et, en cela, par son influence culturelle et donc idéologique, inspire la succession de révolutions qui peu à peu permirent à l'immense majorité des grands peuples gaulois, en particulier les Éduens et les Rèmes, de rompre avec leur système monarchique.

Cette république, corrigera-t-on, était d'essence aristocratique. Cicéron, qui l'admirait et en fit presque son idéal, reconnaît dans son ouvrage *De la République* : « Bien que la puissance des citoyens actifs y soit équitable et douce, la condition du peuple y paraît voisine de la servitude. »

Ce qui ne l'empêcha pas de s'écrier, dans l'un de ses célèbres plaidoyers : « Massalia, république admirable, qu'il est plus facile de louer que d'imiter ! »

République censitaire, donc, voire aristocratique. Mais, sans parler de la République athénienne, la République romaine elle aussi, avant l'affirmation du parti populaire, l'action des Gracques, puis les réformes initiées par Marius, Cinna et César, était une république très censitaire. Et même oligarchique. Du moins jusqu'à l'instauration de la fonction de tribun de la plèbe (que Sylla, d'ailleurs, vida de tout contenu). Quelle république, au demeurant, avant l'abolition de l'esclavage, puis du servage, et surtout l'instauration du suffrage universel, ne fut pas d'essence aristocratique et censitaire ?

On remarquera la constante tendance des tenants du système monarchique ou bonapartiste à insister sur le caractère « aristocratique » des républiques antiques, comme si un pouvoir collectif, temporaire, délibératif, méritocratique, représentant les classes supérieures et moyennes, ne marquait pas tout de même un progrès considérable par rapport au pouvoir héréditaire et absolu d'un seul. Lequel est également aristocratique, mais n'appartient qu'à une seule lignée d'aristocrates. Mieux valait le consulat romain renouvelable chaque année, qui triompha de Carthage, que le despotisme de Tibère, de Caligula ou de Commode. Comme mieux valait l'Angleterre d'après la Grande Charte que le bon vouloir de Jean sans Terre.

La République marseillaise, exemplaire vue de Gaule, était en fait inférieure et supérieure à la République romaine : inférieure en ceci que le pouvoir, largement collectif, y était non élu mais coopté ; et bien supérieure tant que des règles très strictes y empêchèrent l'apparition de choquants écarts de niveaux de vie.

Ajoutons que cette république fut, au nom de la nécessité de protéger les traditions de la patrie phocéenne originelle (ce qui n'est pas non plus sans évoquer Israël), profondément conservatrice. La sculpture, par exemple, se contenta de reproduire le style archaïque qui était celui du VIe siècle (avant notre ère). Du point de vue des mœurs, enfin, elle formait un curieux mélange de modernité (quasi-abolition de la peine de mort) et d'ordre moral digne de Savonarole.

À partir du Ve siècle, donc, quand les minuscules monarchies tribales dominaient le reste de la Gaule, Massalia était régie par un conseil de 600 sénateurs, les « timouques », représentant surtout l'élite économique, commerciale et intellectuelle de la nation. Il fallait, pour y siéger, être marié et avoir des enfants. Deux parents ne pouvaient figurer ensemble dans ce conseil.

Quand les nations gauloises se rallièrent, elles aussi, au système républicain et adoptèrent le principe du sénat, elles décrétèrent, à l'exemple de Marseille, l'interdiction faite à plusieurs membres d'une même famille d'y siéger. Ce qui prouve bien l'influence qu'exerça la cité phocéenne sur l'évolution institutionnelle du reste de la Gaule. Le sénat, dans lequel était finalement représenté tout ce qui comptait dans la cité, exerçait le pouvoir législatif, déclarait la guerre, signait les traités et statuait sur tous les grands sujets. Les timouques choisissaient en leur sein quinze membres, qui constituaient un conseil permanent, lequel gérait au quotidien les affaires courantes. Ce conseil, à son tour, nommait trois coprésidents ou représentants de l'exécutif, régulièrement renouvelables. Les lois étaient gravées sur des tables d'airain que l'on exposait au milieu de la place publique.

Certaines de ces lois stipulaient : que les étrangers devaient déposer leurs armes à la porte de la ville et les reprendre lors de leur départ ; que les hommes devaient porter des vêtements de la même étoffe et presque de la même coupe ; que l'on ne devait pas posséder plus de cent écus d'or ; que des inspecteurs étaient chargés de surveiller les festins pour en éviter les excès ; que les spectacles de pantomime, les scènes obscènes et les jeux indécents étaient prohibés, ainsi que les magiciens et les frères prêcheurs ; que, pour obtenir le droit de se donner la mort, il fallait faire une demande en ce sens auprès des pouvoirs publics et, si la demande était acceptée, on vous fournissait le poison, à savoir la ciguë – ce qui, selon le poète grec Ménandre, « dispensait de mal vivre celui qui ne saurait vivre bien » ; que le vin était interdit aux femmes ; qu'elles ne devaient pas porter de parures valant plus de cinq écus d'or ; qu'une épouse portait une bague de fer et n'était autorisée à en porter une d'or ou d'argent que si elle s'était distinguée par un talent ou une vertu particulière ; que la peine de mort n'était prescrite que dans des cas si rares que le glaive réservé aux exécutions capitales s'était rouillé, et que, en conséquence, la peine la plus redoutée était celle d'« infamie » qui rendait le proscrit infréquentable, une manière d'excommunication.

La peine d'infamie vous épargnait la décapitation, mais vous condamnait à la mort civile. Le poète grec Lucain dit avoir rencontré un jour, au cours d'un voyage, un homme rayonnant de beauté dont l'épouse était d'une mocheté quasi effroyable. Le poète s'en étonna. Et l'autre, qui était massaliote, lui raconta que son meilleur ami, un riche magistrat, avait été accusé de prévarication et condamné à la peine d'infamie. Or, il avait une fille de dix-huit ans, très laide, qu'il comptait bien marier à un parti intéressant, vu l'ampleur de sa fortune. Mais, avec un père frappé d'infamie, donc ruiné, la pauvre n'avait plus aucune chance de trouver un mari. Le bon copain, un saint homme, se dévoua alors et épousa l'horreur, qui lui donna un fils on ne peut plus avenant. Émus, les timouques réhabilitèrent l'« infâme ».

La loi allait plus loin : on ne devait pas se lamenter ostensiblement à l'occasion des obsèques, et deux cercueils attendaient en permanence leurs clients aux portes de la ville – l'un réservé aux citoyens libres, riches ou pauvres, l'autre aux esclaves. D'autres lois portaient sur l'institution de corporations professionnelles.

Encore aux IIe et Ier siècles (avant Jésus-Christ), de même qu'on parlait de mauvaise foi « punique » ou de sauvagerie « gauloise », on qualifiait tout idéal d'honnêteté et de moralité de mœurs « massaliotes ».

En l'an 100 après Jésus-Christ, on employait toujours la même expression, mais c'était pour dénoncer le summum de la corruption et les pratiques mafieuses. Ce qui prouve à quel point toute vision statique d'une collectivité en projet demande à être relativisée : quand Massalia, ruinée par son conservatisme devenu réactionnaire, était devenue un repaire de malfrats, les Gaulois, eux, qui avaient répudié sacrifices humains et décapitations en chaîne, s'ouvraient à une conscience politique et sociale, dont un Vindex comme un Valentin furent d'emblématiques incarnations.

Le rôle déterminant que joua Marseille n'est pas seulement lié à son exemplarité institutionnelle, culturelle, morale ou politique, il résulte également de la place que la cité tenait au centre des relations commerciales Occident-Orient, monde celtique-monde méditerranéen. C'est de Massalia – dont la monnaie s'était largement répandue jusqu'à devenir le principal régulateur d'échanges dans la région – que rayonnaient, avant que Rome n'occupe une bonne partie de cet espace, les convois qui exportaient le vin, l'huile d'olive, les céréales, les poteries étrusques, les vases grecs et les céramiques phéniciennes, des amphores, des babioles locales, tout ce qui relevait du luxe et de l'ostentation, telle la vaisselle d'or ou d'argent. Des comptoirs massaliotes, comme Emporia, servaient de places de commerce où l'on établissait les contrats.

Dans des tombes gauloises des IVe et IIIe siècles, mais aussi sous des tumulus antérieurs correspondant à l'âge de fer (période dite hallstattienne), des produits en provenance de Corinthe, d'Étrurie, d'Athènes, de Rhodes, de Chio, de Phocée et de la Carthage phénicienne ont été retrouvés.

En retour, Marseille recevait et distribuait l'étain provenant de Grande-Bretagne, le fer des Gaules, l'or et l'argent ibériques, l'ambre d'Europe du Nord. Et aussi les esclaves que livraient les roitelets gaulois, un peu comme le feront les roitelets africains, en même temps que se vendaient leurs très appréciés mercenaires.

Ce qu'on a relevé dans la tombe d'une présumée princesse découverte à Vix, en Bourgogne, datant d'environ 500 avant Jésus-Christ, est particulièrement éloquent : char à quatre roues, coupes attiques, céramiques étrusques, pièces d'orfèvrerie locale et, surtout, un énorme cratère de bronze de 1,64 mètre de hauteur provenant de Grèce – ce qui implique qu'on ait réussi, malgré son poids considérable, à le transporter sur une longue distance. À Heuneburg, en Allemagne méridionale, se trouvaient les restes d'une enceinte de briques crues qui correspond également au modèle grec. Preuve que l'essentiel de l'apport dont s'entourait l'aristocratie gauloise à l'époque des petites féodalités tribales était de facture et d'origine helléniques. De même que, lorsqu'il se révéla nécessaire de rédiger une inscription en cette langue gauloise qui ne disposait pas d'écriture, on utilisa tout naturellement l'alphabet grec. Après que les Ibères se furent sans doute servis d'un alphabet phénicien répandu depuis Carthage.

Je vais proférer ce qui, à certains, apparaîtra comme une incongruité : l'installation des Grecs phocéens a joué, dans le processus qui a conduit à l'émergence des Français, un rôle plus considérable que le basculement de ce qui deviendra la Gaule dans l'espace celtique.

Ce n'est pas en soi cette affirmation qui risque d'interloquer. Le constat est flagrant, en effet, et il le deviendra de plus en plus à mesure que nous remonterons de la prise de Rome par Brennus à la mainmise de Rome sur tout le sud de la Gaule grâce à l'action psychologique menée par Marseille. Marseille permettra l'enracinement en Gaule dite transalpine du mode de civilisation gréco-romain, quitte à s'opposer frontalement à l'identitarisme celtique (par exemple, lors de la révolte des Toulousains ou de la rébellion des Allobroges). Et, sans cette base de départ, l'entreprise de César eût été impossible.

C'est donc à la diffusion de l'hellénisme, relayant l'hégémonisme romain, puis relayé à son tour par lui, renforcé ensuite par la domination idéologique d'un christianisme d'essence judéo-orientale et gréco-romaine, que nous devons nos propres références, repères, valeurs, notre soubassement gallo-celtique n'intervenant qu'en arrière-fond.

Mais ce qui titillera, c'est le recours au concept de « Français », s'agissant d'une période bien antérieure à l'affirmation de cette identité. J'assume cependant : on n'est pas simplement ce qu'effectivement on « est » à partir du moment où l'on a admis, ou plus exactement décrété, qu'on l'était ; on est aussi la résultante des différents moments, de tous les différents moments qui marquent le cours de ce qu'on est devenu. Or, quand est-on devenu français ? Qui peut le dire ? Qui peut en décider ? Lorsqu'une soldatesque germanique acculturée nous a subjugués ? Absurde !

Les Francs, qui eux-mêmes constituaient une macédoine de mini-peuples et une confluence d'influences diverses, n'ont pas versé dans notre cocktail civilisationnel national le dixième de ce que lui apportèrent nos révolutionnaires du néolithique, nos couches sous-jacentes liguro-ibériennes, notre personnalité celto-gallique et, surtout, le synthétiseur et récupérateur romano-hellénique de tout cet héritage.

En vérité, il n'y a pas plus de commencement des Français qu'il n'y a de commencement des hommes. Ou, plus précisément, l'idée d'un premier Français est aussi dérisoire que l'est celle d'un premier homme. Ni l'un ni l'autre ne sont advenus, ils sont tous les deux devenus. Le « Français » n'est pas subite réalisation, mais progressive émergence. Il n'y a pas de ligne de départ, mais il n'y a pas non plus de ligne d'arrivée. Il n'est pas une œuvre comme le serait une statue, mais une incessante mise en œuvre. Si l'*homo erectus*, par l'entremise de l'homme de Neandertal, annonce et esquisse l'*homo sapiens*, alors le choc du celtisme et de l'hellénisme annonce et anticipe le Français. En quoi Vindex serait-il moins pré-français que Sigebert, et Sigebert que Charles le Chauve ? Et en quoi ce qu'il y avait de pré-français chez Vindex ne se profilait-il pas chez ce natif du Pas-de-Calais qu'était Commios ? Comme cela se profilait déjà, également, chez ces soûlographes, ces bordéliques, ces têtes de mule ou ces tire-au-flanc qui participèrent de nos antiquités galliques.

Notre francité n'est pas une montagne, elle est un fleuve. Il coule, il a coulé, il coulera. Sa source n'est pas un début, mais un continuel approvisionnement.

Les Français ont eu leur Cro-Magnon et leur Neandertal, qui n'avaient pas moins de rapports avec ce qui deviendra notre francité qu'avec ce qui est devenu notre humanité.

CHAPITRE 4

Quand les Gaulois étaient insupportables

Ce que le Germain, le Prussien, l'Allemand, le Boche, le Chleuh, le Frisé fut aux Français, le prétendu « Gaulois » le fut aux Romains et aux Grecs. Cette engeance se taillait, en effet, la réputation de vouloir foutre le binz dans le monde entier. Le monde connu, s'entend. Non seulement en Italie, mais aussi en Grèce, en Macédoine, dans les pays danubiens, en Asie Mineure et, naturellement, en Grande-Bretagne. Les Gaulois s'étaient risqués jusqu'au site sacré de Delphes, ce diamant du monde grec, et, comme il s'agissait d'un diamant, ils avaient fait main basse sur tout ce qui leur avait paru briller plus que d'ordinaire. Ce qui aura des conséquences tout à fait directes sur l'histoire de Toulouse, dans la mesure où la bande qui était censée s'être rendue coupable de ce forfait, les Volques Tectosages, fera plus tard de cette ville sa capitale. Ce pourquoi elle attira toutes les convoitises, car du coup on imagina, à tort, qu'elle recelait des trésors considérables.

Une autre horde s'aventura jusqu'au cœur du royaume d'Alexandre le Grand, et c'est à cette occasion qu'un escogriffe qu'on suppose moustachu, à qui le conquérant avait demandé ce que lui et ses congénères gaulois redoutaient le plus, répondit goguenard, à la grande joie posthume des concepteurs de manuels scolaires, qu'ils n'avaient peur de rien, « sauf que le ciel leur tombe sur la tête ». Mais qui a rapporté l'anecdote ? Ou plutôt qui s'en est vanté ?

Rome elle-même, après son supposé saccage par les Sénons, ne fut pas quitte.

À plusieurs reprises, des Gaulois de la plaine du Pô remirent ça et reçurent des renforts de leurs congénères de l'autre côté des Alpes. En 236, ce sont des tribus de la vallée du Rhône qui poussèrent jusqu'à Rimini. Et surtout, en 225, les Boïens et les Insubres, des Galles de chez Galles, renforcés par leurs copains hexagonaux, vinrent à leur tour battre furieusement les environs de la future capitale impériale, y provoquant une indicible terreur. Au point que, pour complaire aux dieux et les convaincre de choisir le bon camp, on enterra vivants deux Gaulois, pris au hasard, au milieu du marché aux bestiaux. On appela, ensuite, en renfort tous les peuples du Sud italien. Victor Duruy, au XIXe siècle, reprend à son compte le chiffre de 150 000 hommes qu'aurait réussi à mobiliser le Sénat romain, ce qui prouve que le prestige académique des sources anciennes les plus farfelues, comme sacralisées, a étouffé l'esprit critique des historiens modernes, et même parfois contemporains. Une fois de plus, il faut sans doute diviser ce chiffre par six ou sept !

La bataille décisive se déroula près du cap Télamon. Elle est restée célèbre, car certains de nos « ancêtres », les Gésates, auxiliaires armés de pieux venus de l'autre côté des Alpes, se dépouillèrent soudain de tous leurs vêtements et chargèrent bite à l'air, mais couverts de bracelets et de colliers étincelants, en poussant des cris de déments. Cette version très hard de la charge des cuirassiers de Reichshoffen déconcentra et affola les Romains, jusqu'à ce qu'ils s'avisassent qu'il était plus facile de percer de son javelot un adversaire à poil que revêtu d'une cuirasse.

En l'occurrence, notre ancêtre se révéla brave, mais con. Il fut évidemment battu à plate couture. L'Histoire romaine a ainsi décrit la trouille qui, ce jour-là, tordit les tripes du légionnaire de base : « La terre même et les lieux d'alentour semblaient pousser des hurlements. Il y avait quelque chose d'effrayant dans l'attitude et les gestes de ces corps gigantesques qui se montraient au premier rang, sans autre vêtement que leurs armes. On n'en voyait aucun dont la nudité ne fût parée de chaînes, de colliers et de bracelets d'or. »

En 222, rebelote : alors que les Romains arrachent peu à peu aux Gaulois la plaine du Pô, ceux-ci font venir du pays celte 30 000 volontaires commandés par le roi Virdomar et tentent une dernière fois une marche sur Rome. Ils sont écrasés, Milan est prise, Virdomar tué.

Les Romains ont définitivement chassé les « barbares » celtes du monde latin.

Barbares ? Rappelons qu'à deux reprises, pour se donner du cœur au ventre, les Romains civilisés n'ont pas hésité à pratiquer, au détriment des Gaulois, des sacrifices humains censés leur garantir l'indulgence des dieux.

Quand les Gaulois ne se battaient pas « contre », ils se battaient « pour ». C'est-à-dire que, comme plus tard les Suisses – qui étaient d'ailleurs des Gaulois en la personne des Helvètes –, ils se louaient au plus offrant. Même Pyrrhus s'en était offert une cargaison. Carthage en avait engagé un important contingent, mais les payait avec un lance-pierres. En fonction de quoi, ils se révoltèrent et, sous le commandement d'un dénommé Autarite, entraînèrent les autres mercenaires dans leur rébellion, ce qui augurait d'une tradition insurrectionnelle qui deviendra une « marque de fabrique de la race », comme auraient dit Maurice Barrès ou Charles Maurras.

Un des principaux lieutenants de Spartacus, qui mena la grande révolte des esclaves, sera gaulois. Or, comme les partisans de Spartacus, Autarite sera crucifié. « Le Christ a vaincu parce que Spartacus a été vaincu », écrira le philosophe allemand Feuerbach. Mais, qu'ils tendent ou non la joue gauche, ils finirent tous les deux pareil.

En ce temps-là, les légions étrangères étaient gauloises

L'affaire des mercenaires gaulois de Carthage suffirait à elle seule à expliquer pourquoi nos fameux ancêtres se fabriqueront eux-mêmes une image de garnements insupportables. Il était fatal, en effet, après que Rome eut subjugué l'ensemble de l'Italie, que cette république latine se confrontât à l'autre puissance qui lui disputait le contrôle de l'espace méditerranéen : la république phénicienne de Carthage.

Carthage qui, vers l'an 250 avant Jésus-Christ, avait placé sous sa domination une grande partie de l'Afrique connue, l'Espagne, les Baléares, la Corse, la Sardaigne, Malte et une bonne moitié de la Sicile, dont Agrigente. C'est en Sicile, précisément, que les deux puissances à volonté hégémonique commencèrent à se heurter. Ce pourquoi Carthage y fit venir de nombreux mercenaires gaulois.

Ceux-ci, tant qu'on les paya rubis sur l'ongle, firent très convenablement leur boulot de guerriers à gages. Mais, les choses tournant mal, la paie se fit attendre. En conséquence de quoi, les assiettes et les écuelles se vidèrent. Résultat : à Agrigente, 4 000 condottieres gaulois se déclarèrent en grève. Sur le tas. Nul n'osa tenter de les soumettre. Un lock-out n'aurait eu aucun sens. À la suite d'une sorte de Grenelle du mercenariat, les généraux carthaginois leur promirent donc de leur payer des arriérés de solde et d'y ajouter une gratification. Ils reprirent aussitôt le travail. En fait, le commandant en chef punique leur avait réservé un chien de sa chienne : il les envoya, couverts de compliments mais mal armés, à l'assaut d'une ville voisine contrôlée par les Romains en leur affirmant qu'ils pourraient la piller d'autant plus gaiement que le parti pro-carthaginois y avait infiltré de nombreux agents prêts à leur ouvrir les portes. En même temps, ce triste sire – d'où peut-être l'expression « mauvaise foi punique » – fit prévenir l'ennemi, par l'intermédiaire d'un faux transfuge, que le contingent gaulois allait attaquer, où, comment et à quelle heure !

Pas besoin, donc, de CRS : l'ennemi se chargea de la besogne répressive. Les mercenaires grévistes furent exterminés.

Cependant, la famine s'aggravant, cette perfidie n'éteignit pas le mécontentement. Beaucoup de Gaulois désertèrent et passèrent chez les Romains. Lesquels, aussitôt, les incorporèrent à leur armée. Ce pourrait bien être la première fois, dans leur histoire, qu'ils « barbarisèrent » leurs troupes.

C'est alors qu'un commandant carthaginois, du nom d'Amilcar (patronyme fort répandu chez ce peuple), eut une vacherie d'idée qui illustrait plus évidemment la tortuosité de son esprit que sa droiture. Comme il avait gardé sous la main un contingent gaulois et que, celui-ci, il le choyait, il lui ordonna de feindre une désertion collective, de se livrer aux Romains, de demander à rencontrer leurs officiers pour se mettre à leur service, puis de les massacrer ou de les faire prisonniers. Mission accomplie. Du coup, les Romains, de plus en plus convaincus que les Gaulois étaient de peu recommandables énergumènes, pour ne pas dire d'invétérées crapules, refusèrent d'accueillir des déserteurs.

C'est alors que nos bons ancêtres vont commettre l'une de leurs plus exécrables actions. Ils avaient été incorporés à la garnison de la ville d'Éryx, assiégée par les Romains. Or, ce qui avait rendu célèbre cette cité sicilienne, c'était son temple de Vénus, considéré comme le plus fastueusement doté du pays. La seule évocation de ce trésor à portée de griffe, rapporte Polybe, allumait dans les yeux des Gaulois stipendiés d'inquiétantes lueurs. Ce pourquoi on se méfiait. On avait raison. Une nuit, ils désertèrent, passèrent dans le camp d'en face, permirent aux Romains de s'emparer de la ville, y entrèrent avec eux, firent main basse sur le trésor et s'éclipsèrent.

Diodore de Sicile affirme, lui, qu'une autre bande de mercenaires gaulois provoqua un désastre et la perte de soixante éléphants à cause de sa tendance à lever le coude aussi fréquemment coupe de vin en main qu'épée de fer au poing.

De toute façon, Carthage perdit cette première guerre et dut évacuer la Sicile. On décida de licencier les mercenaires. Mais on n'avait pas de quoi solder leur compte. Ils s'en émurent. On s'affola. Les généraux résolurent de refiler le mistigri à leurs supérieurs. Ils conseillèrent aux contestataires d'aller exposer leurs doléances à Carthage même. Ceux-ci ne se le firent pas dire deux fois. Ils s'embarquèrent. Sous la direction du fameux Autarite. Arrivés à Carthage, on leur fit savoir que, les caisses étant vides, et compte tenu de la politique d'austérité qui avait été mise en œuvre pour combattre les déficits et dégonfler la dette – eh oui, c'est de tout temps ! –, on les priait respectueusement de se contenter de clopinettes. Ils hurlèrent à l'arnaque. S'insurgèrent. Mais, cette fois, ils entraînèrent dans leur mouvement social armé la quasi-totalité des autres mercenaires, quel que soit leur pays de provenance. Un esclave des Romains en fuite, Spendius, un Africain, mais surtout le Gaulois Autarite, doué d'une énergie farouche servie par une rare éloquence – il parlait le carthaginois –, en prirent la tête.

On a occulté, parmi beaucoup d'autres, cet événement. Il n'est cependant pas sans anticiper le grand soulèvement de Spartacus. La première initiative des insurgés consista, en effet, à appeler à l'insurrection l'ensemble des populations africaines vivant sous le joug « aristocratique » carthaginois et à les inciter à revendiquer, à exiger, à arracher leur indépendance. Cet appel eut un retentissement considérable. Un peu partout, on courut aux armes ou bien on alimenta les insurgés en nourriture et en matériel. Ceux-ci remportèrent plusieurs victoires. Pendant trois ans, on s'étripa avec une férocité peu égalée. D'un côté, on se complaisait à mutiler les prisonniers : ici, on leur coupait une main ; là, on leur arrachait la langue ; ailleurs, on leur crevait les yeux. Du côté punique, on les crucifiait ou on les livrait aux lions. On remarquera que les symboles du martyrologe chrétien furent en quelque sorte inventés par les Carthaginois.

Carthage, à plusieurs reprises, manqua de succomber. Jusqu'à ce que le commandant des forces puniques parvienne à encercler les rebelles, à les affamer et à les assoiffer. Selon Polybe, ils auraient même, pour survivre, boulotté certains de leurs prisonniers.

Fin de partie : acculés à la reddition, Autarite, Spendius et huit autres meneurs rebelles négocient la paix avec Amilcar, qui n'exige que la livraison de dix dissidents. Surpris par une telle clémence, les chefs insurgés signent. Et, aussitôt, on se précipite sur eux : « C'est vous que j'ai choisis ! » leur lance Amilcar. Après quoi, on massacre tout de même le reste de la troupe.

Comme il reste à reconquérir Tunis, que d'autres insurgés occupent, on dresse, face à la ville, des croix sur lesquelles sont cloués Spendius et Autarite, l'esclave et le Gaulois !

On aimerait conclure cet épisode sur le martyre anticipateur de ces deux héros. Hélas, une énième félonie vint couronner cette tragédie, qui fut peu à peu effacée des mémoires. Huit cents guerriers gaulois au service de Carthage, qui avaient déserté pour se rallier aux Romains, furent expédiés par ces derniers en Épire. On les affecta à la défense d'un port du nom de Phénice. Mais ils trahirent de nouveau et livrèrent la place à l'ennemi.

Quant à Amilcar, qui fut amené à combattre d'autres Gaulois, les Celtici – établis, ceux-là, en Espagne –, et infligea à leur chef des supplices atroces, il fut tué lors de cette campagne et remplacé par son gendre Hasdrubal. Or, cet Hasdrubal fut assassiné par l'esclave d'un chef portugais désireux de venger son maître que le Carthaginois avait fait condamner à mort pour trahison. Et cet esclave était gaulois !

CHAPITRE 5

Quand les Gaulois s'engageaient derrière Hannibal

L'affrontement entre les deux impérialismes romain et carthaginois n'était pas terminé. Après la première guerre punique, il y en eut une deuxième, dont Hannibal fut le personnage central. Elle nous concerne ici à un double titre. D'abord, parce que, le stratège carthaginois ayant décidé de porter la guerre en Italie, il dut, pour ce faire, franchir, avec ses fameux pachydermes, à la fois les Pyrénées et les Alpes, c'est-à-dire traverser la Gaule méridionale. Ensuite, et surtout, parce qu'il espérait rallier à sa croisade antiromaine à la fois les Gaulois du sud de la France et ceux du nord de l'Italie, qui venaient tout juste d'être vaincus et dominés par les Romains. Les Romains, eux, comptaient sur les cités helléniques de Marseille et d'Ampurias pour surveiller sa route.

Quand Hannibal, ayant franchi le Perthus, déboucha dans les plaines du Roussillon, malgré les désertions, il était encore à la tête de 50 000 fantassins et 9 000 cavaliers. Arrivé à Iliris (ou Illiberis, cité des Sordons, aujourd'hui la ville d'Elne dans les Pyrénées-Orientales), en plein mois d'août, il s'arrêta et entreprit de consulter les principaux chefs gaulois pour jauger leur état d'esprit. Il les rencontra à Ruscino (Castel-Roussillon) et leur proposa une manière de front commun anti-impérialiste dirigé contre l'hégémonisme dominant. Mais, préalablement, ces mêmes chefs gaulois avaient eu droit à la visite de vieux sénateurs romains – un pléonasme – qui les avaient suppliés, contre toutes sortes de promesses, dont certaines étaient assez terre à terre, d'interdire « leurs champs et leurs villes » aux Carthaginois. Les Marseillais, qui parlaient des Gaulois un peu comme les pieds-noirs parlaient des Arabes, avaient expliqué aux ambassadeurs romains que les Celtes, qu'ils « connaissaient bien », étaient impossibles à dompter, mais toujours prêts à se vendre. Donc à acheter.

Les premières rencontres entre magistrats romains empaquetés dans leurs toges et chefs tribaux gaulois en tenues amples et bariolées furent assez folkloriques. D'abord, à leur grande surprise, alors qu'ils s'attendaient à se trouver face à des espèces de diplomates, tout au moins à des sages d'un certain âge, les Romains découvrirent une cohue d'individus de tous les âges, ancêtres et gamins mêlés, tous armés jusqu'aux dents, gesticulant et piaillant à qui mieux mieux. Nos dignes notables exposèrent, de façon quelque peu compassée, « au nom du Sénat et du peuple romain » – expression que les Gaulois parurent ne pas bien comprendre –, leur proposition d'« alliance » contre l'intrus, non sans avoir préalablement fait valoir la grandeur et l'exemplarité de la République qui faisait à des peuples inférieurs l'honneur de telles avances.

À ces mots, les Gaulois se mirent à se tire-bouchonner. L'hilarité qui les conduisit quasiment à se tordre en se tenant les côtes, comme pris de hoquet, atteignit une telle intensité que les honorables sénateurs ne parvinrent plus à en placer une.

Ce que, entre deux bouffées de rigolade, répliquèrent les petits chefs celto-ligures ou celto-ibères peut, à en croire les historiens grecs et romains qui rapportèrent leurs propos, se résumer ainsi en langue d'aujourd'hui : « Vous nous prenez vraiment pour des bouffons ! Il faut être gonflé pour venir nous exciter à la castagne afin de ne pas avoir à vous bagarrer vous-mêmes... Et pourquoi nous engagerions-nous dans cette galère ? Carthage ne nous a pas plus infligé d'injures que Rome ne nous a rendu de services. On n'est pas des bouseux, nous sommes tout à fait au courant que vous traitez les nôtres en Italie comme de la caillera, et vous venez ici, la bouche en cul de poule, nous demander notre aide ! »

Cette actualisation *a posteriori* des paroles gauloises ne trahit pas plus leur contenu que leur reformulation aux normes académiques par les historiens romains.

Il semblerait que les envoyés du Sénat aient reçu partout le même accueil, sauf à Marseille, où l'on se mit spontanément à leur disposition.

Ce qui ne signifie pas que les Gaulois se rangèrent tous derrière Hannibal. Ce dernier, riche de l'or espagnol, dut leur graisser largement la patte pour les faire sortir d'une suspicieuse neutralité. Et c'est après avoir été copieusement arrosés que, réunis à Elne, ils acceptèrent de donner au chef carthaginois quelque espoir. Un traité fut conclu. Il stipulait en particulier que, en cas de bisbilles entre Carthaginois et indigènes, ce serait, selon une tradition ligure, les femmes autochtones qui auraient à en juger. Hannibal ne fut pas dérangé dans sa marche, on protégea ses relais, on sécurisa sa poste. Et on se massa, par curiosité, sur le passage de ses troupes.

À cela, il y avait une solide raison : c'est que, de mémoire de Ligure, d'Ibère ou de Celte, on n'avait jamais vu un tel spectacle. Non seulement les trente-sept éléphants, monstrueux chars de combat à pattes et à trompe, qui, bien qu'on en connût vaguement l'existence, provoquèrent dix fois plus de stupéfaction que la célèbre girafe dans le Paris de Louis-Philippe ; mais aussi les Nubiens qui les conduisaient et qui (eh oui, ma chère, je les ai vus, de mes yeux vus !) étaient aussi noirs que la nuit – première rencontre du Ligure et du black ; les Africains flottant dans des robes d'apparat qui éclaboussaient de blancheur ; les Berbères dont les capuches auréolaient les visages au profil de médaille ; les Numides caracolant sur leurs petits chevaux nerveux ; des Lusitaniens que même les Gaulois les plus reculés regardaient comme des barbares ; des Espagnols aux vêtements bariolés comme pour le bal et dont les glaives d'acier jouaient avec le soleil ; les archers recrutés en Crète ; des frondeurs venus des Baléares ; une armée de Babel, en somme, une internationale en marche. Et, en avant de cette mondialisation troupière, s'égaillaient des distributeurs de cadeaux qu'imiteront plus tard les sponsors du Tour de France.

Un peu avant Nîmes, une délégation de Gaulois Boïens vint se mettre à la disposition du général carthaginois en lui affirmant que les Celtes d'Italie du Nord n'attendaient que son arrivée.

C'était prendre ses désirs pour des réalités.

Ainsi, quand Hannibal entreprit de traverser le Rhône, entre Beaucaire et Tarascon, convaincu que le peuple volque, qui dominait et cadenassait les lieux, lui était acquis, il découvrit que ceux-ci étaient en réalité scindés en deux partis, l'un qui lui était favorable, l'autre qui lui était hostile. Donc les Volques favorables lui fournirent des bateaux, des barques et de vastes radeaux pour y transborder les éléphants. Mais les Volques hostiles, eux, un peu plus nombreux, se massèrent de l'autre côté du fleuve avec l'intention bien arrêtée de couler ces mêmes bateaux, ces mêmes barques et ces mêmes radeaux. Un peuple gaulois, deux tendances : César, plus tard, en fera lui aussi les frais, ou en tirera avantage.

Hannibal régla le problème grâce à une feinte archiclassique : alors que son armée était ostensiblement massée à un endroit donné, appuyée par les bons Volques, il envoya une cohorte d'Espagnols passer clandestinement le fleuve, plus loin, au niveau d'Avignon, pour prendre à revers les mauvais Volques et incendier leur camp.

Pour compliquer les choses, pendant qu'il exécutait son habile traversée, Hannibal apprit que l'armée romaine de Scipion, conseillée et guidée par des Marseillais, avait débarqué non loin de là. Il dépêcha en reconnaissance un peloton de cavaliers numides qui se heurtèrent... à une compagnie de cavaliers gaulois au service de Marseille.

Cette ambivalence gauloise ne cessa de rythmer l'avancée d'Hannibal.

Au point que, selon Polybe, « connaissant leur inconstance, il craignait de les voir attenter à sa vie. Ce pourquoi il fit faire un certain nombre de perruques convenant aux âges les plus différents et en changeait continuellement ».

Alors qu'il hésitait sur le chemin à prendre pour déboucher dans la plaine du Pô, il fut rejoint de nouveau par une délégation de Gaulois Boïens qui lui assura que la route des Hautes-Alpes était libre, sans danger, pourvue de relais, et que, de l'autre côté, les Celtes n'attendaient que son apparition pour se joindre massivement à lui. Il s'engagea donc dans la vallée de l'Isère, qui traversait le territoire des Allobroges, l'un des plus puissants peuples de la Gaule.

Ceux-ci allaient-ils lui faciliter la tâche ? Devinez ? Évidemment, les Allobroges se coupèrent en deux. Il est vrai que deux frères s'y disputaient la royauté. L'un d'eux implora son secours ; l'autre, du coup, lui devint hostile. Il permit au premier, représentant le parti conservateur, de s'emparer du pouvoir et d'en chasser le second, soutenu par la jeunesse. Alors, les Allobroges se mirent à son service, aidèrent ses troupes à se reposer entre Valence et

Romans, puis le conduisirent jusqu'au pied de la haute montagne.

Les troupes carthaginoises eurent du mal à franchir le Drac, près de Grenoble, mais, là encore, la population se montra favorable. Lorsqu'elles s'engagèrent dans la vallée de la Maurienne, les Allobroges prirent congé. Ils passèrent le relais, sauf qu'il n'y avait personne pour le saisir. En effet, des Gaulois qui devaient accourir de partout pour se joindre à l'armée d'invasion, il n'y en avait pas la queue d'un. En revanche, les montagnards commencèrent à se masser sur les crêtes dans une attitude à l'évidence hostile. Heureusement, Hannibal apprit qu'en matière guerrière ils en étaient déjà, ou presque, aux trente-cinq heures. Pas question de se battre en dehors des heures dévolues à ce sport. Les Carthaginois en profitèrent.

On traversa ensuite le territoire d'une autre peuplade ; il y eut une nouvelle attaque. Mais les assaillants s'y prirent comme des manches.

Quand Hannibal, obstacles franchis, arriva en vue de Turin, il ne lui restait plus que 26 000 combattants et 6 000 cavaliers. Surtout, les renforts gaulois annoncés s'étaient massivement inscrits aux abonnés absents. Le formidable soulèvement celte attendu n'était-il qu'un mirage ? Les Gaulois, fiers de leur sang et dont l'ethnicisme constituait le seul moteur qui pût leur faire dépasser le tribalisme, boudaient-ils un présumé libérateur africain dont les soldats étaient plus bronzés que d'ordinaire ? Comme beaucoup d'entre eux bouderont le Germain Civilis.

Hannibal ne décolérait pas : c'étaient finalement des Gaulois qui l'avaient convaincu d'entreprendre cette aventure, qui lui avaient laissé entrevoir un ralliement massif, et ils se planquaient. Certains, y compris des Boïens, s'engageaient même dans les rangs romains. Lors du premier combat, il y eut des Gaulois des deux côtés. Mais le premier succès d'Hannibal, en 218, décida les auxiliaires gaulois qui se battaient aux côtés des Romains à se rallier à l'armée carthaginoise.

En réalité, nos « ancêtres » attendaient de savoir qui allait l'emporter pour choisir leur camp. Compte tenu qu'une victoire punique leur était infiniment plus sympathique qu'une victoire romaine. Ce pourquoi, après la grande défaite romaine de la Trébie et la conquête du Nord italien, les Boïens et les Insubres, membres des tribus celtes qui dominèrent longtemps la plaine du Pô, affluèrent dans le camp d'Hannibal.

Ce ne fut cependant pas une ruée. De 20 à 25 000 Gaulois, et non les 100 000 attendus, renforcèrent l'armée d'Hannibal. Mais ils y jouèrent militairement un rôle majeur. Ils furent systématiquement placés en avant et ils morflèrent. Lors de la bataille de la Trébie, ils soutinrent le premier choc et ils fournirent presque tout le contingent de morts et de blessés. À Trasimène, en 217, ce sont eux qui arrachèrent la victoire et subirent, là encore, les plus grosses pertes. À Cannes, les deux tiers des victimes provenaient de leur camp. Leur rôle consistait à se faire tuer sur place pour permettre aux cavaliers numides de surgir et d'emporter la décision.

Après la bataille de Cannes, désastre romain, il y eut bien, attisée par les Boïens, une tentative de soulèvement qui coûta aux Romains un consul et deux légions. Mais les insurgés perdirent le contact avec Hannibal, qui s'enfonçait dans le sud de la botte.

Étrangement, en 207, le frère d'Hannibal, Hasdrubal, descendu à son tour par l'Espagne, rallia à sa cause beaucoup plus de Gaulois que son aîné. Il semble que toute l'Aquitaine et la Provence se soient rangées derrière lui. Même des Arvernes vinrent le conforter. Il traversa le Languedoc, remonta la Durance, passa le Mont-Genèvre sans encombre. Son objectif était de rejoindre Hannibal. Mais, lorsqu'il dut engager une première bataille contre les légions, ses auxiliaires gaulois, qui concevaient la guerre comme une fantasia et non comme un fastidieux et monotone effort, démoralisés par une trop longue marche, épuisés, écrasés de chaleur, les uns mourant de soif, les autres ivres morts, se laissèrent tailler en pièces sans presque résister.

Après ce désastre, un autre frère d'Hannibal et d'Hasdrubal, Magon, débarqua à Gênes, tentant encore de constituer autour de lui une armée gallo-ligure. Battu, il rembarqua. Mais un autre général carthaginois, alors même que son pays avait perdu cette deuxième guerre punique, souleva la plupart des tribus celtes et ligures d'Italie du Nord, prit la ville de Plaisance, avant de succomber à son tour, laissant les derniers Galles d'Italie poursuivre seuls la lutte quelques années encore.

Marseille, tout au long de cet interminable conflit, avait efficacement secondé Rome.

Dans un premier temps, elle eut toutes les raisons de s'en croire récompensée. Dans un second temps, quelque soixante ans plus tard, les Marseillais, à leur tour vaincus et ruinés par Jules César, s'apercevront qu'ils avaient été les dindons de la farce.

Chapitre 6

La gauche romaine incite à coloniser la Gaule

Apparemment, la chute de Carthage faisait les affaires de Marseille. Puisque Rome, qu'elle avait aidée et secondée, n'avait plus rien à lui refuser, la cité phocéenne entreprit de tirer sur la corde.

D'abord, elle demanda et obtint qu'on la débarrasse des pirates ligures qui infestaient ses côtes. Puis, en 154, elle appela le nouveau gendarme de la Méditerranée à l'aide.

Les tribus ligures qui se situaient entre Fréjus et Monaco assiégeaient Nice. Massalia avait certes les moyens de secourir sa colonie, mais pourquoi se mettre en frais quand il suffisait de faire faire le boulot à son puissant protecteur ? À vrai dire, les Romains ne se précipitèrent pas. Le Sénat envoya une commission d'enquête. Mais quand celle-ci débarqua, non loin de l'actuelle Cagnes-sur-Mer, les autochtones lui piquèrent ses valises et blessèrent même l'un des commissaires, qui dut aller se faire soigner à Marseille. Inacceptable affront ! On sait que la France conquit l'Algérie pour moins que ça : un coup d'éventail. Le consul de l'année (rappelons qu'on en changeait tous les ans) se sentit donc contraint d'intervenir. Il mit à feu et à sang les lieux où le « forfait » avait été commis. Puis il se paya les deux tribus coupables, les Oxybiens et les Décéates – ce qui ne représentait nullement un exploit, vu qu'elles étaient minuscules. Tout le territoire conquis, jusqu'au golfe Juan, fut rétrocédé à Marseille et, surtout, l'accès au rivage fut interdit aux tribus ligures. Bonne affaire !

Jamais la cité grecque n'avait joui d'un tel prestige. N'était-ce point l'un de ses navigateurs, Pythéas, qui, le premier, passa le détroit de Gibraltar, remonta les côtes espagnoles et aquitaines, explora l'Armorique, débarqua en Grande-Bretagne, découvrant en quelque sorte l'existence de cette grande île, avant de s'aventurer jusqu'en Scandinavie ? Et cela, tandis qu'un autre Marseillais descendait les côtes africaines. Pythéas, qui détermina la latitude de Marseille avec une stupéfiante précision et expliqua le phénomène des marées par les mouvements de la lune, raconta, dans un ouvrage qui devint vite un best-seller, son aventure digne de celle de Marco Polo. Le problème, c'est qu'aussitôt on l'accusa, en partie à tort, d'exagération, voire d'affabulation. Parce qu'il était marseillais ?

La tentation était donc grande, chez les Massaliotes, de recourir systématiquement aux interventions romaines pour accroître leur territoire et augmenter leur puissance. Quel meilleur allié pouvait-on espérer que celui-là, qui accourait, donnait un coup de main, puis rentrait chez lui ?

Sauf que des événements considérables qui se déroulèrent à Rome, à partir de 134 (avant Jésus-Christ), changèrent totalement la donne. Rome où, souligne Plutarque, « ceux qui meurent pour la défense de la patrie ne meurent que pour nourrir le luxe et l'opulence de quelques-uns ». « On croit mourir pour la patrie, on meurt pour les capitalistes », écrira vingt et un siècles plus tard Anatole France.

Des slogans gravés sur les murs répandaient partout les cris de colère que suscitait une telle iniquité.

On peut résumer ainsi les conséquences qu'entraînèrent cet immense mouvement social : révolution plébéienne, essai de réformisme radical, création d'un parti démocrate populaire et, face à lui, droitisation de la faction aristocratique et conservatrice, exacerbation des affrontements de classes (« affrontements » et « classes » étant volontairement, ici, mis au pluriel) tournant régulièrement à la guerre civile partisane, et les classes moyennes, c'est-à-dire les « chevaliers », faisant office de formation centriste ou intermédiaire.

Cette situation eut trois conséquences majeures qui, toutes, bouleversèrent de fond en comble la réalité dont la Gaule, et les Gaulois, étaient l'enjeu.

D'abord, le parti démocrate populaire, dans le sillage des deux tribuns de la plèbe, Tiberius et Caius Gracchus, renversés et éliminés par les activistes du parti conservateur, mit à son programme, non seulement la réforme agraire, mais également la distribution de nouvelles terres aux chômeurs et aux précaires de la plèbe. Or, où trouver sans cesse de nouvelles terres à distribuer ? En Italie ? Mais, comme ceux qui s'en déclaraient propriétaires étaient issus de peuples alliés, cela suscitait des chicayas interminables et parfois sanglantes. D'où le besoin d'en trouver ailleurs et, donc, de conquérir cet « ailleurs ». Ainsi la gauche sociale et progressiste romaine fut-elle entraînée à mener une politique d'expansion impérialiste, exactement comme la gauche républicaine française de la fin du XIXe siècle et pour à peu près les mêmes raisons.

La deuxième conséquence fut non seulement que les deux camps recherchèrent des leaders charismatiques, mais en outre que leurs confrontations, qui se transformèrent en confrontations armées, les conduisirent à se ranger derrière des généraux victorieux, lesquels, pour s'imposer et renforcer le prestige de leurs partis respectifs, avaient besoin de victoires, donc de conquêtes. Ce pourquoi cet affrontement droite-gauche prit la forme du choc Marius contre Sylla, puis César contre Pompée. Or, Marius, puis

César, se servirent de la Gaule comme d'un tremplin politique.

Troisième et dernière conséquence : qui dit guerres intestines, dit nécessité de disposer d'armées de plus en plus nombreuses, donc de recruter de plus en plus de soldats, ce qui entraîne une inflation du nombre de vétérans auxquels, à leur tour, si l'on ne veut pas qu'ils s'insurgent, il faut attribuer des terres. D'où la multiplication des créations de colonies militaires. Où ? En Gaule !

Ainsi, nous nous trouvons tout à coup confrontés – et cela durant quatre-vingt-cinq années – à un schéma radicalement nouveau, qui rend l'évolution de la situation en Gaule totalement tributaire des aléas des affrontements politiques à Rome opposant le parti démocrate populaire au parti conservateur patricien. Et, dans le pire des cas, des aventuriers militarisés et démagogues à des caudillos autocrates au service de l'oligarchie. César fut l'ultime rejeton de cet embrasement. Comme d'ailleurs, dix-neuf siècles plus tard, Bonaparte, issu lui aussi du parti populaire.

Marseille n'avait ni anticipé ni accompagné cette formidable mutation romaine. Elle se conduisit un peu comme ces « pacifistes » français qui admiraient l'Allemagne de Beethoven, de Goethe et de Kant, sans comprendre, en 1938, qu'il ne s'agissait plus tout à fait du même pays. Elle voulut, jusqu'au bout, vivre dans l'illusion qu'elle avait choisi la République une et indivisible romaine, héritière de la civilisation hellénique, contre la barbarie.

Or, il n'y avait plus une seule République romaine, mais deux. Rome se dressait contre Rome. Bientôt, la Gaule sera dévastée par une armée romaine pourchassant une autre armée romaine. Bientôt, les Gaulois d'Aquitaine se regrouperont autour d'un grand et glorieux chef romain, Sertorius, dont l'armée luttait… contre le Sénat romain. Bientôt, les Gaulois seront châtiés par une autorité romaine pour avoir soutenu une autre autorité romaine. Bientôt, les Allobroges de l'Isère seront tentés de prendre part, à Rome, à un coup d'État organisé par des Romains contre le pouvoir romain. Bientôt, surtout, des dizaines de milliers de Gaulois engagés – eh oui ! – derrière César participeront à sa guerre contre Pompée, tandis que Marseille, ne pouvant plus faire « comme si », choisira, elle, le camp de Pompée et en sera cruellement punie.

Il existe encore des écrivains-historiens qui racontent la conquête de la Gaule par les Romains en la déconnectant totalement de la guerre sociale et partisane qui déchira la République, jusqu'à la transformer en un cache-sexe de l'Empire. C'est parfaitement dérisoire. Croit-on qu'entre la prise de la Bastille, le putsch des Montagnards jacobins, l'épopée italienne de Bonaparte et l'expansionnisme napoléonien, il n'y a aucune connexion ? Que le colonialisme de la fin du XIXe siècle n'a aucun rapport avec l'exacerbation des antagonismes sociaux accompagnant la montée du socialisme ?

Soulignons-le en guise de pure provocation : quand Jules César, leader en titre de la gauche romaine, se livra, outre-Rhin, à d'ignominieuses exactions contre deux tribus germaniques, et que ses partisans lui firent fête, c'est le leader de la droite *a priori* réactionnaire, viscéralement républicain par ailleurs, Caton, qui se leva pour fustiger de tels crimes contre l'humanité !

Donc, les Marseillais, après s'être allégés à bon compte des tribus ligures côtières, s'avisèrent que les Romains pouvaient également les débarrasser des Salyens, ce peuple celto-ligure dont ils prétendaient qu'il leur faisait des misères. Ils implorèrent une nouvelle fois une « assistance ». Rome ne se fit pas prier. Ce fut du gâteau. Les pauvres Salyens furent défaits en deux coups de cuillère à pot. On en profita pour mettre au pas les Voconces. Ce fut une belle provision d'esclaves. On brûla un peu, on pilla beaucoup. Le roi des Salyens, un certain Teutomal, s'acquitta droitement de son devoir de souverain : il défendit son peuple. Il fut mis hors la loi. De la loi romaine s'entend, car il avait au contraire obéi à la sienne. Les Allobroges de l'Isère se comportèrent bien : ils lui offrirent l'hospitalité. Ils le paieront cher, comme on le verra.

En attendant, le consul et général romain (car tout consul commandait l'armée pendant l'année de son consulat), dont il importe de mentionner qu'il s'appelait Sextius, très exactement Gaius Sextius Calvinus, dévaste le pays entre Var et Rhône. Une fois de plus, il en remet ensuite la plus grande partie aux Massaliotes. Mais, au nord de Marseille, une colline bordée d'une rivière alanguie au fond d'une petite vallée basse, l'Arc en l'occurrence, lui tape dans l'œil. D'autant qu'y suintent un peu partout des sources d'eaux claires dont certaines se révèlent dotées de vertus thermales. Le consul décide d'y établir une ville d'agrément. Sitôt décidé, sitôt entrepris : de terre jaillissent murailles, aqueducs, maisons, thermes. Aquae Sextiae – les eaux sextiennes –, du nom du consul, est née et deviendra Aix-en-Provence, le paradis estival préféré des Massaliotes cossus et des officiers romains rhumatisants. Alliance du glaive et du capital.

Rome avait fait la guerre, Marseille lui avait acheté des complicités chez l'ennemi. Un jour que le consul Sextius procédait à une vente aux enchères de captifs, l'un d'eux sortit du rang, furibard, et fit remarquer que, compte tenu de tout ce qu'il avait fait en faveur de Rome, dont il était en quelque sorte un agent – agent sans doute stipendié par les Massaliotes –, au point de se faire cracher à la figure par ses compatriotes, il ne comprenait vraiment pas pourquoi on le réduisait en esclavage. Sextius le fit aussitôt délivrer et l'invita à désigner les personnes dont il se portait garant. Il en désigna neuf cents !

Le coup fumant de Marseille et le ridicule de l'empereur Bituit

Mais tout cela n'était qu'un préambule. Les Marseillais allaient réussir un coup beaucoup plus fumant. Ils savaient, grâce aux nombreux commerçants qui sillonnaient la Gaule et leur servaient d'espions, que les Éduens et les Allobroges, qui comptaient parmi les peuples les plus puissants de Gaule, étaient quasi en guerre. Et, naturellement, les Arvernes, ennemis héréditaires des Éduens, soutenaient les Allobroges.

Les Phocéens de Marseille convainquirent donc les Éduens, qui rayonnaient sur le sud de l'actuelle Bourgogne, que leur isolement les condamnait à l'anéantissement et que leur seule façon de s'en sortir consistait à conclure une alliance en bonne et due forme avec les Romains, comme ils l'avaient fait eux-mêmes pour leur plus grand profit. Tope là ! Affaire conclue. Magistrats éduens et sénateurs romains ratifièrent un solide traité. Les Éduens reçurent le titre d'« amis et alliés du peuple romain ». Et, en échange, ils attribuèrent aux Romains la qualification de « frères ».

Cela signifiait quoi ? Que Rome devait voler au secours des Éduens si nécessaire, et les Éduens seconder les Romains si ceux-ci le leur demandaient. On sait à quoi conduit ce genre de traités, automatisant un devoir d'assistance. À la guerre de 1914, à celle de 1940.

En l'occurrence, par ce contrat, la Gaule était déjà virtuellement conquise. C'est pour s'y conformer que les Romains intervinrent contre les Allobroges et, du même coup, conquirent la Provence. Mais c'est pour s'y conformer également que, à la demande des Éduens, Jules César intervint en Gaule. Et s'en empara.

Les Éduens, comme les Massaliotes, comme plus tard les Rèmes champenois, avaient pris ce risque dans l'espoir d'asseoir leur hégémonie respective. *In fine*, c'est une autre hégémonie qu'ils servirent et à laquelle ils durent à leur tour se soumettre.

Pour Rome, désormais, l'affaire était dans le sac. Le consul Domitius – lui aussi, il faut retenir son nom parce qu'il traça une route stratégique qui le porta – dépêcha chez les Allobroges une ambassade chargée d'exiger la livraison du roi Teutomal, qui s'était réfugié chez eux, et l'abandon de toute politique hostile aux amis éduens. Les Allobroges le prirent de haut. Ils s'armèrent. Les Romains avaient leur prétexte.

C'est alors qu'intervint le roi des Arvernes. Contre les Éduens, il était allié aux Allobroges. Mais, craignant le pire, il tenta une médiation. Laquelle, il faut bien l'admettre, fut passablement ridicule.

Ce roi auvergnat, nommé Bituit, était à la tête de ce qu'on appela un « empire arverne ». C'est tout à fait exagéré. Bituit régnait sur un empire un peu comme la reine d'Angleterre règne sur le Commonwealth. Une multitude de tribus, une poussière de cantons, quelques cités plus importantes s'étaient simplement mêlés, par opportunisme, à la vaste clientèle de ce souverain. Ce pays montagnard avait su se concilier des peuples montagnards : Vellaves du Velay, Gabales du Gévaudan, Ruthènes du Rouergue, Cadurques du Quercy qui donneront leur nom à Cahors, Lémovices de Corrèze, etc.

Ce vague assemblage était réellement gaulois. C'est-à-dire que, malgré sa diversité assumée, une langue, une religion, une mémoire collective, le cimentaient autour d'une monarchie héréditaire et ostentatoire. Mais, précisément, si ostentatoire et autocratique qu'il en était de cette fédération très floue comme de celle que concocta Napoléon : que l'empereur tombe sur un bec, et tout s'effondre.

Bituit, roi-empereur, était le fils de Luern, dont on nous raconte que, debout sur son char d'argent décoré comme une devanture la veille du Premier de l'An, étincelant d'or, vêtu de pourpre, bardé d'armes qui ressemblaient à des bijoux, encorné et emplumé, précédé d'immenses meutes de chiens hurlants (auxquels on livrait accessoirement des prisonniers ou des esclaves), il commandait à une armée de 200 000 hommes. Une blague évidemment, mais qu'on le crût haussait son prestige.

Ce Luern, père de Bituit, était célèbre parce que, en bon communiquant, lui aussi fasciné par Massalia, il avait invité les Grecs à un festin. Et ces derniers, qui ne s'en étaient pas remis, avaient ensuite passé leur temps à en faire de démentielles descriptions : le despote avait fait dégager, décorer et enclore un espace de 500 hectares, y avait entassé, aux côtés de bêtes entières promises à la rôtissoire, des montagnes de victuailles diverses cernées de cuves de vin et autres boissons, le tout bercé par le ululement des courtisans et des poètes qui chantaient sa gloire. La bouffe pantagruélique dura, paraît-il, plusieurs jours. En comparaison, les rave parties contemporaines font figure de dînettes.

Quand il se rendait, enchâssé dans sa carriole enchantée et dégoulinante de richesses volées à ses peuples, à de telles agapes, le monarque jetait des pièces d'or à la piétaille écrabouillée de révérence, tandis qu'un barde à pied courant dans son sillage se livrait à un concours de basses flatteries dans l'espoir d'obtenir un lancer de bourse pleine.

Ce Luern, comme son fils Bituit, fit beaucoup pour ancrer les Romains dans l'évidence d'une supériorité de leur république sur l'archaïsme de ce despotisme néo-oriental. Les futurs sujets de Néron ne savaient pas encore, il est vrai, que, grâce précisément à leur conquête des Gaules, ils devraient plus tard subir des tyrannies qui n'auraient rien à envier à l'archéo-monarchisme gaulois.

Bituit, le fils de Luern, envoya donc une députation au consul romain. Le moins qu'on puisse dire est qu'elle fit sensation. Elle aussi se fit précéder par une immense meute de dogues effrayants à la logorrhée aboyeuse. L'ambassadeur arverne était vêtu comme un satrape et les jeunes cavaliers qui l'entouraient ressemblaient moins à des soldats qu'à des figurants d'aujourd'hui à l'Opéra-Comique. À ses côtés, l'inévitable barde, grotesque à souhait, tapis-brosse ambulant, chantait la gloire du roi, la grandeur de la nation et les mérites du diplomate.

Cette fois, ce sont les Romains qui, de retour dans leur camp, s'en payèrent une tranche. L'exercice favori consistant, au milieu des fous rires, à imiter les simagrées de l'ambassadeur de Sa Majesté. On était en l'an 121. À Rome, la gauche, à savoir le futur parti démocrate populaire, était au pouvoir en la personne des réformateurs Caius Gracchus et Fulvius Flaccus. C'est dire que l'absolutisme féodal étalé par l'envoyé du roi Bituit n'était pas leur tasse de thé. En plus, l'empereur arverne avait commencé à envoyer ses troupes ravager le territoire des Éduens qui, comme prévu, avaient appelé les Romains au secours.

Or, il semble que, dès cette époque, les Éduens aient renversé leur monarchie et proclamé une république gouvernée par un sénat, à mi-chemin entre le régime marseillais et le régime romain. Pour les gens du « parti populaire », provisoirement au pouvoir à Rome, il n'y avait donc pas photo. En outre, les Allobroges refusaient de livrer le roi Teutomal.

Rien ne pouvait plus empêcher une grande guerre.

En vérité, elle ne fut pas très grande. Bituit lança un appel à la solidarité de tous les clients de la nation arverne. Les Ruthènes du Rouergue répondirent, mais les autres furent beaucoup plus lents au démarrage.

Le consul romain Domitius (très exactement Domitius Ahenobarbus, et l'on a vu que Néron était indirectement descendant de cette famille) resta d'abord sur la défensive. Ce qui incita les Allobroges, selon une désastreuse habitude gauloise, à franchir l'Isère et à l'attaquer sans même attendre l'arrivée des troupes arvernes. La rencontre se déroula au confluent de l'Isère et de la Sorgue, près de l'*oppidum* de Vindalium, qui est devenu la ville de Venasque dans le Vaucluse. Les Allobroges se battirent courageusement, comme en témoigne le faible nombre de leurs prisonniers, mais furent facilement vaincus. La peur de quelques éléphants que les Romains alignèrent à leur tour y fut, paraît-il, pour quelque chose.

Mais il ne faut pas tourner autour du pot : braves, téméraires même, capables de charges héroïques et formidables, les Gaulois étaient de mauvais soldats. Du moins tant qu'ils se commandaient eux-mêmes. Leurs méthodes de combat simplistes, axées sur l'assaut frontal, faisant fi des réserves et des mouvements d'encerclement comme de diversion, consistant à foncer tout droit, et à contourner peu, tablant totalement sur le premier contact, s'investissant excessivement dans le premier choc, au prix d'un effondrement du moral s'il n'était pas concluant, leurs pratiques stratégiques, donc, étaient archaïques. Leur armement était en outre désuet, fondé sur une longue épée de fer à un seul tranchant, peu propice à l'estoc étant donné son bout arrondi, et dont la lame se tordait au moindre choc un peu rude. Leur bouclier lui-même était facilement fracassable. Il fallait un commandement romain ou carthaginois pour en faire un outil performant. Jamais peut-être aucun peuple ne fut aussi intrinsèquement guerrier, aussi foncièrement brave, mais aussi systématiquement vaincu que les peuples gaulois. Du moins après leurs premières percées conquérantes, c'est-à-dire pendant deux cent cinquante ans.

Ce n'est qu'après avoir reçu deux légions en renfort, à quoi s'ajoutaient les auxiliaires massaliotes et éduens, que les Romains reprirent l'offensive. Avec, à leur tête, le nouveau consul. À leur tour, ils franchirent l'Isère... mais, quand apparurent les troupes arvernes, ils battirent en retraite. Et s'établirent sur une hauteur dominant le Rhône.

Lorsqu'il les vit, nettement inférieurs en nombre, formés en carré, Bituit aurait lâché cette boutade de mépris, qui ne fit ensuite que rendre plus honteuse son infortune : « Il y a à peine là de quoi nourrir mes chiens ! »

Un observateur embrassant la scène de très haut eût, sans doute, été frappé par le contraste entre la discipline de l'armée citoyenne romaine et l'anarchie de l'armée impériale gauloise : ici, un ordre ; là, une cohue.

Chaque chef gaulois avait rangé à part sa propre armée sous ses propres enseignes, la plupart surmontées d'un sanglier. Bituit, moulé dans une armure admirable, parcourait, dans son char étincelant, la ligne de front sous les jappements de ses clébards tenus en laisse par leurs piqueurs. On participait à une chasse. En face, on s'astreignait à faire la guerre. Le consul Fabius, gravement blessé lors d'un précédent engagement et brûlant de fièvre selon Pline, donnait des ordres, soutenu par les bras de deux solides légionnaires.

Le combat, furieux, paraissait équilibré – ce qui était déjà étrange, vu la disproportion des forces en présence –, quand Fabius fit donner les éléphants : ces monstrueux paquets de chair recouverts d'une armure naturelle, armés d'un immense fouet et de deux sabres d'abordage. Ce ne sont pas les fantassins qui furent le plus effrayés – ils en avaient entendu parler comme d'une infernale apparition –, mais les chevaux, qui se cabrèrent et s'emballèrent, faisant valser leur cavalier. Cette subversion hippique provoqua un mouvement de panique. On se précipita vers les ponts de bateaux qui avaient permis de franchir le Rhône, mais les chaînes se rompirent et les grosses barques dérivèrent dans tous les sens avant de se retourner, entraînant fantassins et cavaliers dans leur naufrage. On se rua vers un deuxième pont, mais, ce faisant, on l'obstrua et on le transforma en pressoir. Il y eut un côté passage de la Berezina. Dans le sauve-qui-peut, Bituit perdit son char d'argent et son manteau de pourpre. Les Romains se firent un plaisir de se mettre dans la peau du monarque et, munis de ces deux ustensiles attentatoires à leur esprit républicain, ils se donnèrent un peu de joie en le caricaturant lourdement.

Le despote arverne, lui, en fuite, parcourait le pays des Allobroges, où il ne rencontrait que désespérance. Il se résolut alors à demander la paix. On était apparemment prêt à la lui accorder quand...

... quand une infâme perfidie remit tout en cause.

Avant de faire état de cet inqualifiable forfait, il convient de s'arrêter un instant et de se poser quelques questions qui nous taraudent. Si réellement, comme tous les historiens sans exception, d'hier et d'aujourd'hui, le rapportent, l'armée arverne, l'armée présumée impériale, était forte de 200 000 hommes, à quoi il faut ajouter sans doute des Ruthènes, des contingents alliés et des éléments allobroges, pourquoi a-t-elle été si facilement et si totalement écrasée par moins de 30 000 Romains ?

Si, en outre, s'affirma vers cette époque un tel empire arverne (ce que je ne crois pas), lequel englobait une cinquantaine de peuples, tribus ou cités, comme ce fut dit, alors la bataille – l'« immense bataille » – qui provoqua la chute de Bituit, l'effondrement de son empire, la soumission des Allobroges et autres peuples (tels les Voconces de la Drôme, les Cavares du Vaucluse, les Helviens du Vivarais, les Volques du Languedoc et du Toulousain, ou les tribus de l'Albigeois), qui, en outre, détermina l'occupation de la Provence, le passage du midi de la Gaule sous contrôle romain, cette bataille-là devrait avoir acquis dans l'Histoire, dans notre Histoire, une célébrité considérable. Or, pas du tout. On ne lui donne même pas de nom. Elle se déroula dans le Comtat Venaissin, mais sait-on où exactement ? Pont-Saint-Esprit ?

J'en déduis que, si elle eut bien les conséquences que j'ai résumées, elle n'eut pas, et de loin, la dimension que l'on prétend. Même si, il est vrai, la plupart des textes qui en faisaient état, ceux d'Appien en particulier, ont disparu.

Et voilà bien un immense paradoxe : les deux batailles qui jouèrent le plus grand rôle dans l'histoire de l'émergence française, avant Bouvines, plus encore que le combat des « Champs Catalauniques » contre les Huns d'Attila, furent celle que nous venons d'évoquer, et qu'on appellera, faute de mieux, bataille de Pont-Saint-Esprit, et celle de Fontenoy (dans l'Yonne), qui opposa les petits-fils de Charlemagne et entraîna l'affirmation de la France, de l'Allemagne, de l'Autriche et de l'Italie au détriment de l'Empire. Or, toutes les deux ont pratiquement été évacuées de notre mémoire collective.

Ajoutons une dernière remarque : rien n'empêchait les Romains vainqueurs d'annexer à leurs « provinces », non seulement le pays allobroge, c'est-à-dire l'Isère, mais également celui des Arvernes, c'est-à-dire l'Auvergne, et cela avec l'aide des Éduens de la Bourgogne méridionale et du Morvan.

Autrement dit, puisqu'on avait remporté une victoire plus totale encore que plus tard à Alésia, il était possible de devancer Jules César avec soixante-dix ans d'avance et, toujours avec soixante-dix ans d'avance, d'éviter Vercingétorix, qui se voulut précisément le successeur de Bituit. Pourquoi se l'est-on interdit ?

La raison est simple : entre-temps, le parti populaire avait perdu le pouvoir à Rome et les *optimates*, la droite aristocratique, l'avaient repris. Outre que le personnage de

Bituit la révulsait moins qu'il ne révulsait la gauche, cette droite n'avait aucune raison d'accentuer la politique impérialiste. Elle tenta d'imposer dans les territoires conquis un pouvoir de fer, souvent inique, et de les exploiter au maximum, mais elle en resta là, ne cherchant pas à les élargir. La politique colonialiste du parti populaire, c'est Marius qui la poursuivit en écrabouillant sauvagement les Cimbres et les Helvètes, qui étaient des Gaulois, et c'est Jules César qui la mena à son terme : l'annexion de toute la Gaule.

Venons-en maintenant à la félonie. Le consul Fabius avait remplacé Domitius « barbe rousse », devenu proconsul. Les deux hommes ne pouvaient se voir ni en peinture ni en céramique. Domitius était aussi jaloux qu'un barbon de *commedia dell'arte*. Le triomphe de son supposé partenaire, en réalité rival, lui rongeait le foie. Il n'en pouvait plus. Il fallait absolument qu'il fasse parler de sa pomme. Il invita donc Bituit, qui n'était plus que l'ombre de lui-même, à venir traiter en personne avec lui, sous-entendant qu'il se montrerait beaucoup plus conciliant que le consul. Bituit, qui en était à se raccrocher à toute branche qu'on lui tendait, saisit celle-ci et, secrètement, vint au rendez-vous qu'on lui avait fixé. Domitius l'accueillit d'abord avec déférence ; ils entrèrent dans la maison choisie pour la rencontre et, là, sur un geste, des soldats en embuscade se jetèrent sur le souverain mégalo, mais déchu, et le saucissonnèrent promptement. On le transporta illico sur la côte, où l'attendait un bateau qui expédia le colis à Rome. Ainsi, Domitius empêchait son rival de conclure la paix.

Le Sénat romain, consterné, blâma l'initiative, mais, au lieu de libérer l'ex-potentat arverne, l'exila dans une résidence surveillée et exigea qu'on lui livre son rejeton pour, précisa-t-on, lui donner une certaine instruction. C'est-à-dire, en fait, le rééduquer.

Lorsque, ensuite, on fêta à Rome le triomphe conjoint de Fabius et de Domitius – car il avait du coup obtenu ça –, on alla récupérer le pathétique Bituit, on lui fit réenfiler ses atours grotesques, revêtir sa saie multicolore, on le jucha sur son char d'argent et on le promena ainsi de place en place sous les huées et les quolibets de la foule. Et, sur ce, on le réemprisonna.

De l'émergence du républicanisme gaulois

Les événements que nous venons de rapporter – autant qu'il soit possible de faire la part des témoignages qui, tardifs, sont toujours d'origine latine ou grecque et dont la plupart, hélas, ont été perdus – sont peut-être ceux qui, avec la conquête franque, et de façon en vérité plus profonde, marquèrent et façonnèrent le plus durablement l'histoire de notre pays. Rome annexa *de facto* cette nouvelle province dite « Gaule transalpine », qui deviendra ensuite la « Provence », mais qui comprenait également les actuelles régions Midi-Pyrénées, Languedoc-Roussillon et une partie de Rhône-Alpes, en particulier le Dauphiné.

Ce qui en résulta, c'est la spécificité d'un état d'esprit méridional et une opposition Nord-Sud que l'on verra sans cesse ressurgir, aussi bien à l'occasion de la création du royaume wisigoth de Toulouse que lors de la croisade contre les albigeois. Ce qui facilita cette cassure culturelle, c'est que cette partie de la Gaule qui passait ainsi sous contrôle romain était la moins profondément celte, les populations de souche ligure ou ibère y restant prépondérantes. Ce sont d'ailleurs les deux peuples les plus authentiquement gaulois, c'est-à-dire les plus ancrés à leur souche celtique, les Allobroges du Dauphiné et les Volques Tectosages du Toulousain, qui se montrèrent les plus récalcitrants.

On a vu que, si la Gaule du Sud soutint la révolte de Vindex parce qu'elle était romaine, elle ne se sentit pas concernée par celle de Civilis, trop germanique à ses yeux, ni, d'ailleurs, par celle de Vercingétorix. Elle ne cessa, au contraire, de servir de base arrière à César. Aucun Gaulois du Sud ne se porta au secours d'Alésia !

Cette différenciation s'accentua du fait qu'en province romaine surgirent assez vite des villes, des vraies, en plaine, ornées de monuments magnifiques en dur, alors que la Gaule celtique en restait au minimalisme peu pérenne des bâtiments en bois et de l'*oppidum* haut perché. Les villes méridionales furent, en outre, alimentées par des aqueducs, inexistants dans le Nord, et reliées entre elles par de grandes et longues routes, telle la voie Domitienne, du nom de Domitius, qui reliait l'Italie à l'Espagne par le Midi, alors que la Gaule celtique demeurait, ne serait-ce qu'à cause de sa structure tribale, celle des chemins et des pistes.

Dernière conséquence (et ce ne fut pas, de loin, le bouleversement le plus mince) : la monarchie arverne s'écroula, entraînant dans son sillage la chute de l'immense majorité des régimes autocratiques du centre et du nord de la Gaule. Des révolutions en chaîne placèrent le pouvoir entre les mains de sénats élus, qui eux-mêmes nommèrent des responsables civils et des chefs militaires séparés et renouvelables. Un grand personnage arverne tenta bien de restaurer la monarchie à son profit, mais il échoua et fut condamné à mort pour forfaiture : c'était le père de Vercingétorix.

Nous entendons dégager les prémices de l'émergence des Français. Soutiendra-t-on que cette cascade de mouvements révolutionnaires sous l'impulsion des « classes moyennes » et des élites éclairées, ce rejet des autocratismes monarchiques ou impériaux au nom des principes de représentativité et de renouvellement, ce remplacement de l'hérédité par l'élection, cette acceptation de la pluralité et de la diversité, ne participèrent en rien de cette émergence ?

Dénigrer le républicanisme gaulois sous prétexte qu'il n'était pas à proprement parler « populaire », mais, au sens large, aristocratique, est tout à fait stupide : la république des Pays-Bas en faveur de laquelle milita Spinoza, la démocratie anglaise du XVIIIe siècle dont Locke fut l'un des penseurs, la démocratie américaine du début du XIXe siècle, même celle voulue par Jefferson, étaient tout aussi aristocratiques et n'en représentaient pas moins un immense progrès par rapport à l'absolutisme héréditaire.

De quoi cette future « francité » peut-elle se réclamer et se nourrir le plus évidemment : de cette première esquisse d'affirmation de valeurs dites « républicaines » ou du baptême forcé de 3 000 soldats germaniques qui n'en tirèrent aucune leçon métaphysique ou morale ?

Ce début d'émergence, en Gaule, d'États de droit eut, en outre, un effet dont même les nationalistes peu républicains auraient dû souligner l'importance : il permit de substituer au concept d'« empire » constitué autour d'un peuple hégémonique celui de « fédération » de peuples libres, qui anticipa la naissance d'un véritable esprit national. Fédérations des peuples belges, puis armoricains, puis aquitains et, enfin, tentative de fédération de toutes ces fédérations face à l'impérialisme césarien.

En cela, oui, la France commence à sourdre sous la Gaule.

Finalement, le nouveau pouvoir conservateur à Rome ne traita pas trop mal les Arvernes. Mais les Allobroges du Dauphiné, qui avaient fait preuve de courage et de générosité, furent punis. On les déclara non pas amis, mais « sujets » du peuple romain. De Genève à Saint-Bertrand-de-Comminges, cette Gaule-là devint romaine. On avala les

Cavares du Vaucluse, dont les villes principales, Avenio, Arausio, Cabellio, devinrent Avignon, Orange et Cavaillon ; on digéra les Voconces de la Drôme, dont les villes, tout juste esquissées, deviendront Gap, Sisteron (Segustero), Vaison-la-Romaine (Vasio), Die (Dea), Luc (Lucus) ; un peu plus tard, on boulotta les Helviens de l'Ardèche, dont la capitale Alba deviendra Aps et l'autre ville, Vivarium, Viviers ; on bouffa les Sordes et surtout les Volques Arécomiques de l'Hérault et du Gard, qui, il faut l'admettre, y gagnèrent puisque leur capitale, Nemausus, deviendra Nîmes et leur port Narbo, Narbonne. Aux Volques Tectosages, on concéda enfin le titre de « fédérés ». Les Volques Tectosages, Gaulois d'extraction belge, avaient bousculé une population d'origine ibérique et dominaient la Haute-Garonne, l'Aude, l'Ariège, les Pyrénées-Orientales : ils avaient établi leur capitale à Tolosa, Toulouse.

Après ce large débordement, le Sénat romain s'attela au verrouillage de sa nouvelle conquête : il donna l'ordre qu'on s'emparât de tous les passages des Alpes-Maritimes et qu'on contrôlât le col du Petit-Saint-Bernard. Pour ce faire, on attaqua par surprise une petite tribu ligure dont plusieurs historiens, Tite-Live y compris, nous affirment que, plutôt que d'accepter la servitude, elle s'auto-immola en un suicide collectif.

Comme on n'est jamais assez prudent, les Romains conclurent, sur leurs nouvelles frontières nord – qui correspondaient, en gros, aux Cévennes –, des traités d'alliance avec les Séquanes de Franche-Comté, les Nitiobriges de l'Agenais et autres tribus d'Aquitaine.

Et, surtout – autre initiative qui pèsera lourd dans l'histoire de la francité –, ils décidèrent d'instaurer une colonie purement romaine (la première du genre hors d'Italie) à Narbonne, devenue une splendide métropole, et de développer considérablement son port. Or, pour qui ce volontarisme urbanistique et infrastructurel (les travaux furent considérables) représentait-il une redoutable concurrence ? Pour Marseille.

Tout fut entrepris, en effet, pour que Narbonne éclipse Massalia. Il faut imaginer ce qu'était une colonie romaine en terre étrangère : tout simplement une petite Rome. Conçue à l'identique : avec son capitole, son forum, sa curie, son amphithéâtre, son cirque, ses thermes, ses temples. Et un système de gouvernement qui, non seulement était calqué sur celui de Rome, mais assurait en outre à ses citoyens exactement les mêmes droits que ceux des Romains.

Narbonne, comme d'autres colonies romaines dans son sillage, bénéficiait de son propre gouvernement municipal, dont les attributions portaient sur les cultes, la gestion des biens publics, l'entretien des édifices, des routes et des ponts, la construction de logements, la police, le pouvoir judiciaire local, etc.

Le pouvoir municipal était représenté par une curie sénatoriale constituée d'élus ou « décurions » et de magistrats de base ou « édiles » chapeautés par deux consuls qu'on appelait duumvirs, au service desquels on plaçait des questeurs, des préteurs, des censeurs, comme à Rome.

Le reste de la « province » romaine vivait, pour l'essentiel, sous le joug de proconsuls qui imposaient des taxes, des impôts par tête ou capitation, des dîmes, des réquisitions, des corvées, comme la « Gaule sauvage » n'en avait jamais connu !

Chapitre 7

Les Cimbres et les Teutons ou l'aveu d'un génocide

Nous avons posé la question : comment un événement d'une importance majeure pour le devenir de notre pays a-t-il pu être en grande partie occulté ? Parce que les vaincus n'avaient ni les moyens intellectuels de le raconter, ni intérêt à le faire tant il leur faisait peu honneur ; parce que les vainqueurs, soit contraints à la modestie, soit comprimés dans leurs ambitions, ne sentirent pas le besoin d'en asperger la postérité ; parce que la plupart des sources ont été perdues ; parce que, enfin, aucun des camps idéologiques qui, chez nous, se disputent d'ordinaire l'instrumentalisation de tel ou tel événement historique ne trouvait occasion d'en tirer parti.

En revanche, concernant l'épisode suivant, on assista au phénomène exactement inverse. Les intérêts à le monter en mayonnaise, à en décupler et l'éclat et le bruitage, furent si puissants et si universellement partagés que c'est tout juste si l'on n'en cause pas encore dans les chaumières.

D'ailleurs, si tel personnage, de nos jours, peut s'appeler Fabius sans que cela ait un rapport avec le vainqueur de la Sorgue et de Pont-Saint-Esprit, c'est en référence aux supposés exploits que nous allons rappeler que, encore aujourd'hui, on s'appelle fréquemment Marius dans le Midi.

De quoi s'agit-il donc ? De la façon dont fut stoppée en 102 (avant Jésus-Christ), vingt ans environ après la victoire sur les Allobroges et les Arvernes, une terrifiante invasion barbare qui déferla sur le midi de la Gaule.

À ces hordes sauvages, on donna le nom de Cimbres et de Teutons, et, lors des dernières grandes guerres encore, on identifiait volontiers les avancées allemandes à de terrifiantes déferlantes teutonnes. Le Teuton, dans les têtes, fit souche. La Gaule envahie par les Teutons, on voit bien, effectivement, à quoi cela renvoyait. Et celui qui, après plusieurs défaites du camp de la civilisation (du « monde libre » en quelque sorte), les arrêta non loin d'Aix-en-Provence devint, dans l'inconscient collectif, ce que sera le maréchal Joffre de la future victoire de la Marne.

À cette différence près que ce vainqueur-là, Marius précisément, le fameux Marius, qui battit également les Cimbres, autre terrorisante bestiole, livra ensuite d'autres combats. Mais, comme il représentait, en prime, le parti démocrate populaire, donc la gauche, ce fut au cours d'une guerre civile et contre la droite aristocratique, dont le champion s'appelait Sylla.

C'est dire que lui, Marius, avait toutes les raisons, avec l'aide de ses innombrables partisans, de faire mousser ses succès et d'en inonder la postérité. Comme César plus tard.

On a vu comment, encore aujourd'hui, une certaine droite n'hésite pas à se réclamer d'un Charles Martel qui arrêta les Arabes à Poitiers. Là, la gauche romaine avait réussi à se choisir comme chef un type qui avait arrêté les barbares, et parmi eux les Teutons, à Aix-en-Provence. On aurait soufflé dans l'hélicon à moins !

Naturellement, entre la réalité et la façon dont une propagande exemplaire permit de la transformer, il y a un léger hiatus, pour ne pas dire un précipice. D'abord, tenez-vous bien : les Cimbres étaient en fait des Gaulois, d'un second rameau celte, le rameau belge, et c'étaient en quelque sorte des Gaulois belges qui, en cheville avec leurs cousins teutons et en collaboration avec des Helvètes, donc des Suisses, migrèrent avec femmes et enfants vers le sud, c'est-à-dire le soleil, pour, comme cela se faisait depuis des millénaires, trouver de nouvelles terres où s'installer. Le grand chef de ces Cimbres, très proche des Boïens de Cisalpine dont nous avons vu à quel point ils incarnaient les Gaulois aux yeux des Romains, s'appelait Boïorix, en quoi tout amateur de bandes dessinées reconnaîtra un Gaulois caractérisé. C'était également un Boïorix qui, vers 194 avant Jésus-Christ, avait exercé la fonction de roi des Boïens. Après la victoire de Marius sur les Cimbres, on conçut d'ailleurs en son honneur un bouclier dit « cimbrique » et qui représentait quoi, en réplique à une célèbre enseigne à Rome ? Un Gaulois tirant la langue !

Repassons-nous le film.

Présenter la descente des Cimbres et des Teutons comme une première invasion de la Gaule par les Germains, c'est-à-dire de la France par les Allemands, n'a strictement aucun sens, dans la mesure où le concept de Germains était inexistant en ce temps-là. Ce n'est qu'à l'époque de César qu'on appela « Germains », du nom de l'une de leurs petites tribus, les populations d'outre-Rhin et que, surtout, on fit de ce fleuve une frontière pour protéger les conquêtes romaines.

En 109 avant Jésus-Christ, quand Cimbres et Teutons pénétrèrent dans un espace qui ne se définissait pas encore comme la Gaule, on désignait, au Sud, les Ibères et les Ligures ; quelque part dans l'Est lointain, des amas de peuplades qu'on appelait les « Scythes », et, pour le reste, la vaste barbarie était représentée globalement par les Celtes. Les Celtes qui, on l'a vu, déboulèrent non seulement en Italie du Nord, mais aussi en Espagne, dans les îles Britanniques, en Irlande, en Grèce, en Asie Mineure, et donnèrent leur nom à la Galice, au pays de Galles, aux Galates de Turquie.

En outre, les Celtes avaient créé des États en Europe centrale, les Helvètes en Franconie et Souabe, les Boïens en Bohême, les Volques Tectosages (les mêmes que ceux du Toulousain) en Bavière, d'autres en Autriche... En fait, alors que les Celtes du centre et du sud de la Gaule s'étaient largement mélangés avec les populations locales et autochtones, jusqu'à accoucher d'un autre peuple, différent, spécifique, pré-français oserait-on préciser, que poliront encore plus les influences grecques et romaines, les Cimbres et les Teutons étaient des Gaulois restés de purs Celtes.

Par ailleurs – on y reviendra –, il n'y eut pas, jamais, une énorme vague d'envahisseurs celtes qui submergèrent la Gaule, mais des flux d'émigrants, passant du Nord, parfois de l'Est, au Sud, qui se succéderont sans discontinuer pendant quelque cinq cents ans. Et peut-être même faut-il remonter plus loin dans le temps. Si bien que les premiers arrivés, qui s'étaient installés dans le Sud (à l'exception des Tectosages du Toulousain, plus récents), le Centre et même l'intérieur de l'Angleterre, n'étaient pas tout à fait les mêmes que ceux des derniers flux, ceux qui furent désignés comme les « Belges », dont l'installation datait parfois d'un siècle ou même moins. Cicéron, dans un célèbre plaidoyer, appelle les Volques – ou Volces, ou Volges – des Bolges, autrement dit des Belges.

Les Cimbres, comme les Teutons, représentaient en quelque sorte le dernier flux celte arrivé en Gaule.

D'où provenaient-ils ? Du Nord baltique, du Jutland, de l'actuel Danemark. C'est de là qu'étaient venus la plupart de leurs prédécesseurs. Ils invoquaient les mêmes raisons que les anciens : un raz de marée, un changement climatique provoquant la famine, l'agression d'autres peuples hostiles. Il semble d'ailleurs que Cimbres et Gaulois belges se comprenaient, parlant une langue assez semblable.

Il ne s'agissait nullement d'une armée, mais d'un peuple entier en errance, comme en fuite, dont les maisons se réduisaient à des chariots qui contenaient tous leurs avoirs et dans lesquels se tassaient femmes, enfants et vieillards. Leur progression n'avait rien d'une irruption, d'un jaillissement sauvage, puisque, par exemple, leur périple dans la région danubienne s'étala sur plus de quatre années.

Dans un premier temps, ils se dirigèrent vers la Bohême pour rejoindre d'autres Celtes de leur sang, les Boïens. Mais ceux-ci, se jugeant déjà trop serrés, les invitèrent à poursuivre leur route. Ils traversèrent alors le Danube, s'approchèrent des Alpes qui fermaient la route de l'Italie. Rome envoya un consul pour les arrêter. Il les somma de rebrousser chemin. Ce qui prouve qu'il s'agissait bien de migrants, et non d'envahisseurs.

Ils auraient pu, étant bien plus nombreux que les maigres troupes romaines, le prendre mal. Or, pas du tout : ils s'écrasent respectueusement. Si les Romains voient un inconvénient à leur présence dans les parages, ils s'en éloigneront bien volontiers. Le consul – il s'appelait Carbon Papirius –, les constatant si timorés, se dit qu'il y a peut-être une victoire à moindres frais à remporter. Il leur fait savoir qu'il est très satisfait de leur état d'esprit pacifique et leur indique un chemin de dégagement qu'il présente comme un raccourci. Mais, alors que les migrants commencent à reprendre la route, il se précipite avec ses deux légions sur leur camp.

Mal lui en a pris. Cette fois, les Cimbres prennent la mouche et lui infligent une mémorable correction. Ils auraient pu alors entrer en Italie. Mais non : ce n'est pas la bagarre pour la bagarre qu'ils cherchent. Ils errent, de droite à gauche, pendant plus de quatre ans, on l'a dit. Cultivant ici, cueillant là, chassant ailleurs, remontant et démontant leur immense camp qui était leur ville, comme des gens du voyage. Puis ils s'engouffrent dans les vallées helvétiques.

Les Helvètes constituaient un peuple celte participant du dernier flux. Ils accueillent donc les Cimbres et les Teutons comme des frères. Six tribus formaient ce peuple. Trois d'entre elles décident de se joindre à la migration. Les Tigurins, qu'on place généralement dans la région de Zurich, les Ambrons et les Tughènes.

Les Ambrons faisaient partie des Gaulois qui avaient dominé l'Italie du Nord avant d'en être chassés et de se réfugier en « Suisse » (Helvétie). Ce qui fait que, lors de la grande bataille qui les opposa, avec leurs alliés, aux troupes de Marius, ils se retrouvèrent face à d'autres Gaulois Ambrons qui, eux, s'étaient engagés comme auxiliaires dans les troupes romaines.

Cette longue fédération migratoire se dirige alors vers la Gaule. D'abord, vers la Gaule belge. Dont les peuples résistèrent fermement, a-t-on dit. Mais c'est faux. Eux aussi reconnaissent dans ces hordes d'émigrants des frères de sang, de culture et, en partie, de langue. Ils fraternisent et s'arrangent. La preuve en est que ces Belges, en l'occurrence les Éburons de la Meuse (installés dans l'actuelle région de Liège), cèdent aux Cimbres un lieu, véritable fortin naturel, nommé Aduat, pour qu'ils y entreposent leurs bagages sous la protection de quelques milliers de guerriers. Or, après l'extermination de ces mêmes Cimbres par Marius, aucun Belge ne songera à attaquer cette petite garnison et à s'emparer des bagages. Au point que ces « gardes de la consigne » feront souche et deviendront un petit peuple spécifique. Que Jules César massacrera à son tour.

Là-dessus, tout ce beau monde décrit par les auteurs latins comme quasiment surgi de l'enfer entreprend de traverser la Gaule en s'y livrant à d'« épouvantables dévastations ».

Mais qui l'affirme ? Jules César, dont toute l'action propagandiste consistera à séduire les Gaulois en se présentant comme celui qui pouvait seul les protéger des horribles déferlements germaniques. Et l'on a vu que, lors de la révolte de Civilis, le général en chef romain, Cerialis, reprit à son compte la même argumentation. Plutarque relaie César, mais il s'agit d'un simple démarquage.

Il est évident que la marche d'une telle multitude, aussi disparate, par définition indisciplinée, morcelée en diverses tribus, sans chef suprême, n'allait pas sans exactions, vols, pillages, heurts, affrontements. Mais on est tout de même en droit de s'interroger : nos fameuses hordes gigantesques et calamiteuses traversent la Gaule du Rhin à Orange et à Aix-en-Provence ; or, il n'y a trace dans aucun récit, dans aucune mémoire, dans aucune tradition ou légende, d'une grande bataille opposant les Gaulois aux envahisseurs. Nul n'évoque l'appel à la moindre mobilisation, à la moindre alliance unitaire destinée à contrer ce supposé raz de marée. Logiquement, les pays des Lingons ou des Séquanes, des Éduens ou des Allobroges, des Triboques ou des Ambarres sont traversés ; or, aucune manifestation ou initiative de leur part ne laisse dans l'Histoire la moindre empreinte. Aucune de leur ville ne paraît avoir été prise ou même attaquée. L'immense cohue migratoire arrive d'ailleurs intacte en Provence, n'ayant eu, à l'évidence, à livrer aucun combat majeur.

Tout se passe en réalité comme si les Gaulois, après palabres et arrangements, avaient laissé passer le flot. Sur le Rhône, les migrants s'arrêtent. Sans que leurs victoires antérieures les aient apparemment grisés (le Suève Arioviste, plus tard, fera preuve d'une tout autre arrogance), ils demandent de nouveau respectueusement aux représentants romains (peut-être même au Sénat) de mettre des terres à leur disposition, en échange de quoi ils promettent de se placer éternellement aux côtés de Rome.

La supplique peut surprendre. Mais c'est très exactement ce que, plusieurs siècles plus tard, obtiendront de Rome ou de Constantinople toutes sortes de peuples germaniques, en particulier les Wisigoths.

Le gouverneur de la province, Silanus, envoie promener les demandeurs et les attaque. Il est battu à plate couture. Les Cimbres, vainqueurs, allaient-ils prendre de force ce qu'on leur avait refusé ? Nullement. Ils s'éloignent. Comme intimidés. Et ce sont les Helvètes, Gaulois eux aussi, qui prennent le relais. Si leur objectif avait été une conquête militaire, toutes ces bandes en cavale seraient restées unies, auraient tenté leur chance, seraient rentrées dans le tas. Au lieu de quoi, elles se séparent, chacune cherchant à se poser là où on lui en concéderait l'occasion.

Un héros suisse

Une résistance gauloise face à l'envahisseur ? C'est le contraire qui se produisit. Si les populations ibères ou ligures ne manifestèrent, en effet, aucune sympathie à l'égard des migrants, les populations celtiques de la Gaule romaine – comme si, en ces « envahisseurs », elles voyaient plutôt des renforts de congénères – s'ébrouèrent. En particulier les Volques Tectosages, qui non seulement étaient des Celtes gaulois, mais faisaient en outre partie du flux qui avait peuplé la Gaule belge. Eux, se révoltèrent ouvertement. Leur dirigeant, Copill, conclut avec le chef des Cimbres, Boïorix, un accord en bonne et due forme. Et il fit prisonniers les légionnaires romains qui, en violation du traité d'association, tenaient garnison à Toulouse.

De leur côté, les Helvètes, qui se considéraient comme frères à la fois des Cimbres et des Volques, tentèrent de faire leur jonction avec ces derniers. Leur idée n'était pas de combattre les Romains, mais de passer en Aquitaine. Attirance de la mer. L'une de leurs trois tribus participant à l'aventure migratoire, les Tigurins, franchit le pont de Genève pour traverser le territoire des Allobroges. Elle avait à sa tête un commandant particulièrement énergique du nom de Divico. Apparemment, les Allobroges ne se mobilisèrent pas contre eux.

Le consul romain de l'année accourt. Il barre le passage à la tribu helvète. Ou plutôt essaie. Il ignorait qu'il s'agissait sans doute des meilleurs soldats du monde, au point qu'ils finirent par en faire profession en se plaçant comme mercenaires un peu partout. Le consul est taillé en pièces. Lui-même et son principal lieutenant restent sur le carreau (notons que les batailles perdues par les Romains ne sont généralement pas racontées). Les rescapés se replient dans leur camp. Ils vont y être anéantis, quand les Helvètes leur promettent la vie sauve à condition qu'ils capitulent. Ils doivent livrer la moitié de leurs équipements et, surtout, accepter l'humiliation d'un passage sous ce que les Romains appelaient des « fourches caudines ». Ou, du moins, leur équivalent gaulois. Ils se courbent donc, non loin de la ville de Genève, au milieu des railleries, sous les lances suisses entrecroisées.

Cet épisode aura, sur le devenir de la Gaule, une très lourde répercussion.

Les Helvètes avaient, certes, fait preuve de clémence. Les Romains eussent été beaucoup plus brutaux. Mais, s'ils ravalèrent provisoirement leur honte, ils ne la digérèrent jamais. Or, un demi-siècle plus tard, les mêmes Helvètes, que leur enclavement angoissait d'autant plus qu'ils étaient victimes d'un harcèlement constant de la part de tribus suèves, décidèrent de nouveau d'émigrer. Ils voulurent une fois de plus s'établir sur la côte aquitaine, au bord de l'océan, ouverts enfin sur l'infini, ce qui nécessitait qu'ils traversassent la Gaule. Jules César en personne s'y opposa.

Et lorsqu'une délégation des mêmes Tigurins tenta de l'amadouer, il leur rappela avec hargne cet épisode qui lui était resté sur l'estomac. D'autant que le chef de cette colonne helvète (ou plutôt le conseiller des chefs) n'était autre – détail inouï – que ce même Divico qui, cinquante ans plus tôt, avait taillé des croupières aux troupes romaines et qui devait avoir largement passé les quatre-vingts ans.

Pendant que le consul, qui s'appelait Crassus, se faisait étriller par les Helvètes Tigurins, son adjoint, Scaurus, se coltinait les Cimbres, et lui aussi avait été défait et même fait prisonnier. On prétend que, enchaîné, il fut obligé d'assister, sous leur tente, à une réunion au sommet des chefs ennemis projetant de pénétrer en Italie. Et que, parce qu'il cherchait à les en dissuader en arguant de la supériorité romaine, il fut proprement trucidé par Boïorix en personne. Mais comment le sait-on ? Dès lors qu'il était mort, il ne pouvait pas le raconter, et l'on voit mal quelques Cimbres rescapés tenir à lui faire, ensuite, de la publicité en se donnant le mauvais rôle. Il est plus probable que les historiens romains, outrés par l'humiliation subie par les soldats de Crassus, voulurent absolument que ce Scaurus se comportât, lui, en héros.

Un affreux Romain

L'occupant avait, cependant, obtenu un succès. Le second consul, Cépion, avait repris le contrôle de Toulouse grâce à des intelligences à l'intérieur de la cité. La légende voulait, on l'a dit, que les Volques Tectosages, dont Tolosa était devenue la capitale, fussent ces mêmes Gaulois qui avaient pillé le sanctuaire grec de Delphes et en avaient ramené le trésor... mais que, constatant que ce butin mal acquis portait malheur, ils l'avaient finalement jeté dans un lac sacré. Légende, bien sûr, d'autant que les envahisseurs de Delphes n'étaient jamais revenus. Ce qui était vrai, en revanche, c'est que Toulouse regorgeait de richesses, qu'il s'agisse d'or en provenance d'Espagne ou de dons faits par les pèlerins qu'attirait, précisément, le lac sacré. Lequel se serait situé à l'emplacement actuel de l'église Saint-Sernin.

La présence supposée de cette fortune cachée obsédait le consul Cépion. Il ne pensait plus qu'à ça : faire main basse sur le magot. Ça le rendait fou.

Ses hommes s'abattirent donc sur la ville et la passèrent au peigne fin. Tout fut ratissé. De fond en comble. On délesta les temples, on nettoya quelques édifices privés et, surtout, on envoya des plongeurs explorer le lac mètre par mètre, pour ne pas dire centimètre par centimètre.

Ce pillage généralisé aurait rapporté la bagatelle de 200 000 pesants d'or et d'argent, ce qui revenait de droit au trésor public de la République romaine. Mais Cépion n'imaginait pas qu'un tel trésor pût lui passer sous le nez sans qu'il en tirât le moindre bénéfice. Il monta donc – car on bascule soudain dans le fait divers – un coup fumant. Du moins, la justice en eut le soupçon. Il ordonna de conduire ce butin en convoi jusqu'à Marseille, d'où un navire l'amènerait à Rome. Mais, sur la route, il fit tendre une embuscade par une bande de malfrats dont il avait acheté la complicité. L'escorte fut exterminée, et le chariot disparut avec l'or et l'argent. Cépion aurait, ensuite, partagé la prise de guerre avec ses acolytes.

Danger des fonctions héréditaires : ce Cépion était le petit-fils d'un consul qui, chargé de combattre le chef portugais Viriathe, paya deux transfuges pour l'assassiner pendant son sommeil. Choqué, le Sénat lui avait refusé l'honneur du triomphe.

Sur le moment, le triste sire ne se fit pas prendre. Aucun soupçon. Un consul romain se conduire en bandit de grand chemin : impensable ! La preuve : alors même qu'il avait été remplacé par un nouveau consul, Mallius, on décida de lui confier tout de même la moitié du commandement de la nouvelle campagne. Évidemment, les deux gusses se détestèrent tout de suite cordialement. Ou, plus exactement, Cépion, personnage odieux, malhonnête, vulgaire, mais qui, de surcroît, ne se prenait pas pour la moitié d'une crotte, fit à son collègue une vie impossible. À aucun prix il ne voulut mener la moindre action coordonnée. Il campait séparément, manœuvrait séparément et, bien sûr, quand il fallut combattre, combattit séparément.

C'est ainsi que, lorsque la masse émigrante resurgit sur la rive gauche du Rhône, Cimbres, Teutons, Helvètes et Ambrons cette fois rassemblés, et que le consul Mallius demanda de l'aide à son collègue, celui-ci refusa de le rejoindre. Jusqu'au moment où il s'avisa que le consul risquait de remporter une victoire tout seul. Alors, quand on ne l'attendait plus, il apparut, mais fit bien entendu campement à part.

Cette fois, les présumés envahisseurs, informés de cette mésentente, et forts de toutes leurs victoires précédentes, allaient-ils se ruer de vive force sur la province romaine et attaquer la masse ? Eh bien, pas du tout. Ils envoyèrent une nouvelle ambassade au consul pour supplier qu'on leur attribue des terres où ils pourraient installer et nourrir leurs familles ; qu'on veuille bien leur distribuer un peu de blé, et ils resteraient tranquilles ! Doux comme des agneaux !

Ces émissaires furent éconduits et, s'il n'avait tenu qu'à Cépion, ils auraient même passé un mauvais quart d'heure. En fait, comme il avait établi son camp entre celui du consul (pour lui faire la pige) et ceux des migrants, il fallait le traverser pour parvenir à Mallius. Cépion demanda donc aux ambassadeurs cimbres et teutons leurs papiers. Ils étaient évidemment adressés à Mallius, puisqu'il était le consul en titre. Il en fut horriblement vexé. Il les stoppa, les injuria et menaça de les zigouiller. On imagine l'effet, quand ils revinrent parmi les leurs et expliquèrent être tombés sur un malappris à moitié cinglé qui avait dégoisé des horreurs sur leurs peuples. Du coup, sur la pression des plus jeunes et des plus fringants d'entre eux, ils décidèrent, ou plus exactement « s'imposèrent », d'engager le combat. Et, pour bien marquer qu'ils ne faisaient que répondre à une provocation, qu'ils n'étaient pas ce qu'on disait d'eux, qu'ils n'entendaient nullement s'emparer du bien d'autrui par la violence, ils jurèrent, devant le symbole de leurs dieux, qu'ils ne conserveraient rien, absolument rien, de ce qui tomberait entre leurs mains à l'issue de cette bataille.

Du côté des soldats romains, on commençait cependant à se faire du mauvais sang et on exigea des deux commandants qu'ils se rencontrassent. L'entrevue eut lieu – c'était bien le moins –, mais ils s'injurièrent copieusement. Et même lorsque la masse ennemie s'approcha, Cépion refusa de fusionner ses forces avec celles de Mallius.

Une remarque : les quatre peuples en errance étaient cette fois rassemblés. Multitude considérable, *a priori*, puisqu'il s'agissait de populations entières, non seulement femmes, enfants ou vieillards, mais également toutes sortes de domestiques, de servants, de chargés des approvisionnements, de conducteurs des chariots, de responsables du matériel, de gardes du camp et des bagages, de valets d'armes des chefs, etc.

Combien de véritables soldats, en revanche ? On l'a dit : les chiffres avancés sont absurdes. Si, réellement, ils étaient si nombreux, des centaines de milliers comme on l'a prétendu, les soi-disant « envahisseurs » auraient-ils si systématiquement tenté d'éviter les combats, si respectueusement supplié qu'on veuille bien leur permettre de trouver un havre où se poser ? Et les deux chefs romains, si stupides fussent-ils, auraient-ils fait preuve d'autant d'enfantillages dans le seul désir de se réserver l'honneur d'une évidente victoire ?

La foule en marche était énorme, mais l'armée des migrants, même supérieure en nombre à l'armée romaine, n'était pas, et de loin, aussi importante que le péril l'a fait imaginer.

Il ne s'agissait pas d'une grande armée suivie de familles de combattants, mais d'une vaste agglomération de familles protégées par une armée.

La bataille s'engagea non loin d'Orange en octobre 105. En fait, il y en eut deux puisque, les deux généraux romains faisant forces et camps séparés, les attaquants purent tour à tour défaire l'un après l'autre.

Comme toujours, les historiens romains se penchant peu sur leurs défaites, il reste peu de récits de celle-ci. Si ce n'est qu'une nuée sauvage, un ouragan, une tempête, une cavalcade monstrueuse emporta tout sur son passage : le premier camp, puis le second. Et que les Ambrons firent preuve d'une fougue homérique.

On peut risquer une supposition : c'est que les peuples coalisés, excédés, meurtris par l'affront qu'ils avaient subi, et conscients de la faiblesse des Romains qui avaient séparé et isolé leurs forces en deux camps quasi antagonistes, firent donner, en des charges en effet monstrueuses, tout ce qui pouvait se tenir sur pied et foncer, droit devant soi, hommes et bêtes. Les troupeaux, forcément riches de milliers de têtes – ce pourquoi on avait besoin de nouveaux prés et d'herbe –, auraient alors été utilisés comme des divisions blindées, ainsi que le montrent certains westerns.

Les troupes romaines n'étaient pas moins composites que la multitude gauloise. Officiellement, à la bataille d'Orange, elles déplorèrent (ce qui, bien sûr, est très largement exagéré et même grotesque) 80 000 soldats et 40 000 esclaves et valets d'armes tués. Sans compter les très nombreux prisonniers. Or, dans une bataille, ce ne sont pas les domestiques que l'on tue le plus prioritairement. Ainsi, chez les Romains, il n'y avait pas loin de deux domestiques, accompagnateurs et servants (prostituées non comprises) pour trois soldats. Que dire, alors, chez ceux d'en face, qui trimbalaient, eux, toute leur smala (mais du coup, sans doute, moins de prostituées, sinon aucune) ?

Les deux responsables du désastre, le consul et Cépion, hélas, en réchappèrent. Ce qui prouve qu'ils prirent la poudre d'escampette. Autre bêtise : on raconta que, à part les chefs, deux combattants seulement s'en étaient tirés, tout en conservant leur liberté. Parmi eux, un jeune combattant qui, blessé, renversé de son cheval, avait malgré tout réussi à franchir le Rhône à la nage. Ce qui est fort possible. Mais, précise-t-on, en portant son bouclier et sa cuirasse, ce qui l'est déjà moins. Ce détail serait purement anecdotique si le miraculé en question ne s'appelait Sertorius. Or, ce Sertorius, devenu l'un des activistes les plus en vue du parti démocrate populaire, quand la droite conservatrice prendra le pouvoir, fera sécession en Espagne et suscitera une immense révolte des Gaulois de l'Aquitaine.

Les vainqueurs, eux, firent ce qu'ils avaient promis à leurs dieux. Ils ne s'emparèrent de rien. N'accumulèrent aucun butin. Brûlèrent, cassèrent, déchirèrent, précipitèrent dans le Rhône tout ce qu'ils avaient trouvé. Chevaux compris. Et l'on a toutes les raisons de penser que, loin de les réduire en esclavage, ils firent subir le même traitement aux prisonniers. Sertorius avait eu chaud.

Quand apparaît le fameux Marius

Rome était terrorisée. Et c'est pourquoi l'ampleur des forces qui avaient eu raison de ses légions fut à ce point exagérée. Et pourquoi l'on transforma un conglomérat de migrants en une immense armée d'invasion. Le Sénat se décida alors à faire appel à un général digne de ce nom. Ce fameux Marius qui venait de gagner la guerre contre le chef numide Jugurtha : un rustre, brut de décoffrage, dur, violent, hurleur, mais doué d'un véritable génie guerrier.

Avant même qu'on ne signale le moindre nouvel engagement, car les « méchants » étaient provisoirement partis se faire voir ailleurs – les Teutons en Gaule, où ils ne laissèrent pas un bon souvenir, et les Cimbres vers l'Espagne –, Marius prit des initiatives qui comptèrent dans l'histoire de la Gaule, donc de la France.

Son idée, juste, c'était qu'il ne fallait pas laisser le troupier bouillir dans son jus, jouer aux dés, se masturber, se bagarrer, ingurgiter des infusions bizarres, courir la Gauloise et, accessoirement, touiller à longueur de jour son mal-être de troufion mal soldé. On lui organisait de longues marches barda au dos ainsi que des parcours du combattant… mais cela ne l'exaltait pas outre mesure. Alors, Marius le fit participer à des travaux utiles.

Justement, les Bouches-du-Rhône étaient de plus en plus bouchées par une accumulation de limon qui gênait l'écoulement du fleuve et rendait la navigation de plus en plus périlleuse. Marius entreprit donc de faire creuser par ses légionnaires un large et profond canal, qui raccordait le Rhône à la mer au niveau de la ville d'Arles et facilitait, de la sorte, l'accès des navires. On appela cet ouvrage la « fosse de Marius ». D'où ensuite le nom de « Fos » donné à l'étang et à la ville que l'on y bâtit. Et, quand la guerre fut terminée, on en fit cadeau à Marseille, qui s'empressa d'y instaurer des taxes à l'entrée et à la sortie.

On a déjà signalé que Marius deviendra le chef du parti démocrate populaire. Peut-être s'y préparait-il, car, contrairement à ses devanciers qui se conduisaient en petits satrapes, il se mêlait, lui, aux soldats, partageait leur tambouille, leur parlait parfois comme à des copains, leur tamponnait la cuirasse, ce qui ne l'empêchait nullement d'imposer une discipline d'airain.

En outre, loin de chercher la gloriole par d'imprudentes actions d'éclat, il faisait preuve – comme un célèbre maréchal de France tout aussi politisé que lui, mais qui tourna mal – d'une prudence qui frôlait parfois la pusillanimité. Minutieux et concret, il ne laissait rien au hasard. Il poussa cette prudence – lui qui, en matière religieuse, ne croyait sans doute pas vraiment à grand-chose – jusqu'à se faire assister, peut-être par quelques druides, mais surtout par une prophétesse syrienne qui officiait lors de ses sacrifices. Ce qui n'était pas aussi extravagant qu'on peut le penser au premier abord, car le Sénat, dans son affolement, avait admis qu'on pût recruter des effectifs là où l'on en trouverait : chez les Ibères, les Ligures, les Gaulois, les Illyriens, mais aussi en Afrique, où Marius avait servi, et au Proche-Orient.

Le nouveau général en chef, élu consul, avait également – et c'était une première – mis sur pied un véritable service de renseignements qui employa le jeune officier Sertorius, après que celui-ci eut appris la langue gauloise, pour l'envoyer espionner les Cimbres et les Ambrons. Voilà qui prouve assez que les Cimbres étaient bien de souche gauloise.

Ce que craignait le nouveau boss, c'était que, lorsqu'il devrait affronter le danger extérieur, se réveille l'ennemi de l'intérieur ; que se révèle donc, à cette occasion, l'importance des complicités dont les migrants bénéficiaient en

Provence même au sein des peuples de leur propre sang, et de leur propre langue. On en avait déjà recueilli de nombreuses preuves. Il eut donc une idée, très moderne et très vicieuse : il envoya aux principaux responsables des cités des dépêches contenues dans des sortes d'enveloppes dûment fermées et cachetées avec défense absolue, au nom de la fidélité à la République, de les ouvrir avant le « jour J ». Mais soudain, avant ledit « jour J » – car c'était une ruse –, il exigea qu'on lui renvoie les missives. Or, la plupart avaient été ouvertes. Concluant !

Et, en effet, des révoltes éclatèrent un peu partout dans la province, les Volques Tectosages en prenant naturellement la tête. Le Périgord s'agita tout particulièrement. Les Volques Arécomiques, eux aussi d'extraction gauloise belge comme les Cimbres, provoquèrent quelques troubles dans l'Hérault et le Gard, mais moins violents que dans le Midi-Pyrénées des Tectosages, sans doute parce que les Romains y avaient investi beaucoup plus. D'ailleurs, Nîmes (et évidemment Narbonne) resta calme. Les Allobroges, en revanche, commencèrent à remuer. On réprima fermement. Sans état d'âme. Et l'homme que Marius chargea de ramener à la raison les rebelles – de les « pacifier », comme on dira plus tard –, et qui le fit sans tendresse, pour ne pas dire férocement, son principal lieutenant, Sylla, prendra plus tard la tête du parti conservateur aristocratique et conduira une lutte armée... contre les partisans de Marius.

L'insurrection fut matée. Sylla ratissa. Il assomma les insurgés à plusieurs reprises. Il explosa l'armée des Volques Tectosages et fit prisonnier son chef Copill (ou Copillos). On comprima les peuples pour assécher l'eau dans laquelle les « envahisseurs » auraient pu se comporter comme des poissons.

Les Toulousains, cependant, eurent droit à une consolation : la pression populaire avait contraint les autorités romaines à ouvrir une procédure contre l'ex-consul Cépion, assortie d'une enquête. Il parvint à faire annuler l'instruction, tandis que le Sénat, à majorité conservatrice, s'échina à le protéger. N'était-il pas membre éminent de la caste aristocratique ? N'avait-il pas fait voter les lois les plus réactionnaires depuis la défaite des frères Gracques ?

En l'occurrence, la pression populaire fit reculer le Sénat. Cépion fut réduit à néant. Sa fortune confisquée, ses titres abolis. Il dut s'exiler en Asie, où il végéta dans une telle misère qu'il semble bien que ses deux filles aient dû se prostituer.

À Rome, on dirait de quelqu'un à qui, un temps, la fortune a souri, mais qui ensuite vogue de galère en galère : « Ce type-là, il a de l'or de Toulouse dans les mains. »

Marius, pendant ce temps, poursuivait ses travaux de terrassement, fort utiles au pays, surtout lorsqu'il s'agissait d'assécher les marais, mais qui faisaient dire aux bidasses qu'ils croyaient s'être engagés dans l'armée, et pas dans une entreprise de travaux publics !

Quand le célèbre Marius barre la route aux Teutons

Heureusement – ou malheureusement, en fonction du verdict – pour Marius, les hordes migratoires réapparurent. Mais, heureusement – quel que que soit le verdict –, elles se scindèrent de nouveau. Les Cimbres, suivis des Helvètes, traversèrent l'Autriche (actuelle) pour déboucher chez les Vénètes en Italie du Nord ; les Teutons et les Ambrons descendirent le Rhône avec l'intention de passer les Alpes-Maritimes.

Marius attendit ces derniers au confluent du Rhône et de la Durance, à un point de passage presque obligé, s'y fortifia et, n'entendant nullement prendre de risques inconsidérés, ne bougea plus. Les Teutons et les Ambrons, renforcés sans doute de toutes sortes de bandes gauloises récupérées sur leur parcours et désireuses de se joindre à ceux qui, jusqu'ici, avaient été vainqueurs (il y avait du butin à ramasser), s'installèrent en face du camp romain et, pour forcer les légionnaires à sortir de leur retranchement, commencèrent à organiser une espèce de sarabande carnavalesque, dansant, gesticulant, hurlant, multipliant les gestes provocateurs ou obscènes, et criblant la garnison d'insultes les plus variées. Les plus plates, qu'ils avaient apprises par cœur pour l'occasion, étaient formulées en un latin approximatif, les autres, hélas, les plus gratinées, n'étant compréhensibles que par ceux qui maniaient un minimum de langue celte.

Il faut croire que certaines de ces saillies portant sur la virilité des légionnaires, ou laissant entendre – c'est l'historien grec Plutarque qui le rapporte – que les barbares se faisaient d'avance une joie d'aller s'occuper de leurs femmes à Rome, n'étaient pas sans effet puisque, n'y tenant plus, les soldats commencèrent à exiger que l'on sorte de la défensive pour écrabouiller cette vermine. D'autres, il est vrai, crevaient littéralement de trouille à la vue de ces accoutrements ressemblant à ceux des grands sorciers des tribus indiennes ou africaines dans les films en technicolor, avec des groins d'animaux cornus en guise de couvre-chefs, et à l'écoute de ces cris dont on a l'impression, à lire certains récits effarés, qu'aucun compositeur de musique concrète d'aujourd'hui n'aurait même osé les emprunter à ses cauchemars. Encore une fois, les fantasmes fonctionnèrent à plein tube, mais il n'est pas niable que les esprits en furent durablement frappés.

Alors Marius employa un stratagème qui démontre que, plus qu'un excellent tacticien, il était un maître en action psychologique. Non seulement il ne répondit pas aux provocations, même lorsqu'elles lui étaient personnellement adressées – à un énorme Teuton qui lui lançait en substance, du bas des palissades : « Viens m'affronter si t'es un homme ! », il répondit que, s'il tenait un peu à la vie, il aille se faire pendre ailleurs tout seul ; non seulement, face à ceux qui voulaient tout de suite en découdre, le consul fit habilement de l'excès de prudence un acte de courage exemplaire, mais surtout il obligea toutes ses troupes, par roulement, plusieurs jours de suite, six jours exactement, à se relayer aux remparts pour regarder défiler interminablement l'ennemi, s'y habituer, banaliser ce qui, jusqu'alors, leur glaçait le sang et les amener à voir en lui un adversaire comme un autre.

Finalement, c'est l'attaquant qui se lassa. Il tâta, par de brèves offensives, les défenses du camp retranché, sans succès, puis décida de passer outre. Exactement ce qu'espérait Marius, qui entendait l'attaquer en pleine marche, au lieu et à l'heure par lui choisis, et le couper en plusieurs tronçons. Il suivit donc les différentes hordes et les rejoignit non loin d'Aix-en-Provence, où elles prenaient du bon temps. Il s'installa solidement sur une hauteur. Cela le plaçait en position favorable, n'eût été le manque d'eau, d'autant plus vite insupportable qu'en bas les « salopards », comme on disait dans les chansons colonialistes, barbotaient ostensiblement dans une rivière qui devait être l'Arc.

Ici commence la légende – c'est-à-dire la campagne électorale de Marius. Car, déjà consul grâce à la popularité que lui avait apportée sa victoire sur Jugurtha, il sera réélu, puis encore réélu. Cinq fois, alors qu'on ne pouvait l'être officiellement qu'une fois et que ces exceptions – entorses en série à la règle institutionnelle – marquent la première rupture grave avec le système républicain traditionnel. Début de l'émergence de l'homme providentiel qui deviendra presque naturellement le César, l'Auguste, l'Empereur !

Donc, à partir de ce moment, la façon dont les « marianistes » racontent la guerre des Gaules de leur héros rejoint la façon dont César racontera la sienne. Il s'agit autant de littérature propagandiste que de récit historique. La Gaule devient l'instrument d'une prise de pouvoir, en l'occurrence par le parti démocrate populaire, dont Marius prendra la tête, comme elle deviendra l'instrument d'une autre prise de pouvoir, par le même parti démocrate populaire, dont Jules César deviendra le chef.

Cette précision est importante. D'abord, parce qu'elle nous incite à relativiser certains récits historiques, même si on ne peut les ignorer. Ensuite, parce que – est-ce un simple paradoxe ? – la France de la bipolarisation, des clivages manichéens, des oppositions hémiplégiques, des guerres civiles chaudes et froides, est finalement née, avec Marius puis avec César, de l'exacerbation d'une bipolarité, d'un clivage de plus en plus manichéen, au point de déboucher sur une guerre civile froide, puis chaude, effroyablement chaude.

De cette dérive, la Gaule fut cause et conséquence.

Ce n'est peut-être pas un hasard si Marius et César sont devenus des personnages de Pagnol. Des héros pré-français…

Les soldats de Marius avaient soif. « Vous êtes des hommes, leur déclama leur général en leur montrant la rivière en contrebas ; voilà de l'eau qu'il faut échanger contre du sang. – Mène-nous donc au combat, s'écria l'un des plus rouspéteurs, avant que le sang ne soit desséché dans nos veines ! »

Trois points de gagnés dans les sondages.

Marius avait réussi à tronçonner la multitude adverse. Pour l'heure, seuls les Ambrons étaient en place. Il n'attendit pas, il leur entra dans le lard. La descente de la colline donna de l'élan à ses forces. De toute façon, on n'y tenait plus : les domestiques et les esclaves avaient déjà pris sur eux de dévaler cette hauteur, brandissant haches ou piques d'une main et tenant des cruches dans l'autre. Les Ligures suivirent. Puis des auxiliaires gaulois qui avaient longtemps occupé l'Ombrie en Italie du Nord, province à laquelle ils avaient donné leur nom, avant d'en être chassés. Or, ces Gaulois-là étaient eux aussi originellement issus de la tribu gallique des Ambrons, un peu comme les Cimbres étaient des Belges. Si bien qu'on assista à la scène mémorable évoquée plus haut : tandis que les Ambrons helvètes, côté ennemi, chargeaient en tapant en cadence sur leur bouclier avec leur épée et en scandant leurs cris de guerre : « Ambrons ! Ambrons ! », les Ambrons côté ami, stupéfaits, sentant comme une nostalgie les envahir, se mirent à battre eux aussi la mesure avec leur glaive en hurlant : « Ambrons ! Ambrons ! » Et les mots des Gaulois du camp barbare et des Gaulois du camp de la civilisation, qui étaient les mêmes, se mêlant pour devenir une unique clameur, nul ne pouvait plus distinguer, quand s'enchevêtrèrent des corps à corps, d'où venait la parole barbare et d'où venait la parole civilisée, puisqu'elles provenaient du même peuple.

Finalement, les Ambrons helvètes furent d'autant plus facilement culbutés, malgré une ardeur au combat qui égalait celle des Tigurins, que, séparés des Teutons, ils étaient nettement moins nombreux que les soldats romains.

Poussés, pressés, rejetés par les troupes de Marius, les Ambrons avaient laissé sur place leurs lourds chariots... chargés de leurs familles. Alors voilà ce que raconte Plutarque : « Voyant les cohortes romaines avancer, les femmes ambrones se rangèrent, comme en ligne de bataille, armées de haches et de sabres, devant les chariots dans lesquels s'entassaient leurs enfants. Elles frappaient, en émettant des grondements rauques, tout ce qui arrivait à leur portée, à gauche, à droite, les Romains comme leurs maris quand ceux-ci fuyaient. Alors elles les qualifiaient de lâches, de traîtres, elles saisissaient leur épée à mains nues, arrachaient leur bouclier, prenaient leur place, elles recevaient leurs blessures en se laissant massacrer sans lâcher prise. »

Un tel spectacle, stupéfiant les Romains, les arrêta dans leur élan et sauva sans doute les enfants. La nuit tombée, on sonna la retraite et les Ambrons, un peu honteux, récupérèrent leurs chariots.

Tacite aura une formule terrible pour résumer le jusqu'au-boutisme des femmes ambrones ou cimbres : « *Sic vivendum, sic pereundum* » (« À la vie à la mort »). « On a vécu avec eux, il faut mourir avec eux. » Et d'ajouter : « C'est à son épouse que le guerrier rapporte sa blessure. »

L'attitude des femmes ambrones est significative. Elles ne réagissent pas comme des épouses suivant une armée, mais bien comme des mères de famille se substituant à l'armée censée protéger leurs enfants. Encore une fois, il ne s'agit donc pas d'une force militaire proprement dite engagée dans une entreprise de conquête en vue d'une occupation de vive force, mais d'un peuple en errance qui, chassé par on ne sait quelle adversité, cherche un espace libre où s'installer. Or, que sont, à l'origine, les Arvernes, les Volques, les Allobroges, les Éduens, les Carnutes, les Bituriges, c'est-à-dire les Gaulois ou les Celtes, sinon des peuples eux aussi en errance qui trouvèrent des espaces où s'installer ? Exactement comme les Bretons des îles Britanniques (îles des Bretons) lorsque, harcelés par des bandes guerrières, en particulier saxonnes, ils émigreront, en tant que peuple, en Armorique, où la population locale les accueillera comme des frères de même souche celto-gauloise qu'elle.

La migration des Cimbres et des Teutons, appuyés par les tribus helvètes, constituait, en réalité, une nouvelle vague du continuel et long glissement de peuples, en provenance du Nord et de l'Est, vers le Sud. L'Europe en général, et la Gaule en particulier, s'étaient peu à peu construites de cette façon, comme un puzzle d'ex-peuples du voyage – ou en cavale – qui se fixèrent au hasard de leur transhumance et, mélangés aux autochtones, firent nation. Et cela continuera : le peuple germanique des Burgondes, chassé de son éphémère royaume au-delà du Rhin par les Huns d'Attila, s'établira, par exemple, en Bourgogne ; un autre peuple germanique, les Lombards, posera son sceau sur l'Italie du Nord.

Ce que, dans mille ans, un observateur depuis Sirius retiendra, c'est peut-être que les populations européennes furent remodelées à trois reprises : d'abord par un glissement Nord-Sud, puis par un glissement Est-Ouest, et enfin, aujourd'hui, par un glissement Sud-Nord. Nous sommes tous des enfants d'émigrés, et les Marseillais plus que tous les autres. Au demeurant, l'autochtone lui-même, sauf peut-être en Afrique de l'Est, ne renvoie-t-il pas à d'antiques migrations ?

Ce qui explique le désastre que subirent les Cimbres et les Teutons, et à deux reprises les Helvètes, c'est qu'ils se heurtèrent moins à des peuples qui ne voulaient pas leur faire de place qu'à un impérialisme qui, lui, entendait prendre toute la place. Et cet impérialisme était représenté par le seul véritable État de droit de la région et de l'époque, dont l'expansionnisme surfait sur une avancée de civilisation et qui avait, de surcroît, une claire conscience de la délimitation du territoire (alors que beaucoup d'autres peuples se les échangeaient ou se les partageaient allégrement).

Or, voici le paradoxe : quatre siècles plus tard, alors que l'Empire romain vacillait, de nouveaux peuples errants n'auront, eux, aucun mal à se faire une place au soleil, à l'exemple des Wisigoths, des Ostrogoths, des Vandales, des Burgondes, des Lombards, des Saxons, des Alamans et autres.

Un peuple en marche plutôt qu'une armée : ce qui se passa après les premiers heurts face aux Ambrons l'illustre assez, et les Romains, là encore, en furent profondément marqués. Jusqu'au petit matin, le peuple ambron fit retentir la nuit de lamentations, de hurlements de douleur, d'imprécations vengeresses – « mugissements d'animaux féroces, écrit encore le Grec Plutarque. Les montagnes, la plaine, les fleuves, répétaient ce bruit épouvantable et paraissaient mugir eux aussi ». Marius lui-même en aurait été, on n'ose dire bouleversé, mais, au moins, « interpellé ».

L'ennemi laissa d'ailleurs passer plus d'une journée sans agir, comme paralysé par son deuil. Réaction, non d'une armée qui a subi de lourdes pertes, mais d'un peuple qui ressent sa tragédie comme une immense injustice.

Le choc décisif entre les Teutons, renforcés de rescapés ambrons, et les Romains fut à l'image de ce malentendu. Les Romains se battirent comme une armée remarquablement commandée : c'est-à-dire bien. Rationnellement. Comme une belle machine utilisant astucieusement les agencements du terrain. Un contingent de cavaliers fut envoyé sur les arrières de l'ennemi, ce qui constitue le *b a ba* de la stratégie.

Les Teutons, eux, luttèrent comme un peuple. Très mal. Sans aucune conception d'ensemble. Bordéliquement. Droit devant. Comme des Gaulois, pas comme des Germains. Il n'en resta rien. Il n'était pas question de chercher une reddition : on extermina. Froidement et systématiquement. On chercha ostensiblement à éradiquer.

Ce qui se déroula ensuite fut – hélas – humain et de tous les temps, mais néanmoins épouvantable : les mêmes Gaulois de la région qui n'avaient pas bronché, qui eussent fêté les Teutons vainqueurs, les Séquanes en particulier, entreprirent de faire la chasse aux fuyards pour les massacrer l'un après l'autre et les délester de ce qu'ils portaient sur eux de négociable.

Un chef, Teutobocos, fut fait prisonnier. Les fantasmes s'incrustent au creux des invariances. Il en était de ce barbare comme des Noirs à qui les sudistes blancs américains prêtaient des capacités sexuelles phénoménales : on prétendait qu'il était doué d'une telle puissance et d'une telle souplesse qu'il pouvait sauter par-dessus six chevaux à la fois.

Il y a, dans le Var, un lieu qui se nomme Pourrières. Il devrait ce nom au nombre considérable de cadavres que Marius laissa pourrir dans la plaine sans sépulture. Le champ de bataille fut d'ailleurs longtemps baptisé « Campo putride » (Champ putride).

Les Massaliotes, pour qui il n'y avait pas de petits profits, utilisèrent les ossements pour enclore et pour étayer leurs vignes. Un quartier d'Aix fut, pour cette raison, longtemps connu comme la « Malouesse » ou « Mala Assa ». Plutarque, une référence parce qu'il composa une vie de Marius, écrit : « Les Marseillais fermèrent leurs vignes de haies faites d'os de morts et, de grandes pluies gâchant tout l'hiver, les corps pourrissaient sur ou sous leurs champs. Les terres devinrent si fertiles, la graisse les pénétra si profondément que, l'été qui suivit, elles donnèrent un nombre record de grappes. »

Le rosé de Provence commençait bien.

On éleva, en l'honneur de Marius, sur une petite montagne, un temple de la Victoire que les chrétiens, évidemment, démolirent et remplacèrent par une église… qu'ils baptisèrent cependant « Sainte-Victoire ». Et que, jusqu'au XIXe siècle, les marins marseillais continuaient à désigner comme le « temple de la Victoire ».

Marius, lui, sans attendre que Rome lui organise un triomphe, se concocta sur place le sien, vêtu de pourpre, dans la posture de l'*imperator*. Quelle bizarre coïncidence, aurait dit Ionesco : c'est à ce moment précis qu'un messager lui apporta la nouvelle de son élection au consulat pour la cinquième année de suite (presque comme Roosevelt, un autre démocrate).

Dans Marius, il y a en filigrane Jules César, qui se réclama politiquement de lui. Et donc l'inéluctabilité d'une Gaule romaine. À la bataille d'Aix-en-Provence, c'était déjà Vercingétorix qui était potentiellement vaincu.

Tuons-les tous, Jupiter reconnaîtra les siens

Connaît-on, aujourd'hui, un pays, un gouvernement, un chef militaire osant se targuer d'avoir commis un génocide et en tirer gloire ? Les Romains, eux, n'avaient sur ce point aucun complexe. Ils s'attribuaient même, pour se faire mousser, des génocides qu'ils n'avaient pas, au sens strict, commis.

Curieux renversement : aujourd'hui, les pouvoirs nient ou minimisent les massacres dont ils se rendent coupables. Les Romains, en revanche, ou du moins certains d'entre eux, les exagéraient pour s'en couronner. Ainsi, après la bataille d'Aix, on fit le compte. Tite-Live parle de 200 000 tués et 90 000 prisonniers. Et les blessés ? Il s'agit donc d'une extermination. Eusèbe, puis Eutrope, reprennent ce chiffre. Notons que l'*Histoire romaine* d'Eutrope fut longtemps jugée « impartiale et précise ».

En réalité, ils se copient les uns les autres. Velleius Paterculus ramène la tuerie à 140 000 morts et 80 000 prisonniers, à quoi il ajoute 3 000 fugitifs. Donc, toujours une extermination. Plutarque, lui, descend à 100 000 tués et prisonniers : ce qui prouve à quel point cette macabre comptabilité était relative. Toujours pas de blessés parce que, à l'évidence, on les achève ou on les laisse crever sur place.

Or, de deux choses l'une. Soit, en une journée, plus des deux tiers d'un peuple ont été rayés de la carte, et le reste réduit en esclavage. Il s'agit alors d'un génocide caractérisé. Un vrai. Pourquoi ne le dit-on jamais ? Pourquoi a-t-on héroïsé le génocidaire ? Soit ces chiffrages, ceux des combattants, ceux des victimes, sont absolument bidon. Mais pourquoi ne le dit-on pas non plus ? Et si on ne le dit pas, il s'agit d'un génocide.

En fait, les historiens romains sont piégés : dès lors qu'ils exagèrent, jusqu'au délire, le nombre des supposés sauvages que Rome affronte, ils sont conduits – sauf à expliquer ce qu'est devenue cette gigantesque multitude – à crédibiliser, et sans s'en offusquer, le soupçon de génocide. Car 200 000 tués, cela signifie au moins 130 000 femmes, vieillards et enfants. Cela trouble un peu certains puisque, du coup, on racontera que les femmes – attitude normale et bien connue, n'est-ce pas ? – tuèrent elles-mêmes leurs enfants et, ensuite, se suicidèrent. Des vieux, en revanche, on ne parle jamais. Ainsi, après la liquidation des Teutons, 300 femmes acceptèrent de se rendre si l'on faisait d'elles des esclaves des vestales romaines, et non de maîtres masculins dont elles imaginaient le sort qu'ils leur feraient subir. On rejeta leur requête. Il paraît qu'elles s'étranglèrent mutuellement.

Pendant ce temps, les Cimbres et l'autre partie des Helvètes, les Tigurins, avaient traversé la Suisse et l'Autriche alpine où, rapportent les historiens romains, ils avaient transformé leurs boucliers en luges. Les Tigurins restèrent en réserve dans la montagne. Ou peut-être les avait-on chargés de garder la voie ouverte.

Les Cimbres pénétrèrent dans la vallée de l'Adige après avoir, toujours selon les historiens latins, abattu quasiment toute une forêt pour confectionner un immense pont sur le fleuve. On célèbre encore le passage des Alpes par Hannibal avec ses éléphants, mais eux, en plein hiver, franchir les sommets du Tyrol, le Brenner, avec leurs femmes, leurs enfants, leurs chariots, leurs troupeaux, leurs chiens et leurs chevaux… on allait oublier leurs ancêtres ! En réalité, les grands-parents qui les accompagnaient au début de cette déambulation étaient montés au ciel, mais les chariots étaient bondés de ribambelles de moins de vingt ans qui n'étaient pas nés lors de leur départ.

Les légionnaires fuyaient aussitôt que les « barbares » apparaissaient. Plusieurs cohortes tinrent, cependant, un fort. Or, loin de chercher, comme l'eût sans doute fait Marius, à submerger et à araser le tout, les Cimbres leur proposèrent une capitulation tout à fait honorable dont les principes furent gravés dans l'airain. Puis, contrôlant le territoire correspondant en gros à la Vénétie, et le jugeant agréable et fertile, ils commencèrent à s'y installer, apparemment paisibles, sans vouloir pousser leur avantage. Ils le trouvèrent même tellement à leur goût, ce territoire, leur Capoue à eux, qu'ils s'y alanguirent, se remboursèrent de toutes leurs épreuves, se donnèrent enfin du bon temps et un peu de plaisir, en fonction de quoi ils bouffèrent, se soûlèrent et baisèrent plus que de raison. Peut-être, si l'on en croit des témoignages, ingurgitèrent-ils du pain moisi, car il faisait très chaud, et de la viande peu fraîche. Toujours est-il qu'ils s'autodécimèrent, un peu comme les troupes du duc de Brunswick après la bataille de Valmy.

Moins que jamais ils avaient envie d'en découdre. Pour la énième fois, ils envoyèrent une délégation, toujours aussi suppliante, pour demander des terres où s'installer avec leurs frères teutons. À quoi Marius répondit de façon volontairement cinglante que, des terres, les Teutons les avaient déjà obtenues... mais qu'ils étaient dessous.

Les ambassadeurs cimbres ne le crurent pas. Mais on exhiba devant eux le roi Teutobocos et quelques autres chefs enchaînés. Ils furent effondrés. Ils comprirent qu'ils allaient devoir combattre. Boïorix proposa même qu'on fixe l'endroit, le jour et l'heure. On s'arrêta sur le champ de Verceil et sur le 30 juillet.

La bataille ne se déroulant pas en Gaule, on vous en fera grâce. Elle fut dantesque. Longtemps équilibrée. Mais les Cimbres furent, à la fin, taillés en pièces. Ils avaient constamment combattu (Marius, fin stratège, l'avait voulu ainsi) avec le soleil et la poussière dans les yeux. Ils n'y voyaient rien.

Nul ne proposa aux vaincus une capitulation honorable. Ce fut une boucherie. Nous ne disposons que des chiffres de la police, pas des manifestants : 120 000 morts et 60 000 prisonniers, dit Plutarque ; 140 000 morts, renchérit Eutrope ; Florus monte jusqu'à 160 000. Ce qui, ajouté aux tueries précédentes, ferait 350 000 tués. En deux combats ! Plus que les Français n'en ont déploré en un an à Verdun. Et ceux qui alignèrent de tels chiffres ne s'en émurent nullement. De toute façon, les non-combattants furent plus nombreux à périr que les combattants. Bébés compris, car on ne s'en encombre pas. Qui en voudrait pour esclaves ? Les femmes stériles adopteraient-elles un Cimbre ?

Les historiens gréco-romains ne purent retenir, malgré tout, quelques réactions d'effroi. Ainsi, Florus, Plutarque, Orose (ils écrivent de cent cinquante à quatre cents années après ces événements, mais on peut penser qu'ils s'appuient sur des souvenirs d'époque aujourd'hui perdus) rapportent tous cette vision que peu de réalisateurs de films d'horreur accepteraient de mettre en scène.

Voyant la partie perdue, les femmes cimbres se vêtirent de noir en signe de deuil et, transformant leurs chariots qui abritaient leurs enfants en forteresses, à l'exemple des Ambrones, elles s'y rangèrent comme sur des remparts et utilisèrent toutes les armes possibles, épées, haches, lances, piques, pour repousser les assaillants.

Assez longtemps, elles parvinrent à en interdire l'approche. Or, soudain, plusieurs d'entre elles hurlèrent... Elles avaient aperçu, au loin, les soldats romains qui égorgeaient leurs prisonnières, leur coupaient la tête et, leurs longs cheveux dégoulinant de sang, les plantaient au bout de leurs lances qu'ils brandissaient comme des trophées.

Comme le note presque ingénument l'un de nos chroniqueurs posthumes, « cette façon de mourir leur parut indigne et elles résolurent de prendre les devants ».

Alors – mais répétons qu'il s'agit de récits postérieurs dont, le plus souvent, on a perdu les sources –, elles entreprirent de se tuer ou de s'entre-tuer. Les unes en se traversant de leur propre épée, les autres en se frappant mutuellement à coups de hache. Certaines se précipitèrent sous les sabots de chevaux. Quelques-unes s'étranglèrent avec des courroies ou des brides. On en vit s'attacher avec un nœud coulant aux cornes des bœufs et les piquer. Des mères étouffèrent leurs enfants, les fracassèrent contre les timons des roues des chariots ou se jetèrent elles-mêmes dessous en les tenant dans les bras. On en trouva une (on n'imagine pas que trois historiens l'aient inventé après coup, le fait ayant dû être très précisément rapporté par des soldats) accrochée à un poteau au-dessus de ses deux tout petits enfants pendus à ses pieds. Cette auto-immolation s'étendit bientôt des épouses aux maris et aux frères. On voulut se rendre service en s'arrachant mutuellement à l'esclavage par la mort. On raconte même que deux chefs se ruèrent l'un sur l'autre et s'embrochèrent.

Ensuite, les Romains récupérèrent le bétail, mais se débarrassèrent de tous les chiens qui avaient le tort de défendre les cadavres.

Les Tigurins, eux, restés en arrière, s'en étaient bien sortis. Toujours guidés par Divico, ils rejoignirent la Suisse. Ils n'avaient perdu aucune bataille.

« Ce jour-là, écrit Michelet, Rome ne sentit pas le génie héroïque de ces nations. Elle crut à son éternité. »

À toutes les questions que nous avons déjà posées, il faut ajouter celle-ci : comment de telles atrocités, sans doute largement exagérées, mais rapportées et décrites par le menu, ont-elles pu être à ce point banalisées ? Et pendant des siècles. Presque jusqu'à aujourd'hui. Et par les auteurs chrétiens eux-mêmes.

On connaît l'une des réponses : parce que tout devient possible dès lors qu'on a diabolisé, criminalisé, animalisé l'adversaire. Lequel, pour manifester sa douleur, « mugit sauvagement », selon Plutarque. Tout est là. Sous Staline, on décrivait les ennemis de classe en « hordes de poux ». En « rats visqueux ». En « vipères lubriques ». Ce sont des qualificatifs du même genre que l'on appliqua aux Cimbres, aux Ambrons, aux Teutons. L'extermination n'était possible que par la déshumanisation préalable. Ce n'étaient pas des peuples, mais des troupeaux, des hordes, à l'aspect terrifiant, aux hurlements de bestiaux. Leurs femmes furent héroïques, mais parce que c'étaient des « louves ». Est-ce qu'une femme romaine se serait conduite de cette façon ? Pis : ce qui effaça tout cela, la monstrueuse boucherie, ce fut la gloire du chef. L'apothéose de Marius avant sa chute et sa réhabilitation. Nous l'avons déjà fait remarqué : que pèsent des millions de victimes comparées à la gloire de Napoléon, et les crimes contre l'humanité en chaîne quand l'Europe est illuminée par les rayons du Roi-Soleil ?

Un génocide ? Est-ce que cela doit éclipser la gloire de Marius ? Or, Marius devint le leader du parti démocrate populaire. La gauche de l'époque. Et Jules César, son disciple, occupa la même fonction, et se livra aux mêmes exterminations de masse qui indignèrent Caton et Cicéron.

Marius, de simple extraction contrairement à César, était effectivement proche du peuple romain. Il était effectivement préoccupé par le sort de la plèbe. Il prit effectivement des positions que l'on qualifierait aujourd'hui de progressistes. Il affronta effectivement l'égoïsme de classe du parti patricien, auquel il arracha, avant d'en être victime, des mesures de justice sociale.

Mais on est en droit de s'interroger. La justification, voire la glorification, par ceux de son camp, des crimes effroyables qu'il couvrit, comme ils justifieront ceux que commettra César après lui et pour les mêmes raisons partisanes (en plus, César sera l'envahisseur), cette normalisation de l'extermination de l'ennemi de race ne contribua-t-elle pas à normaliser plus tard (Marius fut un grand héros républicain) les éliminations sanglantes de l'ennemi de classe ?

Ce que nous venons d'évoquer, cette tragédie absolue, constitue peut-être l'une des plus grandes escroqueries historiques connues. Les Cimbres n'étaient pas des Germains, ce qui n'avait guère de sens à l'époque, mais des Gaulois. Il s'agit donc du plus grand massacre inventorié de Gaulois. Cicéron, à plusieurs reprises, dans ses discours, mentionne la victoire remportée par Marius sur les « Gaulois ». Salluste précise que l'horrible Cépion a été battu par les « Gaulois ». Diodore de Sicile identifie lui aussi les Cimbres aux « Gaulois ». Appien et Dion Cassius confirment. Sertorius apprend le « gaulois » pour espionner les

Cimbres et les Ambrons. Il ne s'agissait pas d'une horde sauvage agressant une nation, mais d'un peuple malheureux en migration, cherchant à refaire souche et suppliant qu'on leur attribue une terre pour cela. Certes, les envahisseurs n'avaient réussi à s'emparer d'aucune grande ville. Mais ils n'ont tout simplement pas essayé. Ce n'était nullement leur objectif. Et ils n'étaient pas si nombreux qu'on l'a prétendu. Surtout, puisqu'il s'agissait d'une population civile en fuite, de réfugiés en quelque sorte, leur armée était beaucoup moins puissante que l'ont dit les historiens romains. S'ils ont été réellement tous exterminés (mais, dans la mesure où le nom qui les désigne est purement générique, ce n'est pas certain), alors il s'agit de l'un des vrais génocides de l'histoire de l'humanité. Pourtant, les manuels le retiennent comme un acte glorieux.

La présence de Cimbres sera, certes, encore mentionnées plus tard. Où ? Dans l'armée de Spartacus, où ils représenteront une grande partie des esclaves révoltés.

CHAPITRE 8

Quand les Gaulois découvrent l'affrontement gauche-droite

Les batailles gagnées contre Cimbres et Teutons n'avaient rien changé à la situation militaire en Gaule. Mais elles eurent psychologiquement, culturellement, politiquement, des conséquences considérables.

D'abord, fût-ce au prix de cette énorme escroquerie que nous avons mise en relief, les Gaulois – et pas simplement les Gaulois de la Provence – furent peu à peu convaincus qu'ils avaient échappé, grâce à Marius, donc aux Romains, à la submersion par un raz de marée barbare qu'on n'appelait pas encore germanique, mais l'idée y était, car il venait d'au-delà du Rhin (comme l'ensemble des Gaulois d'ailleurs, mais chacun préférait l'oublier).

Cette hantise des « hordes teutonnes » va devenir un élément essentiel de ce qui commence à frémir comme une « opinion publique », et c'est parce qu'il surfera sur cette angoisse que César parviendra – tout compte fait, assez facilement – à conquérir l'ensemble de la Gaule. Et c'est cette même angoisse, renforcée par le fait que le Rhin insensiblement deviendra effectivement une frontière, qui précipitera la défaite de Civilis.

On ne peut pas exclure que ce traumatisme soit à l'origine de la fracture qui fera d'un vague et vaste conglomérat ayant à peu près la même origine et une langue très proche deux communautés profondément antagonistes, et cela malgré (ou, à partir du XIXe siècle, à cause de) la conquête franque.

En deuxième lieu, le prestige de Marius et le sentiment d'avoir échappé, grâce à lui, à un considérable danger ancreront la Gaule méridionale dans sa romanité. C'est à ce moment que la « Province », c'est-à-dire la Gaule du Sud, devient réellement romaine. La preuve en est qu'elle se révoltera contre la domination inique du Sénat de Rome, mais ce sera à l'appel d'un grand général romain, un autre Marius, de la même tendance politique que lui, ce Sertorius dont nous avons vu comment il fut l'un des rares rescapés de la bataille d'Orange et apprit le gaulois pour mieux espionner les Cimbres et les Teutons.

Car voici la troisième conséquence : le conflit gauche-droite, parti démocrate populaire contre conservateurs patriciens, *populares* contre *optimates*, dont Marius d'un côté et son ex-lieutenant Sylla de l'autre vont devenir les deux figures de proue, cet antagonisme idéologique et social qui va diviser, mobiliser, ensanglanter l'Italie romaine, se transférera en Gaule transalpine, la coupera en deux également, jettera les uns dans la révolte, associera les autres à sa répression, si bien qu'en effet les Gaulois découvriront, à cette occasion, la bipolarité partisane au sens moderne du terme. Car il ne s'agit plus, comme dans la Gaule « libre » du Centre et du Nord, de l'opposition monarchistes-républicains, les uns et les autres s'appuyant sur l'élite (même si les monarchistes font plus d'efforts que les républicains pour mobiliser le peuple), mais bien d'un affrontement entre ceux qui préconisent des réformes sociales radicales et ceux qui défendent, bec et ongles, les privilèges d'une caste dominante.

Marius se retrouve leader des premiers face à Sylla, comme ensuite Sertorius face à Pompée, puis César lui-même face au même Pompée.

Le paradoxe, c'est que la majorité des Gaulois – du peuple gaulois de la Gaule méridionale, s'entend – se retrouveront du côté des partisans de ce Marius qui a exterminé les leurs, et de ce César qui imposera sa férule à leurs frères du Nord.

C'est ce nouvel épisode dont il nous faut maintenant faire le récit.

Le feu couvait. Rome sentait que sa nouvelle conquête se cabrait sous son joug. Une loi ou décret permit que la République confisquât les terres un temps occupées par les Cimbro-Teutons et reconquises par l'armée romaine. Il semble que cela ait mis en branle, non seulement les Volques, ceux du Languedoc et de Toulouse, mais également ceux de l'Hérault et du Gard, ainsi que les tribus ligures. On sait que les Salyens, en colère, furent matés avec l'aide des Marseillais. Mais, de tout cela, on a très peu de témoignages. Les chroniqueurs romains avaient d'autres chats à fouetter – de très gros chiens, plus exactement, des dogues même. L'Italie était en flammes. Une guerre sociale l'embrasait. Les peuples soumis à l'autorité de Rome, les « provinciaux », demandaient qu'on leur accorde les mêmes droits qu'aux citoyens romains. Marius, le glorieux Marius, se posa en défenseur de l'égalité politique et en adversaire acharné de la petite caste aristocratique qui s'accrochait à ses prérogatives. Son ancien lieutenant, Sylla, prit la tête du parti contraire qui entendait, à l'inverse, rendre à ceux de la haute les privilèges qu'ils avaient, un temps, dû abandonner. Les « marianistes » dominèrent d'abord. Puis les partisans de Sylla prirent leur revanche. Aller et retour. La gauche, la droite. Alternance. Et, chaque fois, les Gaulois méridionaux voyaient leur proconsul valser, remplacé par le représentant de la tendance concurrente.

Jusqu'au moment où Sylla instaura une véritable dictature réactionnaire, multipliant les proscriptions d'adversaires politiques. Les bannis « démocrates » se réfugièrent alors dans la Gaule méridionale. Partisans des droits des provinciaux, ils y bénéficièrent de l'évidente sympathie des populations autochtones. On aimait le proscrit, le réfugié politique – déjà !

Mais il en était des colons romains comme de tous les colons dans les régimes coloniaux : ils penchaient à droite. Donc, Narbonne soutenait Sylla. Et Marseille également. Les proscrits du parti populaire, en réaction, tentèrent de recruter parmi les peuples gaulois. Ils n'en eurent pas le temps. Accablés par les forces de l'ordre – l'ordre étant le Sénat à majorité conservatrice –, ils se réfugièrent en Espagne.

Or, en Espagne, précisément, Sertorius, l'ancien officier partisan de Marius, le personnage sans conteste le plus remarquable de son temps, avait déclenché une révolution. Au nom des « populaires »… et de Rome.

Il y avait chez lui quelque chose du général de Gaulle à Londres. Comme Vindex, c'était son idée de Rome qui l'opposait à la réalité de Rome. Il construisait une légalité, à ses yeux juste, face à une légalité injuste. Il se réclamait d'un peuple abstrait contre un Sénat terriblement concret. Après avoir défait plusieurs légions envoyées par le Sénat, il avait constitué, à côté de lui, un contre-Sénat, un contre-gouvernement, un contre-état-major, des contre-magistrats, une contre-armée. Des guerriers espagnols et lusitaniens (portugais) en avaient fait leur idole. N'avait-il pas créé une école pour former leurs enfants à la culture romaine ?

Ce n'était pas la sécession de la péninsule Ibérique que visait Sertorius (pas plus que Vindex ne visait la sécession de la Gaule), mais bien un changement de régime à Rome. Et, pour arriver à ses fins, il fallait qu'il élargisse à toute la Gaule romaine – n'avait-il pas appris le gaulois ? – le mouvement qu'il avait initié en Espagne.

Effectivement, les nouvelles de ses succès contre les légions, répandues par ses agents, popularisées par les sympathisants de son parti, enflammèrent la Gaule méridionale. Mais, en l'occurrence, ce n'est pas la Provence romaine qui explosa la première, mais l'Aquitaine et la Gascogne, Basques compris. On prépara même une opération armée dirigée contre les « traîtres », à savoir ceux de Narbonne et de Marseille, qui avaient embrassé la cause du Sénat conservateur. Naturellement, le proconsul de la Gaule romaine intervint. Pour la première fois, au nom du Sénat, il envahit l'Aquitaine, restée jusqu'alors indépendante. Il fut battu. C'est même peu dire, car, assailli de toute part par les Aquitains, il perdit à peu près tout : ses troupes, ses bagages, ses lieutenants et son honneur.

Les Aquitains engagèrent là leur première guerre d'indépendance. Ils récidiveront contre César et son lieutenant Crassus, puis, à plusieurs reprises, sous Auguste. Ajoutons qu'ils seront les seuls à se soulever massivement contre les conquérants francs.

Les Tarbelles des Pyrénées et de l'Adour, dont la ville de Tarbes prit le nom ; les Élusates du Gers, dont la capitale Elusa devint Eauze ; les Ausques, qui donnèrent leur nom à la ville d'Auch, et surtout les Bituriges Vivisques, peut-être venus de la région du lac Léman, et dont la capitale Burdigala deviendra Bordeaux, tous ceux-là entrèrent dans la danse et entraînèrent leurs voisins de la province romaine : les Volques du Toulousain et du Périgord, et ceux du Roussillon.

À cette révolte se joignirent les montagnards, Allobroges savoyards et Voconces de la Drôme. On regrette que ce soulèvement-là, et particulièrement l'épopée des Aquitains, n'ait pas eu son Tacite.

Le pouvoir romain vacilla. Ou, plutôt, le pouvoir du Sénat conservateur, car – il ne faut pas le perdre de vue – les insurgés affrontaient moins Rome qu'une fraction romaine, soutenus qu'ils étaient par une autre fraction romaine. C'est le schéma qui se reproduira sous Vindex, et au cours de l'affrontement Vitellius-Galba, puis Vitellius-Vespasien.

Cette double confrontation, à Rome et en Gaule, monta même d'un cran. Un temps, Sylla étant mort, le parti populaire ressaisit le pouvoir sous le consul Lepidus, qui voulut rappeler les proscrits et abolir les lois les plus réactionnaires de Sylla. Il fut mis en minorité par le Sénat, s'enfuit, s'allia à Sertorius et invita ouvertement les Gaulois à se ranger derrière lui. Sans trop de succès dans un premier temps. Mais, à l'occasion d'une seconde tentative, beaucoup de volontaires gaulois se rallièrent à lui et le suivirent en Italie. Où ils furent tous écrabouillés par une nouvelle gloire militaire au service du Sénat : Pompée !

Il n'était pas question de laisser Narbonne et Marseille succomber. Ni d'abandonner la Gaule méridionale à Sertorius et à ses partisans. Pompée rentra donc en Gaule à la tête d'une puissante armée. Il assomma d'une poigne de fer le pays des Allobroges, de Vienne à Genève, de Grenoble à Montélimar. On ne fit pas dans la dentelle. Pompée anticipa les « colonnes infernales ». Lui-même se complut à faire dire qu'il était arrivé jusqu'à la Drôme « en se frayant un chemin à travers des monceaux de cadavres ». Après les Allobroges, les Voconces et les Volques passèrent à la casserole. L'ordre était apparemment rétabli.

Mais l'homme, portant culotte de peau avant l'heure, était tellement vaniteux et si peu intelligent, bien que sabreur dynamique et efficace, qu'on peut mettre ses effroyables propos sur le compte de la vantardise.

Pompée put passer en Espagne en laissant sur place un nouveau proconsul, Fonteius, dont on dirait aujourd'hui qu'il se situait résolument à la droite de Gengis Khan. On s'aperçut qu'il n'était pas seulement réac de chez réac, violent, volontiers cruel, méprisant à l'égard des « barbares gaulois », mais également avide et corrompu. De toute façon, son ordre de mission était clair : mettre le pays au pas.

CHAPITRE 9

L'horrible Fonteius dans ses œuvres

Jusqu'à l'arrivée de Fonteius, la Gaule romaine bénéficia, sur le papier, d'un statut que l'on pourrait qualifier d'ultra-libéral. Surtout si on le compare à celui que, au XIXe siècle, nous imposâmes à nos propres colonies. Les traditions y étaient respectées, les peuples jouissaient d'une large autonomie impliquant qu'ils conservassent leurs propres institutions et, ici ou là, leurs propres roitelets. Ils pouvaient même, s'ils se jugeaient opprimés, en référer à la justice romaine. Mais il s'agissait, en grande partie, d'un habillage et, pour peu que Rome voulût imposer sa loi, rien ne pouvait réellement se mettre en travers.

Surtout, la Gaule romaine correspondant à l'ensemble Dauphiné/Provence/Languedoc-Roussillon/Midi-Pyrénées devint rapidement une région de rêve – et pas seulement pour des raisons esthétiques – aux yeux de nombreuses catégories de Romains, qui s'abattirent sur le pays comme un nuage de sauterelles. Il faut ici citer Camille Jullian, qui a fort vertement décliné la liste des sauterelles : « Prolétaires de Rome qui veulent des lots de colons, sénateurs et chevaliers qui rêvent d'immenses domaines, de terrains de chasse ou de bois de futaies, brasseurs d'affaires qui cherchent des entreprises de transport, de ventes, de commissions ou de fermages, collecteurs d'impôts qu'enrichit toute taxe nouvelle, banquiers et usuriers pour qui les indigènes sont une proie facile, prospecteurs de mines, maîtres carriers, marchands de vins, de bois et de bestiaux, exploiteurs de pacages et de labours, fournisseurs de marchés d'esclaves, ceux-là les plus dangereux des malfaiteurs, toute une foule d'aventuriers sans scrupule : la curée commençait. »

Au fond, Rome n'implanta pas seulement en Gaule la bipolarité droite-gauche : elle fit également découvrir aux Gaulois les joyeusetés du capitalisme financier. De toutes ces dérives, Fonteius sera l'entreprenant représentant.

Les décrets pleuvent. L'un frappe de proscription toute une fraction de la population : ainsi, chez les Helviens de l'Ardèche, les habitants de Bergorate (devenu Bourg-Saint-Andéol) et, chez les Volques Arécomiques, ceux de Murviel-lès-Montpellier que dominait un important *oppidum*. On confisque, ici et là, des territoires que l'on attribue à Marseille ou à Narbonne pour les récompenser de leur fidélité. Ailleurs, à des territoires récalcitrants, on impose des tributs, des corvées (tout en vendant ensuite des exemptions de corvées), des taxes, des fournitures obligatoires, des livraisons de jeunes gens pour la guerre. Fonteius se vante lui-même de faire financer les opérations militaires par la province qu'il pressure. Tout le blé réquisitionné est envoyé aux armées en campagne. On crée un impôt sur le vin. On multiplie les péages, les postes de douane intérieure. Et quand, ruiné, on contracte un emprunt, des usuriers venus de Rome vous tombent sur le râble. Les banquiers eux-mêmes font de la retape en pratiquant des taux d'intérêt hallucinants.

Le proconsul pillait au profit de Rome, du Sénat, de l'armée de Pompée, mais aussi de lui-même, ce qui lui permit de s'enrichir dans des proportions extravagantes. Et pas de pitié ! Comme les commissaires jacobins de 1793 qui transportaient la guillotine de ville en ville, il n'hésitait pas à passer lui-même de cité en cité pour y présider à la mise à mort des dissidents.

Cela s'aggrava encore quand la colère et le désespoir incitèrent de nouveau les peuplades celtes à prendre les armes pour marcher contre Marseille, puis contre Narbonne. De retour d'Espagne, Pompée balaya toute cette « racaille ». Il renforça les colonies militaires, en créa de nouvelles – en particulier à Toulouse et à Béziers. Il réquisitionna, il expropria de plus belle. Les « lessivés » avaient la rage. Le banditisme enfla de nouvelles recrues. On dut même pacifier une bande qui tenait la montagne en l'installant dans ce qui deviendra Saint-Bertrand-de-Comminges. D'autres, en revanche, les colons, les soldats de Pompée, quelques populations dont la fidélité avait été généreusement récompensée, mais aussi les profiteurs, les trafiquants de toutes sortes, les commerçants et usuriers italiens, étaient positivement ravis et n'hésitèrent pas à faire de Fonteius leur héros.

On s'en apercevra à l'occasion d'un épisode qui fera honneur aux Gaulois. Beaucoup moins à Cicéron. Et qui mériterait de figurer dans une anthologie des grands procès de l'Histoire.

UNE ARMÉE DE COUPS D'ÉTAT, UNE RÉACTION DÉCHAÎNÉE, UNE EXTRÊME GAUCHE FOLLE… ET JULES CÉSAR !

Avant d'en venir à cette chronique judiciaire, tentons de plonger un instant dans la marmite bouillonnante des luttes partisanes à Rome dont dépendait, et dépendra de plus en plus, la façon dont la Gaule allait être elle-même mijotée et assaisonnée. Marius, sénateur six fois de suite, avait procédé à une réforme radicale de l'armée. Peu d'initiatives réformatrices auront, au cours de l'Histoire, un impact aussi déterminant sur le devenir de l'Occident, de la Gaule et, au-delà, du monde connu.

Jusqu'alors, le recrutement des légions était censitaire. La plèbe en était exclue. Après chaque campagne, les conscrits rentraient chez eux. Et ils subvenaient eux-mêmes à leur équipement. Or, Marius ouvre largement les portes de cette armée de classes moyennes aux prolétaires et aux chômeurs, tout en revalorisant la solde. Les volontaires affluent. Plus de problème de recrutement. D'autant que les nouveaux légionnaires, contrairement à leurs prédécesseurs qui ne rêvaient que de la « quille », souhaitent rester dans l'armée le plus longtemps possible. Elle devient leur famille. Et plus il y a de campagnes, plus on se partage de butin. Les effectifs des légions enflent… On force le bidasse à porter son barda sur son dos. On forge une armée de métier, constituée de professionnels, une machine de guerre performante, dévouée corps et âme à ses chefs, du moins tant qu'ils sont victorieux. Mais elle cesse par là même d'être cette armée citoyenne, à la suisse, qui avait fait la force de la République. Elle devient un instrument entre les mains de ceux qui la commandent de façon à lui procurer de la gloire, des avancements, des récompenses et des occasions de pillage.

Marius conçoit l'outil qui va permettre César, mais aussi Sylla et Pompée. Et beaucoup d'autres. La conquête de toutes les Gaules aurait-elle été possible avec l'armée ancienne manière ? On peut en douter. Ce qui est sûr, c'est que l'Empire et ses frontières sans cesse reculées, l'avènement d'un Néron et son renversement par la garde prétorienne, l'annexion de nouvelles provinces et les coups de force militaires organisés à partir de ces provinces ne furent possibles que grâce à l'État dans l'État que deviendra peu à peu l'armée façonnée par Marius.

Marius, on l'a dit, prit la tête du parti démocrate populaire, c'est-à-dire de la gauche de l'époque. La droite d'aujourd'hui pourrait presque en tirer argument, car il enclencha un processus d'assistanat généralisé par la distribution à prix réduit de vivres à la plèbe, assistanat qui n'ira qu'en embellissant quand cette distribution deviendra gratuite, puisqu'il dopa allégrement la dépense publique, encouragea la création de colonies militaires au bénéfice des vétérans et – ce qui précipita sa chute – accepta le vote d'une loi tendant à interdire toute opposition à la volonté populaire… ce pourquoi les « centristes » le lâchèrent. L'extrême gauche, chauffée à blanc par l'un des chefs du parti populaire, Saturninus, l'ayant débordé en déclenchant un virulent mouvement social, le Sénat le contraignit à le réprimer. Ce qu'il fit, à sa manière. Brutale. Et même sanglante.

Or, ce schéma va se reproduire indéfiniment, jusqu'à l'époque contemporaine, et pas seulement en France où le centre gauche de février 1848 dut écraser le mouvement révolutionnaire de juin 1848, ou les républicains modérés de 1870 durent écraser la commune. Ne sont-ce point, après la Première Guerre mondiale, les sociaux-démocrates allemands qui durent noyer dans le sang le mouvement spartakiste initié par l'extrême gauche et creuser ainsi leurs tombes au profit, *in fine*, du parti nazi ?

C'est presque ce qui se passa à Rome (la révolte de Spartacus, un peu plus tard, y contribuant), puisque la radicalisation de la gauche, dont Marius lui-même fut victime, provoqua, en réaction, une radicalisation de la droite et, un temps, l'instauration d'une dictature ultra-réactionnaire. Après un premier retour de manivelle et quelques mouvements de balancier dans un sens, puis dans l'autre, aussi peu pacifiques les uns que les autres, le parti populaire reprit les rênes sous le consulat de Cinna. Et, pendant quatre ans, une terreur démocratique prétendit répondre à la terreur oligarchique.

Or, un jeune homme, de haute naissance, mais que des liens de parenté rattachaient à la fois à Marius et à Cinna, commença à s'initier, à cette occasion, à la vie publique : il s'appelait Jules César. Il apprit vite.

Après que Cinna eut été assassiné, Sylla, rappelé par le parti conservateur, marcha sur la capitale à la tête de cinq légions. On se battit un peu partout, y compris dans la capitale. La guerre civile prit des proportions démentielles. Sylla, vainqueur et revanchard, instaura l'effroyable régime régressif et tyrannique que nous avons évoqué plus haut, multipliant les contre-réformes (que l'on devait sans doute déjà, en ce temps-là, qualifier de réformes), telle la quasi-suppression du tribunat populaire.

En vérité, on assista à ce que les Français, près de vingt siècles plus tard, connaîtront sous le nom de « Terreur versaillaise » : dans les deux cas, les excès de la gauche la plus radicale n'y furent pas pour rien.

Non seulement la Gaule en subit directement les conséquences, peut-être plus encore que l'Italie, mais le spectacle de Romains déambulant en brandissant les têtes coupées de leurs adversaires politiques ou déterrant hystériquement leurs cadavres, les récits que leur firent les proscrits venus se réfugier chez les Gaulois (parmi lesquels tous les responsables du parti populaire), ne contribuèrent pas à leur inculquer une haute idée d'un système républicain dont les Marseillais leur avaient vendu avec succès l'exemplarité.

On a vu comment, après le retrait et la mort de Sylla, le parti populaire retenta sa chance avec Lepidus et grâce à l'appui de Sertorius, mais fut défait par Pompée qui, à son retour en Italie, acheva d'exterminer les esclaves révoltés de Spartacus et de son lieutenant Crixos, qui était gaulois comme beaucoup des insurgés.

Cependant, peut-être parce qu'on avait été trop loin, peut-être parce qu'on avait eu très peur, à Rome la tension retomba de plusieurs crans. Assez pour que le toujours jeune Jules César, de tempérament plutôt prudent, s'avise qu'il y avait une place à prendre à la tête du parti populaire. Marius était mort et, après Cinna, Sertorius avait été assassiné. Il se présenta donc à plusieurs fonctions, tout en prenant soin, chaque fois, de flatter l'opinion plébéienne. Il défendit des lois d'amnistie en faveur des anciens partisans de Cinna ou de Lepidus. Élu questeur, il prononça un discours aux obsèques de la veuve de Marius. Mais, en même temps, il se rapprochait de Pompée, la grande star du moment.

Centristes mous, fascisto-gauchistes et milliardaires populistes

N'importe qui, à l'époque, aurait pu deviner que ce qui intéressait César par-dessus tout, c'était le pouvoir. Le richissime Crassus, qui était le vrai vainqueur de Spartacus, l'avait pour sa part deviné. Il connaissait bien César, qui avait consumé une petite fortune en festivités, festins, tournées des grands ducs, générosités intéressées, aventures galantes, et il l'entretenait grassement. Il le « tenait » même, tant il lui avait avancé de biftons pour lui éviter une ignominieuse faillite.

Or, un jour de l'été 66 – c'est là que nous allons retrouver nos Gaulois Allobroges –, Crassus invite chez lui, dans sa luxueuse demeure, quelques personnages sur lesquels il a prise parce qu'ils sont ses débiteurs. Un aristocrate décavé en mal d'aventures, un noble endetté jusqu'au cou, Pison, Jules César, le petit jeune qui monte, et un certain Catilina, d'extraction aristocratique lui aussi, couvert de dettes également, pas blanc-bleu, ex-partisan de Sylla dont les proscriptions lui ont permis de se faire de l'argent de poche, mais qui, s'estimant victime des agissements de la caste sénatoriale, était passé au parti populaire, qu'il stupéfiait par sa démagogie – on dirait aujourd'hui son « populisme ». Il ressemblait un peu à ces rejetons des très grandes familles qui donnèrent, en mai 68, dans le maoïsme le plus exalté. Pour l'heure, il se refrénait encore un peu.

Pourquoi cette réunion secrète ? Pour évoquer, comme ça, entre deux mets délectables, entre deux coupes de vin de Sicile, la possibilité d'effectuer une manière de coup d'État.

On vivait alors à Rome (et la comparaison que nous risquons ici est absolument fascinante) ce que beaucoup d'autres pays vivront par la suite à travers l'histoire, l'Italie assez récemment, et la France sous la IVe République. La virulence autodestructrice des passions contraires, le déchaînement des extrémismes rivaux, avaient fini par projeter vers le pouvoir une faction modérée, intermédiaire, centriste, une « troisième force » en quelque sorte, bénéficiant du soutien de l'ordre équestre, autrement dit des classes moyennes. Provisoirement, cela sauva la République. Le bon sens l'emporta. Cicéron était devenu l'homme de la situation.

Mais, rapidement, les deux radicalismes rivaux, de droite et de gauche, qui avaient tous les deux leurs partisans dans l'armée, en souvenir de Marius ou en souvenir de Sylla, attaquèrent le nouveau pouvoir sur ses deux flancs, ceux-ci l'accusant d'en faire trop, ceux-là de ne pas en faire assez, et se liguèrent objectivement pour l'abattre, ce qui explique que les comploteurs aient pu parfois, tel Catilina, recruter dans les deux camps à la fois.

Crassus avait analysé la situation. Il avait pris acte, sans déplaisir, du délitement du système républicain. Il voyait que les deux partis opposés s'étaient mutuellement saignés à blanc. Il avait compris qu'aucun pouvoir ne pourrait durablement s'imposer s'il ne parvenait à mobiliser en sa faveur la plèbe romainc. Or, pour séduire le peuple, pensait-il, il fallait de l'argent pour l'endormir et de la gloire pour le griser. Il avait l'argent, il en avait même beaucoup, et, depuis sa victoire sur les esclaves armés de Spartacus, il avait hérité d'un petit peu de gloire. Crassus était – en moins bien, mais en plus fortuné – une sorte de Sieyès, qui cherchait son Bonaparte, sans exclure d'être lui-même Bonaparte. C'est pourquoi il prit plus tard la tête d'une expédition militaire contre les Parthes – ce qui, pour les Romains, était la grande affaire : vaincre les Parthes, c'est-à-dire un peu les Perses, comme les Grecs à Marathon et à Salamine, cela avait plus de classe que de se farcir des Gaulois.

Cette réunion, caricaturalement comploteuse, aurait pu passer pour anecdotique. On y avait évoqué l'idée de faire assassiner le nouveau consul, d'en rappeler un autre écarté pour « brigue » (injustement, bien sûr), lequel, invoquant la patrie en danger, proclamerait Crassus dictateur. Ensuite, on pousserait Catilina au consulat et on nommerait César maître de la cavalerie, c'est-à-dire chef des forces militaires intérieures. Du cousu main !

Catilina entre Mussolini et Chavez

On peut sourire, mais, en fait, tout est là. Déjà. Le coup d'État, la dictature, Jules César, l'agitateur populiste également – rôle qui sera finalement joué, après l'échec de Catilina, par un certain Claudius pour le compte de César. Il y aura même un rôle – qui aurait pu être décisif – réservé aux Gaulois, en l'occurrence nos Allobroges, avant que la Gaule tout entière serve de tremplin à la conjuration.

Apparemment, comme il y a eu des bavardages, l'affaire est enterrée. Mais, en 65, qui se présente au consulat ? Catilina ! Avec quel argent ? Celui de Crassus. Et qui concourt pour le poste de préteur ? César.

Catilina, à force de surenchère, rallie les petites gens. César demande la réintégration dans leur dignité des fils de proscrits. Mais Cicéron, qui représente la droite modérée, monte au créneau. Il décrit – avec quelle éloquence ! – Catilina en aventurier de bas étage, en authentique crapule. On dirait, aujourd'hui, en « fascisto-bolchevique ». César est élu. Mais Catilina est battu, et c'est Cicéron qui devient consul.

Le lendemain de son échec, Catilina, qui prétend que l'élection a été truquée (ce qui est peut-être vrai), recrutant dans le vaste parti de tous les mécontents, de toutes les exclusions, de tous les « sans » comme on dira plus tard, de toutes les rancœurs, met sur pied une véritable petite armée insurrectionnelle et s'apprête, comme Auguste Blanqui en rêvera toute sa vie, comme Lénine y parviendra finalement, à prendre le pouvoir par un coup de force. Étant bien entendu que les sénateurs récalcitrants, et le consul Cicéron en priorité, auront été préalablement liquidés. Pour réussir, il espérait s'appuyer sur la Gaule.

Le comble est que cela faillit marcher. C'est tout à fait par hasard que le complot fut éventé. Un des conjurés se vanta, au lit, à sa maîtresse, de ce qui se tramait, pour lui prouver qu'il n'était pas le dernier des figurants. Qu'il en avait. Celle-ci alla tout raconter à Cicéron. Lequel en informa le Sénat. Qui, dans un premier temps, n'y crut pas, estimant que le grand orateur cherchait à faire l'intéressant. Mais une lettre anonyme finit par emporter leur conviction.

Cicéron, devant le Sénat, se déchaîne. Depuis longtemps, le parti populaire et César ont pris leurs distances. Catilina s'enfuit, tente de soulever la province, puis de gagner la Gaule. Ses complices, dénoncés, sont étranglés dans leur prison. César a essayé, sans succès, de s'opposer à cette mise à mort sans procès. À la sortie du Sénat, il est agressé par des représentants des classes moyennes, et ses amis lui évitent de justesse de se faire écharper.

À la tête d'un groupe de vétérans de l'armée romaine, Catilina tentera de poursuivre le combat et il affrontera la mort sans trembler.

Voilà l'histoire. Ce n'est pas ici notre propos, mais il n'est pas sûr que l'entreprise de diabolisation dudit Catilina par une coalition de toutes les bien-pensances corresponde vraiment à la réalité, plus complexe et ambiguë, du personnage. Il y avait aussi chez lui, sans doute, dans un contexte où les radicalités – y compris les plus oppressives – s'étaient donné libre cours, une rage authentiquement rebelle que le « désordre établi » avait intérêt à criminaliser.

CICÉRON EN RACISTE ANTIGAULOIS

Mais nos Allobroges, dans tout cela ?

Revenons-y : appuyés par les Volques, ils décidèrent d'intenter à Rome même une action en justice contre Fonteius, l'homme de toutes les exactions et de toutes les turpitudes. Étaient visées ses malhonnêtetés, ses extorsions et ses cruautés – ce qu'on appellerait aujourd'hui ses « atteintes aux droits de l'homme ».

Cette démarche témoignait d'un remarquable effort d'intégration, qui leur faisait accepter la légalité romaine, et en appeler à la justice de Rome contre l'injustice de Rome.

Avec l'aide de quelques juristes romains courageux et probes, ils bétonnèrent leur dossier. Ils prouvèrent que le proconsul avait spéculé sur les subsistances, qu'il s'était servi de l'impôt comme instrument discriminatoire de répression, qu'il avait contraint les paysans riverains des grandes routes à assurer à leurs frais leur réfection après le passage des armées (alors que ses proches et ses parents s'engraissaient sur les travaux que ces réparations nécessitaient), qu'il était en cheville avec les usuriers auxquels les particuliers préalablement pressurés devaient emprunter, et qu'il avait sa part sur les agios. Que, surtout, les dettes étant hypothéquées sur les terres et les intérêts faisant boule de neige, il intéressait ses amis au rachat de ces propriétés pour des clopinettes. La firme Fonteius avait inventé le système des « subprimes ».

Faut-il préciser que les profiteurs des agissements de Fonteius étaient nombreux en Italie et puissants ? Il avait une sœur vestale et, héritier d'une grande famille, il avait pour lui le grand capital, la finance, le sabre, la haute société et le goupillon. Tous se portaient garants de l'honnêteté, de la droiture et de l'humanité de l'accusé. Et qui avait-il choisi comme défenseur ? Cicéron.

Le jour de l'ouverture du procès, une foule de « patriotes », rameutés par les amis de Fonteius, lui font fête. Tous brocardent les amis des « ploucs » gaulois qui osent soutenir l'accusation.

Ce que plaide Cicéron ? L'impossibilité, l'iniquité même, à placer sur un même plan une race supérieure et civilisée et une bande de sauvages coupeurs de têtes qui n'hésitent pas à offrir à leurs dieux des sacrifices humains. Grand morceau d'éloquence : c'est tout de même curieux, ironise Cicéron, les témoignages de nos adversaires sont gaulois, pas un seul témoin romain des présumés crimes de Fonteius. « Présentez-moi un témoin romain, un seul, et j'en prendrai acte ! » clame-t-il. Mais peut-on décemment ajouter foi aux affirmations de ces gens-là, des Volques, des « Allobroges » ? Regardez leur accoutrement, prêtez l'oreille à leur langage… Et là, Cicéron fait rire l'assistance en prononçant avec affectation leurs noms imprononçables, en mimant leurs expressions gutturales et rauques. Quoi ? Nos accusateurs ont prêté serment, moque l'orateur, mais... citons, ici, très exactement les mots du grand Cicéron : « Mais ne sont-ils pas nés au sein d'une race sacrilège, en guerre avec la divinité ? Leurs ancêtres n'ont-ils pas attaqué le temple de Delphes ? Ne sont-ils pas venus assiéger, jusque dans le Capitole, ce que nous avons de plus sacré ? Que peut-il exister de respectable pour des hommes qui, aux pieds de leurs dieux, quand la frayeur s'empare d'eux, ensanglantent leurs autels de victimes humaines, profanent la religion par le crime ? Aujourd'hui, ils osent nous menacer. Eh bien, qu'ils osent et nous ferons surgir Marius de son tombeau ! » Et il concluait : « Nous voilà face à un tumulte gaulois, mais nous serons assez nombreux, ô juges, pour combattre sous vos auspices leur odieuse et atroce barbarie ! »

Fonteius fut acquitté. Un peu comme le commandant Esterhazy lors de l'affaire Dreyfus, dans le même climat et pour les mêmes raisons. Un autre gouverneur, Pison, accusé des mêmes exactions par les mêmes peuples, défendu par le même avocat, fut absous par les mêmes juges. On pouvait décidément tout se permettre. Un ami d'un autre gouverneur, du nom de Publius Claudius, put même impunément (bien que, cette fois, Cicéron considérât qu'on y allait un peu fort) créer une officine mafieuse chargée de fabriquer de faux testaments et de supprimer les orphelins ayants droit pour accaparer les héritages.

Les Allobroges, du moins ceux qui avaient choisi de jouer le jeu de la légalité romaine, étaient désespérés. On en était arrivé à ce point où ils étaient plus endettés que leurs propriétés n'avaient de valeur. Et une faillite totale, une impossibilité de rembourser, pouvait valoir asservissement. Une énième fois, ils envoyèrent une députation dans l'espoir d'attendrir le Sénat. Le Sénat resta de marbre.

Ils allaient donc quitter la ville, abattus, lessivés, promenant leur écœurement sur le Forum, lorsque...

Les Allobroges et Catilina

...lorsqu'ils sont approchés par un trafiquant qui, longtemps, avait fait ses affaires dans la Gaule méridionale et, par conséquent, les connaissait de vue. Il leur demande la raison de leurs mauvaises mines. On lui explique. Gardent-ils espoir ? interroge-t-il. Aucun ! Autant se trouer la paillasse. L'autre ne se contente pas de compatir et de fustiger l'atroce égoïsme des sénateurs et de leur caste, il veut leur rendre service. Il connaît des gens influents, mais probes. Il pourra intervenir auprès d'eux. On se reverra.

On se revoit, effectivement. Hélas, le Sénat est un roc d'inhumanité. Leur cause est perdue, à moins que... il y aurait bien encore un moyen d'agir, un ultime moyen pour éviter le dépôt de bilan de tout un peuple. Mais osera-t-il ?

Qu'ont-ils à perdre ? Ils sont prêts à toutes les témérités. Qu'il parle ! Non, il ne peut pas tout leur dévoiler. Mais peut-être leur aménager un contact, une rencontre. Et c'est ainsi que nos Allobroges de l'Isère se retrouvent chez une dame, une sorte de Ninon de Lenclos de l'époque et du lieu, aussi pétillante qu'affriolante, aussi peu vestale qu'ils sont eux-mêmes nés de la cuisse de Jupiter, autour de laquelle se presse une petite cohorte de jeunes gens, apparemment de bonne famille, mais qui, tout aussi apparemment, ne semblent pas avoir froid aux yeux.

De quoi retourne-t-il donc ? On les tâte, on les teste, puis on les met au parfum. Mais oui, mais c'est bien sûr, c'est excitant au possible : il s'agit d'une conjuration. Du sérieux. Des sénateurs, des patriciens, des soldats, gens du peuple comme de l'ordre équestre, sont dans le coup. Rien n'a été laissé au hasard. Ça ne peut que réussir. La situation est propice. Les malheurs de la patrie, le sort honteux que subit la province dont eux, les Allobroges, sont les nobles et valeureux représentants, tout l'exige.

Le chef est un certain Catilina, dont ils ont entendu parler, et pour cause, puisque c'est le principal adversaire de leur ennemi numéro un, Cicéron. Un nouveau Sertorius peut-être, mais au cœur de Rome cette fois.

Pourquoi les conjurés tentent-ils de rallier les Gaulois à leur complot ? Parce que, se sachant minoritaires à Rome même, ils ont prévu de soulever toutes les provinces italiennes, la Gaule cisalpine, bien sûr, mais aussi la Gaule d'au-delà des Alpes, dont ils espèrent qu'elle leur enverra de nombreux volontaires, et en particulier de la cavalerie.

Pourquoi la délégation gauloise, dans un premier temps, se laissa-t-elle séduire ? Parce que les conjurés leur avaient promis que, une fois parvenus au pouvoir, ils aboliraient toutes leurs dettes et les élèveraient au rang de « peuples libres ». Les Allobroges, qu'un instant cette perspective exalta, applaudirent donc, comme les Volques eussent applaudi s'ils avaient été présents. Ils exigèrent simplement que tout cela soit couché sur tablettes afin d'en référer à leurs mandants. Ce que les conjurés acceptèrent.

Mais, une fois sortis de cette bouilloire, nos parlementaires allobroges s'imposent comme un passage dans la cellule de dégrisement de leurs cerveaux. Tout cela est-il bien raisonnable ? Cette affaire a-t-elle la moindre chance de réussir ? Il s'agit tout de même d'un putsch, à quoi nos Gaulois sont *a priori* moins habitués qu'aux « tumultes », c'est-à-dire aux insurrections héroïques. Et si ce coup de force foirait, n'auraient-ils pas entraîné leurs peuples dans une aventure dont l'échec leur vaudrait plus de nouvelles tragédies que toutes celles qu'ils avaient déjà subies ? Ils s'interrogent. Gravement. Ne pas donner suite ? Se défausser ?

Leur vient alors une idée : elle est habile, mais elle n'est pas belle. Pas belle du tout. Et s'ils allaient tout révéler aux consuls, y compris à leur ennemi Cicéron, tout cafter, ne pourraient-ils pas obtenir en échange – et beaucoup plus sûrement, car l'échec du complot serait alors assuré – les mêmes concessions que les conjurés proposaient de leur faire ?

Mais, alors, il fallait des preuves. Donc feindre de continuer à participer à la conjuration, en obtenir des témoignages tangibles. Ils consultent les avis de leurs défenseurs. La décision est difficile à prendre et leur vaut des insomnies. Mais ils la prennent. Ils vont trouver Cicéron. Il les reçoit avec transport. Il avait déjà eu vent, comme on sait, de ce qui se tramait. Mais il lui manquait le document qui tue. Il l'obtient. Sont-ce eux, à sa demande, qui font parvenir aux sénateurs la première dénonciation anonyme ? Possible. Toujours est-il que, contre leur déposition, il leur fait les mêmes belles promesses que les conjurés, tout en les incitant à ne point rompre avec eux et, surtout, à leur faire signer le fameux document qui permettra ensuite de les démasquer.

Ils se rendent donc, en espions cette fois, à d'autres réunions, y croisent deux sénateurs dont ils notent scrupuleusement les noms : Cethegus et Lentulus. Ils obtiennent une version de l'accord signé en double par les deux parties. On leur confie la mission de regagner la Gaule pour la soulever, après avoir rencontré Catilina dans le nord de l'Italie. L'un des chefs séditieux, un militaire, les accompagne. Ils partent en effet. Mais préviennent Cicéron, si bien que, dès leur sortie de Rome, celui-ci les fait choper par ses gardes. Évidemment, puisque c'était prévu comme ça, ils avouent tout, leur accompagnateur aussi, ils livrent les papiers, les noms. Les deux sénateurs conspirateurs sont alpagués à leur domicile. Convoqués devant le Sénat, les Gaulois répètent leurs accusations ou, plus exactement, confirment leurs aveux. Les deux sénateurs, ainsi que trois autres conjurés, seront étranglés dans leur prison sans autre forme de procès. Que voulait-on qu'ils ne révélassent pas ?

Comment le dissimuler ? Cette histoire est horrible. Infamante. Comment des gens d'une telle droiture par ailleurs et qui, quand ils découvriront qu'ils ont été trompés, feront preuve de résolution et de courage, ont-ils pu violer un serment (Cicéron, justement, les accusait d'être des parjures professionnels) et jouer les délateurs au service d'un homme qui avait prononcé à leur endroit le discours le plus ouvertement méprisant, haineux et raciste qui se puisse concevoir ? Ne renforçaient-ils pas, par leurs agissements, les idées misérables qu'on se faisait d'eux ? N'opposaient-ils pas, à l'image du Gaulois fier et farouche, celle du Gaulois tortueux ? Ces hommes de liberté (hélas, il n'y avait pas de femmes parmi eux) ne se comportèrent-ils pas, leurs intentions fussent-elles bonnes, en hommes de coups bas ?

Les préjugés que va entretenir cette détestable manœuvre aura ses effets pervers : César, qui – et pour cause – avait suivi l'affaire de très près, en conclura qu'il n'est pas de trahison qu'on ne puisse attendre et espérer des Gaulois. Qu'il n'est pas de promesses ou de flatteries qui ne permettent, à la longue, de les circonvenir et de les retourner. Il en usera ainsi avec les Éduens. Et avec les Rèmes. Et, en même temps, il se convaincra que tout chef gaulois qui signera un traité avec lui pourra, à l'occasion, en faire des papillotes. Ce pourquoi il exigera systématiquement des otages de la part des peuples ralliés et placera chez eux des garnisons de surveillance.

La conjuration, qui n'était pas aussi lamentable et intrinsèquement criminelle, au sens mafieux du terme, qu'on a bien voulu ensuite le dire – même si, condamnable en soi, elle aggloméra toutes sortes de personnages du demi-monde qu'on voit d'ordinaire grouiller autour des affaires louches –, faillit, répétons-le, réussir. Et, dans ce cas, on l'eût sans doute donnée en exemple. Perdant, Catilina, c'est Arturo Ui. Vainqueur, c'eût été Lénine.

L'Étrurie prit les armes pour Catilina, les Gaulois cisalpins s'apprêtaient à s'insurger, quelques révoltes éclatèrent dans le sud de l'Italie et, surtout, la Gaule méridionale recommença à bouillir. Mais Catilina avait déjà perdu.

La dernière guerre des Allobroges

Et les Allobroges ? Ils furent décorés. Cicéron leur rendit cet hommage ambigu : « Ils ont préféré notre salut à leurs intérêts. Pour vaincre, ils n'avaient même pas besoin de combattre, ils n'avaient qu'à se taire. Ainsi sont-ce les seuls qui ont encore le front de lutter contre nous qui nous ont sauvés. » Pire que le coup de pied de l'âne. Le coup de poignard du débiteur.

Le peuple allobroge, lui, en jugea comme Cicéron et blâma l'attitude de ses délégués. D'autant plus qu'aucune des promesses qu'on leur avait prodiguées ne fut tenue. Peut-être Cicéron était-il prêt à faire des gestes. Mais le Sénat ne le suivit pas.

En réaction, les Allobroges firent ce que leur avaient demandé les amis de Catilina, mais sans Catilina, et après que le Sénat eut écrasé l'opposition, donc sans aucune chance de succès ils s'insurgèrent. Ils incitèrent tous les Gaulois méridionaux à suivre leur exemple, et se ruèrent sur Marseille et Narbonne, ces présumées traîtresses, mais qui, elles, au moins, étaient restées fidèles à leurs engagements.

Interrogeons-nous : que se serait-il passé si, comme le suggère Cicéron, les Allobroges avaient retenu leur langue ? Sur quoi aurait débouché la convergence entre un putsch quasi blanquiste à Rome auquel se seraient nécessairement ralliés, s'il avait réussi, le parti populaire et Jules César, une insurrection dans les provinces italiennes à laquelle se seraient peut-être joints les quelques esclaves révoltés nostalgiques de Spartacus, un soulèvement général de la Gaule romaine soutenu par tous les rescapés de l'époque Sertorius et, du coup, un ralliement de l'Espagne ?

Alors César, qui réussit ce que Catilina avait raté grâce en partie à l'argent du même Crassus, ne serait pas parvenu à se hisser au faîte du pouvoir. Et sa guerre des Gaules serait devenue impossible. On peut toujours rêver…

La dénonciation de la conjuration et son fiasco ouvraient, en revanche, toutes les perspectives. Et, surtout, rendaient presque fatale la volonté romaine d'étendre son contrôle sur la Gaule celtique. Les Allobroges, eux, trompés, humiliés, ridiculisés, renouèrent avec leurs vertus ancestrales et, au risque de passer d'un extrême à l'autre, déclarèrent la guerre à Rome.

Et, une fois de plus, nous devons regretter que l'histoire officielle n'ait pas accordé à cette lutte improbable, impossible, héroïque, qui prit souvent l'ampleur d'une épopée, l'importance qu'elle eût méritée.

Donc, les Allobroges attaquent sous la conduite d'un chef de valeur, Catugnatos. Les Romains, nombreux à Vienne, n'ont que le temps de s'enfuir, non pas vers le Sud tenu par les insurgés, mais vers le Nord. Ils en appellent aux Éduens qui, en « amis des Romains », leur offrent l'hospitalité et les installent dans la région qui deviendra « lyonnaise », avec les conséquences que l'on sait, à savoir que cette ville se désolidarisera ensuite systématiquement des révoltes gauloises. Puis les « rebelles » franchissent l'Isère et établissent leurs quartiers à Valence. Le préteur Pomptinus est en charge de la répression. Il se retranche à quelques distances du fleuve et envoie l'un de ses lieutenants contourner l'adversaire pour le surprendre à l'*oppidum* de Valence.

La manœuvre allait réussir. Ceux qui tenaient cette forteresse étaient prêts à se rendre, quand, spontanément, les paysans des environs, armés de tout ce qui leur est tombé sous la main, font irruption d'un peu partout et rejettent les attaquants. Le légat essaie de se tenir à son tour sur la ligne de l'Isère, mais les habitants la franchissent en divers points grâce à une multitude de barques et l'encerclent. Il se retire dans un bois, s'y fortifie, tente des coups de main plus ou moins réussis, mais Catugnatos, le chef des Allobroges, après un succès dans le Sud, remonte sur Valence, fait traverser à son tour l'Isère à sa troupe de paysans en armes. Le légat l'attaque. Alors se joue la même scène qui verra le général américain Custer se faire étriller par les Sioux et les Cheyennes à la bataille de Little Big Horn. Les Gaulois font semblant de fuir. Les Romains les poursuivent imprudemment. Eux, en un lieu préalablement choisi, font soudain volte-face, poussent des cris de guerre enivrants, enveloppent les poursuivants et s'apprêtent à les réduire en charpie quand les éléments déchaînés mettent fin au combat. Les rescapés rejoignent Pomptinus qui, sous la pression, bat en retraite vers Narbonne. Et Catugnatos, content de lui, repart casser du Romain dans le Midi.

Inutile, cependant, de se bercer d'illusions. Jamais la République n'a mis en ligne autant de légions. Les réformes de Marius les ont rendues redoutables. Des renforts, aspergés par les grandes eaux, entrent dans le pays allobroge par trois brèches. Et convergent sur Valence. On ratisse, comme on le fera plus tard. On fait des flambées de bourgs et de villages. On transforme des champs en ce qu'on prendrait aujourd'hui pour des pistes d'atterrissage. Catugnatos rapplique de nouveau, mais la partie n'est plus égale. Valence résiste. Puis se rend. Un lieutenant de Pomptinus se rue sur Solonium, petite ville sur les bords de l'Isère (dont j'ignore à quoi elle correspond), et l'incendie. Catugnatos accourt, arrête le feu, repousse les Romains. Ce n'est qu'un répit. Solonium succombe. Une guérilla se poursuit un temps dans le Dauphiné. Peut-être dans le Vercors, qui sait ? Puis toute résistance prend fin.

À Rome, Pomptinus a droit au triomphe.

On l'aura sans doute remarqué : aucun peuple de Gaule libre, pas même les Arvernes, n'a envisagé un instant de voler au secours des Allobroges. Les cités celtiques ont leurs problèmes. Sérieux. Leurs querelles internes prennent largement le pas sur leur hostilité aux Romains qui oppriment leurs frères et étouffent dans le sang les ultimes résistances méridionales. Les Éduens donnent même l'impression de soutenir les Romains contre les Allobroges. Forts de leur alliance, de république à république, ils ne se sentent plus. Au point que, pour les contrer, leurs voisins, les Arvernes, mais surtout les Séquanes, font appel aux Germains. Aux vrais. Les Éduens expliquèrent sans doute aux Romains le danger que représenterait dans le futur une nouvelle alliance entre Arvernes, Séquanes et Allobroges, surtout si les Germains s'en mêlaient.

Ce fut l'origine de l'intervention de Jules César et de la guerre des Gaules.

Chapitre 10

L'irrésistible ascension de Jules César

Jules César, échappé de justesse au piège que représentait pour lui l'affaire Catilina, continuait à dérouler sa pelote. C'est lui qui, sans succès, avait poussé à la mise en accusation d'un proconsul convaincu de concussion et d'abus de pouvoir en Gaule Narbonnaise. Il avait relancé sa campagne en faveur de la naturalisation des provinciaux. Nouvel échec, mais cela avait dopé sa popularité. Il n'avait pas réussi à se faire décerner une magistrature extraordinaire en Égypte, dont il voulait faire une province romaine, les partis conservateur et centriste ayant deviné qu'il cherchait surtout, par ce moyen, à remplir sa cassette. Comme il le fera en Espagne, et surtout en Gaule, qu'il transformera en coffre-fort personnel.

C'est qu'en effet, quand on sait à quel point il était déjà endetté auprès de Crassus, la question de ses revenus se pose. D'où venaient-ils ? Comment parvenait-il à alimenter ce tonneau sans fond ?

On a beaucoup écrit sur César. Peu sur sa façon de se remplir les poches. En 65, il organise, à ses frais, des jeux fastueux au cours desquels plus de cent paires de gladiateurs s'affrontent, certains revêtus d'armures en argent. Il fait, toujours à ses frais, repaver la voie Appienne et relever sur le Capitole les trophées de Marius. Surtout, il parvient, à prix d'or, en graissant toutes les pattes qui se tendent, à se faire nommer, ou plutôt élire, grand pontife. On est généreux en ce temps-là. On a tellement peur des insurrections populaires qu'on ne lésine plus : on arrose. Le Sénat, qui est, dirait-on aujourd'hui, de centre droit, dont le grand homme est Pompée, autre chaussette trouée, a fait passer le nombre des assistés, bénéficiaires de distributions gratuites de froment, de 40 000 à plus de 400 000 ! Quand César s'acoquinera avec Pompée, sous le patronage de l'inévitable Crassus, ils feront tous les deux accorder au pseudo-pharaon d'Égypte, Ptolémée Aulète, le titre d'« ami et allié du peuple romain », contre une somme considérable qu'ils se partageront.

En attendant, le futur conquérant des Gaules a fini par obtenir une province à pressurer : l'Espagne ultérieure, dont il est nommé propréteur. Il s'y enrichit, s'y concocte une « pub » d'enfer, mais se révèle excellent administrateur et pas mauvais général. Il était temps, car ses créanciers, malgré l'aval de Crassus, commençaient à se faire du mauvais sang.

Faut-il préciser – mais ces choses-là, n'est-ce pas, sont secondaires – que, confronté, comme le sera Napoléon dans le même pays, à une guérilla de paysans exaspérés, il cautionnera une répression aveugle, terroriste même, qui fera de tout suspect un coupable en puissance, et qu'en cela il expérimentera la tactique qu'il fignolera en Gaule ?

Ce qui ne l'empêchera pas de cultiver l'amitié des élites locales et d'encourager les recrutements de supplétifs : trente cohortes anticiperont ainsi son action en Gaule !

C'est donc auréolé d'une bonne réputation que, très au fait des troubles qui continuent à agiter Rome, il hâte son retour pour, cette fois, tenter vraiment sa chance. Il est d'autant plus au fait qu'il a un sacré agent dans la place. Et là, la chose mérite d'être contée par le menu, tant elle est croquignolette autant que croquignolesque.

L'HOMME QUI VOULAIT BAISER LA FEMME DE CÉSAR

César s'était fait élire grand pontife. Il n'avait pas besoin pour cela de croire vraiment en quoi que ce soit. L'argent y suppléait. Or, chaque année se célébrait la fête de la « bonne déesse ». Les matrones – les matrones seules, les hommes étant exclus de ces agapes – se réunissaient, le soir tombé, dans la maison d'un magistrat. En l'occurrence, la demeure officielle du grand pontife et sous le haut patronage de Pompeia, son épouse en deuxièmes noces.

En quoi consistaient ces saintes et mystérieuses festivités ? On l'ignore. Mais voilà qu'une de ces dames – car la demeure, comme on l'imagine, est très vaste – demande son chemin. Ciel, quelle voix ! De baryton-basse plutôt que de mezzo. On lui fait répéter : pas de doute, la madame parle comme un monsieur. On y regarde de plus près, on tâte et, scandale : c'est un homme ! Avec du poil aux pattes. Déguisé, certes, mais à l'évidence couillu. Sacrilège ! On expulse le viril intrus. On arrête la cérémonie.

Pourquoi ce type s'était-il prêté à cet indigne subterfuge ? On ne le crie pas sur les toits, mais enfin, très vite, cela devient un secret de Polichinelius : il faisait du gringue à la femme du patron. Était-il son amant ? On ne le confirmera pas – n'empêche que, quand la rumeur s'en répand, César demande le divorce. Pourquoi ? Tout le monde le sait, la formule a fait le tour du monde : « on ne doit pas soupçonner la femme de César » !

Le coupable s'appelle Claudius. Un jeune homme bien né, mais soixante-huitard sur les bords, dirait-on de nos jours. Pas froid aux yeux. Le genre qui tournait autour de Catilina. César le convoque. Officiellement, il est outré. Mais, en vérité, l'incroyable culot du bonhomme le sidère. Il fallait oser. Il fallait essayer. Il fallait le faire : sauter la femme de César. C'est ce genre d'asticot dont il aurait besoin. Ça ne se trouve pas sous les sabots d'un cheval. Il lui propose donc la botte. Veut-il se mettre à son service ? Totalement à son service ? En échange de quoi, il arrangera son affaire. Claudius sera acquitté.

Le problème, c'est que ce Claudius est de bonne souche. Or, ce dont César a besoin, c'est d'un tribun de la plèbe qui serait à ses ordres. Mais, pour se faire élire porte-parole du peuple, encore convient-il d'être soi-même un homme du peuple.

Qu'à cela ne tienne : on fera adopter l'énergumène, dont on prolétarisera le nom, par un balayeur municipal (là, j'invente bien sûr, car je ne connais pas la profession du père adoptif), et le petit noble Claudius deviendra le plébéien Claudius.

Nous ne sommes nullement, ici, dans l'anecdote. Quand César guerroiera en Gaule, Claudius deviendra l'homme clé chargé d'entretenir à Rome l'agitation populaire en sa faveur et, accessoirement, d'y créer assez de désordre pour que l'opinion exige l'émergence d'un homme d'ordre. Classique !

Trois hommes attendaient que le pouvoir leur tombe dans le bec. Deux de trop. Mais, avant la grande explication, autant faire attelage. Donc, Crassus, Pompée et César se concertent. Ils ont au moins ceci en commun que le Sénat, qui n'ignorait pas jusqu'où irait leur ambition et qui savait que le régime républicain n'y survivrait pas, se méfiait furieusement des trois. Même si, à choisir, il préférait Pompée.

L'accord permet à César de se faire élire consul en 59. Dès lors, rien n'est laissé au hasard. Toutes les mesures qu'il fait voter représentent autant de redevables qu'il enchaîne d'avance à son char. Deux lois agraires achèvent le lotissement du domaine agricole public en Italie au profit des vétérans et des chômeurs. Certains privilèges aristocratiques sont abolis. Les gouverneurs de province, dont la fréquente corruption défraie la chronique, sont sommés de rendre régulièrement des comptes. Devient obligatoire la publication des procès-verbaux du Sénat, ce qui signifie qu'on fait le peuple juge. Et, en prime, César fait ratifier les actes de Pompée en Orient, ce qui permet de l'endormir. De la belle ouvrage.

Il ne lui reste plus, ensuite, qu'à se faire nommer proconsul des deux Gaules romaines et d'Illyrie. Il savait que la mainmise sur ces riches provinces, et en particulier sur la Gaule Narbonnaise, lui permettrait de payer ses dettes, d'acheter de nouveaux partisans, de se faire mousser et de forger une armée à sa solde au cas où...

En fait, tout le monde eut sa part : Crassus obtint la Syrie pour rentrer dans le chou des Parthes, Pompée l'Espagne et César les Gaules. Ils pouvaient renouveler leur alliance. Il se trouve que, en 53, l'armée de Crassus fut taillée en pièces par lesdits Parthes et que sa fortune ne permit pas au ploutocrate de racheter une vie qu'il avait perdue dans la bataille. N'en restaient plus que deux.

Il se trouve aussi que la « droite », qui en avait soupé des bandes de Claudius tenant le pavé pour terroriser les adversaires de César, lui opposa une contre-bande, celle de Milon. Et que, l'année même de la révolte gauloise dont Vercingétorix prit le commandement, des nervis de la bande à Milon affrontèrent des nervis de la bande à Claudius, blessèrent ce dernier, puis allèrent l'achever dans l'auberge où il se faisait soigner. S'ensuivit, à Rome, une nouvelle et destructrice émeute provoquée par le parti populaire, qui était celui de César. Ce qui fit définitivement basculer le Sénat du côté de Pompée.

Si Vercingétorix l'avait emporté, le futur *imperator* aurait connu le sort de Catilina. Et Cicéron se serait fendu d'une diatribe assassine contre celui qui, en Gaule, avait accumulé d'innombrables exactions. « Jusqu'à quand, César, abuseras-tu de notre confiance ? »

Au fond, qu'il s'agisse de Marius, de Sertorius, de Lepidus, de Catilina ou de César, le destin de la gauche romaine était indissolublement lié à celui de la Gaule. Et *vice versa*.

Mais qui donc est ce César ?

Au moment où Jules César se voit charger de la gestion d'une province et de la direction d'une armée, qui vont l'amener à conduire une grande guerre de six ans, son expérience militaire est des plus minces. C'est un intellectuel plus qu'un guerrier. Et, surtout, un orateur brillant qui a pris, à Rhodes, des cours de rhétorique avec les meilleurs maîtres. Il est conscient de ce manque puisqu'il se fera assister d'un conseil de vieux briscards où siégeront des officiers supérieurs, centurions et tribuns militaires, formés sur le tas.

Fut-il un grand stratège à la façon d'Alexandre, de Gustave-Adolphe, de Napoléon ?

Ce n'est pas sûr. Aucune des batailles qu'il a remportées – et elles ne se comptent pas – n'éblouit par le génie ou l'originalité des mouvements d'ensemble. Mais il fut plus et mieux que cela. Le plus politique sans doute des grands généraux et le plus habile négociateur.

Surtout, c'est un stupéfiant réactif : en un clin d'œil, il juge une situation sur le terrain. En un éclair, il saisit le sens d'une nouvelle distribution des cartes, et en déduit les opportunités qu'elle recèle. Alors, sa rapidité de réaction, sa souplesse d'adaptation sont exemplaires. Je suis venu, j'ai vu, j'ai compris, j'ai agi. Ce pourquoi j'ai vaincu.

La force de César, ce n'est pas la sophistication de la manœuvre, c'est le temps d'avance. Son secret, c'est l'anticipation immédiate du coup d'après. La réflexion ne retarde pas l'action, parce qu'elle est inhérente à l'action. L'action est une manière de réflexion, chez César, et la réflexion est déjà action.

On le constatera à tous les tournants de la guerre de Gaule : ce que réalise César n'est pas nécessairement génial. Mais il est là. Encore là. Toujours là. Ce qui a comme corollaire (en quoi il est un bon disciple de Marius) l'importance qu'il accorde aux renseignements, et donc à son service de renseignements.

Il a des indicateurs partout. Il faut savoir où l'on met les pieds, surtout quand on avance vite, et par tous les temps. D'où les agents rétribués et infiltrés. D'où aussi l'attention portée à la géographie et à la topographie. À la nature des sols, à leurs accidents, à leur relief, à leurs modelage et modulation. La carte d'état-major césarienne induit un paysage. Il eût été Corot s'il n'avait été César.

Et puis, on l'a dit, si le proconsul n'ébouriffe pas par la sophistication de ses tactiques, il étonne par son volontarisme entrepreneurial. Jamais (et Marius, là encore, l'inspire) on n'avait réalisé en si peu de temps des travaux publics d'une telle ampleur. Ici, il fait surgir une ville pour y abriter une légion ; là, en quelques semaines, il entoure une citadelle assiégée de fortifications agressives plus considérables que les fortifications défensives que l'ennemi a mis des années à élever. Ailleurs, face aux Helvètes qui n'en reviennent pas, il érige un mur qui en remontrerait à celui de Berlin. Ou bien il fait construire, en un temps record, une flotte de plusieurs centaines de navires avec laquelle il envahit l'Angleterre. Son artillerie, ses machines de guerre, il les produit sur place. Faire jaillir une tour, jeter des ponts, établir des plates-formes roulantes, lui est apparemment un jeu d'enfant. Il creuse, il soulève, il projette, il abat, il roule, il monte et démonte, il empile, il construit avec autant d'ardeur qu'il combat.

Il ne livre pas de batailles préfabriquées, il ne déroule pas un plan minutieusement préétabli dans sa tête, il improvise, par à-coups, et remplace en quelque sorte, dans la paix comme dans la guerre, l'intelligence qui surplombe par l'intelligence qui subvertit. Comme en politique, pour atteindre le haut, il agit par le bas. Il paie de sa personne. Pas de litière. Il marche ou caracole. Plutôt frêle d'apparence, en but à des syncopes (Suétone relève même deux crises d'épilepsie), il ne ménage pas ses efforts physiques. Il s'expose, se fait voir, se peint en rouge pour qu'on le remarque. Utilise la prise de risque comme méthode de commandement. Bonaparte n'a jamais franchi bille en tête le pont d'Arcole. Lui, si. Les Gaulois ne se vanteront-ils pas d'avoir réussi à lui arracher son glaive en plein combat ?

Même quand il n'est pas encore là, ou qu'il n'est plus là, on doit croire qu'il est présent, qu'il regarde chaque soldat, qu'il surveille en personne les exploits de chacun. Se commet-il avec le troupier de base ? N'exagérons pas. Mais il s'adresse au moindre centurion, l'appelle par son nom, le félicite. Lui pince moralement l'oreille. À la troupe, il réserve ce qu'il fait de mieux : ses discours. Brefs et tranchants. Une formule pour chaque occasion. Ça ne ronronne pas, ça fouette. C'est dit, c'est fait. C'est fait, c'est dit. Si à l'époque on ne peut user de rafales de balles, il a compris l'effet redoutable et parfois meurtrier des rafales de mots.

Le soldat, c'est la matière première et l'énergie. Ou, plus exactement, c'est la matière première qui se transforme quand on lui insuffle de l'énergie. Il le sait. Il affrontera régulièrement ses soubresauts d'humeur. Ne doit avoir ni le ventre creux ni la tête trop pleine. D'où l'importance, prioritaire, que César accorde au ravitaillement. La quête de provisions est son obsession. Vivre sur le pays autant que possible. Choyer les fournisseurs et les négociants qui accompagnent la soldatesque. Ou l'exploitent. Ça tombe bien, ce sont ses électeurs. Ses prolétaires à lui. La sous-classe d'un capitalisme en expansion sur laquelle il ne cessera, comme ses successeurs, de s'appuyer.

Organisateur, homme d'affaires, entrepreneur, chef d'entreprise, baroudeur si nécessaire, mais avant tout politique !

Les victoires de César ne sont pas fulgurantes. Sauf Pharsale contre Pompée. Et s'il gonfle jusqu'au grotesque les forces armées de ses ennemis, allant jusqu'à prêter 80 000 soldats à un peuple de 300 000 âmes, s'il leur attribue des effectifs six ou sept fois plus importants que ceux de Napoléon à son apogée, c'est que la réalité de leur faiblesse, parfois la minceur des troupes qu'il disperse, terniraient considérablement sa gloire. Montaigne, qui admire son œuvre, n'hésite pas à dénoncer « les fausses couleurs de quoi il veut couvrir sa mauvaise cause et l'ordure de sa pestilente ambition ».

Nous avons comparé, dans la deuxième partie de ce livre, certaines campagnes de la guerre des Gaules aux guerres indiennes. Et ce sont en effet, la plupart du temps, quelques cohortes tribales qu'il affronte, multitude d'autant plus réduite que la rapidité de ses interventions, de ses éruptions, ne leur laisse généralement pas le temps de se regrouper. Sauf autour d'Alésia. Il ne laisse jamais le temps aux Cheyennes de faire leur jonction avec les Sioux. Combien croit-on que les Vénètes, de l'actuel Morbihan, que les Morins ou les Atrébates du Pas-de-Calais, ont pu lui opposer de combattants ? Très peu en vérité, même s'ils procédaient à des mobilisations générales. Et, dans ce cas, il s'agissait plutôt de paysans armés que de machines de guerre à la romaine. Tel peuple semi-germain qu'il écrase et extermine ne rassemble que 180 000 individus. Les descendants des Cimbres, à qui ceux-ci avaient confié la garde de leurs bagages, et qui passent eux aussi à la casserole, ne sont pas plus de 60 000. Leurs armées sont donc plutôt des bandes. Quand on compte une épouse, deux grands-parents et trois enfants par combattant, et qu'on y ajoute les exemptés pour toutes les raisons possibles, invalides ou malades, cela fait, au mieux, un soldat pour huit non-combattants. D'où, dans de nombreux cas, moins de 4 000 ou 3 000 soldats, dont une majorité de non-professionnels. Ce qui fait dire à Napoléon lui-même : « Les Gaulois n'avaient aucune armée de ligne entretenue, exercée, et, dès lors, aucun art ni aucune science militaire. »

Et cependant, souvent, César souffre, traverse de mauvais moments, frôle la catastrophe (encore qu'il puisse lui-même exagérer ces aléas dans son récit pour maintenir le suspense et se mettre en valeur). De toute façon, et c'est là que son vrai talent éclate, il rétablit toujours. En payant de sa personne. En changeant immédiatement son dispositif. En reprenant en main, en quelques phrases, ses hommes qui commençaient à se débander. Ainsi, face aux Helvètes en errance à la façon des Cimbres, et même à la seule tribu des Tigurins, toujours elle, c'est-à-dire quelques milliers d'individus en armes, il reconnaît qu'à un moment le combat tourne en sa défaveur. Mais cela se termine toujours par un carnage. En sa faveur.

Ses manœuvres, solides, efficaces, bien préparées, bien étayées, bien approvisionnées et cependant électriques, vibrionnaires, ne sont donc pas bouleversantes d'inventivité, malgré leur célérité, mais c'est avec un savoir-faire incomparable qu'il parvient à imposer à ses adversaires les mouvements qui l'arrangent. La stratégie qu'il attend d'eux. La tactique qui fait son jeu. Ainsi, après son mini-échec de Gergovie, où l'on ne sait pas s'il fuit ou s'il ruse, s'il bat en retraite ou fait semblant. Reste qu'il amène Vercingétorix à adopter très exactement la marche et donc la stratégie que, d'une certaine manière, il lui inspire et lui impose, et qui débouche fatalement sur cette espèce de Diên Biên Phu.

Il s'agit, cette fois, d'une vraie victoire, sur des forces armées supérieures en nombre. Mais beaucoup d'autres succès, parmi les plus concluants, ce sont ses lieutenants, en particulier Labienus, le commandant en chef en l'absence du patron, qui les remportent. C'est lui, Labienus, qui bouscule les Morins, explose les Trévires, les Ménapes, les Sénons, les Parisii. Il remportera d'ailleurs, lors de la guerre civile, à Dyrrachium, une victoire... contre César. C'est encore Publius Crassus qui vient à bout des deux confédérations les plus dangereuses de cette guerre, car cette fois les forces adverses y étaient coordonnées : la confédération des Armoricains et celle des Aquitains.

César sut déléguer. Cet égocentrisme assumé ne trouve pas ombrage dans le déploiement des talents de ceux qui le servent. Il sait utiliser jusqu'au bout les capacités d'autrui. En quoi il est un grand politique.

Ce qui est prodigieux, c'est la façon dont, grâce à des négociations, à des arrangements, à des concessions, à des promesses, à des chantages, à des menaces, à des entreprises de séduction, à des forfaitures et à des trahisons également, il gagna la plupart du temps les batailles avant même les batailles. Autant autour du tapis vert, sur une table, sous la tente, lors d'une rencontre discrète en rase campagne, que sur le champ où l'on était censé s'étriper. Il joue l'un contre l'autre, flatte l'ambition de l'un face à l'autre, excite les rancœurs des uns contre les autres, entretient la peur que suscitent les autres, fait miroiter aux uns ce que leur rapportera la défaite des autres, et aux autres ce que leur coûterait la victoire des uns. Chaque fois que se révèle un potentiel adversaire, il tente d'abord de s'en faire un allié. Il s'immisce dans les luttes politiques internes des nations, des peuples, des tribus. Il détrône, couronne, pousse ou détruit les prétendants. Il s'installe au creux des républiques, les restaure ou leur substitue des rois de carnaval. Dans chaque cité, même les plus hostiles, même les plus indépendantes, il a des alliés. Des agents. Des stipendiés. Au plus haut niveau. Quand l'homme fort des Éduens appelle à la lutte, le numéro deux lui est acquis. Chez Vercingétorix même, il a son parti. Pour une nation farouche, une autre ne lui refuse rien. Les Trévires le soutiendront avant de le combattre, comme les Atrébates. Comme Vercingétorix, au demeurant.

César était-il de gauche ?

Est-il un occupant, un oppresseur ? Mais c'est lui qui convoque, à plusieurs reprises, une assemblée générale des Gaules. Pour lui imposer ses vues, bien sûr, mais, outre qu'il y parvient, il initie en cela la naissance d'un organisme représentatif des peuples gaulois et il tentera, jusqu'au bout, jusqu'à l'échec que représente l'insurrection de Vercingétorix, de s'appuyer sur cet organisme.

César, en quelque sorte, invente la Gaule, comme Napoléon inventa l'Allemagne. D'ailleurs, César aussi commencera à inventer l'Allemagne en faisant du Rhin une frontière emblématique.

Tel fut notre conquérant : propagandiste hors pair. Avant tout de lui-même. Au prix de nombreux mensonges, comme le releva Asinus Pollion (cité par Suétone). Écrivain talentueux, exceptionnellement talentueux à vrai dire, à supposer qu'il ait été vraiment l'auteur principal, sinon unique, des ouvrages qu'il signera. Et qui saura s'entourer de géographes, d'ethnologues, d'historiens, de topographes, de sociologues avant la lettre pour réaliser une somme qui représente un exemple de pluridisciplinarité. Bayle n'avait pas tout à fait tort, cependant, quand il relevait, à côté des fulgurances, de nombreuses négligences de style, sans compter la monotonie et des obscurités.

Pour le reste, mais Dieu sait à quel point ce n'est pas accessoire : personnage brutal et cruel. Non seulement il fera exécuter sans état d'âme des chefs éduens (Dumnorix), sénons (Acco) ou carnutes (Gutruato), ce dernier torturé et achevé à la hache, mais surtout il fera mettre à mort la quasi-totalité des sénateurs vénètes d'Armorique – « Décision détestable, jugera Napoléon, erreur morale et politique ». Souvent inhumain, massacreur (lui aussi, de son propre aveu, fut génocidaire), cynique, amoral, obsédé par l'argent qu'il ramasse partout à la pelle, rongé par l'ambition et dont le narcissisme confinera à la démence lorsque, parvenu au sommet de la puissance, il envisagera moins, comme on l'en soupçonna, de devenir roi – car il était déjà plus que cela – que de devenir Dieu. Aussi, cet homme qui aura réussi à forger une armée à sa dévotion sera finalement lâché par beaucoup de ceux (Labienus y compris, mais également son propre fils) qui avaient concouru à son triomphe.

Bien sûr, il y aurait quelques autres pistes à suivre – ou questions à se poser –, bien que cela ne soit pas l'objet de ce livre. César, chef du parti démocrate populaire, était-il un homme de gauche ? Autant, sans doute, que cela pouvait servir ses ambitions. Ses liens familiaux l'incitaient de toute façon à aller de ce côté-là. Mais aussi quelques convictions, non point démocratiques – ainsi, une fois au pouvoir, fit-il fermer les clubs proches du parti populaire et vida-t-il de sa substance la fonction de tribun du peuple qu'il avait contribué à rétablir –, mais sociales. Sa haine de la caste aristocratique était d'autant plus sincère que celle-ci lui fut toujours hostile. Dans l'opposition, il ne cessa de défendre des lois qui affaiblissaient l'emprise économique de la classe dominante et allaient au-devant des revendications et des aspirations plébéiennes, mais, surtout, parvenu au pouvoir, il mit ses principes en pratique et réalisa à son profit (comme on l'a vu dans la deuxième partie de cet ouvrage) une révolution sociale dont ses assassins avaient fort bien perçu la radicalité.

De gauche, pour autant ? C'est selon. Pas au sens moderne, puisque ce sont les nouvelles classes capitalistes – entrepreneurs, investisseurs, banquiers (bourgeois, en somme), mais aussi spéculateurs et financiers véreux – qui constituaient sa clientèle principale.

Non seulement, pour arriver à ses fins, il s'aboucha avec la star des conservateurs, Pompée, et se fit financer par Crassus, qui n'était pas un Mélenchon fortuné, mais, après sa victoire sur la droite sénatoriale, il n'économisa aucun effort pour se concilier le plus possible de ses partisans. Dont ceux qui finirent par l'immoler. Là encore, il annonce un Napoléon, qui récupérera et intégrera à son système de plus en plus de royalistes, lesquels, évidemment, lui donneront le coup de grâce.

En fait, César est l'archétype du « populiste ». Pour une fois, le concept est parfaitement adéquat. Il soulève le peuple dans l'intérêt de sa propre oligarchie. Il fustige la noblesse, celle de l'héritage familial, parce qu'il en promeut une autre, celle de l'argent gagné, de quelque façon que ce soit, et accumulé. Au pouvoir de la terre, il oppose celui de l'entreprise. C'est un urbain. À un grand qui se « croit » et se pavane, il préfère celui qui se « fait » de n'importe quelle manière, comme lui-même. Et le fait de vouloir absolument récupérer celui qu'il soupçonne d'avoir baisé sa femme, Claudius, parce qu'à l'évidence, pense-t-il, ce type a des couilles, est, de ce point de vue, très significatif.

Le meilleur disciple de César sera évidemment le Bonaparte jacobin, robespierriste, qui tentera d'imposer une nouvelle aristocratie à sa dévotion et épousera une archiduchesse d'Autriche. Bonaparte, à l'origine, était de gauche.

Je suis, à cet égard, convaincu que les accointances de César avec Catilina allèrent beaucoup plus loin qu'on n'a voulu l'admettre et que, si l'aventurier démagogue avait réussi son coup, il se serait mis à son service. Du moins dans un premier temps.

Il est un autre aspect qui, en revanche, rejoint notre propos, même s'il n'est pas coutumier de l'aborder : comment César, coureur invétéré de jupons, satisfaisait-il, pendant de longues campagnes gauloises, sa sexualité ?

Le moins qu'on puisse dire, c'est que ce n'était pas un mauvais coucheur. Tout ce qui avait un nom, au féminin, ou une robe sur particule, l'attirait. Rarement on aura accumulé autant de maîtresses dans le gotha. Peut-être sa réputation d'homme de gauche excitait-elle ces dames ? Il se tapera même la femme de Pompée. Quant à Cléopâtre, il avait suffi qu'elle se fasse livrer à domicile entourée d'un tapis (selon Plutarque) pour qu'il lui saute dessus et se paie, à ses côtés, une croisière sur le Nil de deux mois. Obsédé, à tout point de vue, par sa propre personne, il se faisait raser de près, épiler (ce qui faisait jaser), cachait sa calvitie en rabattant ses quelques cheveux sur le front ou sous une couronne de lauriers.

Mais en Gaule ? Il est évident qu'il ne lésina pas sur la Celtique. On se souvient que Sabinus, l'éphémère empereur gaulois de la révolte de Civilis, se prétendait descendant de César, avec qui son aïeule avait fauté. Avec les bâtards « barbares » du conquérant, on aurait pu peupler une crèche.

Usa-t-il de ces prostituées latines qui suivaient les troupes ? On ne sait. Consomma-t-il avec quelques jeunes officiers virils et tendres ? Ces choses-là, à l'époque, se faisaient, mais ne se disaient pas. On gloussait cependant, communément, à propos de son pluralisme en la matière. Ses adversaires le surnommaient la « Reine de Bithynie », parce que, jeune homme – jeune au pair, en quelque sorte –, il aurait servi de mignon au roi de ce pays, Nicomède. Un humoriste avait même lancé : « Il fut la femme de tous les maris et le mari de toutes les femmes ! » Cela était même si généralement admis que ses soldats en rigolaient. Lorsqu'ils rentrèrent à Rome, derrière leur héros, ils chantaient : « Citadins, surveillez vos femmes, nous amenons avec nous un chauve torride ! » Et eux aussi le chambraient sur le côté à voile et à vapeur. Sauf qu'ils ne connaissaient pas la vapeur. Les pulsions érotiques de César influèrent-elles sur l'avenir du monde ? Peut-être. Sur l'avenir de la Gaule, en revanche, aucunement. Les femmes sont tragiquement absentes de la guerre qu'il y mena. On peut le regretter.

INTERLUDE

Vous avez dit anachronisme ?

Je suis tout à fait convaincu – tant certains signaux déclenchent, tels des déclics, des réactions automatiques, comme préenregistrées – que le seul fait d'assimiler l'antagonisme *populares-optimates*, à Rome, qui déboucha sur l'affrontement Marius-Sylla, puis Cinna-Sylla, à un conflit gauche-droite, provoquera aussitôt un procès en « anachronisme ».

On peut impunément faire de Vercingétorix un Gambetta gaulois, de Clovis le premier roi de France (ce qui est absurde), du peuple éduen ou de l'évêque Cauchon des collabo-pétainistes avant la lettre, des ligueurs parisiens insurgés contre Henri III des anticipateurs de l'extrême droite française des années 1930, autant de contresens, mais comparer les luttes politiques et sociales romaines à celles qui ensanglantèrent l'Europe au XXe siècle, voir dans l'opposition Armagnacs-Bourguignons, pendant la guerre de Cent Ans, une anticipation du choix entre conservateurs et réformateurs, assimiler les horreurs de la guerre du Palatinat menée sous l'égide de Louis XIV à un crime contre l'humanité, qualifier de totalitaire le système politique napoléonien, seraient autant d'« anachronismes ».

Qu'est-ce qu'un anachronisme ?

Ce n'est pas, en soi, une comparaison décalée dans le temps : montrer en quoi l'échec de la tentative radicale-réformiste des frères Caius et Tiberius Gracchus anticipe et éclaire la conjuration égalitariste ratée de Gracchus Babeuf sous le Directoire, ou rapprocher l'insurrection des esclaves de Spartacus et la révolution spartakiste avortée en Allemagne au lendemain de la Première Guerre mondiale, peut difficilement être qualifié d'anachronisme. Pas plus que l'assimilation du bonapartisme à un césarisme. Le ksar, le tsar, le Kaiser, ne renvoient-ils pas eux-mêmes au personnage de César ?

Un anachronisme, c'est, à travers le temps, un rapprochement qui déplaît. César fut le leader de la gauche romaine : anachronisme ! La nation française s'exprima pour la première fois à travers Clovis : ce n'est pas un anachronisme. Sauf que la première affirmation est relativement vraie, alors que la seconde est totalement fausse.

On hume comme un parfum de décadentisme soixante-huitard dans le délire néronien ? Civilis eut l'intuition d'une fédération de nations européennes ? Anachronisme. Mais qualifier Bachar al-Assad de « Néron », comparer les envahisseurs prusso-bavarois aux migrants teutons, mettre à toutes les sauces un Attila fantasmé, ce ne sont pas des anachronismes. Sauf que les premiers rapprochements, fussent-ils contestables, éclairent plus que les seconds.

D'où cette question : comment donner un sens à des événements ou à des agissements que l'éloignement chronologique brouille dans nos esprits ? Réponse évidente : en les examinant à la lumière de ce qui donne sens aujourd'hui. En projetant nos faibles lumières sur leurs éventuelles obscurités. En faisant profiter ce que l'on ignorait en ce temps-là de ce que nous savons désormais.

Or, si ce que fait apparaître un tel éclairage déplaît, comment réagissent ceux à qui cela déplaît ? En hurlant à l'anachronisme. L'utilisation du concept d'anachronisme rejoint en cela la mobilisation systématique de celui de populisme : il permet d'excommunier tout ce qui défrise.

Comment – Quel scandale ! – pour juger de tel ou tel méfait commis hier, ou plutôt avant-hier, vous faites référence à des critères, à des valeurs, à des principes d'aujourd'hui ? N'est-ce pas précisément cela, l'anachronisme ? Mais il se trouve que les contemporains de ces méfaits firent volontiers référence eux aussi à ces critères, à ces valeurs, à ces principes – qui sont de tous les temps – pour anathémiser ces violations des droits humains : ainsi, Cicéron et Caton s'agissant des crimes de masse assumés par César ; ainsi, d'innombrables écrits huguenots stigmatisant les horreurs couvertes ou initiées par Louis XIV ; ainsi, les centaines de libelles russes, espagnols ou anglais dénonçant les épouvantables exactions couvertes par Napoléon. Et cela n'empêche nullement les sectateurs de ces dieux vivants de les amnistier *a priori* en les revêtant de la cotte de mailles de l'anachronisme.

Anachronisme : cela signifie « aucun rapport ». Aucun parallélisme possible. Toute ressemblance fortuite est hors sujet. C'est comme un vin : un massacre, selon le millésime, ne peut être assimilé à un autre massacre. Une extermination vieillie en fût ne saurait être mise sur le même plan qu'une extermination primeur. Le forfait se lisse quand il prend de la bouteille. Selon le siècle où telle ou telle actualité a défrayé la chronique, ce qui paraît totalement semblable n'est absolument pas pareil. Que Dieu fasse mourir tous les premiers-nés d'Égypte, ou préconise l'éradication de la population civile de Jéricho, grâce au recul, ce n'est plus qu'une anecdote. En référer aux Nations Unies serait un anachronisme. Même Bernard-Henri Lévy n'est pas concerné. Qui est tyran en 2012 n'avait que de l'« autorité » en 200 après Jésus-Christ. Pourquoi alors Hérode est-il mal vu ? Erreur de perspective, sans doute. Poutine est une crapule, Louis XI et Philippe le Bel étaient de grands rois. Point barre. L'éloignement dans le temps ne transforme pas l'eau en vin, ni le plomb en or, mais peut changer le mal en bien, l'intolérable en tolérable, l'horreur en impondérable et l'infamie en nécessité. À partir d'une certaine distanciation séculaire, il n'y a même plus de dégâts collatéraux, mais de simples désordres périphériques.

L'instauration, par l'édit de Théodose le Grand remplaçant l'édit de tolérance de Constantin, du catholicisme en religion unique d'État, et même en philosophie unique d'État, en lieu et place d'un paganisme qui s'ouvrait au pluralisme religieux et accordait y compris aux juifs, adeptes d'une religion du Livre, des prérogatives qui leur furent ensuite retirées ? Régression ? Anachronisme ! Dérive ? Anachronisme ! Idéologie totalitaire ? Anachronisme !

L'égorgement des petits-fils de Clovis par les très chrétiens fils de Clovis ? Crime d'État ? Explosion de barbarie ? Anachronisme ! Comparer le sort que Charlemagne fit subir aux Saxons à celui que les Turcs firent subir aux Arméniens ? Anachronisme ! Concept hachoir que celui-là. Quand il convient de ne pas relier la main d'une époque au cerveau qui a conçu l'épée qu'elle brandit, il permet de sectionner le bras.

Son emploi systématique revient à nier la continuité des processus historiques puisqu'il consiste à couper le courant, à débrancher la prise, à fermer l'interrupteur, pour empêcher qu'on examine ce processus-ci à la lumière de ce processus-là. Ne dites surtout pas que des massacreurs ethniques, en Bosnie, se sont comportés comme des bêtes, ou que l'instinct maternel plonge ses racines dans l'animalité : ce serait un anachronisme. Darwin aboli !

Ce qu'il convient de nier à tout prix, c'est que la façon dont se réaménagent les permanences donne seule la clé de la compréhension des phénomènes historiques. La chasse obsessionnelle d'un anachronisme recoupe donc l'idée, fausse, selon laquelle l'évolution passerait nécessairement par des phases de rupture qui rendraient chaque épisode inconfrontable et incomparable aux autres, pour ne pas dire qu'elles les rendraient incompatibles les uns aux autres.

L'opposition virulente des possédants, surreprésentés au Sénat romain, à toute réforme redistributrice, telles celles préconisées par les Gracques et leurs successeurs, n'est pas sans rappeler des épisodes plus récents de frilosité conservatrice ? Le populisme césarien éveille en notre esprit d'évidentes correspondances ? Le rejet par le parti national-romain, sous l'empereur Claude, de l'extension de la citoyenneté aux populations allogènes gauloises, renvoie à d'autres refus identitaires ? L'opposition invoquée, à l'issue de l'insurrection de Civilis, entre l'utopie indépendantiste et le réalisme de la soumission, fait penser à d'autres cas de conscience du même type ? Du blanquisme déjà dans Catalina, de la paranoïa stalinienne déjà chez Domitien ? Du « déjà là » en suspens, du « toujours là » en veilleuse ? Horreur ! Péché ! Rien à voir ! Les diatribes antigauloises de Cicéron n'anticipent en rien le racisme moderne ? L'égalitarisme exterminateur de Pol Pot ne prolonge et n'amplifie en rien l'anti-élitisme délirant de Caligula ? Le colonialisme de la gauche républicaine romaine n'a aucun rapport avec celui qui s'exprima par la bouche de Jules Ferry ? Toute suggestion inverse serait anachronique.

L'instrumentalisation du terme d'« anachronisme » – piège des mots – est pratique, cependant : elle permet, au nom d'une non-universalité inavouée et d'une non-historicité avouée et des valeurs et des principes, de protéger de tout regard critique – ou simplement lucide – ce que, pour des raisons idéologico-politiques, on entend sanctuariser. Cela vous pose problème que Clovis ait, au lendemain de son baptême, de sa main, à la hache, massacré sa parentèle ? Que le chrétien Constantin n'ait pas reculé devant les crimes intrafamiliaux ; que, de sainte Blandine en Jean Hus, de saint Sernin en chevalier de La Barre, les disciples des martyrs soient devenus des martyrisateurs ? Qu'aucun historien n'ait osé révéler, à propos de Louis XV, ce que Suétone nous raconte par le menu concernant Tibère ? Blasphème ! Comment osez-vous risquer de tels courts-circuits en procédant à de tels branchements ? Même des serviettes d'antan ne sauraient être comparées à des torchons contemporains. Oseriez-vous comparer les villages palatins ou espagnols éradiqués par les troupes du Roi-Soleil ou de l'empereur Napoléon à des Oradour avant la lettre ? Allez-vous prétendre que, si la notion de génocide est applicable au sort réservé aux Bosniaques de Srebrenica, elle l'est plus encore à l'extermination des Cimbres par Marius ? Inacceptable !

Tout cela est d'autant plus plaisant que les pourfendeurs quasi automatiques de l'anachronisme n'hésitent jamais devant des considérations qui, pour le coup, méritent d'être qualifiées d'anachroniques… Ainsi, assimiler l'affrontement Marius-Sylla, qui engendra le césarisme, à l'exacerbation d'un conflit binaire gauche-droite surfant sur des antagonismes de classes, sera jugé « anachronique » par ceux-là même qui compareront Vercingétorix à Jean Moulin ; ramèneront la guerre civile qui opposa, sous Charles VI et Charles VII, les Armagnacs aux Bourguignons à un affrontement entre patriotes « nationaux » et traîtres collaborationnistes (alors que la plupart des dignitaires de la famille Armagnac finiront par passer du côté anglais) ; assimileront le petit peuple ligueur insurgé contre Henri III à l'extrême droite des années 1930 (ce qui, pour le coup, est absurde), ou évoqueront l'antisémitisme de Voltaire comme si ce pourfendeur de tous les dogmes religieux était contemporain d'Auschwitz.

Soupçon d'anachronisme ? On constatera que je n'ai pas hésité à passer outre. Au nom de cette conviction (à laquelle j'ai consacré deux ouvrages) que l'évolution historique, comme l'évolution tout court, est sans cesse rythmée par la répétition d'invariances tendancielles qui s'échinent à sauver leurs structures en les recomposant. Fût-ce radicalement quand il s'agit de révolution.

Le progrès n'implique pas la rupture, mais il induit un saut qualitatif à l'occasion de tout ce qu'il remodèle pour pouvoir le perpétuer.

On a parfois reproché à Camille Jullian, le talentueux, mais peu républicain historien de la Gaule, de définir la société gauloise à la veille de la conquête romaine comme une « société féodale » dominée par des « querelles de barons ». Évoquant l'armée de Vercingétorix, il écrit par exemple : « La troupe des chevaliers déborde sans cesse sur le "conseil" des chefs et la marche régulière du commandement est tour à tour entravée par les intrigues des barons jaloux ou accélérée par la brusque poussée d'une émeute soldatesque. » Ici, on l'aura compris, la défaite qui prélude à la capitulation d'Alésia annonce Crécy et Azincourt.

Anachronisme ? Non ! Les termes sont antidatés, mais pas les choses. Le féodalisme n'est nullement une spécificité de notre Moyen Âge, qui se serait cristallisée à partir de l'an 1000. C'est, en réalité, une structure de hiérarchisation, dynamiquement invariante, qui se recompose sans cesse en fonction de l'élargissement ou du rétrécissement de l'espace environnemental.

On voit effectivement une hiérarchisation de type féodal – les clients jouant le rôle que joueront les féaux – se mettre en place dans la Gaule du Ier siècle avant Jésus-Christ, alors même que les villes, minuscules, se perchent en haut des collines (*oppidum*) et s'entourent de murailles.

En ce sens, on peut considérer que la société franque, entre 700 et 900, tend à revenir structurellement à la situation qui était celle de la Gaule en l'an 100 avant Jésus-Christ.

Quelque part, ce à quoi l'on assiste, en France, depuis quelques années, mais aussi dans le monde économico-financier, ne confine-t-il pas à une forme de recomposition de l'invariance féodale ? Y compris à travers la tendance à rendre héréditaires les positions de pouvoir ?

Dans les excellents ouvrages qu'ils ont consacrés à l'histoire des Gaules, Alain Ferdière d'un côté, Christine Delaplace et Jérôme France de l'autre (chez Armand Colin), ont très bien montré comment on passe de la famille simple à la famille élargie, puis au clan, puis à la tribu, puis à une fédération de tribus qui fait « peuple », et comment ce peuple, à son tour, à mesure que des affluents gonflent ses eaux, fait nation, voire empire intégrant plusieurs nations associées. Or cela s'est passé partout, de façon adaptative, y compris chez les Iroquois du Canada.

C'est ce principe d'évolution par recomposition des invariances qui justifie les éclairages actualisés, qu'on qualifie, à tort, d'« anachronismes ». Réaction défensive qui démontre que l'approche historique n'est jamais totalement neutre.

Ce qui rend dérisoire la question de l'« anachronisme » ou du « non-anachronisme », c'est que la continuité historique ne permet pas que l'une de ses phases, que l'un de ses « moments », en abolissent ou en rejettent les autres. Pas plus que le corps humain ne pourrait se définir en rupture avec l'un de ses organes ou de ses membres.

Il y avait déjà la Gaule romaine dans la Gaule gauloise, et la Gaule gauloise ne cessera de s'affirmer dans la Gaule romaine.

Ce que montre ce récit (et que montrera la suite), c'est que tout est déjà là, que tout reste là, alors même que l'essentiel est toujours à venir. Le paradoxe s'explique par le fait que le « pas encore là » se construit à partir du « déjà là ». Les artistes de la grotte de Lascaux, comme les préhistoriques tailleurs de pierre du Grand-Pressigny, se sont peu à peu infusés dans les proto-Celtes, qui se sont eux-mêmes infusés dans les Celtes, qui ont eux-mêmes été infusés par les Ibères, les Ligures, les Germains, les Scandinaves et, bien sûr, avant tout, culturellement et intellectuellement, par les Romains. Et c'est cette continuelle multi-infusion qui a fait « peuple ». Ce qui fait peuple, en l'occurrence, est quasi identique à ce qui fait Histoire. Dit autrement, un peuple est moins une donnée ethnique qu'une production historique.

Vous avez dit anachronisme ? Mais ne vivons-nous pas, à l'ère des néo-intégrismes, des néo-fanatismes, des néo-colonialismes interventionnistes, des néo-tribalismes communautaristes, des néo-féodalismes (fussent-ils financiers), des néo-césarismes, une période qui l'est de plus en plus, anachronique ?

Quatrième partie

Pendant ce temps, en Gaule celtique

CHAPITRE 1

Et avant les Celtes, quoi ?

En remontant le temps dans cette quête de nos origines, résumons ce que furent, sans doute, peut-être, les prémices de notre épopée. Les premiers essais de notre invention. Le Français commença *erectus* – ce qui ne signifie pas qu'il était en continuel état d'érection, mais qu'il avait décidé de partir sur de bons pieds. L'homme de Tautavel, dont les vestiges ont été découverts dans les Pyrénées-Orientales, peut être rattaché à cette famille, comme l'homme de Heidelberg en Allemagne : petit crâne, mais tête haute ! À l'évidence, il a des descendants.

Il serait venu d'Afrique il y a un peu plus d'un million d'années, peuplait notre territoire il y a quelque 550 000 ans, maîtrisait le feu, travaillait la pierre, commença à fignoler des bifaces de forme ovale, utilisait des os d'animaux comme instruments de travail, taillait des pieux de bois pour la chasse... Autrement dit, il fabriquait des outils nouveaux et ces outils permettaient d'optimiser les performances des anciens outils.

Son conservatisme ne l'incitait pas – sa petite tête aidant, ou plutôt n'aidant pas assez – à brûler les étapes, mais, à condition de ne pas être pressé, il était sur la bonne voie. Ses congénères étaient, chez nous, quelques milliers, perdus au milieu des animaux à quatre pattes, un petit parmi les gros. Sa technologie fit la différence.

On a retrouvé des traces à Lézignan-la-Cèbe, près de Béziers, ainsi que dans les vallées de la Somme et de l'Yonne, de campements spécialisés, les uns dans la taille, les autres dans le dépeçage. L'*erectus* nous aurait-il légué la division du travail ? On a même mis au jour, à Nice, l'emplacement d'un ancien campement *erectus* comprenant des huttes et les traces de foyers qui permettaient de cuire les aliments et de se chauffer.

L'homme dit de Neandertal, qui n'est que le produit d'une classification de confort, serait le descendant de l'*erectus*, alors que l'*homo sapiens*, notre vrai ancêtre, ferait partie d'une nouvelle fournée venue d'Afrique en passant par le Proche-Orient. Parti en promenade il y a 100 000 ans, il serait parvenu en Périgord il y a quelque 35 000 ans. Ce n'est pas qu'il marchait lentement, mais il s'arrêtait souvent. Tout cela est évidemment discutable. Les classifications rompent ou désarticulent artificiellement les continuités et minimisent les processus de fusion et d'interpénétration. L'homme de Fontéchevade, découvert en Charente, est étiqueté néandertalien, mais ressemble fort à l'*homo sapiens*. Comme l'homme de Steinheim (Allemagne), qui se situe entre les deux. (Des squelettes exhumés en Palestine semblent faire la synthèse entre les deux formes et malaxer, en quelque sorte, les deux caractères.)

Toujours est-il que ce présumé « homme de Neandertal », solidement installé dans nos contrées, il y a quelque 300 000 ans, râblé, robuste, musclé, très adapté aux grands froids, doté, le bougre, d'une capacité crânienne presque suffisante pour en faire un énarque et possiblement apte à un langage articulé, nous a laissé, ici et là, des séquelles de vide-greniers qui lui font honneur. Ainsi, à Arcy-sur-Cure, dans l'Yonne, ces pendeloques en dents de renard, ces colliers constitués d'anneaux d'os, ces poussières d'ocre rouge qui témoignent d'une pratique de la peinture sans doute corporelle, ces ossements d'oiseaux agrémentés d'encoches qui paraissent figurer une sorte de comptabilité. On a dégagé également – rapporte Jean-Paul Demoule, spécialiste de l'archéologie préventive (préliminaire à des grands travaux d'infrastructure) –, à Poitiers, au lieu dit « La Folie », un abri circulaire datant de 60 000 ans, entouré d'une palissade calée par de grosses pierres, dans lequel furent distinguées des zones de travail du silex, du bois, du cuir et des végétaux. À Bergerac, au lieu dit – et c'est, en soi, un poème – « Doline de Cantalouette », on a repéré une entreprise de taille de silex à partir d'éclats, ce qui suppose une première sophistication ; de même que, à Saint-Amand-les-Eaux, un atelier apparemment spécialisé dans les bifaces.

Pourquoi les néandertaliens, dont on a beaucoup dit qu'ils enterraient et honoraient leurs morts, ont-ils disparu ? Ont-ils été remplacés – lente extinction, extermination, donc génocide ? – par les *sapiens* venus d'Orient ? Je n'en crois rien. Pas plus que les Celtes ne se sont, place pour place, substitués aux Ligures. Les supposés néandertaliens, morphologiquement bâtis pour les grands froids, en conséquence de moins en moins adaptés au changement de climat, ont évolué, peut-être dépéri, mais se sont également peu à peu fondus – car l'hybridation, ou métissage, s'est révélée possible et la cohabitation avec le *sapiens* s'est étalée sur plusieurs millénaires – dans des populations issues, non pas d'une grande et brutale migration, mais de petites migrations continues témoignant elles-mêmes d'une évolution morphologique adaptative des migrants. Lesquels bénéficiaient d'une démographie plus forte que les néandertaliens grâce à une technologie plus performante qui les fit, en particulier, profiter d'un armement (armes à traits) plus efficace.

De même qu'il n'y avait pas un type stable de néandertalien, il n'y eut pas un seul type stable de *sapiens*. Le Cro-Magnon, dont le squelette a été découvert en Dordogne, puis ailleurs, est différent (nettement plus petit) du Chancelade (trouvé dans ce village situé lui aussi en Dordogne) et du Grimaldi (repéré dans une grotte des Alpes-Maritimes), aux traits plus négroïdes. Quant à l'homme de Combe-Capelle, classé *sapiens*, il est très proche de l'homme de La Chapelle-aux-Saints (Corrèze), classé néandertalien. Je n'affirme évidemment rien, je conjecture tout haut.

La continuité est illustrée par le dégagement, à Bergerac, sur le lieu où s'étaient déjà installés des néandertaliens, d'une fabrique, conçue par les *homo sapiens*, spécialisée dans les pointes de silex, les flèches ou les lances, de grande qualité.

C'est à ces populations de chasseurs-cueilleurs, nos ancêtres officiels, que l'on doit les peintures rupestres, témoignages d'un art déjà confirmé, dont on ne sait si l'éblouissante qualité artistique était conscientisée, mais qui atteste une étonnante capacité à évoquer, à traduire, sinon à conceptualiser la dynamique du mouvement. Non seulement celles de Lascaux (– 15 000), où ne figurent ni mammouths ni rennes, et de la grotte Chauvet (dont la datation me paraît un peu contestable), mais également celles ou apparaissent des représentations de visages (Margot en Mayenne, Cussac en Dordogne) ou de silhouettes féminines très sexuées – ce qui prouve, comme le remarque fort justement Jean-Paul Demoule, que ce sont les hommes qui peignent et enferment la femme dans un rôle que définissent sa sexualité et la maternité. Invention du Français machiste ?

C'est à un nouveau saut technologique que l'on assiste, entre 15 000 et 9 500 ans (avant Jésus-Christ), à l'époque dite magdalénienne : apparition de grattoirs, perçoirs, burins, poinçons, sagaies, propulseurs, harpons, aiguilles à chas, pièges, motifs animaliers gravés sur os, bracelets, peignes. Le contraste entre la finesse et la complexité inventive auxquelles sont parvenus les artistes-artisans de cette époque et la médiocrité malhabile et fruste des productions postérieures justifierait, non seulement une recherche des causes de cette spectaculaire rétrogradation, mais également une étude spécifique des phénomènes régressifs ; il y en aura d'autres jusqu'à celui, long de près de cinq siècles, qui suivra l'effondrement de l'Empire romain et la conquête franque.

Est-ce à de nouveaux migrants ou colons venus du Moyen-Orient que l'on doit, à partir de 6 000 ans avant Jésus-Christ, ce qu'on a baptisé improprement la « révolution néolithique » ? Nouveau mythe.

Et à quels migrants, dans ce cas, le Proche-Orient dut-il sa propre révolution néolithique, initiée quatre millénaires plus tôt ?

Il est vrai, en revanche, que des incursions de colporteurs de technologies nouvelles, venus des rives et des îles méditerranéennes, certains avec des spécimens, sinon des catalogues, comme des voyageurs de commerce, ont déclenché un processus qui déboucha sur la plus radicale mutation de l'histoire humaine.

Certains se sont complu à associer la révolution néolithique, marquée par une sédentarisation, une pré-urbanisation (on vient même de découvrir, en Bulgarie, l'esquisse d'une ville) et une hiérarchisation sociale, à l'explosion des inégalités et des violences, aussi bien communautaires que sociales. Mythe d'une pureté originelle – le bon sauvage – que vient flétrir la civilisation. La généralisation de la propriété privée, l'inique répartition de son produit et le nécessaire recours, pour les perpétuer, à une oppression d'État en constitueraient la cause principale. Assertion discutable. Les preuves abondent d'une insécurisation antérieure, suscitée par des accès de violence qui ne sont sans doute pas pour rien dans les processus régressifs relevés plus haut. Au demeurant, ce qui exacerba le recours à la violence, ce fut moins, dans nos contrées, la sédentarisation que le développement, il y a 2 800 ans, de la métallurgie et donc des armes de fer.

La hiérarchisation et la violence existent chez les animaux, comme la tendance à l'appropriation privée, y compris d'un territoire, et les premiers hominidés en furent les héritiers. Simplement, le loup n'est pas un loup pour le loup, en ce sens que les animaux ne s'exterminent pas à l'issue de guerres intestines. Cet interdit a été génétiquement sélectionné et intégré comme constituant un impératif de survie de l'espèce. Si les loups massacraient les loups, intellectuellement incapables qu'ils sont de négocier des traités de paix, ils ne pourraient pas s'arrêter. Or, l'intelligence acquise par les humains, qui leur a permis de se libérer des contraintes biologiques collectives en leur donnant la faculté de faire la paix, leur a, du coup, laissé le choix de se faire la guerre. On peut le dire autrement : l'homme tue l'homme parce qu'il a pu, également, élaborer une morale qui lui interdit de tuer l'homme. Le loup est programmé pour ne pas tuer, parce qu'il ne dispose d'aucune morale qui, sans cela, l'empêcherait de tuer le loup. Ce pourquoi la violence en interne, guerre y compris, est inhérente au processus d'hominisation. (J'ai développé ce thème dans *Moi, l'autre et le loup*.) Ce processus-là aussi contribua à notre invention.

Cette « révolution néolithique », dont nous allons examiner la radicalité dans le chapitre suivant, ne prit jamais la forme d'une rupture, mais s'inscrivit dans une continuité.

Ainsi, avant de domestiquer l'auroch ou le sanglier, pour les transformer en vaches et en cochons, les chasseurs-cueilleurs commencèrent par précipiter la mutation des loups en chiens domestiques pour s'en faire des auxiliaires de chasse. De même, les premiers villages (on en a un exemple spectaculaire à Chypre) rassemblaient quelques huttes rondes en dur et ce n'est que progressivement que s'imposèrent les maisons rectangulaires en bois et en terre, ce qui permit leur agrandissement.

La nouveauté fondamentale fut l'émergence de grands cultes collectifs – à partir, probablement, de l'adoration du soleil comme à Carnac – qui précipitèrent une radicalisation des hiérarchisations autour des grands prêtres. En témoigne l'apparition, dans certaines tombes, de pièces d'apparat ostentatoires. « L'archéologie, souligne Jean Guilaine dans son ouvrage *Caïn, Abel, Ötzi. L'héritage néolithique*, observe que les dominants néolithiques ont recours à toutes sortes de subterfuges pour asseoir leur position : usage d'attributs spécifiques – sceptres, diadèmes, armes et haches d'apparat – pour mettre de la distance avec la population. Les maîtres du pouvoir ont toujours été tentés de conforter leur position en la plaçant sous la protection du religieux, du sacro-saint, de l'intouchable. L'une des voies vers le pouvoir consiste à subjuguer, à frapper les esprits en montrant la différence de nature entre le dirigeant et le commun. »

Ce qui apparaît à l'époque néolithique, c'est la structuration du pouvoir, sa maîtrise de la force et la normalisation de sa nature oppressive par le biais de la religion. D'où, en retour, le tremblement de terre social par quoi se terminera, avant de rebondir, cette stupéfiante aventure civilisationnelle.

Chapitre 2

Le miracle néolithique

Dans un petit ouvrage consacré aux alignements de Carnac, deux spécialistes de la préhistoire de la région, Christine Boujot et Emmanuelle Vigier, écrivent : « Tous ces mégalithes racontent l'histoire des hommes. Des premiers paysans qui travaillent la terre, qui bâtissent, construisent, des architectes qui rêvent, imaginent et dessinent des espaces, des carriers qui extraient, des tailleurs qui façonnent les pierres, des orfèvres qui les polissent, des artistes qui les gravent, des convoyeurs qui apportent des matériaux sur le chantier, des maçons qui construisent les murs, ceux qui indiquent la position de chaque pierre dans la composition d'ensemble, le contremaître qui coordonne les activités sur les chantiers, les ouvriers, les comptables… »

Si nous oublions un instant le terme « mégalithe », peu en usage chez Bouygues ou Vinci, cette description ne correspond-elle pas à l'activité, multiforme, multiprofessionnelle, que l'on recense sur un chantier de BTP français d'aujourd'hui ?

Or, cette prodigieuse activité démiurgique, mobilisant des dizaines de métiers différents, nécessitant une organisation extrêmement sophistiquée, planifiée, rationnelle, impliquant des méthodes de transport qui permettaient de véhiculer des masses de plusieurs tonnes sur parfois des centaines de kilomètres, ce jaillissement inouï se déroule autour de 4 000 à 3 000 ans avant Jésus-Christ, il y a 5 000 à 6 000 ans, cinq fois la distance qui nous sépare d'Hugues Capet – période dont, soit dit en passant, il ne reste pratiquement aucun témoignage.

Évoquant les bijoux trouvés dans les tombes, plus anciennes encore, couvertes par les tumuli, nos auteurs ajoutent : « Au Ve millénaire, de hauts personnages éprouvent la nécessité d'afficher leur statut. Leur choix se porte sur des objets et des matériaux présentant trois qualités essentielles : la rareté, la durabilité et la splendeur. Ce sont les jades alpins (jadéitite), éclogites, néphrites, serpentinites, des variscites provenant d'Espagne et du Portugal, ou encore les fibrolites dont on pressent l'origine ibérique. La provenance lointaine, et donc le caractère exotique de ces matériaux, a pu être mise en évidence grâce aux récents résultats de la recherche. Leur diffusion – jusqu'à 1 700 kilomètres en Europe occidentale pour le jade alpin – prenait sans doute la forme de trocs successifs entre élites. Ces roches de très grandes résistances, pour la plupart de couleur verte, ne révèlent leur éclat qu'au prix d'un polissage long et soigné nécessitant un énorme surcoût de travail se décomptant pour certaines en milliers d'heures. »

Selon nos auteurs, ces matériaux rares étaient échangés contre ce qui faisait la fortune de cette région : le sel, qui permettait la conservation des aliments. Thèse séduisante. Là encore, beaucoup de lois de l'économie moderne – le coût, la demande et la valeur d'échange étant déterminés par la rareté et l'apparence – sont anticipées par cette forme de marché du luxe. La « loi de la valeur » de Ricardo (et de Marx dans son sillage) s'y applique, puisque l'exceptionnalité de ces objets est fonction du travail qu'on investit pour les produire.

Que trouvons-nous dans cet exemple ? La hiérarchisation sociale par la parure ostentatoire, la survalorisation des phénomènes de mode et l'importance de l'exotisme dans l'attrait des produits d'importation. Naissance du Français et de la Française !

Nous aurions fort bien pu, dans ce livre, faire l'impasse sur la ou les religions des premiers Gaulois et sur la métaphysique druidique. Malgré Astérix, on jure assez peu, ces temps-ci, sur Toutatis, et les méthodes que privilégiaient nos ancêtres pour procéder à des sacrifices humains sont de moins en moins fréquemment employées.

En revanche, ce que nous révèlent les recherches autour du site de Carnac, c'est à quel point il serait artificiel de considérer que l'émergence du Français commence avec l'émergence du Gaulois.

Les dresseurs de mégalithes de Carnac (on n'ose pas dire d'obélisques, bien que les soldats bretons de Bonaparte aient baptisé Carnac « les ruines de Thèbes », parce que les obélisques enfouis dans le sable leur rappelaient les mégalithes), ces bandeurs de phallus de pierre, donc, n'étaient pas gaulois, leur épopée datant de 2 500 ans au moins avant l'implantation des Celtes à Saint-Flour et à Massy-Palaiseau, mais leur « modernité », comme on dit, nous « interpelle » plus que les cueillettes de gui par des mages en blouse blanche armés de faucilles d'or.

Nos ancêtres du golfe du Morbihan, qui avaient particulièrement bien choisi leur lieu de villégiature et de culte, étaient aussi peu celto-gaulois que leurs prédécesseurs de Jéricho en Palestine, mais n'en illustraient pas moins de façon spectaculaire l'immense, la radicale, la fantastique révolution néolithique.

L'expression « révolution néolithique » est éloquente : en 3 000 ans, la société humaine changea plus radicalement qu'en 400 000 ans. Mais elle est trompeuse. « Une image, rien de plus » note avec raison Jean Guilaine, l'un des meilleurs spécialistes de la question, dans sa leçon de clôture au Collège de France. En fait, « cette autotransformation qui allait ouvrir toutes grandes les portes de la ville, de l'écriture, de l'État », mais aussi contribuer à « construire des sociétés pyramidales, intégrées dans un système souvent coercitif », cette dynamique autoréalisatrice qui s'étira sur plusieurs millénaires, fut « lente, progressive et insidieuse ».

Ainsi, alors que le premier néolithique s'était construit autour de la production et de l'accumulation alimentaire (domestication, élevage, sélection des plantes et des grains), c'est dans une seconde phase, vers 3000 avant Jésus-Christ, que le processus se technicisa avec l'apparition du joug, de l'attelage des bœufs, de l'araire, du domptage du cheval et de l'âne, du chariot à deux et quatre roues, du passage de la roue pleine à la roue à rayons, de la métallurgie du cuivre, du travail de l'or et de l'argent, de la fabrication de tissus de laine, tandis que les premiers villages, regroupant quelques maisons rondes, se développaient, se protégeaient d'enceintes, et que des sépultures géantes témoignaient d'une exacerbation des hiérarchisations sociales.

Rien, absolument rien, n'a plus profondément contribué à nous faire ce que nous sommes, à nous faire vivre comme nous vivons, à façonner notre environnement, à déterminer notre alimentation, à dessiner notre habitat, à initier notre industrie, à orienter notre culture, que la pseudo-révolution néolithique.

Tout commence par des légumes. Les chasseurs-cueilleurs du mésolithique sont comme les preneurs de la Bastille : ils ne sont sans doute pas conscients qu'ils changent tout quand ils deviennent jardiniers et qu'ils s'essaient à la culture des pois ou des lentilles. Mais la domestication va suivre, avec la chèvre comme cobaye. Du loup, on a déjà fait un chien ; du sanglier, un cochon sauvage qui se répand partout en liberté. Les aurochs, devenus vaches, rapetissent.

Nous ne sommes pas les initiateurs : on a fait venir les premiers spécimens du Proche-Orient, qui a pris quelque 3 000 années d'avance. Ce qui indique un certain niveau atteint par la navigation. Les Méditerranéens du Sud qui, dès le VIIe millénaire, peuplent les îles, dont la Corse, débarquent avec animaux et plantes. Le mouton, sorte de mouflon d'abord déficitaire côté laine, va peu à peu fournir de quoi tricoter nos futurs pulls à col roulé. Avec la vache et la chèvre domestiquées, outre le steak, sans les frites, la maîtrise du lait va permettre de confectionner les premiers vagues fromages. On taille des haches de pierre et de silex grâce auxquelles on abat des arbres, on grignote la forêt par le brûlis, on transforme le paysage. On dégage des champs, qu'on enclot de murs et de talus. On sélectionne des plantes naturelles, des grains, et voilà le blé, le blé dur, le blé tendre, l'orge, l'avoine, bientôt le seigle. On broie le grain sous des meules. La farine est là. On emploie des houes de bois dur ou de pierre polie, bientôt on laboure à l'araire et on utilise pour ce faire la traction animale (des gravures découvertes dans les Alpes-Maritimes et datant de ces lointains millénaires montrent une paire de bœufs tirant un araire). On fauche à l'aide d'une faucille constituée de plusieurs lames de silex fixées dans un manche de bois. On creuse dans le sol des silos recouverts d'argile durcie au feu. On emploie le sel pour la conservation. On cultive les plantes à huile, l'olivier, mais aussi le lin, dont la fibre va rapidement servir à la confection de textiles. On abandonne les habitats temporaires pour des huttes en plaine. Puis apparaissent des maisons de bois rectangulaires avec toit à double pente, soutenu par des poteaux joints par des branchages entrelacés et colmatés d'argile. Certaines s'entourent de palissades. Alignées côte à côte, elles forment des hameaux. On coud, avec des aiguilles, un tissu de façon non uniforme. On opère, on procède à des trépanations à l'aide de lames de silex. Bientôt surgissent de premiers mini-châteaux, ceints de murailles et de fossés, juchés sur des promontoires ou cernés par une rivière.

On a mis au jour, dans le Midi, les restes d'un village d'une vingtaine de maisons étayées en pierres sèches. Parfois, comme en Périgord, elles sont regroupées autour d'une place centrale. Ailleurs, il s'agit de cases toutes construites sur le même modèle selon un plan. On pave des chemins avec des galets.

On ne sait rien des meubles, mais on a retrouvé la vaisselle : vases, assiettes, écuelles, coupes, céramiques.

Cette prise de contrôle sur les animaux et les plantes – les écologistes n'auraient pas aimé – provoque un véritable boom dans l'alimentation, et fait exploser la démographie. On passe sans doute, en Europe, de quelques dizaines de milliers à deux millions d'habitants. Conçoit-on les gains de productivité que représentent l'apport de la roue, la domestication du cheval, la traction animale, l'apparition des outils de labour, les possibilités de conservation…

Tout est là : la ferme, telle qu'elle subsistera chez nous jusqu'en 1914, la propriété, de plus en plus inégalitaire, le commerce, l'échange, l'artisanat, la pré-industrie, la stratification sociale, la différenciation sociétale de plus en plus affirmée entre l'homme, porteur des armes, assumant les fonctions guerrières, et la femme, de plus en plus dévolue à son rôle domestique.

C'est même à une esquisse de mondialisation, à travers les phénomènes de mode, que l'on assiste. C'est encore Jean Guilaine qui relève qu'au cours des IIIe et IIe millénaires se manifestent des phases de repli régional, mais aussitôt suivies par des périodes d'expansion uniformatrice. Ainsi, sans doute en lien avec la diffusion de la bière et des alcools, prolifèrent des formes de gobelets et de pichets très différenciées selon les cultures locales. Puis, bientôt, un type de vase campaniforme standardisé se répand sur tout le territoire européen, le même modèle de récipient partout.

Logiquement, tandis que vous lisez ces lignes, une interrogation devrait vous tarauder : cela se passe quand et où ? En France. Mais où en France et quand ? Là réside le fond du problème. Outre qu'il n'y a pas de France, pas de Gaule, il n'y a pas vraiment de « quand », et il n'y a pas vraiment de « où ». La révolution néolithique commence au Proche-Orient, en particulier dans la vallée de l'Euphrate et dans la région de Jéricho, en Palestine, vers 9000 avant Jésus-Christ, et ne prend de l'ampleur dans nos contrées que vers 4000, c'est-à-dire avec 5 000 ans de retard.

Mais « dans nos contrées », cela ne signifie pas grand-chose. Quand la révolution néolithique atteint son paroxysme dans le golfe du Morbihan, d'autres régions qui constitueront la Gaule sont à peine sorties du paléolithique. Dans le golfe du Morbihan, on estime à vingt au kilomètre carré le nombre d'habitants à cette époque. Ailleurs, de cinq à dix. Dans beaucoup d'endroits, moins de trois.

Les mutations qu'une partie de la Gaule intérieure connaîtra en 400 avant Jésus-Christ, les îles Britanniques les vivront en 50 après Jésus-Christ.

Il n'y a pas, en ces temps, de délimitation possible de l'espace et du temps. Tout est artificiel : une reconstitution après coup pour des raisons de confort intellectuel. La France ne commence pas, le Français non plus. Il suffit de labourer la Corrèze ou le Périgord pour découvrir, de l'aurignacien (de 33000 à 20000 avant Jésus-Christ) au néolithique (qui se termine en – 2000), en passant par le solutréen (– 20000) ou le magdalénien (– 17000), absolument tous les stades et strates de cette évolution, jusqu'à l'arrivée des peuplades dites « gauloises », les Lémovices qui donnèrent leur nom au Limousin (et dont l'un des chefs, Sedullos, sera tué devant Alésia).

Révolution néolithique ? Mais quand – révolution dans la révolution – apparaît le cuivre, et que, outre des ornements et des bijoux, on s'avise qu'on peut utiliser ce métal pour confectionner des outils, des ustensiles et des armes, savez-vous ce qui se passe ?

C'est classique : ceux qui vivaient de l'économie de la pierre taillée déploient une telle résistance à cette innovation pour préserver leur gagne-pain que, dans des régions entières, on restera à l'ère du silex quand ailleurs on sera passé à l'économie du métal.

C'est, en effet, un véritable pré-capitalisme qui s'était organisé autour de la pierre taillée. D'énormes fabriques regroupaient une main-d'œuvre de plusieurs milliers d'individus, enfants compris, esclaves peut-être ; elles produisaient, parfois en série, haches, couteaux, racloirs, faux, faucilles, épées, massues et autres instruments en silex affûtés ou pierres polies, et exportaient ces marchandises jusqu'à des contrées distantes de 1 000 à 2 000 kilomètres. On peut, par conséquent, imaginer les pressions des industriels de la pierre taillée et des exploitants de carrières de silex pour éloigner, neutraliser, le risque d'une concurrence qui allait fatalement saper leur assise économique et donc sociale. Et aussi l'action de ligues d'employés – on n'ose pas dire de syndicats – désireux de préserver coûte que coûte leur emploi.

On imagine d'ici les arguties de tous ceux qui démontraient la supériorité des outils en silex – lesquels avaient effectivement atteint une grande perfection, notamment en matière de finesse et de tranchant – sur les outils de cuivre, plus onéreux, trop dépendants des marchés extérieurs, et patati, et patata…

La civilisation dite de « Seine, Oise, Marne » traversa, par exemple, toute la période dite « chalcolithique » (qui n'existe évidemment que dans les têtes des classificateurs) sans modifier d'un poil son outillage et son mode de vie.

La préhistoire, contrairement aux apparences, a une histoire, la même qu'aujourd'hui, structurellement parlant, mais cette histoire n'étant pas relatable, chantable, déployable dans un temps court et précis, cette histoire, donc, est sans histoire. Faute d'historiens. En fonction de quoi l'on appréhende, comme s'il s'agissait de blocs, des séquences totalement différenciées et dans le temps et dans l'espace. Un millier d'années, sinon plus (dans nos propres contrées), ont pu séparer l'accès de tel territoire ou de tel autre à la civilisation du cuivre ; certaines régions ont même utilisé le cuivre pour confectionner des objets de parure, mais ont conservé le silex pour l'outillage. Et un phénomène semblable a été constaté s'agissant de la civilisation du bronze, qui s'est développée beaucoup plus tardivement à l'Ouest qu'à l'Est.

Ce que l'irruption du bronze, dans tel ou tel lieu, va entraîner, c'est la conception des moules, et donc la production en gros et en série d'outils, telles des haches, conçus tous sur le même modèle. Saut de productivité et apparition concomitante des problèmes de compétitivité.

Comment douter qu'on s'alarma, dès cette époque, de la menace que cette production à la chaîne faisait peser sur l'artisanat ? Avec quel mépris certains artistes du travail de la pierre, de l'ivoire, du bois de cerf, de l'ambre, devaient-ils juger cet envahissement d'objets grossiers qui sacrifiaient à de déplorables effets de mode !

Avec la production en série, l'uniformisation, la recherche de productivité et de compétitivité, les économies d'échelle, le dopage de la demande par l'effet du snobisme, la crise des productions locales sous la pression de la concurrence extérieure, les traumatismes sociaux que ces radicales mutations suscitaient, les réactions esthétisantes à certains effets des chocs technologiques, ne se trouve-t-on pas confronté au début de l'accouchement de ce que nous sommes devenus ? Quand, en revanche, le glissement des Volques Tectosages vers le Sud ou de nos congénères boïens vers la Bohême n'y a pas changé grand-chose.

Le monde changeait-il, au demeurant, que d'immenses espaces restaient, pendant des temps très longs, totalement en dehors de ces évolutions. L'or s'imposait ici, parfois avant le cuivre, et était ignoré là. Mais, en même temps, sur certains axes, les innovations se répandaient très vite grâce, par exemple, à des déplacements de fondeurs ambulants.

La façon dont nous avons synthétisé, et compacté pour la décrire, la révolution néolithique est juste. Et, en même temps, elle est fausse. Radicalement irréelle. Ce ne fut nullement un jaillissement, comme cette prise de la Bastille qui déboucha sur ces cinq années qui firent basculer le pays dans le monde moderne, mais une lente et progressive métamorphose, qui avait été préparée, ensemencée, par son avant, qui sera stabilisée et complexifiée par son après, et dont tel moment peut fort bien avoir été postérieur de 2 500 ans à tel autre, c'est-à-dire séparé par un espace-temps correspondant à celui qui sépare la prise de Rome par Brennus ou le franchissement des Alpes par Hannibal de la présidence de François Hollande.

D'où cette évidence : aucun début ne tient, ni dans l'espace ni dans le temps. Il n'y a pas de réponse possible à la question du « quand » et du « où ». Ni d'ailleurs à la question du « quoi », qui implique qu'on sache « quand » et « où ».

Il n'y a de début à rien, mais une continuité de tout. Une fluidité qui se rit des concrétions. Il y a encore moins de rigidification possible du « quelque part ». Jéricho eut

4 000 ans d'avance sur Rome. Mais c'est Rome qui fit du pays de Jéricho sa province.

La chute d'Alésia a-t-elle contribué à la détermination de notre destin de Français ? Peut-être. On peut tout aussi bien prétendre que, non pas la maîtrise et la garde du feu en soi, mais ce moment où, versant de la graisse dans un petit récipient de terre cuite, on parvint à maintenir et à trimbaler une flamme jusque dans les grottes sombres et à en éclairer les parois, le moment également où l'on arracha à l'animal chassé un morceau de viande que l'on fit griller, que ces deux moments (l'un qui permit le dessin, l'autre la cuisine ; l'un l'art, l'autre la gastronomie ; l'un Monet et nos peintres du dimanche, l'autre Escoffier et le barbecue du samedi soir) participèrent puissamment à l'émergence de notre actuelle personnalité.

Chapitre 3

Coucou, voilà les Celtes !

Les remarques du chapitre précédent valent particulièrement pour le mystère qui pèse sur l'origine de ces supposés ancêtres que sont les présumés Celtes, qui se transformeront en présumés Gaulois.

Nul n'est capable de nous indiquer avec un minimum de crédibilité le « quand » – quand sont-ils arrivés ? –, le « pourquoi » – qu'est-ce qui les a mis en mouvement ? –, le « où » – d'où venaient-ils, où s'installèrent-ils ? –, le « quoi » – qui étaient-ils très exactement ?

En vérité, la réponse est impossible, car le « quand » et le « où » sont presque infiniment extensibles, le « pourquoi » est confus et le « quoi » est indéfinissable.

D'où des théories aussi intéressantes qu'éphémères. D'un côté, Camille Jullian décrit une Gaule presque entièrement peuplée de « Ligures » avant que des Celtes ne les subjuguent (« nos ancêtres les Ligures », ou « les Ibères », ou « les Ibéro-Ligures », en somme) ; de l'autre, Jules Michelet et Amédée Thierry décèlent chez les Gaulois deux cultures au moins, dont deux sensibilités profondément différentes selon qu'ils sont issus d'un premier rameau, les Galles, ou d'un second rameau celte plus tardif, les Kimris, de la même famille que les Cimbres.

Aujourd'hui, on s'avance moins, mais on divise la préhistoire celto-gauloise en plusieurs phases, à qui l'on a donné les noms de deux lieux où l'on a trouvé des sépultures censées témoigner de la succession de deux civilisations différemment caractérisées : celle de Hallstatt et celle de la Tène. On en reviendra comme du reste.

J'imagine que si une catastrophe atomique rayait Paris de la carte, dans 2 500 ans, on parlerait de la civilisation du Père-Lachaise. Ce qu'il est possible de conjecturer, c'est qu'il n'y a pas eu de recouvrement de la Gaule, plaque sur plaque, par une entité ethniquement homogène qui correspondrait à une identité clairement identifiable : les Celtes !

En 1200 avant Jésus-Christ environ est intervenu un événement, qualifié par Robert Drews de « catastrophe », et qui provoqua apparemment l'effondrement de toutes les grandes civilisations répertoriées : empire hittite, royaume mycénien, déliquescence de l'Égypte pharaonique, crise de la culture des Terramare dans la plaine du Pô et, d'une façon générale, de celles de toute l'Europe post-néolithique, notamment en Espagne.

On ne peut exclure que cet apparent désastre ait été la conséquence d'une crise climatique, de révolutions sociales et d'un vaste glissement migratoire du Nord et de l'Est vers le Sud. C'est à ce moment qu'apparaissent le conglomérat scythe, à l'Est, et, au centre de l'Europe, un bloc protoceltique qui se caractérise en particulier par la civilisation dite des « Champs d'urnes ». La « celtisation » serait alors, en quelque sorte, l'une des causes et l'une des conséquences de la catastrophe.

Contrairement à ce que feignaient de croire les Athéniens, leurs compatriotes n'avaient pas tous poussé dans leur propre champ. Plus on remonte dans le temps, plus l'essentiel d'une population a des chances d'être venue d'ailleurs. Y compris les Ligures et les Ibères. Ceux qu'on appelle les autochtones ne sont souvent que les héritiers des migrations précédentes.

Ainsi, si l'on veut comprendre et décrire le maelstrom qui bouleversa la Gaule aux IVe et Ve siècles, après Jésus-Christ cette fois, il faut se garder de deux idées fausses : celle d'une immense submersion et celle d'une stabilité entre deux vagues. Les « barbares », comme on les qualifiait, ne recouvrirent jamais les régions où ils s'établirent, comme le prouve le petit nombre de Wisigoths dans le Sud-Est un siècle après qu'ils en eurent pris le contrôle. Mais les centaines de bandes qui s'engagèrent dans le pays, certaines en errance, d'autres en chasse, quelques-unes en cantonnement comme « auxiliaires », d'aucunes, enfin, appelées et installées par la puissance romaine qui les fixa, toutes firent plus ou moins souche. Ce qui au premier coup d'œil n'apparaît pas – ou peu –, puisque ces « allogènes » devinrent peu à peu des indigènes en adoptant les patronymes du cru. Un Alaman, un Suève ou même un Gépide en vadrouille, établis près d'un pont ou d'un puits, ont fort bien pu finir par s'appeler Dupont ou Dupuis.

Donc, des Celtes identifiés, parce qu'identifiables, ne se déversèrent pas, en une immense vague, sur un territoire qu'ils recouvrirent en en faisant la Gaule... C'est progressivement, lentement, par touches successives, groupe après groupe, presque sans répit, que s'opéra un glissement du Nord et de l'Est vers le Sud. Quelques clans, regroupés en tribus, décidaient d'émigrer, parfois en réaction à des difficultés (ou, pis, à des catastrophes) géologiques ou climatiques. Ces tribus, au passage, en ratissaient et en intégraient d'autres, entraînant dans leur sillage des autochtones plus ou moins issus d'une migration antérieure, grossissaient puis se scindaient, s'arrêtant là, faisant souche ici, bifurquaient, revenaient parfois en arrière, fuyaient éventuellement la migration suivante, reprenaient leur progression, aggloméraient de nouveaux arrivants, fusionnaient avec les anciens, s'affirmaient comme peuple, formaient une nation, ces peuples à leur tour se divisaient, ces nations explosaient ou tombaient sous la dépendance d'une autre.

Il n'y eut pas deux rameaux – cette thèse ne tient pas –, mais une infinité de rameaux enchevêtrés qui s'entremêlèrent à d'autres rameaux enchevêtrés. En revanche, comme la succession continue de ces flux s'étala sur des siècles et des siècles, il est possible qu'une culture ait fédéré, dans un premier temps, la confluence hétérogène de toutes ces composantes et que, ensuite, une autre culture ait cimenté la convergence d'autres flux tout aussi hétérogènes.

Et, alors, on aura l'illusion de deux peuples.

Il y a, lorsqu'on remonte le temps, toujours plus d'unité qu'on ne le reconnaît (les Germains et les Gaulois sont issus du même tronc, ils parlèrent longtemps une langue très proche et il est difficile d'établir, dans la plupart des cas, quels sont les plus intrinsèquement celtes des deux), mais, lorsqu'on redescend le temps, il y a toujours infiniment plus de fluidité et de dilatation qu'on ne l'admet. La vérité se situe quelque part entre ces deux assertions. La première : les Celtes représentent une immense totalité homogène qui a recouvert presque toute l'Europe et dont les Gaulois ne sont qu'une branche. La seconde : les Celtes ne sont rien d'autre qu'une vague appellation qui ne rend nullement compte de l'hétérogénéité et de la diversité des peuples gaulois.

L'archéologue Alain Ferdière, qui a consacré un ouvrage intelligemment synthétique à la Gaule, a raison de montrer que l'on a eu tendance à percevoir comme de nouvelles invasions, comme des arrivées massives de nouvelles populations, ce qui correspondait à de simples mutations, peut-être sous l'effet d'une innovation technologique, au sein d'une société à simple dominante culturelle celtique.

En définitive, c'est quoi, le Celte ? C'est le nom que, à un certain moment, les Grecs ont donné aux « autres », à ceux, au Nord, qui n'ont pas encore de nom, dont on voit bien qu'ils sont d'« ailleurs », d'au-delà de la « civilisation », mais sans bien savoir pour autant qui ils sont, ni d'où ils viennent. *Keltoi* : quand Hérodote emploie ce mot, il désigne simplement les « barbares » qui peuplent les « contrées de là-bas ». Tribus, peuples, groupes de peuples, nations, civilisations ? En fait, il s'agit, dans la vision grecque, d'une vague civilisation que caractérisent un certain nombre de signes qui distinguent des « pas comme nous ». C'est la civilisation qui fait peuple. C'est ce que suggèrent fort pertinemment Jérôme France et Christine Delaplace dans l'ouvrage tout aussi synthétique qu'ils ont consacré au même sujet.

Au fond, les Grecs disent les Celtes comme on dit les Indiens, ou les Noirs d'Afrique. Comme on dit les Arabes. Il n'est pas absurde d'affirmer que tous les Indiens d'Amérique ont la même origine, mais il est totalement stupide de considérer qu'ils forment, de près ou de loin, un même peuple.

Du point de vue de la continuité historique, l'origine commune (à la limite, nous avons tous une origine commune) n'a pas de sens. C'est ce qui rend si fallacieuses les références au creuset indo-européen. Ce qu'on est devenu et ce qu'on devient, non seulement l'emporte sur le « d'où l'on vient », mais, à la longue, l'écrase.

Les Gaulois celtes et les Germains ont une origine commune, sont issus du même creuset, mais ce n'est pas cette unité ethnique qui a pesé sur leur histoire, c'est leur histoire qui a déterminé leurs divergences et donc leurs différences ethniques. Ou, plus exactement, civilisationnelles et par conséquent ethniques.

L'exemple des Arabes est encore plus frappant : il y a autant de différences entre un Languedocien et un Suédois qu'entre un Marocain, un Syrien, un Égyptien, un Soudanais et un Saoudien. C'est, dans le second cas, une révolution idéologique, initiée puis dopée par de petites minorités itinérantes, qui donna l'illusion de faire communauté, donc peuple.

Le même phénomène a sans doute contribué à une apparente « celtisation ». Avec ce correctif que les Arabes ont unifié et conservé leur unité civilisationnelle, alors que la lenteur du glissement celte vers le Sud a fait que la civilisation de l'avant-garde ne correspondait plus nécessairement à celle de l'arrière-garde. On ne sache pas que le druidisme ait sévi au Danemark ou en Bavière, deux territoires de l'espace celte supposé.

Invasions, migrations, mutations ? Succession et enchevêtrement des trois !

Ainsi, l'une des phases supposées d'une expansion celte en Gaule correspond à une révolution sociétale provoquée par l'apparition du fer. Mutation radicale qui, réduite à des trouvailles dans des sépultures, peut donner l'impression ambiguë de la substitution d'une civilisation à une autre. Une simple innovation technique ne peut-elle pas expliquer plutôt la présence, dans certaines tombes, de charrettes à quatre roues (en bois et en osier), puis, dans d'autres, du char à deux roues impliquant l'utilisation de métal, sans que cela prouve l'installation d'un peuple plus guerrier ?

Que signifie l'apparition du fer en Gaule ? Un formidable saut technologique. Naissance d'une métallurgie, introduction de l'outillage en fer, socs de charrue, faux, transformation de l'armement – la grande épée en fer s'impose –, développement de l'utilisation animale pour le travail de la terre. Parallèlement – comme si, en matière technologique, un saut qualitatif en entraînait un autre –, tout ce qui avait été esquissé à l'époque du néolithique, puis souligné et approfondi à l'âge de bronze, se stabilise, se généralise, se complexifie, s'optimise, s'affine.

Dans le domaine agricole, sélection des espèces, élevage, fumage des terres, rotation des cultures, mais aussi structures de stockage avec silos en terre, conteneurs en céramique, conservation à l'aide du sel, naissance de la charcuterie, amélioration de la fromagerie, nets progrès du travail de la peau, du textile, de la fourrure.

Cette accélération intervient entre le VIe et le IVe siècle. Or – et ce constat est absolument essentiel –, cette seconde révolution ne s'identifie pas à une métamorphose qui aurait nécessité une rupture. Au contraire : ce sont toutes les innovations qui se sont imposées au cours du néolithique, dans le cadre d'une civilisation du bois, de la pierre et du silex, que l'apparition du fer permet de maximiser, d'optimiser, de rendre plus efficientes et plus compétitives. La faux, la faucille, l'araire, la hache, le couteau, l'épée, la lance étaient là, la flèche aussi, mais le fer, loin de les nier, les affirme ; démultiplie leur utilité et leur fiabilité. Recomposition d'une invariance : le fer se substitue à la pierre pour la reproduction des mêmes objets.

Rien ne commence, rien ne s'arrête, tout se poursuit. Surtout : tout se mélange, converge et diverge, se scinde et fusionne. L'unité du produit d'une fusion est aussi artificielle que les radicales divergences qui résultent des diffusions.

Les indigènes allogènes ont commencé. Des sauts technologiques initient des mutations civilisationnelles qui deviennent le ciment unificateur de ce qui était précédemment dissemblable.

Est-ce à dire qu'il n'y eut pas d'invasions armées ? Il y en eut, certes, énormément. Raids de bandes plus que déferlantes. Mais, s'agissant de la spécificité des nations, il n'est pas sûr que ces apparentes conquêtes aient été aussi essentielles qu'on l'imagine. Les Wisigoths, les Burgondes, les Francs, glissent sans modifier en profondeur la nature de notre identité. Pour une part, les Celtes ont « glissé », sans doute, notamment en Aquitaine ou en Provence, en Midi-Pyrénées ou en Languedoc-Roussillon.

On me rétorquera qu'il y eut, au moins, une exception : l'invasion romaine. Mais, précisément, ce n'est pas une invasion. Outre que les Romains ont été appelés par les Gaulois, ils n'ont jamais réellement occupé la Gaule, tant leurs effectifs étaient en fin de compte réduits. Lors de l'insurrection de Civilis, que nous avons largement évoquée, pourquoi la Gaule profonde celte de l'intérieur a-t-elle été, un temps, libérée ? Parce que presque tous les effectifs romains étaient à la frontière sur le Rhin. Comme si, ailleurs, leur présence n'était pas nécessaire.

Il ne faut pas sous-estimer pour autant les traumatismes provoqués par certaines intrusions armées d'éléments extérieurs : le système féodal, finalement, fut une résultante de ces traumatismes.

Or, il semble bien – ce qui corroborerait la théorie de la « catastrophe » correspondant à l'expansion de la technologie du bronze – qu'on ait assisté, dans l'espace qui recouvre (partiellement) ce qui deviendra la Gaule, à des irruptions, intrusions ou effractions d'une extrême violence. Vers 1800 avant notre ère, des villages sont subitement délaissés. On a retrouvé des rangées de vases cassés le long des murs. Des objets précieux en cuivre sont abandonnés apparemment dans la panique. Des bourgs se fortifient. Dans l'Hérault, on a découvert la trace d'une bourgade qui se serait entourée de murailles flanquées de tours munies d'une poterne en chicane. Tout autour, on a relevé de nombreuses pointes de flèche. Obsession de la défense. Tout se passe comme si une civilisation s'effaçait, brutalement, devant une autre. On quitte le plat, la plaine, on s'installe sur les hauteurs. Toute incursion armée par la suite – et en particulier à partir du IVe siècle de notre ère – suscitera ce même type de réaction, de resserrement, non plus autour de riches propriétés foncières, mais dans le sillage des seigneurs de la guerre retranchés dans leurs nids d'aigle.

Les invasions ne changent pas les peuples. Elles les replient et les rétrécissent. Ce que nous sommes devenus doit peut-être ceci à nos dévastateurs : une propension au féodalisme de protection. L'émergence d'un identitarisme d'enfermement au détriment d'un résistancialisme de reconquête.

Résumons : il n'y a pas eu un immense peuple celte, ethniquement et culturellement homogène, qui a, en un élan irrésistible, envahi, submergé et, en quelque sorte, recouvert la Gaule. D'où, d'ailleurs, aurait-il surgi ?

Il n'y eut ni première, ni deuxième, ni troisième vague. Mais, à l'occasion d'une succession de catastrophes climatiques, géologiques, peut-être politiques ou guerrières, entraînant des troubles de toutes sortes, y compris sociaux, un déclenchement en série de poussées migratoires, de directions Nord-Sud et Est-Ouest, qui confluèrent en un enchevêtrement tourbillonnant, en un maelstrom au centre de l'Europe. C'est ce dont surgit, concomitamment à la révolution technique suscitée par l'apparition de la métallurgie du fer (mais cela s'étala sur mille ans), une civilisation synthétique et syncrétique que l'on baptisa « celtique ».

Ensuite, en un processus progressif et continu, à partir du VIIe siècle avant notre ère, plusieurs rameaux se détachèrent de ce bloc central et se répandirent, de plus en plus profondément, sur ce qui deviendra la Gaule, chaque rameau (ou groupe plus restreint) finissant, au terme de son errance, par se poser en tel ou tel lieu, se sédentariser, se constituer en petites principautés de type féodal, avant de s'élargir, d'intégrer d'autres arrivants pour faire peuple ou nation.

Ce glissement fut ininterrompu jusqu'au Ier siècle avant notre ère, des tribus installées dans le Nord ou dans la région parisienne se transportant vers le Centre comme les Sénons, ou vers le Sud comme les Volques. Chaque nouveau rameau, comme dans les îles Britanniques, rencontrait alors les descendants des anciens qui étaient devenus des autochtones. Ce n'est là que conjecture. Mais c'est, à partir de ce que l'on ignore, ce qui permet de mieux mettre en cohérence ce que l'on sait.

CHAPITRE 4

De quelques questions dérangeantes concernant les Gaulois

Quand on traite de la Révolution française, on est submergé par l'abondance des sources. Quand on traite des Gaules indépendantes et des Gaulois avant César, c'est-à-dire avant celui qui, en quelque sorte, inventa cette nation (sinon ses habitants), on est submergé par l'absence de sources. On ne sait pas grand-chose, du moins pas grand-chose de solidement établi, sur l'évolution de la Gaule celtique entre 600 et 100 avant Jésus-Christ.

Ce qui a pour conséquence logique qu'on consacre à ce pas grand-chose des livres énormes. Pour deux raisons évidentes : tout ce qu'on sait, on veut le mettre dans le livre ; et, plus il y a de vide, plus il y a de vide à remplir ou à combler.

Une fois qu'on a raconté la bataille de Valmy et décrit la colline et le moulin qui la surplombent, on a clos le sujet factuel. Mais quand on a étiré le scénario du siège d'Alésia, à partir d'une source unique, on peut toujours consacrer des pages et des pages supplémentaires à la controverse concernant le lieu exact où l'événement est censé s'être déroulé. On s'en abstiendra !

N'empêche que le trop-plein décourage les évasions, alors que le manque les favorise. S'agissant de la Révolution française, vous êtes contraints de réduire cinquante pages de comptes rendus en trente lignes. S'agissant de la Gaule celtique d'avant César, les plus talentueux exégètes n'ont pas hésité, comme Camille Jullian, à partir de dix lignes, à délirer brillamment sur cinquante pages.

Le problème, c'est qu'il s'agit de réintégrer dans l'Histoire une Gaule hors de l'Histoire. Parfois même, de faire l'Histoire de cette absence d'Histoire. Et le risque, c'est de basculer dans la mythologie. Mon propos n'est pas de ressusciter la Gaule d'avant, mais d'y déceler les germes de ce que nous pouvons considérer comme la Gaule d'après.

Ce qui ne va pas sans quelques difficultés. D'abord, en l'absence de sources écrites provenant des intéressés, et même, jusqu'au deuxième siècle avant notre ère, en l'absence de sources écrites tout court, on se trouve soumis à deux dépendances : celle des « on-dit » gréco-romains, la souris vue par le chat qui l'a avalée, l'Algérie d'avant 1830 dépeinte par les conquérants d'après 1830 ; et celle des théories successives élaborées au rythme de la violation savante des sépultures, les morts ayant parfois eu la sagesse de s'embarquer pour les enfers en emmenant avec eux toutes sortes d'ustensiles en guise de biscuits.

Vision forcément élitiste car, de tout temps, les palais pour défunts ont été mieux meublés que les HLM pour chers disparus. En l'occurrence, ce n'est pas le sous-terre qui rend le mieux compte du terre-à-terre.

Reste qu'une découverte comme celle de Hochdorf, qui révéla la dépouille d'un haut personnage agrémentée de ses plus beaux atours et de ses plus belles parures, reposant sur une manière de coffre entouré de ses armes, éléments de harnachement et décorations de char (comme à Vix), témoigne à la fois du caractère aristocratique des minuscules principautés à l'époque de l'âge de fer tardif, et de l'existence d'un vaste commerce à l'échelle européenne répondant aux exigences d'une minorité qui se réservait l'accès aux objets de luxe.

La deuxième difficulté tient à des apriorismes idéologiques et partisans d'autant plus prégnants que, faute de nombreuses données incontestables, un champ aussi libre que vaste est offert à l'élaboration de toutes les théories séduisantes, arrangeantes (c'est-à-dire qui confirment ce qu'on leur ordonne de confirmer) et satisfaisantes (propres à satisfaire l'idée qu'on se serait faite, de toute façon, même si rien ne l'avait satisfaite).

En d'autres termes, les cachotteries gauloises permettent de se faire plaisir. Ce que Napoléon III avait fort bien compris. Et les ethnologues nazis aussi. Le Gaulois est tellement muet que tout le monde peut parler à sa place. Les républicains l'ont annexé, les nationalistes l'ont empaillé. Les monarchistes l'avaient dissous.

De quel autre héros historique un sculpteur aurait-il pu inventer totalement le visage, celui de Vercingétorix par exemple, étant donné qu'on ne sait rien de ce visage ? Qu'il n'en a pas. Un stalinien l'aurait fait ressembler à Staline. Un fasciste, à Mussolini. C'est, d'ailleurs, ce qu'a fait l'artiste à qui Napoléon III avait commandé le monument de Clermont-Ferrand : il lui a fait la tête de Napoléon III jeune.

NOTRE ANCÊTRE À TOUTES LES SAUCES POLITIQUES

Dans la très remarquable préface à une nouvelle édition de l'œuvre mythique de Camille Jullian, Christian Goudineau (qui occupa la chaire des Antiquités nationales au Collège de France) montre lumineusement pourquoi, et de quelle façon, le Second Empire instrumentalisa, au profit bien compris de ses propres intérêts politico-idéologiques, une guerre des Gaules revisitée et mobilisa Vercingétorix à ces fins. Et comment l'opération fut encore amplifiée, après Sedan et la défaite de 1870, par les nationalistes, fussent-ils républicains.

Ce qu'il s'agissait de démontrer, c'est qu'il existait une « race » gauloise, anticipant l'avènement d'une « patrie » gauloise, et donc d'une nation française. C'est l'historien Henri Martin qui écrit, au début du XIXe siècle : « Le caractère gaulois a subsisté chez nous tous, comme leur sang a passé de génération en génération jusque dans nos veines. » Et ce caractère de la « race » gauloise, comme son physique, on n'hésite pas à le décrire très précisément.

Lisons ce grand précurseur de la « gaulitude » que fut Amédée Thierry (frère d'Augustin, autre historien des Gaulois et des Francs), auteur d'une remarquable *Histoire des Gaulois* : « Les traits saillants de la famille gauloise, ceux qui la différencient le plus à mon avis des autres familles humaines, peuvent se résumer ainsi : une bravoure personnelle que rien n'égale chez les peuples anciens, un esprit franc et impétueux, éminemment intelligent ; mais, à côté de cela, une mobilité extrême, une répugnance marquée aux idées de discipline et d'ordre si puissantes chez les races germaniques, beaucoup d'ostentation, enfin une désunion perpétuelle. Le moi individuel est trop développé chez les Gaulois, et chez les Germains il ne l'est pas assez. »

Dans le livre emblématique du nationalisme républicain, *Le Tour de la France par deux enfants*, paru en 1877, et qui eut une influence considérable sur plusieurs générations de jeunes âmes, le Gaulois est décrit de cette façon : « Nos ancêtres étaient grands et robustes, avec une peau blanche comme le lait, des yeux bleus et de longs cheveux blonds et roux qu'ils laissaient flotter sur leurs épaules. Ils estimaient avant toute chose le courage et la liberté. Ils se riaient de la mort. Leurs femmes, nos mères dans le passé, ne leur cédaient en rien pour le courage. »

Et les auteurs de glisser cette allusion très significative à une actualité récente (à leur époque) : « César réussit à enfermer Vercingétorix dans la ville d'Alésia. Alésia assiégée et cernée par les Romains, comme notre grand Paris l'a été de nos jours par les Prussiens, ne tarda pas à ressentir les horreurs de la famine. »

Alors cette question est posée aux enfants, dont il faut fortifier les sentiments patriotiques : « Laquelle voudriez-vous avoir en vous, de l'âme héroïque du jeune Gaulois [Vercingétorix] défenseur de vos ancêtres, ou de l'âme ambitieuse et insensible du conquérant romain ? »

Préférez-vous être pauvres et malades, ou riches et en bonne santé ? Ce qu'il faut bien comprendre, ici, c'est que le conquérant romain est une anticipation du conquérant prussien, et Jules César de l'empereur Guillaume. On retrouve d'ailleurs, y compris sous la plume de Jullian, cette idée : « La France, comme hier la Gaule, est une nation, alors que Rome, comme l'Allemagne, était un empire. »

Cela dit, on n'en est pas à une contradiction près : d'une part, en effet, Jules César a préservé la Gaule d'une domination pire que la domination romaine – une domination germanique ; de l'autre, le développement de la société gallo-romaine, après la conquête, prouve les mérites de la colonisation, donc du colonialisme. Suivez notre regard !

Toute l'histoire de la Gaule et des Gaulois est donc réinterprétée à la lumière des événements contemporains. Par exemple : ce sont les luttes intestines, les conflits de partis, donc la démocratie, qui ont précipité la défaite gauloise, et seule la présence d'un « vrai chef », d'un « sauveur suprême » qui, fût-ce de façon autoritaire, a su faire l'unité autour de lui, a permis quelques succès comme celui de Gergovie.

Jullian va jusqu'à inventer, ou presque, un immense « empire arverne », dirigé par le grand et fastueux roi

Bituit, pour mieux l'opposer aux petites républiques gauloises affaiblies par leurs luttes intestines et partisanes.

Quant à Napoléon III lui-même, qui consacra des fortunes à la réhabilitation du passé gaulois (on lui doit ça), il n'en fait pas moins, et pour cause, l'éloge de Jules César et du césarisme, sous-entendant que c'est un empereur et un régime du même tonneau qui nous ont cruellement fait défaut.

Que se soit esquissée, autour de Vercingétorix, une amorce de résistance nationale de la Gaule celtique, ce n'est pas contestable. Mais on occulta un peu facilement le fait que l'essentiel de la Gaule du Nord, dite « Gaule Belgique », resta en dehors, ainsi que la Gaule du Midi, déjà intellectuellement romanisée, et que d'importantes tribus, sinon peuples, choisirent, tels les Rèmes et les Éduens dans un premier temps, de se battre dans le camp romain – quitte, parfois, à résister ensuite à leur tour (ainsi les Trévires ou les Atrébates).

Ce sont d'ailleurs les Belges qui initièrent le mouvement de résistance trois ans avant Vercingétorix.

On notera cette schizophrénie qui consiste à décrire un archétype du Gaulois grand, robuste, blanc comme neige, blond et aux yeux bleus, tout en prétendant qu'il était l'ancêtre commun des Marseillais, des Toulousains, des Perpignanais et des Corses !

En définitive, ce n'est pas sur une réalité transcendant le temps qu'on calqua notre antique histoire, mais sur l'actualité d'un moment. Il arrive que l'histoire soit de la politique. Et pas au meilleur sens du terme.

Lutte des classes et lutte des races

Prenons un autre cas : celui des réalisations mégalithiques de la région de Carnac. Sous l'Ancien Régime, on ne s'y intéressa pas. Il s'agissait de simples séquelles d'une ancienne barbarie. Aucun intérêt. L'idée qu'une civilisation ait pu se développer en France, avant Clovis et avant les Romains, était tout bonnement inconcevable. Au mieux, on mit ces étranges constructions sur le compte de Romains un peu dégénérés.

Puis les républicains, ou simplement les libéraux, s'avisèrent, au contraire, que ces ruines (colossales) prouvaient le degré de puissance qu'avait atteint la société celtique, donc gauloise, bien avant l'arrivée des Romains, puis des Francs. Menhirs et dolmens constituèrent donc le décor dévolu aux religions druidiques. Ce n'est qu'à l'extrême fin du XIXe siècle qu'on voulut bien reconnaître que ces étrangetés étaient de plusieurs millénaires antérieures à l'arrivée des Celtes en Gaule.

Alors, à partir de 1940 et jusqu'en 1943, s'abattit sur le golfe du Morbihan une cohorte d'archéologues allemands et nazis qui s'acharnèrent à démontrer que les mégalithes bretons confirmaient à la fois l'ancienneté de la présence des Germains en Europe et l'existence d'une race originelle de sang nordique. C'est l'archéologue émérite Hans Reinerth qui fut chargé de cette mission par Alfred Rosenberg lui-même, l'idéologue hitlérien. D'où une multitude de fouilles qui se révélèrent, cela étant, très utiles.

Depuis, il n'est pas une secte de crétins ou d'escrocs allumés qui, pour expliquer les jaillissements de Carnac, n'ait avancé sa théorie, l'une en appelant aux extraterrestres, l'autre évoquant des détenteurs d'un miraculeux fluide mystique. Les progrès de la connaissance n'y font rien et n'y feront jamais rien : la mythologie, surtout lorsqu'elle conforte un mensonge idéologique autoprotecteur, fascinera toujours plus que la réalité. On peut faire mieux encore qu'instrumentaliser, moins d'ailleurs l'histoire vraie que les mythologies : transformer un antagonisme de classes – ou d'« ordres » – en antagonisme de races.

Sous l'Ancien Régime, dont le système de gouvernance était porté, ou censé être porté, par une monarchie et une aristocratie de souche franque, donc germanique, la dimension gauloise était quasi occultée. Ne s'agissait-il pas, comme le proclamait froidement le comte Henri de Boulainvilliers, d'un peuple doublement vaincu, par les Romains et par les Francs, donc voué, par l'Histoire elle-même, à être dominé ? La réaction nobiliaire, à la fin du XVIIIe siècle, accentua cette assimilation de la noblesse à une race de vainqueurs et, par voie de conséquence, le tiers état aux Gaulois, race dominée.

Ce qui conduisit les idéologues libéraux du tiers état, de Sieyès à Guizot, puis dans leur sillage les républicains, à présenter la Révolution française comme une revanche des Gaulois opprimés sur les oppresseurs franco-germaniques. Ce à quoi Eugène Sue consacra une épopée tendant à fondre la bipolarité gauche-droite, républicains-monarchistes, dans la continuité d'un affrontement ethnique germano-gaulois. Une guerre ethnico-sociale de treize siècles, soulignait Guizot. C'est grâce à Descartes, à Voltaire et à la Révolution, renchérissait Henri Martin, que la victoire a pu être finalement remportée sur nos conquérants germaniques. Thèse à laquelle s'opposait Fustel de Coulanges, pour qui cette idée des deux races était née de l'exacerbation des antagonismes des classes. Quant à Michelet, il mit en garde : « Attention que ce mot de race [gauloise] ne soit prétexte à justifier, au nom du passé, les haines, les jalousies et les querelles du présent. » En l'occurrence, c'est la réaction aristocratique (la notion absurde de « sang bleu ») qui offrit au tiers état des verges pour se faire battre.

NE TOUCHEZ PAS À L'OBJET DE MA SPÉCIALITÉ !

Troisième difficulté : le quant-à-soi de certains spécialistes ou accros qui deviennent en quelque sorte les « fans » d'un peuple ou d'une nation, objet de leur étude et dont ils parlent comme s'ils étaient membres d'un club de supporters d'une équipe de Ligue 1. Ne pas admettre l'excellence et la modernité – surtout la modernité – de l'objet de leur recherche, qui est devenu celui de leur passion, s'apparente à un insupportable attentat contre leur propre statut. On ne peut pas dire ou écrire que les Montagnards de 1793 étaient de doux pacifistes, parce que les faits sont là, mais à partir du moment où les faits ne sont pas là, on peut prêter aux Gaulois, certes les pires turpitudes, mais également des qualités exceptionnelles que seules leur discrétion et leur pudeur bien connues ne leur ont pas toujours permis d'extérioriser. Le spécialiste, qui fait corps avec sa spécialité, estimerait déchoir si l'on en minimisait l'exemplarité, d'autant qu'il a tout investi dans la connaissance de ce sujet et, accessoirement, l'exploitation de cet objet. Dès lors, tout ce qui ne survalorisera pas le sujet, donc l'objet, sera perçu comme le dévalorisant, lui, le spécialiste.

Les biographes sont victimes de ce tropisme. Ils entrent tellement dans le personnage dont ils retracent le parcours que le moindre soupçon critique à l'égard de leur héros devient un affront qu'on leur fait à eux. La biographie mystico-hagiographique de Louis XIV commise par François Bluche est, à cet égard, un modèle du genre.

Suggérer que le haut Moyen Âge, entre le VIe et le Xe siècle, se caractérisa par une absolue régression, constat d'évidence, n'en provoquera pas moins l'émoi indigné de ceux qui se sont astreints à étudier tout particulièrement cette période-là, parce que cela sera perçu comme une flagrante agression dirigée contre leur travail.

Toute personne qui s'est fixé l'admirable objectif de rendre justice à nos bons ancêtres les Gaulois, quitte insensiblement à leur vouer un culte, acceptera d'autant plus difficilement qu'on relativise leurs talents et leurs vertus qu'on ne disposera pas de plus de documents pour étayer cette prise de recul qu'elle pour l'exorciser. Il y a souvent du sacerdoce dans l'intérêt qu'on porte aux Gaulois, conçus comme l'arche sacrée dans laquelle le dieu de l'évolution déposa nos gènes en même temps que les germes de nos fondamentaux.

Ce que l'on idéalise, c'est moins ce que nous fûmes que ce qu'il était nécessaire que nous fussions pour devenir, sinon ce que nous sommes, au moins ce que nous aurions dû être. Alors on se fait sa propre représentation du « Gaulois ». Ce qui est aussi absurde que de définir l'archétype d'un Français qui serait le mi-chemin entre Monsieur Thiers qui était un nain et Charles de Gaulle qui était un géant, entre Mimile des Batignolles et Jean-Paul Sartre, entre le baron Seillière et Besancenot.

Comme chacun sait – c'est-à-dire ne le sait pas –, le Gaulois était grand, élancé et blond avec des yeux bleus. Ce qui prouverait, au vu de nos derniers présidents, qu'il est retourné en Scandinavie.

Quand les Séquanes de Franche-Comté et les Éduens du Sud bourguignon se livrent un combat aussi implacable que celui que se livreront le parti pro-romain et le parti indépendantiste au sein de la nation éduenne, ou le parti républicain et le parti monarchiste au sein de la nation arverne, quand tel Gaulois, farouche, violent, résiste jusqu'au suprême sacrifice, comme le chef carnute Gutruatos, alors que le druide et magistrat éduen Diviciacos – personnage fin et profond – ne quitte pas César d'une semelle et ne cesse de lui cirer les sandales, comment s'amuser à dresser le portrait-robot du Gaulois ? Même entre ce Diviciacos romanisé et son frère Dumnorix, leader des indépendantistes éduens, on ne trouve quasi aucun trait de caractère semblable. Décider lequel des deux représente le Gaulois le plus emblématique implique évidemment un choix politique. Dans une perspective nationaliste, Dumnorix, bien qu'incohérente tête brûlée, est bien sûr le plus attachant et même le plus exemplaire, mais Diviciacos, le plus démocrate et le plus cultivé, tant apprécié pour cette raison par Cicéron, est également le plus stable intellectuellement.

Cet attachement, parfois démesuré, à l'objet sur lequel on se penche, quand il recoupe un esprit excessivement partisan, devient tout à fait déraisonnable. Ainsi, Camille Jullian évoquant le renversement de la république et la restauration de la monarchie arverne en 80 environ avant Jésus-Christ. Un puissant et riche aristocrate, du nom de Celtill, imposa, en tant qu'*imperator* plus qu'en tant que roi, son pouvoir personnel. On ne sait à peu près rien de lui, sauf qu'il fut le père de Vercingétorix et que, soupçonné de vouloir rétablir la royauté au profit de sa famille, il fut mis en accusation à l'instigation du sénat et condamné à mort.

Or, voici ce qu'écrit Jullian, en ne cachant ni son hostilité viscérale au républicanisme, ni la forme bonapartiste que revêt son nationalisme celtophile : « Devenu maître de la Gaule [ce qui, entre parenthèses, est faux], Celtill espéra rétablir la royauté à Gergovie au profit de sa famille. Mais les cités tenaient moins à leur grandeur nationale qu'à leur liberté politique [aspiration évidemment contradictoire dans l'esprit de l'auteur] ou, du moins, à ce qu'elles appelaient de ce nom [sous-entendu : seule la monarchie est propice à la véritable liberté]. Les Arvernes s'inquiétèrent peu de la gloire que leur procurait le pouvoir de leur chef. Celtill fut mis à mort comme coupable d'aspirer à la tyrannie. Il est probable qu'il fut victime du sénat et des autres grands et, parmi eux, de ses propres parents [comme Louis XVI du duc d'Orléans]. Alors les temps d'anarchie commencèrent. L'esprit de discorde gagna de proche en proche les tribus. » Et, plus loin, l'auteur de *L'Histoire de la Gaule*, parue au début du XXe siècle, s'enthousiasme à l'idée de l'avènement d'un sauveur de la Gaule opprimée : « Ces peuples chevaleresques et passionnés ne se laisseraient emporter que sous la main de quelques hommes supérieurs, à la belle prestance, aux gestes héroïques, aux discours merveilleux [on croirait presque voir le général Boulanger], et, pour maintenir ensuite de la discipline et de la cohérence, il faudrait la direction continue et toujours éveillée d'un maître absolu. »

Si ces lignes ne ruissellent pas d'idéologie partisane !

On a lu beaucoup plus stupide, mais si je cite Jullian, connaisseur incontesté, c'est que cet engagement qui l'aveugle va de pair avec un talent exceptionnel. Ou, si l'on préfère, que ce talent étincelant ne le protège pas de ses aveuglements.

Entendons-nous bien : que l'antagonisme opposant monarchistes et républicains ait constamment sous-tendu l'affrontement entre indépendantistes gaulois et pro-romains, cela est parfaitement exact, et les plus aveugles, consciemment aveugles, sont ceux qui nous font le récit de la guerre des Gaules sans jamais mettre en relief cette contradiction sous-jacente. Que les tenants de la « monarchie » aient assez systématiquement joué la Gaule d'en bas contre les élites républicaines, c'est également exact. Que, même, les sénats républicains aient eu tendance à rechercher la conciliation avec Rome, alors que certains rois (ou aspirants rois) – tels Dumnorix chez les Éduens, Orgétorix chez les Helvètes, Casticos chez les Séquanes – aient tenté d'animer la résistance (ou plutôt aient surfé sur la résistance pour accéder à la royauté), cela est encore exact.

Mais, en l'occurrence, ce ne sont pas les sénats républicains qui précipitèrent le naufrage final, mais Bituit qui conduisit son peuple au désastre, mais ces rois et roitelets qui changeaient de camp comme de braies, qui n'avaient pour toute stratégie que des successions de coups de tête et n'étaient guidés que par l'ambition et la gloriole.

Ce sont d'ailleurs les élites antimonarchistes, soutenues cette fois par leur peuple, qui incitèrent les Carnutes et les Sénons à se débarrasser de leurs rois Tasgetios et Cavarinos... que leur avait imposés un Jules César qui n'était pas à ça près. Un roi vendu lui importait plus qu'un sénat républicain sourcilleux.

CHAPITRE 5

Le cas Vercingétorix

Admettons le nationalisme manichéen qui préside parfois aux récits de la guerre des Gaules. Il part des meilleurs et des plus nobles sentiments. Mais relevons un exemple des ambiguïtés qui l'accompagnent. Comment commença la grande – et, à bien des égards, magnifique – révolte dont Vercingétorix devint le chef militaire ? Par un massacre à Orléans (Genabum) de tous les commerçants italiens y séjournant. Les « patriotes » carnutes se précipitèrent sur eux sans aucun avertissement préalable, par surprise, les égorgèrent tous, et furent aussitôt imités, selon Dion Cassius, dans les autres cités de leur territoire (où se trouvait le centre religieux druidique). C'est ce qui donna le signal du soulèvement.

Doit-on considérer qu'un tel acte est digne d'admiration ? Beaucoup de ceux qui ne sont pas loin de le penser jugèrent ignoble l'assassinat gratuit d'un instituteur français commis par le FLN d'Algérie le premier jour de son insurrection. Et, pourtant, les deux initiatives sont comparables, sauf que la première fut réalisée sur une beaucoup plus grande échelle.

On peut parfaitement faire de Vercingétorix, véritable OVNI dont la personnalité est d'autant plus mystérieuse que son existence fut éphémère, un héros gaulois emblématique. Même aux gloires mal vieillissantes, on ne saurait confisquer leur brillance ancienne (qu'il s'agisse de Fidel Castro ou de Brigitte Bardot), alors que dire des étoiles filantes qui s'éteignent au moment même où elles rayonnent : Vercingétorix, comme Alain-Fournier ou Camille Desmoulins ? Non seulement ce qu'il incarna en un éclair fut grand, mais le volontarisme mobilisateur dont il fit preuve mérite de figurer au musée des fulgurances dont l'Histoire gardera indéfiniment l'empreinte.

Est-ce une raison pour ne pas se poser certaines questions ?

Quand le jeune guerrier, fils d'un roi détrôné, répondit à l'appel des Carnutes et se proposa comme chef, était-ce son patriotisme qui l'animait en priorité ou son aspiration à la monarchie ? N'avait-il pas été officier de César ? Pourquoi, dans un premier temps, l'élite arverne, le sénat en tête, soupçonnant une tentative de coup d'État – car il avait déjà armé sa clientèle –, condamna-t-elle son initiative et le chassa-t-elle de la ville, son propre oncle, Gobannitio, n'étant pas le moins déchaîné ?

Que fait alors Vercingétorix ? Il rassemble dans la campagne ses clients en armes (ceux que sa fortune lui permet d'entretenir), des mécontents, des « vagabonds » (ajoute la chronique), des « criminels » (précise César, peu objectif), soulève parmi le peuple tout ce qui est soulevable, et marche sur Gergovie, s'en empare et chasse ses adversaires qui vont être bannis, emprisonnés ou bâillonnés. Aucune opposition, aucune critique ne sera plus tolérée.

Et en quoi consiste sa première initiative ? À se faire effectivement proclamer roi par son armée. Comme s'il s'agissait bien de son premier objectif, comme s'il entendait surtout réussir là où son père – qui lui aussi tenta de renverser le république sénatoriale – avait échoué. Son nom signifie d'ailleurs quelque chose comme « grand roi des guerriers ». À l'évidence, il n'excluait pas – d'où les fortes réticences qu'il suscita parmi d'autres peuples – de se faire nommer empereur des Gaules, ce qui fut également l'ambition de l'ancêtre Bituit. Et ce qui, à l'époque, n'avait absolument rien d'infamant : l'obtention des pleins pouvoirs lui paraissait la condition de l'unité de la patrie.

Oui, nul n'avait jusqu'ici, autant que Vercingétorix, caressé ouvertement le rêve d'une patrie gauloise dissolvant dans l'incandescence de sa dynamique les vieilles rivalités tribales. Mais la conçoit-il dans le respect des peuples qui en sont la composante ? Quelque chose intrigue, en effet : de toutes les cités qui se rallient à lui, il exige des otages. Exactement comme César. Gages de fidélité, certes, mais inquiétant manque de confiance en l'authenticité ou en la fiabilité de cette fidélité. Ainsi, chaque peuple acceptant de participer au combat de libération nationale doit envoyer au roi arverne des fils de grande famille dont la fonction sera de le garantir – sur leur vie – contre d'éventuelles trahisons.

Inventant la planification impérative de type socialiste (ou, si l'on préfère, l'« économie de guerre »), le chef suprême fixe, non seulement le nombre de soldats que les cités alliées ont à lui fournir, mais également la quantité d'armes qu'elles devront fabriquer et le lieu et le jour des rendez-vous que nul ne sera autorisé à manquer.

Là encore, on peut saluer l'intuition selon laquelle les Gaulois n'ont pas de pires adversaires que leur propre indiscipline. Mais, entre l'extrême rigueur organisationnelle et la dictature terroriste, n'existe-t-il pas une marge ? « Rigueur atroce », reconnaît Jullian, qui évoque lui-même une « dictature de guerre ». Que toute faute soit condamnée et punie, soit, mais, pour le moindre délit, se faire crever les yeux ou couper les oreilles ! Pour une faute un peu plus grave, être soumis à la torture. Un cran au-dessus, être condamné au bûcher. Ensuite – mais c'est César qui l'indique –, « il renvoie chez eux les coupables pour servir d'exemple et pour effrayer les autres par la grandeur du châtiment ». Il n'est pas sûr, à le lire, que César trouve ces méthodes scandaleuses, car, précise-t-il, presque admiratif, « elles permettent de contraindre les incertains ». Et c'est vrai qu'il y a beaucoup d'incertains.

Dans un premier temps, la révolte ne s'étend pas. L'excès d'autoritarisme rebute-t-il ou, au contraire, la crainte des représailles finit-elle par dégeler les plus pusillanimes ? Le Poitou rechigne. Les Champenois, évidemment, refusent leur apport. Chez les Arvernes même, on continue à dénoncer l'usurpateur et l'un des premiers notables de la cité, Epasnact, fait savoir que, tout compte fait, il préfère encore César. Un détail choquera : certains condamnés à mort sont offerts aux dieux pour obtenir leur complaisance. Ce qui ne va pas sans évoquer les anciens sacrifices humains.

Fallait-il se montrer à ce point implacable pour conserver une chance de succès ? On peut répondre par l'affirmative, mais du moins doit-on admettre que la question se pose. Au fond, on peut difficilement encenser Vercingétorix sans admirer Robespierre. Converti à la politique de la terre brûlée, Vercingétorix ne donnera-t-il pas l'ordre à certains peuples alliés de brûler leurs propres villages et villes ? Ce à quoi, en effet, par ferveur patriotique, espéronsle, et non pour éviter les représailles contre leurs otages, ils se résoudront. Ce qui prouve, accessoirement, que les cités gauloises n'étaient en rien comparables aux villes telles que les Romains les entendaient.

Diktat inhumain ? « Le salut public, répond Vercingétorix dans une envolée grandiose – du moins sous la plume d'un César admiratif –, exige que l'on sacrifie des intérêts particuliers. » « Dure, cruelle mesure ! ajoute-t-il, mais combien plus dur serait de voir enfants et femmes tomber en servitude ! » Admirable réponse, qui atteste cependant que certaines initiatives faisaient débat même au sein du clan gaulois.

Vercingétorix militait-il pour la Gaule ou pour sa propre gloire ? Les deux ne sont pas nécessairement contradictoires. De toute façon, cette question qu'il n'est pas de bon ton de formuler, ce sont ses propres soldats qui ne cesseront de la poser. Sans cesse il devra se défendre du soupçon d'être guidé par un intérêt personnel. Et d'aspirer à régner sur toutes les Gaules.

Une ville avait échappé à l'autodestruction par le feu : Avaricum, c'est-à-dire Bourges – la capitale, comme son nom l'indique presque, des Bituriges. Pourquoi ? Parce qu'elle était considérée comme vraiment très belle. Ce qui était gentil pour les autres (en fait, de nombreuses bourgades ou capitales ne furent pas brûlées pour la bonne raison que les territoires sur lesquels elles se trouvaient, ceux des Rèmes, des Éduens, des Lingons et autres, refusaient de suivre Vercingétorix ou contournaient ses ordres). César investit donc Bourges. Siège terrible. Vercingétorix manœuvra dans les parages d'une façon qui ne brillait pas par la cohérence. Au moment crucial, il était ailleurs. Au sein même de ses troupes, on s'en émut. On lui demanda des comptes. N'y avait-il pas de la trahison dans l'air ? Le chef arverne n'était-il pas prêt à livrer la Gaule à César et à y devenir roi et tyran pour le compte des Romains ? Accusation absurde, infamante, mais d'où il ressort que, même parmi ses guerriers, on s'interrogeait : de son patriotisme et de son ambition, qu'est-ce qui l'emportait en définitive ? Et lui, Vercingétorix, était tout à fait conscient de ce doute car, en réponse, pour calmer cette source de colère, il saute à pieds joints sur le soupçon qui fâche : non, il ne tient absolument pas à ce titre de chef suprême. Il est prêt à l'abandonner. Ce n'est pas sa propre gloire qui le motive, mais la victoire de la Gaule. D'ailleurs, les Romains sont aux abois, proches de l'effondrement.

Et, preuve que ce jeune homme plein de flamme n'était pas un enfant de chœur, il exhibe quelques esclaves à qui il a préalablement fait la leçon et les présente comme des légionnaires romains affamés et au quatrième dessous. Ce dernier trait révèle un aspect du personnage : une volonté de fer servie par un illusionnisme lyrique, ou un auto-illusionnisme, à toute épreuve.

Finalement, Bourges succombe. Ville héroïque, ville martyre. D'autant plus admirable que les Bituriges, d'emblée, n'étaient pas chauds pour suivre Vercingétorix. Pour lui résister, ils avaient même fait appel aux Éduens, lesquels, achetés par les Arvernes, les avaient laissés tomber. Alors seulement ils s'étaient ralliés. Mais, à partir de ce moment, ils avaient fait preuve d'une fidélité sans faille.

La plupart des guerriers avaient pu fuir la ville. Les habitants s'y étaient retrouvés piégés. Pris comme dans un étau. Ils étaient 40 000 ; 800 seulement en réchappèrent. Voilà du moins ce que César rapporte ou laisse rapporter. C'est heureusement faux (aucune ville, à l'époque, ne pouvait concentrer autant d'habitants), mais témoigne de la volupté que procure au proconsul l'évocation de véritables crimes contre l'humanité. Car ce n'en fut pas moins un répugnant carnage.

Vercingétorix, lui, campe non loin de la ville avec son armée. Qu'a-t-il fait ? Pourquoi n'a-t-il pas pu éviter cette terrible défaite ? Cette fois, il ne se laisse pas mettre en accusation, il prend les devants. Et se projette tout entier dans l'avenir, sautant presque allégrement par-dessus ce désastre. Non loin d'un charnier d'innocences immolées, il bluffe ses soldats démoralisés en leur expliquant que la situation est excellente et que la Gaule, reconquérant sa liberté, unie dans une même ardeur patriotique, est en passe de pouvoir affronter victorieusement « l'univers tout entier ».

Bien sûr, c'est encore César qui rapporte ces propos, mais, dans l'ensemble, toutes les harangues de Vercingétorix qu'il reconstitue sont à l'honneur du commandant en chef. Son imagination délirante le rejeta sans doute hors des réalités, mais elle fut aussi sa force : il frôla l'impossible, parce qu'il le rêva ; et, parce qu'il le fit rêver, il entraîna. Cette tendance à l'autosuggestion témoigne cependant d'un certain manque de lucidité chez ce très jeune homme qui, prisonnier de son « emphatisme » prévisionnel, va, en un temps record, transformer un petit succès obtenu à Gergovie en désastre absolu.

Et cela, alors qu'il avait précédemment commis – ou plutôt laissé commettre au début des hostilités – une erreur semblable : laisser sa cavalerie se déconnecter de son infanterie et offrir ainsi aux Romains, par une charge inconsidérée, la possibilité de la faire voler en éclats. De cela, il n'est d'ailleurs pas entièrement responsable, étant donné la structure même des armées gauloises.

Précisons bien : « des armées ». Car, comme l'explique fort bien Jean-Louis Voisin dans le petit livre qu'il a consacré à la bataille d'Alésia (il a participé à la conception du nouveau musée de la ville), il y a autant d'armées que de peuples gaulois, autant de chefs aussi, chacun discutant les ordres et les contestant à l'occasion. « Au combat, les hommes se rangent par communautés d'origine, sous leurs enseignes, à la fois signes de reconnaissance et objets de culte. »

Cette armée est, en fait, non seulement balkanisée par son communautarisme, mais également divisée en deux forces qui défient toute élaboration stratégique. D'un côté, la cavalerie, constituée de rejetons de l'aristocratie, de tous âges, seul corps relativement stable et entraîné : les nobles, qui pourvoient à leur équipement, sont entourés de cavaliers « clients ». Les cavaliers gaulois ne montent pas à cru comme les cavaliers romains, ils utilisent une selle posée sur un socle de bois rembourré de cuir et maintenu par trois sangles. Leurs chevaux sont plutôt petits – sauf ceux des chefs, importés à prix d'or.

Cette cavalerie d'élite, formée par l'élite, a toutes les qualités et tous les défauts du corps social qui la constitue : elle investit plus que de raison dans la parure et le m'as-tu-vu, recherche systématiquement l'occasion de se mettre en valeur par des charges héroïques (tout le drame vient de là, comme d'ailleurs plus tard à Crécy ou à Azincourt), se plie difficilement à une stratégie d'ensemble et a le plus grand mal, contrairement à la cavalerie germaine, à se coordonner avec la piétaille des fantassins.

L'infanterie, elle, n'est pas professionnelle. Elle est formée en majorité de paysans, soldats occasionnels pour la plupart, qui n'ont suivi aucune instruction particulière autre que l'héritage de traditions guerrières, ne sont appuyés ni par une intendance digne de ce nom, ni par des unités de génie. Ils n'ont pas d'uniformes particuliers, mais apprécient les vêtements colorés et qui en jettent !

Inventeurs, semble-t-il, de la cotte de mailles, les Gaulois sont cependant très faibles en matière d'armes défensives, ne portant pratiquement pas de cuirasses. Surtout, si l'on se fie du moins aux récits de César, ils ne paraissent pas apporter aux armes de traits (arcs ou frondes), dévolues aux compagnies légères, l'importance qu'elles eussent méritée.

Pas d'ordre de marche, écrit encore Jean-Louis Voisin, pas de ravitaillements prévus, le combat se réduit à des manœuvres collectives et à des techniques rudimentaires faites de charges massives, puis de duels. En revanche, l'armée gauloise, sans égaler les Romains dans ce domaine, fera preuve de beaucoup d'ingéniosité dans les méthodes d'attaque des fortifications.

Vercingétorix lui-même aura des mots très durs pour critiquer les faiblesses militaires de ses troupes. Ce pourquoi, très vite, il renoncera à toute idée de bataille en ligne pour privilégier les coups de main (hélas, il ne fit preuve d'aucun sens de la guérilla), les attaques de convois de ravitaillement ou la politique de la terre brûlée. Mais il ne se donne pas les moyens de cette orientation, ne changeant rien à l'organisation d'une armée conçue pour mener un autre type de guerre, largement dominée par la charge de cavalerie. Et c'est très exactement ce qui va provoquer son effondrement après la belle résistance de Gergovie.

Vercingétorix avait forcé César à lever le siège de la capitale arverne, mais il devait en partie ce succès à l'attitude des supplétifs pro-romains « éduens » qui, au moment de rejoindre le champ de bataille, avaient changé de camps et s'étaient prononcés en sa faveur. Ils avaient retourné leurs brassards ! Ils passèrent finalement du côté de la résistance, moins pour conforter Vercingétorix – qu'ils soupçonnaient de visées hégémoniques – que pour lui faire pièce.

Surtout, les Romains ne déplorèrent que 700 légionnaires tués dans les combats, ce qui est loin d'être le prix ordinaire d'une défaite. Le décrochage de César fut donc avant tout tactique. Or, Vercingétorix se convainquit, et convainquit les siens, qu'il venait de remporter un triomphe contre un ennemi en totale déroute. Et alors, lui qui avait fait preuve d'un certain réalisme en empêchant ses troupes d'attaquer les légions de front, estimant que le Gaulois est brave mais médiocre soldat, lui qui avait recommandé de faire le vide devant les armées adverses et de les accabler par des opérations commandos – bien que, à l'examen, il en ait réussi assez peu –, il va lancer l'ensemble de ses forces, et surtout toute sa cavalerie, dans une charge stupide dont elles sortiront dans un tel état de délabrement qu'elles devront, pour échapper à l'anéantissement, aller s'enfermer dans Alésia.

Entre-temps – et cela eût mérité en soi une réflexion dont on a généralement préféré faire l'économie –, le chef arverne avait tenté de faire basculer en sa faveur la Gaule romaine du Sud. Mais il avait échoué, les Allobroges en particulier refusant ses avances et se fortifiant pour, éventuellement, lui résister. Fiasco prévisible – les Savoyards ne gardaient pas un bon souvenir de leur alliance avec les Arvernes. Est-il bien sage, en outre, quand on veut faire l'unité des Gaules, de lancer les tribus du Rouergue et du Quercy contre les terres des Volques avec mission de les ravager ? Est-ce la bonne manière de rallier Toulouse ? Croyait-on pouvoir inciter le peuple du Vivarais à la révolte en allant lui tuer, au cours de raids, quelques-uns de ses chefs ?

Pris dans une nasse – l'enfermement dans Alésia apparaît au premier abord comme une folie –, Vercingétorix fit cependant la démonstration de la dynamique qu'il avait su enclencher en portant au plus haut une espérance : il envoya partout des messagers à cheval pour exhorter l'ensemble des cités gauloises alliées à rassembler et à envoyer une armée de secours destinée à transformer les Romains d'assiégeants en assiégés. Ou, au moins, à les prendre à revers. Et la plupart des nations engagées dans la lutte contribuèrent effectivement à l'envoi de ces renforts salvateurs. Lesquels assurèrent un service minimum, puis s'évanouirent dans la nature.

Nous avons mentionné cet épisode dans la deuxième partie de ce livre. Il ne correspond pas à l'imagerie sulpicienne qu'on en a généralement brossée.

Un constat, à lui seul, eût valu réflexion. Pourquoi, après Alésia, ceux qui relevèrent le drapeau de la résistance n'évoquèrent-ils jamais le souvenir de Vercingétorix et préférèrent-ils se réclamer d'Arminius, le vainqueur germain des légions d'Auguste ?

Ensuite, c'est-à-dire dix-neuf siècles plus tard, on se rattrapa. Et, dès lors, aucune des questions que nous avons soulevées ne pouvait plus être posée. D'où le culte qui s'ensuivit. Dont on jugera de l'ambiguïté (ici, on parlera au mieux de bonapartisme) à travers ces lignes inouïes que nous empruntons encore à Camille Jullian : « Peut-être la Gaule n'eut-elle jamais un chef plus digne de la commander. C'était un homme superbe, de taille élevée, au regard audacieux et brave. Quand il se montrait à l'improviste, au galop de son cheval, resplendissant sous la lueur des armes, la merveilleuse apparition frappait de surprise et de terreur. Au prestige du pouvoir, à l'éclat de sa gloire, il unissait le mérite de son âme et le charme de la jeunesse. Ce serait pécher contre eux-mêmes si les dieux refusaient à cet homme la victoire. »

Littérature de grand patriote… qu'on retrouvera quelques décennies plus tard sous la plume de quelques-uns qui le furent beaucoup moins.

Peut-on, comme on a pu le lire ici ou là, opposer les cités gauloises résistantes à celles, comme les Rèmes ou les Éduens, qui auraient été « collabos » ? Camille Jullian est même allé jusqu'à écrire à propos des Éduens, le peuple de Bibracte : « Cette nation hypocrite et tarée n'entra dans la cause de l'indépendance qu'avec la pensée de satisfaire encore son éternel égoïsme. Avant la bataille d'Alésia, les chefs éduens, brouillons, vaniteux, encombrants et incapables, réclamèrent le commandement. » Nation tarée ! L'idée sous-jacente étant que les Champenois, les Bourguignons, les Poitevins, étaient potentiellement de mauvais Français.

L'examen d'une réalité gauloise – complexe, mouvante, contradictoire – sous un angle exclusivement nationaliste, qui est relativement anachronique, n'a pas permis de percevoir que, pour beaucoup de membres de l'élite (c'était particulièrement évident chez les Rèmes), le choix de Rome se confondait avec celui de la modernité face aux tenants de l'archaïsme, pour ne pas dire de la barbarie. Cette attirance qu'exerçait le modernisme civilisationnel romain – et César en jouait – était naturellement plus forte chez ceux qui récusaient l'autoritarisme monarchique et admiraient le modèle républicain. Cette élite avait souvent appris le latin et avait même, si l'on en croit César, acclimaté des dieux romains à son propre panthéon.

Peuple patriote d'un côté, peuple soumis de l'autre. Où classe-t-on alors les Trévires mosellans, qui furent les animateurs de tous les grands mouvements de résistance, mais qui secondèrent César dans son combat contre les Suèves et ne se rangèrent pas derrière Vercingétorix – ce qui fut lourd de conséquences, vu la qualité de leur cavalerie ?

Chapitre 6

Ambiorix, plus fort que Vercingétorix

La polarisation nationaliste sur le personnage de Vercingétorix eut une conséquence lourde : tous les autres personnages, y compris les plus dignes d'attention, d'intérêt, parfois d'admiration, furent éclipsés et disparurent du champ de vision. Ce fut le cas de Vindex, de Civilis, de Tutor, de Classicus, de Sacrovir, de Florus, de Postumus, mais aussi de Lucterios et de Commios.

Mais aucun chef de la résistance gauloise n'a subi autant les effets de cette éclipse que le roi des Éburons (l'un de leurs deux rois plus exactement, l'autre étant plus circonspect) nommé Ambiorix. Les Éburons étaient un petit peuple de la Gaule Belgique qui occupait le territoire des Ardennes, de la Meuse et de la région de Liège. Ils avaient fort élégamment accueilli les Cimbres, dont ils étaient frères. Comme eux, c'étaient des Gaulois celtes, mais de la dernière vague, au même titre que les Condruses ou les Caeroesi, qui tous faisaient partie d'un peuple plus large qu'on appellera les Germains. Ensuite, on utilisera ce terme, Germains, pour désigner les tribus d'au-delà du Rhin. Ce qui prouve que, avant César, il n'existait pas de césure entre les Celtes des deux rives.

Donc, Ambiorix était le chef de ces gens. Il paraît qu'il ne payait pas de mine, mais, faute de « Photomatons » dans les supermarchés de cette époque, on se demande comment on le sait. Ce qui est vrai, c'est qu'il vivait dans une sorte de ferme et qu'il prenait vraiment son pied quand il s'en servait – enfin, des deux pieds – pour arpenter les sous-bois. C'était un roi de clairières, pas de palais. La parade n'était pas sa tasse de cervoise. Aux festins, il préférait les pique-niques. Aux fantasias colorées, les embuscades dans la pénombre. Il avait un sens inné de la dissimulation : de ses idées, de ses intentions, de ses troupes et de sa personne. Il est le seul des agresseurs de Romains que les Romains ne retrouvèrent jamais. Homme du clair-obscur, il mentait comme il respirait, c'est-à-dire à langue comme à poitrine déployée. Il était, aurait dit Marie-Chantal, merveilleusement sauvage. Hors-la-loi dans l'âme. Même de la sienne. Et presque aussi réactif que César lui-même.

Il avait réussi à fédérer des Nerviens du Brabant et du Hainaut, les Aduatiques, ces descendants des Cimbres qui avaient été laissés en arrière pour la garde des bagages, les Ménapes qui, établis entre l'Escaut et le Rhin, étaient capables de disparaître complètement dans les marais et les forêts quand on les attaquait, et les Morins de Flandre et du Nord-Pas-de-Calais, dont le futur Boulogne-sur-Mer était le port ouvert sur la Grande-Bretagne.

À cela, il ajouta quelques Germains qui trouvaient peu délicat que César ait massacré leurs femmes et leurs enfants.

Ambiorix, faut-il le préciser, avait, comme tout le monde, comme Commios, comme Vercingétorix lui-même, commencé par servir César. Avec assez de zèle pour que celui-ci l'apprécie hautement. Comme dit la chanson : « J'ai réchauffé une vipère en mon sein ! »

Déjà, en cette année 54 (avant J.-C.), ce sont les Carnutes de l'Orléanais qui avaient donné le signal du soulèvement (deux ans avant celui dont Vercingétorix deviendra le chef), en assassinant leur roi vendu aux Romains.

Aussitôt qu'il apprit la nouvelle, Ambiorix, qui faisait partie de la conjuration, mit en musique son changement de camp. Moment important car, devenu chef rebelle – indiquons-le d'emblée, à la grande surprise du lecteur qui n'imaginait sans doute pas chose pareille –, il coûtera à Jules César des pertes presque dix fois plus importantes que celles que lui infligera Vercingétorix. À son actif ? La disparition d'une légion entière et de sept ou huit cohortes.

Il est vrai que la tactique utilisée par celui qui n'était pas superbe et n'avait pas d'admirables yeux clairs fut tout sauf chevaleresque.

Dissimulant son retournement de tunique, il fait demander aux officiers romains, en garnison dans sa région, une entrevue. Ceux-ci lui envoient deux émissaires. Il les reçoit, les chambre et, avec un cynisme parfait, leur explique que toute la Gaule est en train de se soulever, que tous les camps romains vont être attaqués, que des bandes de Germains – il sait de quoi il parle – vont affluer pour joindre leurs forces à celles des Gaulois, mais que lui, Ambiorix, est trop redevable à César, a trop d'estime pour ce Sabinus qui commande l'armée romaine la plus proche, pour se faire d'un cœur léger le complice de leur extermination. Il propose donc aux deux légats romains, Sabinus et Cotta, de conduire leurs légions jusqu'au QG de Labienus. Il répond de leur sécurité.

Ruse tellement grossière qu'elle va atteindre son but. Les Romains retranchés dans leurs camps étaient presque invincibles, mais, s'ils sortaient, ils devenaient des proies faciles. Le deuxième légat le comprend et réplique, en substance, qu'il ne faut pas le prendre pour une cruche. Sabinus, en revanche, se croit perdu, prend tout ce que lui a seriné Ambiorix au pied de la lettre, se voit totalement isolé au milieu d'une masse hostile, bientôt submergé, et explique qu'il faut sauter sur toutes les occasions de sortir de ce chaudron. On discute, on s'énerve, on s'engueule. On s'empoigne. Les soldats, ameutés, accourent. Sabinus l'emporte. On décide la retraite.

La nuit passée, sans même s'alléger de quelques bagages inutiles, en longues files étirées, soldats et équipages mêlés sortent du camp, convaincus de pouvoir compter sur l'ami Ambiorix pour ne pas être attaqués. Au début, tout roule. Jusqu'à une vallée encaissée que surplombent des collines boisées. Ambiorix attend là. Ses hommes disparaissent sous la végétation. Il laisse passer l'avant-garde. Et c'est l'averse. Ça dévale et déboule de partout. Avant même de penser à leur vie, les soldats courent aux bagages qui contiennent leur pécule. Ça brouille et ça braille. Sabinus hurle des ordres que personne n'écoute. L'autre légat, Cotta, réagit plus sagement. Il parvient à reformer une partie de l'armée en carré, ce que les soldats romains savent faire de mieux. Non pas la partie carrée, mais une partie de l'armée en carré. On reforme les lignes, coudes contre coudes, ici l'épée dépassant juste du bouclier, là le javelot brandi prêt à mordre. Quelques cohortes détachées font brèche.

C'est alors qu'Ambiorix, après s'être conduit en « caillera », se transforme en tacticien. Ses combattants, contrairement à la plupart des Gaulois, délaissent volontiers la longue épée de fer qui se tord au premier choc pour utiliser la fronde et, leur autre spécialité, la javeline qui se lance de loin. Il leur donne donc l'ordre de refuser le corps à corps, de se tenir à une distance que le javelot romain n'atteint pas, et d'accabler l'ennemi de traits à plus longue portée de façon à entamer et à disloquer les carrés.

Les Romains avancent-ils que les Éburons reculent. Puis ils les criblent de leurs piques qui pénètrent dans les chairs. Les accablent sous les balles des frondeurs. Les centurions sont particulièrement visés. Cotta, le deuxième légat, est blessé. Les rangs s'éclaircissent.

Cependant, le dispositif romain ne s'effondre pas. Tiendra-t-il encore longtemps ? Sabinus, dans tous ses états, ne le croit pas. Pourquoi ne pas négocier une capitulation dans l'honneur ? Ambiorix, retourné à sa délinquance, l'invite à venir en discuter. D'homme à homme. Il ne risque rien, foi de roi éburon. Cotta, échaudé, soupçonne un nouveau piège. Sabinus, âme simple mais défaillante, entouré d'officiers, se rend, la mine défaite, à ce nouveau rendez-vous. Ambiorix leur demande de jeter leurs armes. Ils s'exécutent – c'est presque le cas de le dire. On feint de palabrer. Les guerriers éburons s'attroupent autour des négociateurs. Un signal, et couic : ils sont saignés comme des poulets. Un hurlement sauvage accueille ce sacrifice et glace le sang des légionnaires, qui en sont comme assommés par l'écho.

Aussitôt, Ambiorix ordonne l'attaque générale. Cette fois, les carrés explosent. Les lignes se rompent comme des digues. Cotta est tué. On tombe, on hurle, on fuit. On est rattrapé et achevé. Le porte-enseigne ne porte plus ni enseigne ni tête. Bilan : une légion entière et assez de cohortes pour constituer une demi-légion sont exterminées. Soit environ 6 000 hommes. Deux légats tués. Jamais Vercingétorix n'approcha même un tel résultat.

Ambiorix, avons-nous dit, était aussi réactif que César. Deux ou trois jours après sa victoire, il fait irruption, avec ses alliés, devant un autre camp romain commandé par un légat qui n'est autre que le frère du grand Cicéron. Même tentative de lui tendre un piège. Il répond en récitant le règlement : jugulaire, jugulaire. Ça le sauve. Alors une pluie de javelines enflammées et de balles d'argile rougies au feu tombe sur le camp, qui commence à flamber. Et l'assaut est donné. Les Romains résistent. Le pilum relaie la flèche. Mais combien de pertes encore ? Vercingétorix défendra des places fortes, avec succès, comme à Gergovie, mais il n'en attaquera jamais.

César, informé à Amiens du premier désastre, en est tellement affecté que ce glabre quasi intégral se laisse pousser la barbe. Un détail qui eût été croustillant en des heures moins sombres : le proconsul fait parvenir un message à *Ciceron's brother* pour le supplier de tenir bon, car il arrive. Il écrit la missive en grec, convaincu qu'aucun Éburon, ces sauvages, ne parle cette langue. Un cavalier gaulois de la garde du proconsul l'attache à son javelot, s'approche du camp menacé et le lance. Mais l'arme se fiche dans une tour et personne n'a l'idée de monter l'y récupérer. Ce n'est que trois jours plus tard qu'on découvre la bonne nouvelle. César apparu, les Éburons décrochent. On rapporte que, chez les Romains – mais l'exagération est probable –, neuf hommes sur dix sont blessés.

Il est difficile d'imaginer tout ce que César mit en branle pour se venger d'Ambiorix. On ratissa tout son territoire. Pierre par pierre, herbe par herbe. Mais il avait donné l'ordre à son peuple de s'évanouir dans la nature. De s'y fondre, de s'y dissoudre. Ce qu'il fit. Dans les bois, les marécages, les rivières, les îles, au loin, sous terre, ailleurs... Alors le proconsul romain envoya aux Trévires, aux Rèmes, aux Nerviens, aux Ménapes, un message dans lequel il leur ouvrait le territoire éburon et les invitait à le piller. À s'y servir. Tout ce qu'ils y trouveraient serait à eux. Il convia même les Sicambres germains à participer à la curée. Mais ceux-ci, ancêtres des Francs, ne faisaient guère la différence entre les bons et les méchants. Après avoir amassé le plus de butin possible, ils attaquèrent donc à leur tour le camp romain. Pourquoi ? Parce que. Et deux cohortes de plus disparurent dans la tourmente.

Ambiorix, lui, restait introuvable. C'est tout juste si on ne l'entendait pas rire des infortunes romaines. On brûlait, on rasait, on détruisait, et toujours pas d'Ambiorix. Il n'était nulle part. On le voyait partout. À cheval, suivi de quatre guerriers, il surgissait, galopait, s'évanouissait, réapparaissait, véritable pied de nez ambulant, feu follet armé.

Et finalement, de guerre lasse, on abandonna les Ardennes à son sanglier solitaire.

Deux ans plus tard, après que Vercingétorix eut capitulé à Alésia, qui vit-on bondir, d'on ne sait quel fourré, pour prendre sa place parmi ceux qui poursuivaient la lutte et, toujours aussi insaisissable, mener une incessante guérilla ? Ambiorix !

Un jour, il disparut. Définitivement. On ne sait où, on ne sait comment.

Celui-là, le seul peut-être, les Romains ne l'avaient pas eu.

Quel est le personnage le plus romanesque de la guerre des Gaules ? Vercingétorix ou Ambiorix ? Et si le culte du premier a complètement éclipsé la folle aventure du second qui porta pourtant aux Romains, avec des forces beaucoup plus faibles – et sans aucune chance de succès final, il est vrai –, des coups beaucoup plus rudes, n'est-ce pas parce qu'il était moins idéalisable ? Il fallait une icône. Quand on l'eut trouvée avec dix-neuf siècles de retard, tout le reste s'effaça.

L'icône prit la place du musée.

CHAPITRE 7

Même le Gaulois bouge

Dernière difficulté. Qui renvoie à la question première : où, quand, quoi ?

Un peuple sans histoire, sans histoires consignées s'entend, sans histoire écrite de son histoire vécue, est, de ce fait, un peuple sans chronologie. Le rêve des plus « pédagogistes » de notre enseignement. Sa continuité est perçue comme la scansion d'une immobilité. On ne le filme jamais, on le photographie.

Ainsi trouve-t-on normal de traiter des institutions, des mœurs, des traditions, du style de vie des Gaulois. Mais quand ? À quel moment ? Où ?

L'objet de ces approches s'étend sur plus de cinq siècles. Le temps qui sépare le règne d'Henri IV de la présidence de François Hollande. Porte-t-on toujours des manières de barboteuses et des fraises autour du cou sous Hollande ? Envisageait-on le mariage gay sous Henri III ? Les femmes votent sous Hollande, personne ne votait sous Henri III. Prêter aux Gaulois, globalement, telle pratique institutionnelle, professionnelle, sociale, sociétale, technique, n'a de sens que si l'on précise « quand » et « où », car les soixante-dix peuples gaulois ne s'adonnèrent pas aux mêmes pratiques aux mêmes moments et, surtout, en cinq siècles, ces pratiques se modifièrent considérablement. Croit-on que les mœurs des Nerviens du Nord, bruts de décoffrage, étaient comparables à celles des Éduens, au contact de la romanité ?

Les Romains du temps de César se plaisaient à ramener obsessionnellement les Gaulois « chevelus » à leur pratique de sacrifices humains. Et au plaisir qu'ils prenaient à orner le fronton de leurs demeures et l'encolure de leurs chevaux des têtes coupées de leurs ennemis.

Mais, outre que les Latins les plus antiques sacrifièrent eux aussi leurs semblables aux dieux, les Gaulois y avaient peu à peu renoncé, pour certains d'entre eux depuis belle lurette, et il fallait s'enfoncer bien loin dans la Gaule profonde pour trouver des accros à la décapitation esthétique.

Les institutions ? Mais, entre la chefferie primitive d'Ambiorix et les réunions parfois fort agitées, mais dignes, des sénateurs éduens, entre la fougue très personnalisée d'un Commios qui considère les Atrébates comme son patrimoine et la sagesse compassée des magistrats rèmes, il y a autant de rapports qu'aujourd'hui entre les régimes suisse et nord-coréen.

L'exemple des institutions choisies par les Éduens après leur révolution antimonarchique nous permet de percevoir ce décalage.

Les Éduens obéissaient à un magistrat unique, le « vergobret », au pouvoir *a priori* considérable et presque illimité, mais qui n'était nommé, comme les consuls romains, que pour un an. Il n'avait pas le droit, au cours de son mandat, de sortir du pays et, surtout, ne pouvait, sous aucun prétexte, prendre la tête des armées. En cas de guerre, son autorité était déléguée à des commandants militaires, démocratiquement désignés, chargés de conduire les campagnes. Obsession évidente du danger de coup d'État et volonté de neutraliser les démagogues.

C'est le vergobret sortant qui transmettait le flambeau au nouvel élu.

Deux parents ne pouvaient pas siéger au sénat, ni exercer en même temps une responsabilité.

On remarquera que toutes ces prudences, destinées à éviter le cumul, le favoritisme, le clanisme, et qui n'auraient pas permis que les fils de Giscard, de Mitterrand ou de Sarkozy se fassent élire alors que leur père était en fonction, ni que plusieurs « Debré » siègent au Parlement, se révèlent très en avance sur les réformes des institutions les plus radicales qui sont préconisées aujourd'hui.

C'est le sénat qui constituait l'organe permanent de la cité, son pouvoir législatif. Il élisait le vergobret, décidait de la paix et de la guerre. Il semble qu'il ait été assisté d'un conseil qui réunissait les chefs de tribus.

En fait, ce sénat s'apparentait à notre Assemblée nationale, et le conseil à un sénat.

Le sénat éduen était-il aristocratique ? Il représentait plutôt des clans ou des familles élargies, très larges même, mais délibérait sous la pression constante de la population tout entière. On pourrait presque, autant que de démocratie aristocratique ou patricienne, parler d'oligarchie populaire.

La noblesse était beaucoup moins restreinte – ou moins auto-enfermée – qu'elle ne le deviendra sous les régimes féodaux. Elle intégrait, sur une base clanique à la corse, ou tribale, ce qu'on appellerait aujourd'hui les classes moyennes. Mais le peuple, de son côté – car le sénat se définissait comme le sénat du peuple –, était plus restrictif que ce concept ne le laisserait supposer. La plèbe en était *de facto* exclue. Celle-ci ne s'imposait qu'à travers les émeutes ou les « tumultes », qui étaient fréquents, mais que, encore une fois, personne ne les ayant consignés, il est impossible de connaître.

Ce qu'on sait, c'est que l'entrée en guerre et la conduite des opérations impliquaient une forme presque autogestionnaire de consentement populaire. Alors on exigeait de la population en armes qu'elle se présentât un jour et en un lieu précis pour être recensée. C'était, ensuite, cette assemblée qui choisissait celui ou ceux qui allaient la commander. Le sénat n'avait rien à y redire. On raconte – et cette précision est constamment reprise par les historiens – que, lors de ces grandes convocations, celui qui arrivait le dernier était, aux yeux de tous ses camarades, saisi, torturé ou tué. J'ai le plus grand mal à le croire. Sans doute était-ce un trop évident retard qui était sanctionné.

Dans certaines cités, ce sont les notables et, éventuellement, des prêtres – du moins ceux qui s'étaient ralliés aux révolutions – qui formaient le sénat. Dans d'autres, le sénat était élu par une fraction beaucoup plus importante de la population.

La transmission héréditaire, ainsi que les privilèges les plus criants, avaient, dans presque tous les cas, été remis en cause, en particulier dans les villes, alors que les plus hauts aristocrates s'appuyaient volontiers sur les campagnes – ce fut le cas de Vercingétorix chez les Arvernes ou de Dumnorix chez les Éduens – pour tenter de les ressaisir. Si bien que, à côté des paysans engagés derrière les seigneurs héréditaires de leurs cantons, on vit une partie de la plèbe se choisir ses propres patrons et s'engager à leur service, contre avantages largement distribués, en tant que « clientèle ». Deux féodalités s'opposaient, en somme : l'une imposée, l'autre choisie. L'une anticipait le châtelain et ses sujets. L'autre, le chef de parti et ses militants. S'esquisse ainsi l'émergence de deux France, qui d'abord se chevaucheront, puis se succéderont au cours de l'Histoire. Dans les républiques gauloises, ces deux féodalités, l'une déjà établie sur la propriété terrienne, l'autre sur l'ampleur de la fortune poussée à l'excès, représentèrent un mortel danger, soit qu'elles lancent l'une contre l'autre leurs multitudes respectives, soit qu'elles imposent, l'une la dictature des grandes familles, l'autre celle de la faction la mieux organisée.

C'est au Ier siècle avant notre ère que les systèmes républicains, avec sénat, élections plus ou moins censitaires, séparation des pouvoirs et exécutifs tournants, eurent tendance à se généraliser. Les Rèmes, pour des raisons évidentes, se dotèrent d'institutions proches de celles des Éduens, de même que les Arvernes après la chute de Bituit, du moins jusqu'au coup d'État de Vercingétorix et de nouveau après sa chute. Les Nitiobriges de l'actuel Lot-et-Garonne (dont la capitale, Aginnum, devint Agen) et les Sénons du grand Bassin parisien (ils donnèrent leur nom à la ville de Sens) furent parmi ceux, minoritaires, qui gardèrent leur roi.

Ce qui n'empêcha pas les Sénons de faire également leur révolution, non pour dégager leur monarque, mais pour le garder : leur roi héréditaire, à l'arrivée de César, s'appelait Moritasgos. Apparemment, il manquait de souplesse. Le proconsul romain le remplaça donc par son frère, Cavarinos. Le peuple insurgé chassa le frangin et lui confisqua ses biens, ce qui annonçait la révolte d'Ambiorix. Mais ce grand démocrate qu'était César le rétablit de force dans ses fonctions et, à partir de là, le mena par le bout du nez. Il le recruta même dans sa guerre contre Ambiorix.

Discourir, de façon statique, des institutions de la Gaule indépendante n'a, par conséquent, guère de sens. Elles furent diverses, évolutives, façonnées par des décennies de luttes, de révolutions et de contre-révolutions, de catastrophes et de réformes. La séquence arverne, qui voit se succéder révolutions, contre-révolutions, restaurations, coups d'État et retour à la case départ après Sedan – pardon, après Alésia –, nous indique assez que cette Gaule sans histoire vécut cependant, en accéléré, ce qui deviendra, des siècles plus tard, notre propre histoire.

Ce qu'on devine, ce qu'on découvre en grattant un peu, cette hantise du coup de force confrontée à la profusion d'apprentis sauveurs suprêmes, ce heurt continuel entre aristocratie terrienne et nouveaux riches pré-urbains, cette lutte contre le totalitarisme druidique à laquelle participent des aristocrates éclairés, et ces révoltes contre l'oligarchisme aristocratique auxquelles participent des prêtres, cette effervescence populaire que captent à leur profit tantôt les ennemis de la république, tantôt au contraire les contempteurs de la monarchie en place, cet égalitarisme latent qui n'impose sa loi que lorsqu'il parvient à jouer une faction des dominants contre l'autre, ce clanisme corporatiste qui se heurte au clanisme héréditaire, tout cela ne participe-t-il pas, plus encore qu'on ne pouvait l'imaginer, de l'invention des Français ?

Qu'en aurait-il été sans la normalisation voulue par César et la régression provoquée par Clovis ?

CHAPITRE 8

À propos des sacrifices humains

Si cette démocratie naissante, dont nous venons d'esquisser les contours, précédait les Gaulois, certaines mœurs, en revanche, à cette même époque, étaient derrière eux. Et il n'est donc pas indifférent de savoir de quels Gaulois on parle. Ceux de « quand » ? Ceux d'« où » ? Ceux qui sacrifiaient encore leurs semblables à leurs dieux ou ceux qui avaient déjà esquissé des États de droit ? Ceux qui s'adonnaient à l'obscurantisme clérical ou ceux qui avaient remis les prêtres à leur place ?

Bien sûr que les Gaulois immolèrent, en leur infligeant les pires supplices, leurs prisonniers de guerre, les clouant à des poteaux, les transformant en cibles vivantes pour l'entraînement de leurs guerriers, les livrant aux flammes en prémices à leurs cérémonies religieuses. Les Romains antiques aussi. Mais tout permet de penser que, au milieu du IIIe siècle, on avait commencé à renoncer à cette barbarie.

On continua, en revanche, à couper allégrement les têtes des ennemis déquillés. On les plantait à la pointe des piques. Ce à quoi l'on ne renonça pas totalement par la suite, comme auraient pu en témoigner le gouverneur de la Bastille, Launay, et la princesse de Lamballe.

En matière de scalp, de scalp intégral, les Gaulois, longtemps, poussèrent loin le raffinement. Non seulement, ces têtes décollées, ils les clouaient à leurs portes comme un restaurateur affiche ses menus, mais, en outre, ils les embaumaient en les enduisant d'huile, les déposaient dans un grand coffre, les rangeaient par ordre de date de décapitation, les faisaient volontiers visiter, léguaient ce trésor à leurs enfants et, même à prix d'or, refusaient de se défaire d'un tel trophée, même en faveur des parents des victimes.

C'est Strabon et Diodore de Sicile qui nous rapportent ces petits faits de la vie gauloise ordinaire. Quant à notre cher Tite-Live – qui, il est vrai, ne dédaigne pas le sensationnel, tel un rédacteur en chef du *Sun* –, il ajoute que, parfois, les crânes nettoyés, enchâssés dans un socle de métal précieux, servaient de coupes qu'on se passait de table en table lors des festins.

Cela, vers 90 avant Jésus-Christ, se pratiquait encore, au moins dans des tribus un peu reléguées ou enclavées au Nord et à l'Ouest. Comment et pourquoi le sait-on ? Parce que le géographe et historien grec, déjà souvent cité, Posidonios, né en 135 avant Jésus-Christ et mort en 51 – rare longévité –, visita la Gaule et en rapporta un témoignage saisissant. Le texte en a été pour l'essentiel perdu, mais ses successeurs et disciples le citèrent largement, en particulier Strabon, géographe grec lui aussi, contemporain d'Auguste, qui, pour cette raison, représente à lui seul une source inépuisable. Or, Posidonios eut devant les yeux le spectacle de ces nombreuses têtes exhibées, noircies, défigurées : vision horrible, encore que – finit-il par concéder – « nos yeux s'y accoutumèrent peu à peu ».

Au temps de César, tout cela était terminé. Et c'est un crève-cœur que nous ignorions tout des débats, des campagnes d'opinion, des controverses politiques, des mobilisations citoyennes, des interventions de grandes consciences, des manifestations peut-être qui préludèrent à l'abandon de cette pratique, mais aussi des résistances conservatrices ou des indignations ethnicistes qui se firent jour : on brade nos traditions, et c'est comme ça que commencent les décadences !

Et les sacrifices humains ? Eh bien oui, nos ancêtres les pratiquèrent pour mettre les divinités ou les esprits dans leur jeu, sinon dans leur poche. On cherchait dans les entrailles, non d'un poulet, mais d'un ennemi, à déchiffrer les secrets d'un destin cachottier. Des « vieilles », tout habillées de blanc, et munies d'une bassine de cuivre, présidaient à cette chirurgie d'autant plus épouvantable qu'elle se voulait sacrée : on préfère ici vous passer les détails de la cérémonie telle que Strabon et quelques autres la rapporte. Mais ce sont les Gaulois de l'extérieur qui s'adonnèrent à ces rituels. Ceux de chez nous, plus civilisés, se contentèrent d'utiliser des hommes, semi-druides, qui, selon Diodore de Sicile (historien grec contemporain de César qui tenta de rédiger une Histoire universelle), étaient chargés de mettre à mort la victime en lui perçant la poitrine pour déduire de ses réactions, en mourant, et de la direction du jaillissement du sang, ce que le destin voulait bien révéler de ses intentions et avatars.

En fait, non seulement les dieux étaient censés, à ce qu'affirmaient leurs porte-parole autoproclamés, adorer qu'on leur adressât des bas morceaux humains plutôt que des méchouis d'animaux, mais, en outre, chacun d'entre eux avait sa préférence pour une façon de les accommoder – y compris, l'un d'eux, au court-bouillon ou à l'étouffée. Même Toutates, dieu entre autres de la paix, était demandeur. Et, en des temps reculés, il arriva que des offrandes collectives s'apparentassent fort à un holocauste.

La croyance en la métempsycose, même si elle ne rendit pas Pythagore inhumain, n'arrangeait pas les choses :

quand la vie d'un personnage considérable était en danger, une forte pression s'exerçait pour qu'on offrît aux dieux une vie de remplacement. On vous offre celui-ci, épargnez celui-là ! Donnant-donnant.

César comme Strabon insistent, eux, sur un cérémonial dont la relative fréquence à une certaine époque a, hélas, été attestée : enfermer les sacrifiés dans un immense mannequin en osier auquel on mettait le feu au milieu des chants et des mélopées des bardes.

Ces pratiques furent, peu à peu, abolies et on l'aimerait savoir à l'issue de quelles sublimes croisades, ou connaître les noms des abbé Grégoire ou des Badinter celtes qui contribuèrent à cette avancée de civilisation. Même si cette méthode fut encore employée, par la suite, sous les auspices des mêmes druides bourreaux, pour l'exécution de malfaiteurs condamnés au châtiment suprême. César suggère que, lorsqu'on n'avait pas de malfaiteurs à se mettre sous la torche, on s'arrangeait autrement. Des innocents se dévouaient.

Évidemment, aucun de ces témoignages ne provient d'un géographe ou d'un historien gaulois, puisqu'il n'y en avait pas. Pas encore. Donc, les accusations sont grecques ou latines.

Non fiables pour autant ? Incontestablement, il y a eu, chez eux, une tendance à s'appesantir excessivement sur tout ce qui confortait certains préjugés. Le colonisateur commence toujours par se fabriquer l'image du colonisé la plus propice à son entreprise. Il suffisait qu'un allumé, dans une tribu inaccessible au progrès par la route, et même par chemin vicinal, fît rôtir un malheureux dans son casier d'osier pour séduire le dieu de la pluie, et qu'un Gréco-Romain l'apprît, pour que le Gaulois fût renvoyé au cauchemar que, depuis Brennus, il inspirait. Qui, après qu'on eut décrit devant lui le supplice du mannequin d'osier ou la chirurgie à la marmite en cuivre, aurait eu encore le cœur de défendre « nos frères les Gaulois » ? Cicéron, on l'a vu, s'en donna à cœur joie, se gardant bien de préciser que ce peuple avait su, peu à peu, irrésistiblement, se libérer de cet obscurantisme et renoncer à des pratiques innommables.

Ajoutons que, du temps de notre monarque très catholique Louis XIV, dans les pays protestants, on provoquait de semblables réactions d'horreur en décrivant par le menu les supplices de la roue ou de l'écartèlement. La torture préalable relevait, alors, de la normalité. Plus tard, le chevalier de La Barre, pour agnosticisme, fut soumis, par les druides de l'époque, à un traitement qui valait bien le mannequin d'osier. Pourtant, peu d'intellectuels s'émurent que l'on rôtît les sorcières au XVIIe siècle.

Reste que, oui, les Celtes – non pas les Gaulois, mais « des » Gaulois, à un moment donné, à un stade de leur évolution – ont pratiqué, et parfois, au début, à grande échelle, des sacrifices humains.

Ainsi, à Acy-Romance, dans les Ardennes, futur fief d'Ambiorix, on a découvert plusieurs fosses circulaires dans lesquelles étaient enfouis les corps d'une vingtaine de jeunes gens, roulés en boule, la tête entre les jambes, momifiés. D'autres, dans une fosse semblable, étaient assis en tailleur, droit, la tête tournée vers le soleil. Un autre corps, blessé à la tête, avait les mains liées derrière le dos. Dans l'Oise, à Gournay-sur-Aronde, dans un enclos apparemment sanctuarisé datant du IIIe siècle (avant Jésus-Christ), des amas d'objets et d'armes bordaient une fosse remplie de corps.

Dans ces deux cas, s'agit-il d'exécutions capitales ou de sacrifices humains ?

Deux charniers datant du IVe siècle ont été mis au jour dans la vallée de l'Ancre, dans la Somme. Lendemain de bataille, semble-t-il, avec exécutions de prisonniers.

Ces pratiques, qui furent communes à biens des peuples très anciens, se répandirent sans doute en Gaule antérieurement à l'instauration de la religion druidique.

Certains « celtolâtres » en déduisent que les druides contribuèrent à les refouler. C'est faux. En revanche, les premières révolutions aristocratiques, qui permirent de délimiter le pouvoir longtemps absolu du clergé, accélérèrent le processus de transformation et d'humanisation relatives des mœurs. Et les révolutions républicaines poussèrent dans le même sens.

Le Gaulois est sans histoire, mais des Gaulois sans histoire, ça n'existe pas. C'est ce paradoxe qu'il convient sans cesse de résoudre : car ce ne sont pas leurs enfermements claniques ou tribaux, ce ne sont pas les plus contestables de leurs traditions et les plus arriérées de leurs mœurs qui participèrent de notre émergence en tant que Français, ce sont, progressivement, leurs efforts, leurs luttes, leurs combats pour s'en émanciper.

C'est cette dynamique-là qu'une archéologie intégrant la flèche du temps devrait permettre de faire revivre. Nos ancêtres avançaient.

CHAPITRE 9

Ce qu'il y a de gaulois en nous

Si l'on posait la question : « Qu'est-ce que les Gaulois ont bien pu inventer ? », on répondrait presque spontanément : le kil de rouge, la baguette, le camembert et les cochonnailles !

Ce ne serait pas tout à fait vrai, mais presque. Les Gaulois, grands consommateurs de vins italiens, avant même d'en produire eux-mêmes (en particulier dans la région de Béziers), estimant les amphores fort peu pratiques, conçurent en effet le tonneau, ce tabernacle de la religion bachique. Ce qui, on en conviendra, joua dans notre épopée nationale un rôle presque aussi important, sinon plus, que la bataille de Tolbiac ou celle de Bouvines. À choisir entre se faire battre à Alésia ou inventer le tonneau, j'imagine pour quoi opteraient les Bourguignons, les Bordelais ou les cavistes du Beaujolais.

Au Ier siècle, la quantité de vin transporté en moyenne chaque année entre l'Italie et la Gaule représentait plusieurs millions d'amphores. Le tonneau fut donc au commerce du vin ce que le chemin de fer fut à la diligence ou l'ordinateur portable à la machine à écrire. Et il était aussi logique que les Gaulois l'inventassent que les Mongols le yaourt de lait de jument.

Le pain, ils ne l'ont pas inventé, mais la qualité du blé qu'ils utilisèrent et l'adjonction de levures leur permirent d'élaborer une pâte légère dont le monde romain raffola. Plus que de leurs fromages de vache, à partir d'une race de Lozère, qu'ils égouttaient dans des faisselles, dont ils soignèrent, frais ou secs, la finition (surtout les Séquanes de Franche-Comté, qui anticipèrent presque le comté et le cantal), mais qui ne plaisaient que modérément aux Romains parce que, vieillissant mal, ils prenaient rapidement un goût aigre.

Ce sont encore les Séquanes de Franche-Comté qui fignolèrent le mieux la conception de la charcuterie, après avoir mis au point des méthodes réputées pour conserver et même confire la viande de porc. Ils en devinrent, et de loin, les premiers exportateurs, et pas seulement vers l'Italie. Une foire aux jambons et saucissons gaulois était même organisée à Rome.

Tonneaux, pain léger, fromages onctueux, charcuterie, jambons et salaisons. Si l'on y ajoute – car les Belges étaient des Gaulois – la bière à base d'orge et parfois agrémentée de miel et de cumin, on regrette – car nos ancêtres faisaient volontiers griller la viande de bœuf – de ne pas pouvoir inscrire les pommes frites à leur palmarès.

Qu'y a-t-il de surprenant dans le fait que les Gaulois aient très tôt exprimé, en matière culinaire, ce que leurs terroirs leur soufflaient, ce que leurs climats leur inspiraient, ce que leur religion, exceptionnellement, ne leur interdisait pas ? Il eût été plus surprenant que le boudin nous vînt de Palestine ou le steak des Indes.

Qu'appelle-t-on plat national ou régional ? Le résultat de l'assemblage et de la cuisson, dans une marmite, des produits que l'on peut trouver dans l'environnement du lieu où ce plat est né : paella, bouillabaisse, choucroute, cassoulet, couscous, bortsch, etc. La Gaule a donc tout naturellement investi ses spécificités dans sa cuisine. Elle s'est exprimée à travers sa façon de se faire une culture des produits de sa nature. Selon Polybe, en Gaule, pour le prix d'un obole, on pouvait faire un bon repas dans un troquet ! Et Varron confirme.

On y fit griller les saumons du pays de la Loire, on y apprêta le mulet au court-bouillon, on y dégusta des huîtres, on y utilisa le miel, on y accommoda les lentilles, on y releva les sauces avec de la coriandre, du thym, du basilic, des pignons, du cumin, du poivre aussi, selon Pline, et on y confectionna une sauce bizarre à l'aide de poissons macérés. On y rôtit à la broche, on y bouillit les bas morceaux, et on y employa le saindoux à la place de l'huile, réservée à une petite élite chic. Déjà la cuisine identitaire. Les Gaulois mettaient la Gaule sur le feu et ils l'arrosaient de Gaule. Et pourquoi ce d'où est monté l'homme gaulois ne remonterait-il pas en nous ? Pourquoi la statue aurait-elle répudié la glaise qui peu à peu la modela ? La modernité, ce n'est pas diaboliser le boudin, c'est éventuellement le fourrer à la banane.

Oui, chaque fois que le Gaulois bâfrait, le Français émergeait.

En était-il de même quand il enfilait son pantalon ? D'emblée, la Gaule d'en bas fut sans culotte, quand la Gaule d'en haut, très vite, se moula dans la toge. Le pantalon, les braies, mais aussi la saie (mi-chemise, mi-veste), longue, et le manteau de laine avec capuchon, parfois un dessous de lin – le Gaulois était furieusement tendance. Ou, plus exactement, il est devenu très tendance d'être gaulois. Et, avec ça, coquet : colliers et bracelets à tire-larigot. Cheveux décolorés, lavés à la chaux pour maintenir une vague et hypothétique blondeur. Aux pieds, foin de sandales, des croquenots de cuir. Et ce justaucorps décoré de motifs multicolores et géométriques, plus m'as-tu-vu tu défailles !

De tous les mâles de l'époque, le Gaulois n'est-il pas le seul dont l'accoutrement ne dépayserait pas sur les mannequins de la devanture des Galeries Lafayette ?

Cet homme-là, le Gaulois, ayant la passion du vin (on a honte de le préciser, mais il lui arriva, dit-on, d'échanger un tonneau contre un esclave), se cuitait sans complexe, d'autant plus que les négociants trafiquaient allégrement son pinard. Ils y ajoutaient toutes sortes d'étrangetés qui en rehaussaient la couleur et en corsaient artificiellement la saveur.

La piquette émergea avant le vosne-romanée.

On pourrait décliner ce qui, dans la sève de ce qui s'enracina et poussa sur notre terre, anticipa ce qui s'est progressivement infusé : le Gaulois et son goût des rumeurs et des potins, au point que certaines cités édictèrent une législation spéciale anti-ragots obligeant tout voyageur qui était porteur d'une « info » croustillante à en faire d'abord part aux autorités – au bureau des ragots trouvés, en quelque sorte ; le Gaulois et son éloquence boursouflée, grand amateur de métaphores et d'hyperboles, ce qui, médisaient les Grecs, rendait parfois ces envolées particulièrement absconses ; le Gaulois toujours à l'affût d'informations de dernière heure et qui avait inventé un système proto-télégraphique, formé de crieurs qui se répétaient des messages de colline en colline, ce qui permettait aux nouvelles de franchir 350 kilomètres en moins de dix-huit heures ; le Gaulois dont les éducateurs druides de l'enseignement confessionnel – il n'y avait que ça – récitaient leurs cours en vers pour que leurs élèves puissent les apprendre par cœur ; le Gaulois ficelé dans ses traditions, immobiliste tumultueux, conservateur agité, mais que fascinaient les expériences et innovations exotiques dont il recueillait l'écho en forçant tout étranger passant à sa portée à lui en faire le compte rendu par le menu ; le Gaulois égalitariste en paroles, mais qui saisissait toutes les occasions, vestimentaires, festives, éducatives, de souligner et d'accentuer les hiérarchisations sociales ; le Gaulois qui avait mis sur pied un système à base de chefs de clans bardés de clientèle, avec ses écuyers, ses porte-lances, sa piétaille, ses gardes du corps, ses maîtres des écuries, ses échansons, ses bouffons, ses bardes ou troubadours, ses artisans, ses serfs, ses féaux, qui anticipaient très exactement ce que sera la féodalité en France au XIIe siècle ; le Gaulois dont le patriotisme, volontiers exalté, ne le cédait qu'au particularisme exacerbé et dont César souligna « l'amour de la liberté et la haine de la servitude », ce qui ne les empêcha jamais, dans chaque cité, de se diviser en au moins deux partis concurrents qui défendaient une conception différente de cette liberté, les uns en faisant de Rome sa garante et les autres sa pire contemptrice ; le Gaulois dont César prétend encore qu'« il lui arrive souvent de prendre sur les affaires les plus importantes des décisions dont il lui faut aussitôt se repentir », et aussi qu'« il fait volontiers usage de mots excessifs, surtout pour rabaisser les autres » ; le Gaulois que Strabon, après Posidonios et Diodore de Sicile, décrit comme irascible, vantard, irréfléchi, facile à manier, mais courageux et forcément sympathique ; le Gaulois dont Posidonios, toujours, nous assure que ses grands chefs « aimaient traîner derrière eux une suite d'intellectuels de [poètes] parasites qui mangeaient à leur table, chantaient leurs louanges et les suivaient à la guerre » (aujourd'hui, ce sont les chefs qui suivent les intellectuels à la guerre) ; le Gaulois redresseur de torts, prompt à défendre la cause de l'opprimé, selon toujours Posidonios ; le Gaulois qui se pommadait les cheveux, se lissait la moustache, et dont les jeunes gens, d'après Strabon, étaient punis si leur tour de taille excédait une mesure limite imposée ; le Gaulois qui instituait des péages sur les grandes routes et les cours d'eau, taxant les marchandises qui les empruntaient, et affermait le collectage de ces perceptions à des intérêts qui devenaient oligarchiques, ce qui permit à certains de devenir de grands seigneurs à partir du moment où ils parvinrent à contrôler et à rançonner des points de passage commercialement stratégiques ; le Gaulois dont l'individualisme forcené trouvait parfois, assez souvent même, dans les révolutions et les frondes, une façon de collectiviser ses humeurs les plus personnelles ; le Gaulois qui, en guerre contre l'envahisseur, sans avoir préalablement mis sa technologie militaire à la page, annonçait le chevalier d'Azincourt paralysé par son armure d'un autre temps, les cuirassiers sabre au clair de la charge héroïque de Reichshoffen ou le pioupiou en pantalon rouge garance de 1914 ; le Gaulois qui, selon Strabon, Tite-Live ou Diodore de Sicile, généreux et bravache, affectait un volontarisme à toute épreuve qui s'essoufflait en côte et se fracassait dans les descentes...

Mais aussi le Gaulois novateur, innovateur, inventeur, initiateur, qui, outre le tonneau, conçut la charrue sur roue tractée par un animal de trait et, sans doute, en Gaule Belgique, les premières moissonneuses ; excellait dans la carrosserie et, en attendant la traction avant ou la 2CV, utilisait des charrettes, des chariots ou des chars qui faisaient prime sur le marché ; inventa le savon, mélange de graisse et de soude ; fabriqua les premiers matelas de laine, bien qu'il ne se soit pas servi de lit ; développa la métallurgie et fignola les alliages ; perfectionna le travail du cuivre, affina celui de l'or, imposa ses modèles de bijoux et de parures, mit au point la méthode du placage, de l'émaillage et de l'étamage, dont il était le grand expert (en particulier les Éduens) ; s'imposa par la qualité de ses tissages, la finesse de ses étoffes, le rendu des couleurs qui, hélas, avaient tendance à passer au lavage ; et surtout, en matière agricole, améliora les techniques du chaulage, du marnage, du fumage et des cultures alternées que décrit un Pline admiratif. « Ils ont découvert, écrit Pline l'Ancien, une autre méthode qui consiste à nourrir la terre avec elle-même. » Qu'on y songe jusqu'à la fin du XIXe siècle, les serpes, les bêches, les houes, les tamis en crin de cheval étaient exactement semblables aux ustensiles qu'utilisaient les Gaulois. Et on continuait, sur le mont Beuvray, à tenir une foire aux bestiaux dont la tradition remontait à l'ancienne Bibracte.

Si la Gaule, redoutée et moquée, fait également à ce point envie, c'est qu'elle apparaît comme l'Eldorado des cultivateurs.

Terre d'élection du blé, du pâturage et du fourrage, selon un géographe grec : la Crau, déjà, offrait ses moulins ; le Massif central s'enorgueillissait de ses vaches laitières ; la Gaule Belgique, de ses chevaux puissants. À partir de l'oie cendrée et du col-vert, on fit proliférer les oies et les canards. Encore qu'on ne dispose d'aucune preuve qu'on s'en régalât. Quant aux pigeons, ils étaient déjà domestiqués.

QUAND LE GAULOIS PARLE EN NOUS

Il y a, c'est l'évidence, du Gaulois en nous. Non pas par le sang, mais par le sol. Parce que c'est le sol, et non le sang, qui porte les racines. Il y a du Gaulois dans Zidane, dans Rachida Dati, dans Noah, dans Badinter, ou dans Simone Veil, dans Zola ou dans Masséna, autant que dans Dupont de l'Eure et Dupin l'Aîné. Il y a du Gaulois en nous, comme dans « alouette », « arpent », « balai », « baraque », « bec »… parmi quelque trois cents mots que nous devons à cette langue gallique que l'on baragouinait encore, ici ou là, au Ve siècle de notre ère, selon Sidoine Apollinaire, et dont les Bretons ont gardé l'héritage (au IIIe siècle, on rédigeait encore des codes civils en gaulois).

Des mots gaulois qui ont fini par prendre racine dans le terreau de la langue française, y compris moderne, en voici quelques-uns que j'emprunte au remarquable et savant *Dictionnaire de la langue gauloise* de Xavier Delamarre :

Alouette, ambassade, ardoise, arpent, auvent, balai, baume, bec, béret, bief, bille, blaireau, boisseau, borne, boue, bouge, bouton, branche, brèche, bruyère, cagoule, chamois, charpente, charrue, chemin, chêne, chétif, décombre, dragée, drogue, encombré, érable, glaise, gobelet, gravier, grève, javelot, marne, mégot, mouton, quai, ruche, sac, talus, tanière, truand.

Notons qu'on en trouve d'autres en occitan, provençal, romanche et catalan.

Il y a du « gaulois » qui remonte de cette terre pour s'infuser en nous, s'emparer de nous, tant elle est, cette terre, ou ce « terroir », marquée, imprimée par son emprise : Vannes, ville des Vénètes ; Nantes, ville des Namnètes ; Reims, des Rèmes ; Bordeaux ou Burdigala, ville des Bituriges ; Poitiers, au cœur du pays picton ; Saintes, du pays santon ; Limoges, du pays des Lémovices ; Soissons, du pays des Suessions ; Cahors, du pays cadurque ; Tours, du pays des Turons ; Amiens, du pays des Ambiens ; Ambérieu, la ville des Ambarres ; Vesontio, devenue Besançon ; Tullum – Toul ; Aginnum – Agen ; Avenio – Avignon ; Carpentorate, ville des Memini – Carpentras ; Tolosa – Toulouse ; Nemausus – Nîmes...

Les délimitations de territoire des nations gauloises, on les reconnaît dans les subdivisions religieuses et civiles de la France de l'Ancien Régime : les Arvernes sont devenus l'Auvergne, les Bituriges le Berry, les Lémovices le Limousin, les Parisii les Parisiens ; d'abord morcelés, les pays des Volques ont retrouvé leur unité dans le Languedoc, et le Dauphiné recouvre l'espace des Allobroges comme la Franche-Comté celui des Séquanes.

Mieux, quand la Révolution créa les départements, presque naturellement elle retrouva la délimitation des anciennes cités ou tribus gauloises : le Lot-et-Garonne est l'ancien fief des Nitiobroges, l'Indre-et-Loire des Turons, la Lozère des Gabales, la Dordogne des Pétrocores qui ont donné leur nom à Périgueux ; la tribu des Santons a été coupée en deux pour donner les deux Charentes.

Les Francs aussi ont initié des redécoupages territoriaux. Aucune trace : que reste-t-il, en particulier, de la Neustrie, de l'Austrasie ? Seuls les Burgondes sont parvenus à plaquer une empreinte sur l'empreinte, en grande partie parce que le territoire des Éduens, trop étendu, avait été éclaté.

Combien de villes, qui ont fait souche, furent, à l'origine, des places de marché ou champs de foire installés par les Gaulois : Senlis, Beauvais, Angers, Fréjus, Lodève. Combien d'autres se sont développées à partir d'un relais, d'un guet, d'un pont : Amiens autour d'un pont sur la Somme, comme Nevers autour d'un pont sur la Loire ; Limoges autour d'un guet, Chalon autour d'un bac. La France des bourgades, des bourgs, des villes moyennes – et aussi parfois des fermes –, est pour l'essentiel une France gauloise esquissée avant la conquête et consolidée, transformée, développée pendant la période gallo-romaine. Ce ne fut ensuite que des rajouts. Tout était déjà là. Le Gaulois ne coule pas dans nos veines, non, mais il nous saisit par les pieds. Il projette jusqu'à notre cerveau les effluves dégagés par les épanouissements et les floraisons des graines qu'il a semées.

Un guerrier qui ne sait pas se battre

De notre fameux ancêtre, nullement naturel mais culturel à bien des égards, le premier à nous entretenir fut, vers l'an 100 avant notre ère, ce fameux Posidonios, philosophe et géographe grec, repris par Strabon, à qui l'on doit tous les stéréotypes qui inspirent, encore aujourd'hui, les tabloïds britanniques. Et sur le jugement duquel Michelet ouvre sa monumentale *Histoire de France* (je lui emprunte sa traduction) : « Le caractère commun de toute la race gallique, écrit-il, c'est qu'elle est irritable et folle de guerre, prompte au combat, du reste simple et sans malignité. Si on irrite les Gaulois, ils marchent ensemble droit à l'ennemi et l'attaquent de front, sans s'informer d'autre chose. Aussi, par la ruse, on en vient aisément à bout. On les attire au combat quand on veut, où l'on veut, peu importent les motifs. Ils sont toujours prêts, n'eussent-ils d'autre arme que leur force et leur audace. Toutefois, par la persuasion, ils se laissent amener sans peine aux choses utiles ; ils sont susceptibles de culture et d'instruction littéraire. Forts de leur haute taille et de leur nombre, ils s'assemblent aisément en grande foule, simples qu'ils sont et spontanés, prenant volontiers en main la cause de celui qu'on opprime. »

En fait, de cette dernière phrase, on peut préférer cette traduction : « S'ils s'assemblent si facilement en grande quantité, c'est que leur caractère simple et droit les pousse à soutenir toujours les protestations de ceux de leurs voisins qu'ils croient victimes de quelque injustice. »

Et Posidonios, relayé par Strabon, ajoute (ce qui suffirait à expliquer pourquoi César, avec des forces bien inférieures, en est venu aussi facilement à bout) : « Leur manière de combattre manque complètement de la science des armes. Ils lèvent haut leur sabre, l'abattent sauvagement comme des bûcherons ou le font tournoyer comme une faux. »

Le guerrier gallique, à suivre l'auteur, lève bêtement sa longue épée sans pointe et coupante d'un seul côté, si bien que le Romain n'a qu'à glisser sous son bras en tenant haut son baudrier, à se courber et à lui percer le bide. Ou encore à lui cisailler les chevilles. Ils hurlent, rugissent, gesticulent, déploient des efforts excessifs, et se fatiguent ainsi inutilement. Strabon en rajoute : « Quel mal peuvent nous faire leur longue chevelure, leurs yeux féroces, leurs grimaces et même leurs danses désordonnées ou le bruit de leurs armes frappées l'une contre l'autre, et toutes les injures et les menaces que leur jactance lance contre l'adversaire ? La victoire les rend insupportables, mais la défaite les plonge dans la stupeur. » Tite-Live confirme : « Ils manient leur épée sans aucune dextérité. »

Tous, en revanche, leur reconnaissent de grandes qualités de cavaliers.

On peut imaginer que Jules César prêta l'intérêt le plus vif à ces textes, qui décrivent tous le Gaulois comme un guerrier dans l'âme, mais qui fait épouvantablement mal la guerre. Vaincre un grand guerrier, c'est valorisant. Et s'il est mauvais soldat, c'est facile.

Ces remarques, reprises ensuite en boucle, auraient bien fait rire – ou enrager – ceux qui, de Rivoli à Austerlitz, de Wagram à Friedland, de Marengo à Iéna, vinrent à bout des armées des empereurs de Russie et d'Autriche, du roi de Prusse et de quelques autres soutenus par l'Angleterre. Mais aussi ceux qui ont toujours une blague de réserve sur la prétendue inaptitude chronique des Italiens, dont les Romains étaient les ancêtres, à la confrontation armée. Preuves de l'inanité de tout jugement global concernant le tempérament supposément synthétisable d'un peuple ou les fondamentaux caractériels d'une nation.

On s'est rarement aussi sauvagement étripé que les Libanais, décrits comme une douce et calme population de commerçants que rien d'autre ne pouvait motiver que leurs intérêts marchands.

Cela vaut pour tout ce qui a pu s'écrire ou se dire sur telle ou telle qualité, tel ou tel défaut, telle ou telle pratique, telle ou telle tradition des Gaulois considérés comme un tout hors du temps et de l'espace. Et cela vaut aussi, évidemment, pour tout ce que j'ai égrené plus haut. Quand ? Où ? Comment ? Pourquoi ?

J'ai montré la diversité, la qualité et l'originalité des produits que les Gaulois exportaient. Mais ils en exportaient, et en « gros », deux que j'ai omis de répertorier : des mercenaires et des esclaves.

À propos de leurs mercenaires, très demandés, on peut se poser cette question : s'ils étaient de si mauvais guerriers, pourquoi les recherchait-on comme soldats ? La raison en est très simple : dans le cadre d'un certain système, inféodé à certaines traditions, exaltant certaines valeurs et sous la conduite de certains types de capitaines, ils faisaient, en effet, des soldats d'une rare inefficacité. Mais sous d'autres commandements, dans d'autres conditions, soumis à une autre organisation, ils devenaient des soldats hors pair. Et Jules César en fit, lors de la guerre qui l'opposa à Pompée, une énorme consommation.

Si, en outre, dans leur propre pays, les Gaulois se montraient fort déficients dans les combats en ligne, ils se révélèrent dans les guerres de partisans, comme celles que menèrent Ambiorix, Commios ou plus tard Civilis.

S'agissant des esclaves, il y eut deux périodes qu'on ne saurait comparer. Au cours de la première, de petits chefs tribaux gaulois, comme les roitelets d'Afrique noire, vendirent eux-mêmes leurs congénères faits prisonniers à l'issue de guerres intestines ou inter-tribales. Ou bien les échangeaient contre des produits de luxe très prisés par leur caste dirigeante, y compris du vin. En une seconde période, ce sont les Romains qui vendirent comme esclaves, principalement sur les marchés italiens, les dizaines de milliers de Gaulois qu'ils avaient faits prisonniers. À cette époque, la Gaule ne pratiquait quasi plus la traite esclavagiste de ses propres habitants.

Au moment de la révolte de Spartacus, on aurait comptabilisé quelque 300 000 esclaves gaulois en Italie. Christine Delaplace et Jérôme France ont calculé qu'un taux de remplacement de 7 % nécessitait un arrivage de 15 000 nouvelles têtes par an. Mais César, à lui seul, entre 58 et 51, aurait jeté sur le marché un million de nouveaux esclaves gaulois. Ce chiffre me paraît absurde, la population des Gaules ne dépassant sans doute pas 6 millions d'âmes, mais il est significatif qu'on l'ait avancé pour exprimer une échelle de grandeur.

QUAND ÇA CHAUFFE POUR LES CLIENTS

Tuait-on les esclaves d'un chef de clan quand celui-ci décédait ? Les brûlait-on, comme on le rapporte, ainsi que certains domestiques avec leurs maîtres ?

En fait, il fut un temps où même les clients d'un haut personnage – ceux qui, en quelque sorte, contre sa protection et son soutien, s'enchaînaient à lui – lui étaient sacrifiés à sa mort ou se sacrifiaient eux-mêmes. « Chaque chef, peut-on lire sous un stylet gréco-romain, a sa bande de compagnons qui le suivent, lui obéissent et meurent avec lui. »

À supposer que cela fût jamais aussi carré, cette pratique avait disparu à la veille de la conquête romaine.

C'est grâce à sa « clientèle » mobilisée, comme les adhérents d'un syndicat, que Vercingétorix l'emporta dans sa cité sur le parti républicain allié aux aristocrates. On ne sache pas que ses milliers de clients, achetés à bourse déliée, se soient suicidés après Alésia, par solidarité avec leur patron.

Quant à Orgétorix, chef helvète qui, comme Vercingétorix, tenta de restaurer la monarchie à son profit, quand il fut tué ou se suicida, on ne signala aucun holocauste volontaire chez ses 10 000 clients.

Quand César fit tuer le chef éduen Dumnorix après qu'il eut refusé de se joindre à l'expédition de Grande-Bretagne, aucun de ses clients ne s'immola en signe de solidarité.

Ainsi, cette pratique, sur laquelle on a coutume d'insister, n'existait plus au cours du dernier siècle de la Gaule indépendante.

Les femmes étaient-elles dépourvues de tout droit face à des maris qui les concentraient tous, y compris celui de vie et de mort. Ce fut effectivement le cas, comme dans la Rome des premiers temps. Mais doit-on *a priori* exclure qu'elles se soient, peu à peu, individuellement ou collectivement, insurgées contre cette entière soumission ? Qu'elles aient progressivement arraché des droits et des pouvoirs ? Ce que l'on sait, c'est que, un siècle déjà avant l'irruption de César, dans de nombreuses cités, le mari devait ajouter une somme mise en réserve de valeurs équivalente à la dot apportée par son épouse. En cas de décès du conjoint, le survivant, homme ou femme, en disposait : on devine ce qu'il fallut de mobilisation et de lutte pour parvenir à cette avancée.

Lors du terrible siège d'Avaricum (Bourges), capitale des Bituriges, en 52, on vit les femmes empêcher leurs époux de quitter la ville. Elles participèrent à la défense de Gergovie. Plutarque les décrit s'interposant pour éviter une guerre civile. Chez les Ibères du Roussillon et peut-être chez les Ligures, dans certains cas délicats, on s'abandonnait à leur jugement. Et l'on ne sache pas que les femmes cimbres se soient comportées en femmes soumises.

Comment accepter que la question de la position sociale des femmes (et celle des rapports sociaux en général) soit abordée de façon statique, comme s'il s'agissait d'une parcelle de vie collective figée dans la glace d'une histoire banquise ? Même la manière de décrire l'habillement pose problème. La Gauloise utilisait l'écume de bière pour s'éclairer le teint, portait une ample tunique à longs plis, une pièce d'étoffe attachée sur les hanches et tombant devant comme un tablier, et un voile ramené derrière la tête venait ensuite se draper sur ses épaules et sa poitrine.

Mais quand et où ? Donc, en quatre ou cinq siècles, aucun phénomène de mode ne serait apparu ; aucune influence externe ne serait venue y mettre son grain de sel ; aucune modernité n'aurait jamais fait passer un ancien accoutrement pour un archaïsme ? Les jeunes filles se seraient, pendant quatre ou cinq siècles, habillées exactement comme leurs mères, leurs grand-mères, leurs arrières-grand-mères ? Les progrès du tissage du lin, l'affinage de la laine, la découverte de nouvelles tentures, n'y auraient rien changé ?

Il fut un temps où, si un mari mourait, sa famille exigeait que son épouse soit torturée pour avouer son éventuelle culpabilité, et mise à mort si ses explications n'étaient pas satisfaisantes. Là encore, des indignations publiques, des solidarités militantes avaient eu raison de ces terrifiants agissements.

On veut bien croire, en revanche, que Tacite dise vrai quand il évoque le sort réservé par le machisme gaulois ordinaire – et l'on craint de dévoiler là comme la face sombre de l'énergumène – à la femme adultère : « On rase la coupable, on la dépouille et, en présence des parents, le mari la chasse de sa maison en la poursuivant de verges par toute la bourgade. »

Le Gaulois a commencé saoudien.

Le comble est que le conservateur Tacite ne s'en offusque pas outre mesure. Elles ne pourront plus trouver de mari, et alors ? « Dans ce pays [la Gaule], on ne rit pas des vices. Les Gauloises prennent un seul époux, comme elles ont un seul corps, une seule vie, si bien que leurs pensées ne voient rien au-delà, que leurs désirs ne regardent pas plus loin et que, dans leur mari, elles aiment non pas le mari, mais le mariage. Borner le nombre de ses enfants ou procéder à un avortement est flétri comme un crime. »

Tout l'enjeu de ce qui sous-tendra l'épopée féministe – non étiqueté, puis affirmé – gît déjà là.

L'émergence, c'est aussi un passage de témoin. L'héritage non d'un acquis, même pas d'un conquis, mais d'un combat à poursuivre.

Les Gaulois étaient-ils experts en gauloiseries ? La paillardise faisait-elle partie du paquetage qu'ils nous ont transmis en s'effaçant ? Paradoxalement, nul n'en témoigne. Les gauloiseries seraient-elles plus humainement universelles que particulièrement gauloises ? Ils appréciaient les bouffes interminables, bien arrosées, entre hommes, ce qui ne présage pas d'une extrême délicatesse de conversation, mais évoque plutôt les banquets d'après vendanges. Ça se terminait d'ordinaire au baston, digne d'une sortie de bal du samedi soir. On y comparait généralement ses exploits, mais ils n'étaient pas tous purement guerriers.

On sait aussi que, pour empêcher que les joutes verbales ne tournent au capharnaüm ou au pugilat, on avait, dans certaines cités, institutionnalisé des règles strictes de façon que les interrupteurs soient sanctionnés après avertissement.

Les auteurs grecs et latins ne rapportent, en fait, aucune cochonnerie ou grosse blague grasse censée être sortie de la bouche d'un Gaulois. Mais peut-être est-ce parce que, par décence, ils n'osèrent pas.

Plusieurs historiens gréco-romains s'accordent, en revanche, à trouver le Gaulois – ce grand enfant ! – gai, certains laissant même entendre qu'il était un peu « gay » également sur les bords, ce qui est le propre de toute société guerrière. Ils le suggèraient en feignant de s'en offusquer – ce qui, de leur part, était faire preuve d'une singulière hypocrisie.

Des artistes dans l'âme

Ce qu'on ignore, bien sûr, c'est que les Gaulois, culturellement châtrés par leurs prêtres, promettaient en matière intellectuelle. N'ayant le loisir, en la matière, de ne couper aucun cheveu, ils n'avaient pas non plus l'opportunité, qui leur viendra plus tard, de les couper en quatre. Mais, une fois romanisés, les succès qu'ils se taillèrent rapidement dans des disciplines relevant de la rhétorique indiqueraient d'évidentes dispositions. Encore que leurs poètes, Ausone y compris, ne cassèrent pas trois pattes à un canard. Les bardes les avaient gâchés.

C'est leur art pratique, ancré dans la vie sociale (et dont portent témoignage leurs armes, leurs instruments de musique, leurs harnachements, leurs chars, leurs ustensiles, leurs bijoux), qui reflète le mieux leur dextérité créative. Les manières de cruches à vin trouvées dans la tombe de Basse-Yutz, en Moselle, sont, à cet égard, admirables de finesse et d'invention décorative. De même que le travail sur le corail et l'émail. En ce qui concerne la poterie, soyons prudents : leur science de l'abstraction géométrique résulte souvent d'une copie d'œuvres archaïques ou helléniques. De même, outre une architecture inexistante, leur sculpture, comme leur monnaie, n'est qu'un décalque des modèles gréco-romains. Ce qui est déjà mieux qu'entre le VIe et le IXe siècle, où même les copies seront devenues régressives.

Il est plaisant de constater que, dans certaines cités gauloises, ayant connu leur « explosion » des Lumières sous l'influence gréco-latine, les familles les plus conservatrices envoyèrent leurs enfants faire leurs études en Grande-Bretagne, où la tyrannie druidique restait presque totale.

Apparemment, le théâtre était inconnu en Gaule indépendante. Apparemment, car l'absence d'écriture interdisait de transmettre des dialogues. Mais aurait-on construit, aussitôt que les Romains y acclimatèrent leurs techniques, autant de lieux de spectacles, s'il n'existait pas quelques fabliaux, saynètes, comédies à base d'improvisation sur des thèmes imposés, ou déclamations récitées de mémoire, à y représenter ? Croit-on qu'il existait assez d'amateurs d'Eschyle ou de Sophocle pour remplir ces amphithéâtres édifiés dans les endroits les plus reculés ?

Les Gaulois, quel que fût le poids des rites et pratiques que les dominants, les aliénants, les abrutissants cherchaient à leur imposer sous le nom de tradition, évoluèrent, s'ébrouèrent, se transformèrent, s'émancipèrent, éjectèrent leurs tyrans, secouèrent leur cléricature, s'insurgèrent contre les abus de leurs oligarques, se dégrossirent, se découvrirent, commencèrent à se libérer de leurs enfermements claniques, entrouvrirent leurs cages tribales, résistèrent ensemble avant d'intégrer ensemble une civilisation qui leur permit de dépasser leurs défaites, se régénérèrent plus qu'ils ne se soumirent, et poursuivirent le combat contre l'oppression interne avec leurs armes et contre l'oppresseur externe avec ses armes.

Et ce sont ces Gaulois-là, ces mêmes Gaulois, c'est-à-dire ce mélange de plusieurs flux celtiques, de Belges et de Germains, de Galles, de Ligures, d'Ibères, d'Aquitains, de Grecs et de Latins, qui feront retentir le chant de l'indépendance à l'appel de Sacrovir ; qui brandiront derrière Vindex l'étendard des libertés républicaines face aux pires perversions du despotisme ; qui, avec Civilis, oseront – fût-ce de façon éphémère – opposer leur propre empire fédéral à l'empire unitaire du colonisateur ; qui le réaliseront, cet empire, sous Postumus, après avoir essayé avec Albinus et tenté de récidiver avec Carausius ; qui, en la personne d'Avitus, porteront jusqu'à Rome un empereur de leur cru ; qui déclencheront et animeront, pendant quinze ans, la plus puissante, la plus vaste et la plus radicale révolution sociale que le monde occidental ancien ait connue – la révolution des Bagaudes ; qui accompagneront jusqu'à Rome le rebelle Julien l'Apostat, l'homme qui essaya de déchristianiser l'Empire au nom de Platon, et lui feront revêtir la pourpre ; qui pousseront Maxime jusqu'aux marches du trône ; qui, derrière Aetius, contribueront à mettre en échec Attila.

Or, sur cette Gaule perpétuellement, soit actrice, soit productrice, soit metteuse en scène de sa propre histoire, les invasions glissèrent. Les présumés barbares traversèrent, mais, sauf les Alamans en Alsace, passèrent et s'évanouirent ou se fondirent. Ils ne se substituèrent nullement aux indigènes, ils les complétèrent. Comme eux-mêmes, ces indigènes, avaient complété et avaient été complétés. Les Wisigoths, qui ne frayaient pas, se transférèrent en Espagne. Les Francs formèrent une caste et ils ne recomposèrent pas plus la population qu'ils ne s'y délayèrent. Si bien qu'en effet, jusqu'au Second Empire, le peuple de France, majoritairement paysan, est constitué à près de 80 % de descendants de populations dites « gauloises ». Celtes, Ibères ou Ligures, mélange découlant de ces confluences originelles, jusqu'à la Révolution française, le tiers état, au sens large, pouvait se considérer comme l'émanation de ce socle premier.

Et ce sont donc eux, ces Gaulois en incessante mutation, restés eux-mêmes en jaillissant d'eux-mêmes, à la fois ancrés et désamarrés, qui afflueront à Bouvines au nom de leur commune, défileront derrière Étienne Marcel ou se consumeront dans la Jacquerie, se partageront entre fans de la Pucelle et sympathisants du parti bourguignon, soutiendront la Ligue et entretiendront la Fronde, prendront la Bastille avant de s'étriper par la suite, et pour des raisons idéologiques, parce qu'ils étaient devenus français, et pour des motifs partisans, parce qu'ils étaient restés gaulois, arrêteront un envahisseur à Valmy et suivront un autre envahisseur jusqu'à Moscou, interpréteront en 1848 ce qu'ils avaient répété en 1830 et testé sous Mazarin.

Au XVe siècle, la petite bourgeoisie urbaine ne portait-elle pas, comme signe de reconnaissance sociale, très exactement ce justaucorps à capuchon qui caractérisait, du temps de Vercingétorix, l'habillement des Gaulois ?

Et puis, comment s'appelle l'ouverture sur le devant d'un pantalon, ces braies ou bragas que popularisèrent les Gaulois ?

Une braguette.

Chapitre 10

Comment les Gaulois se jetèrent eux-mêmes dans la gueule du loup César

Comment 50 000 Romains au maximum parvinrent-ils à battre quelque 600 000 soldats gaulois, si l'on se fie aux différents chiffrages de César ? Première raison : les Gaulois ont été vaincus parce qu'ils se battaient comme des manches.

Mais la seconde est peut-être la plus décisive : les Gaulois ne cessèrent de faire le jeu de leurs conquérants. Ce sont eux qui invitèrent César à s'occuper de leurs affaires. Qui l'implorèrent, même. Qui lui confièrent les clés de l'appartement, et du coffre par la même occasion.

En l'occurrence, ce sont les Éduens qui mirent le feu aux poudres : ils décidèrent unilatéralement d'augmenter – et pas qu'un peu – les taxes qui frappaient la navigation sur la Saône, ce qui enrichissait les quelques oligarques qui s'étaient assuré le monopole de l'affermage des péages. Mais ce qui risquait de ruiner la nation d'à côté, celle des Séquanes de Franche-Comté, qui exportait vers les entrepôts marseillais, à destination de la Grèce et de l'Italie, toutes sortes de marchandises, dont ses fromages et ses charcuteries. Mais que faire ? Le rapport de force n'était pas à leur avantage. Ils eurent soudain une idée qu'ils auraient mieux fait de refouler de leurs cerveaux enfievrés de Séquanes : ils décidèrent d'engager des mercenaires germains. Non pas quelques centaines, non pas quelques milliers, mais une véritable armée : 15 000 hommes, dit-on. Wallenstein en commanda-t-il autant ?

Les Germains en question s'appelaient les Suèves – assemblage hétéroclite, mais vaste, de petites tribus – et avaient pour chef un dénommé Arioviste. Cela se passait au début de l'an 59.

Cet Arioviste, qui ne se prenait pas pour la queue de son cheval, sauta en effet sur l'occasion et poussa même le zèle jusqu'à prendre lui-même la tête du contingent.

Les Éduens, n'étant que des soldats de fantasia, se firent piler dans les grandes largeurs. Écrabouillés, ils capitulèrent et se soumirent aux vainqueurs. Leur livrèrent des otages (les enfants de leurs citoyens les plus en vue) et jurèrent qu'ils n'imploreraient plus jamais le secours des Romains. Les Séquanes triomphaient grâce aux Suèves d'Arioviste. Ils se voyaient déjà maîtres de la Gaule.

Ici, amusons-nous un instant, car un couac va être lourd de conséquences. Tout le reste va en dépendre.

Les Éduens ont rendu les armes. Leurs dirigeants, à l'issue de débats dramatiques au sommet, ont majoritairement décidé de signer cet armistice qui équivaut à une capitulation. Une partie du territoire est annexée par l'ennemi. À la défaite s'ajoute le déshonneur. On livre soi-même des prisonniers de haute volée au vainqueur. Non seulement on se couche, mais on s'humilie devant les barbares venus d'outre-Rhin. Le Germain fait la loi. Alors un homme se lève. Il est l'un des derniers rejetons d'une famille prestigieuse. Il dénonce le honteux diktat. Refuse de prêter le serment exigé. Les Éduens ont perdu des batailles, ils n'ont pas perdu la guerre. Il quitte, non sans difficulté, le territoire national, trahi par ses ennemis politiques qui mettent sa tête à prix, traqué par les soldats germains. Et il se réfugie. Où ? À Londres ? Non… à Rome. Il assume. Un allié est un allié. Un traité est un traité. Il va vers César par rejet d'Arioviste. À choisir, il préfère faire allégeance à la République romaine plutôt qu'à un despote barbare.

Cet homme s'appelle Diviciacos. Aristocrate, il est également druide. Un des plus hauts personnages de l'État.

Ai-je poussé un peu loin le bouchon en suggérant un parallélisme étrange, étant donné que ce Diviciacos passe plutôt pour l'archétype du collabo ?

Voire... Car, sur un point essentiel, cet homme courageux et d'une intelligence au-dessus du commun avait vu juste. Arioviste, au nom de ses Suèves, annonce aux Séquanes qu'il trouve leur pays épatant, que son climat, sa richesse – peut-être aussi sa charcuterie –, la civilité de ses mœurs l'ont définitivement séduit, qu'il n'a donc aucunement l'intention de déguerpir et exige même qu'on lui cède, à titre de paiement de ses services, un tiers du territoire. Il voulait l'Alsace. Il la prend. Les Vangions s'installent autour de Strasbourg et en chassent les Médiomatriques de Moselle. Les Séquanes se croyaient victorieux, ils se découvrent occupés. Ils prennent les armes. Ils lancent aux autres cités gauloises un appel au secours. Pris à la gorge, ils en arrivent à tendre la main aux Éduens. Ceux-ci l'acceptent. Et mobilisent. On marche, tous ensemble, sur Arioviste. Qui se renferme dans son camp et fait le hérisson. Impossible d'entamer ses défenses. Les Gaulois tentent de lui imposer la bataille. Imperturbable, il ne bouge pas un poil de la crinière de son canasson. Les Gaulois se lassent, se laissent aller, batifolent, s'égaillent à travers champs, piqueniquent fleur à la bouche. Alors, soudain, les Suèves sortent en masse et, des Séquanes, des Éduens et de leurs alliés, font de la chair à pâté.

Tout l'est de la Gaule est tombé aux mains de ce qu'on appellera, bien plus tard, les Allemands !

Un homme, cependant, refuse de se résoudre au *statu quo*. C'est ce Diviciacos qui a refusé de cautionner la double capitulation de son peuple et s'est réfugié à Rome. Sur place, son entregent, et l'amitié de Cicéron, lui permettent d'obtenir un privilège stupéfiant : le droit, à lui, le Gaulois chevelu, le supposé barbare, le prêtre d'une religion étrange et inquiétante, de s'adresser directement au Sénat romain.

Et, alors, on assista à ce spectacle mémorable : le chef éduen, debout, pantalon large et chemise à carreaux, lance à la main, appuyé sur son bouclier, brossant, devant la fine fleur de la Curie, un tableau bouleversant du sort de sa nation et exhortant les Romains, au nom de l'amitié entre les deux peuples, à ne pas abandonner le sien dans le malheur.

Dans quelle langue ? Sans doute en latin que, à l'évidence, Diviciacos maîtrisait parfaitement.

Cette harangue, largement répercutée, marqua les esprits à Rome, un peu comme pourrait marquer les esprits, aujourd'hui, le témoignage déchirant, à Paris, devant l'Assemblée nationale, d'un opposant syrien. Elle ne tomba pas dans l'oreille d'un sourd, car César, en particulier, n'était pas sourd. Les graines étaient semées...

Quant à Diviciacos, sa découverte de Rome, le choc que le contact direct avec cette civilisation suscita en lui, le convainquirent que c'était vers ce modèle que la Gaule, encore engluée dans ses archaïsmes, devait se diriger.

Là-dessus, un second électrochoc s'ajouta au premier. Les Helvètes, de nouveau soumis à d'incessantes attaques et incursions, décidèrent d'émigrer vers l'Ouest, vers l'océan, en Saintonge de sortir de leur enclavement Suisse, de s'ouvrir vers le grand large.

Mais les Romains ne l'entendaient pas de cette oreille.

Ne l'oublions pas, les Helvètes faisaient déjà partie de la migration des Cimbres et des Teutons. Pis : ils avaient écrasé et humilié une armée romaine envoyée contre eux.

Rome s'affola donc, ou feignit de s'affoler. Le Sénat de Rome envoya aux principales cités gauloises des ambassades pour les prier de refuser le passage aux migrants suisses. En échange, il s'engagea à protéger les nations qui accepteraient de se lier à Rome par un contrat d'alliance. Les nations opprimées par les Suèves, Séquanes en tête, conclurent ce marché.

Le ressort du piège était tendu.

En fait, le Sénat romain ne désirait pas la guerre. Pourquoi ? Parce que sa majorité conservatrice se souvenait du précédent Marius et craignait qu'un grand conflit en Gaule ne profitât à un chef militaire charismatique et ne le projetât au sommet du pouvoir ! Bien vu !

Et comment éviter la guerre ? Facile : en s'entendant avec Arioviste pour faire peur aux Helvètes. Arioviste ne se fit pas prier. Tope là ! Des négociateurs en toge étaient venus lui dépoussiérer les mocassins. On l'avait choyé, flatté, couvert de cadeaux, on lui avait laissé entendre que ses prétentions territoriales n'étaient pas totalement injustifiées. On le gratifia du titre d'« ami du peuple romain ». Flaté, il s'engagea donc à ne pas étendre ses possessions. Pour l'instant.

Qu'est-ce qui va provoquer le sabordage du plan concocté par Rome ? La réponse risque de surprendre le lecteur : c'est une conjuration royaliste dont trois des principaux personnages de l'époque, l'Helvète Orgétorix, le Séquane Castico et l'Éduen Dumnorix, avaient patiemment tissé les fils, qui va déclencher l'incendie qui consumera la Gaule.

Tous les trois, issus des plus grandes familles oligarchiques de leur pays respectif, étaient profondément et sincèrement attachés à l'indépendance et à l'identité gauloises. Préfigurant Vercingétorix, ils préconisaient une vaste union des peuples et des tribus qui devait passer par la restauration, à leur profit, d'un pouvoir monarchique fort, pour ne pas dire dictatorial.

Tous les trois voulaient prendre leur revanche sur les révolutions dont leurs familles avaient été victimes. Tous les trois haïssaient les régimes républicains, qu'ils identifiaient au désordre, à la décadence. Ils se vivaient en sauveurs suprêmes.

Comment parvenir à leurs fins ? En provoquant une guerre. Et en mobilisant autour d'eux, contre l'ennemi commun. Or, ce qui était redoutable, en ce moment clé, c'est que leur calcul recoupait celui qu'était en train de faire, pour son propre compte, un certain Jules César.

Orgétorix était le plus considérable – et surtout le plus riche – des hauts personnages helvètes. Il entretenait une « clientèle » pléthorique, qu'il avait transformée en armée personnelle. En temps normal, il eût été le roi. Du moins en était-il convaincu, et il ne supportait pas qu'un pouvoir soi-disant populaire le contraigne à n'être qu'un citoyen parmi d'autres.

Son plan pouvait se résumer ainsi. Il donnerait le départ de la grande migration de son peuple et il en prendrait la tête, ce qui lui conférerait une telle autorité et un tel ascendant qu'il n'aurait aucun mal à se saisir des pleins pouvoirs et à s'arroger le prestige de la royauté.

Il aiderait ensuite l'Éduen Dumnorix et le Séquane Casticos à exploiter le climat de tension pour imposer à leur tour un pouvoir monarchique. Tous les trois dénonceraient alors les accords avec Rome. Les Romains, en réaction, seraient contraints d'intervenir. Grâce à quoi les trois hommes forts, maîtres de leurs nations respectives, rassembleraient les peuples gaulois autour d'eux pour les entraîner dans une grande guerre régénératrice et libératrice.

Le Séquanais Casticos avait un motif personnel pour se joindre au complot : son père, nommé Catamantalède (ou

Catamantaloédis), avait régné sur le pays avant d'être renversé par la vague révolutionnaire.

Quant à Dumnorix, l'Éduen, c'était un cas. Il était riche, jeune, beau gosse, infatué, écervelé, populaire, et avait pour frère le chef du parti adverse, à la fois antimonarchiste et pro-romain, le fameux druide Diviciacos.

Lui aussi, Dumnorix, comme Orgétorix, avait réuni autour de lui, à coups de bakchichs et de graissage de pattes, une clientèle formidable qu'il pouvait, sur un signal, mobiliser comme une armée et qui comprenait même une escorte de cavalerie. Comment les payait-il ? Il s'était fait adjuger, en dehors de toute concurrence, le monopole de l'affermage des taxes, impôts et péages. Ça aide.

Un imprévu bloqua l'opération. Les manigances d'Orgétorix furent dénoncées aux magistrats de son peuple. Les Romains avaient de bons services secrets. Au retour d'une mission diplomatique, on lui sauta sur le poil et on le coffra. Puis on le traîna enchaîné devant un tribunal et on s'apprêtait à le condamner au bûcher, « pour attentat contre les institutions et la liberté du peuple », quand une foule commença à s'amasser devant ce qui faisait office de palais de justice : c'étaient ses clients et ses créanciers qu'il avait fait mobiliser et qui, d'un peu partout, accouraient par milliers, la plupart en armes. À la vue de leur « seigneur », ils bousculèrent les magistrats, dispersèrent les témoins, s'emparèrent de l'accusé et l'amenèrent dans les montagnes pour l'y cacher.

Dès le lendemain, les partisans du parti républicain s'armèrent à leur tour et s'apprêtèrent à se lancer dans une chasse à l'homme, quand ils apprirent que le corps du factieux avait été retrouvé. Suicide ? Les Suisses en discutent encore.

Affaire résolue ? Point ! Car, si Orgétorix voulait utiliser la migration helvète à des fins personnelles, le peuple helvète, lui, était toujours aussi résolu à émigrer pour échapper à la terreur suève et prendre des bains de mer. On avait donc poursuivi les préparatifs, préparé les chariots, rangé les frusques et les ustensiles, entassé les vivres pour trois mois, réuni quelques troupeaux, aménagé les berceaux et conçu des manières de matelas plus moelleux pour les vieillards. Aux redoutables Tigurins de la région de Zurich, guerriers hors pair, s'étaient joints les Rauraques de Bâle, les Tulinges du pays de Bade, les Latobriges, eux aussi gallo-germains, et une tribu issue du peuple boïen.

Une fois le signal de départ donné, on brûla les douze villes et les quatre cents villages du pays. On se fixa rendez-vous, pour le mois de mars 58, semble-t-il, à la pointe sud du lac Léman, pour former le convoi.

Détail important : le rassemblement était convoqué sur la rive droite du Rhône, à la limite du territoire. Mais si l'on franchissait le pont pour passer rive gauche, à Genève, alors on se retrouvait chez les Allobroges, en Gaule romaine. Et justement, après avoir hésité, les Helvètes décidèrent de franchir le pont. Et de traverser le pays allobroge, qu'ils considéraient comme un peuple ami.

On était en 58. César avait été consul en 59. Ce qui signifiait que, pour 58, il pouvait choisir la province dans laquelle il officierait comme proconsul. Et il avait précisément choisi l'Illyrie, la Gaule cisalpine et la Gaule romaine. Pour cinq ans.

Voilà le mélange explosif : les Helvètes avaient décidé de franchir le pont de Genève, et César avait été nommé proconsul des Gaules.

Premier acte de César : il fit couper le pont.

Les Helvètes furent surpris. Ils envoyèrent au nouveau proconsul une députation de haut niveau. Elle jura que, si on leur laissait le passage, ils seraient sages comme des images, ne toléreraient pas la moindre dégradation.

César, qui n'avait alors qu'une légion à sa disposition, leur répondit qu'il allait y réfléchir à tête reposée et qu'on se reverrait quinze jours plus tard. Rassérénés, les candidats migrants se retirèrent.

Quand ils revinrent – ciel, que vois-je ! –, César, qui avait reçu des renforts, avait fait élever un mur long de plusieurs kilomètres et parsemé de tours. Impossible de passer. C'était sa réponse.

Les Helvètes décident donc de prendre une autre route, celle du Jura. Ce qui nécessite de traverser le pays séquane. C'est alors que les deux complices de la conjuration ratée, Casticos chez les Séquanes et Dumnorix chez les Éduens, se mettent en quatre pour convaincre leurs nations respectives de leur faciliter le passage.

César, considérant que c'était une violation des accords, accourt et tombe sur le paletot des infortunés migrants. Le piège se referme ! Ainsi commença la guerre des Gaules.

Les Helvètes avaient été stupéfaits quand ils avaient vu, en moins de deux semaines, un mur s'élever devant eux. César, lui aussi, eut droit à sa surprise. Après qu'il eut attaqué leur arrière-garde, le peuple migrateur lui envoya une nouvelle députation. Il la reçut. Et qui la dirigeait ? Ce fameux Divicos, chef des Tigurins, qui, quarante-neuf ans plus tôt, avait écrabouillé une légion romaine, provoqué la mort d'un consul et, suprême humiliation, fait passer les prisonniers sous le joug. Il avait plus de quatre-vingts ans.

Chapitre 11

Les Ch'tis contre César

Restaient deux problèmes à régler : les Helvètes et Arioviste. Poursuivi, sinon traqué, par les légions de César, le peuple helvète leur opposa une détermination, une abnégation et une combativité dont l'Histoire offre peu d'exemples. « Aucun Romain, écrira César, ne peut dire qu'un Gaulois – en l'occurrence, un Helvète – ait tourné le dos. » Plutarque rapporte que le soir de la bataille décisive, et jusqu'à tard dans la nuit, les femmes, les enfants, les vieillards, massés autour, au-dessus ou sous les chariots, dressèrent une défense admirable face aux légions. Mais un tiers des Helvètes seulement en réchappèrent. Les survivants acceptèrent de retourner d'où ils venaient. Ils sont donc restés suisses.

Arioviste, lui, ne voulait pas bouger. César lui fait parvenir une sorte d'ultimatum soft : qu'il cesse de tourmenter les Éduens et s'abstienne de faire venir des renforts. Il ne lui demande même pas d'évacuer les lieux. L'autre le prend de haut : vous ne savez pas à qui vous parlez, mon petit Jules. Vous voulez la castagne, vous l'aurez. Personne ne s'est jamais attaqué à Arioviste sans s'en mordre les phalanges. Le narcissisme offre toujours la plus efficace ciguë au candidat au suicide.

César marche donc, avec ses légions, sur le camp d'Arioviste. Les soldats romains n'en mènent pas large. On leur en a tellement raconté sur ces Germains effrayants, immenses, forts comme des rejetons d'Hercule, que l'idée de les affronter les liquéfie. Ceux-ci ont la colique, ceux-là s'avisent qu'ils n'ont pas bénéficié d'une permission depuis belle lurette. Beaucoup commencent à rédiger leur testament. Menacent de grève. César, à qui le chef éduen, le druide Diviciacos, sert de guide, doit mouiller sa tunique. Finalement, on arrive en vue du camp du roi suève, sans doute du côté de Colmar. On convient d'une entrevue de la dernière chance. Chacun doit être entouré d'une cohorte de cavaliers, exige un Arioviste qui voit des risques d'embuscade partout.

Détail significatif : les cavaliers de César sont gaulois. Et ce dernier refuse de leur confier sa protection. La confiance règne. Il demande donc à des fantassins romains de monter sur les chevaux des Gaulois.

Le dialogue César-Arioviste est gratiné. Le chef germain, infantilement arrogant, grotesquement infatué, exactement le genre du type dont on dit qu'il pète plus haut que son cul et qui croit que rien ne peut lui résister parce qu'il a battu les plus mauvais des soldats gaulois, mais retors au possible, est, en outre, très au fait de l'actualité romaine, pour ne pas dire accro à tous les potins.

Le Sénat à majorité conservatrice avait déjà pris langue avec Arioviste. Et certains de ses envoyés avaient conseillé au chef germain de tenir tête à César. En vérité, dans l'entourage de Pompée, on n'aurait pas été mécontent que le proconsul tombât sur un bec.

Ainsi, quand César met en garde son interlocuteur, celui-ci lui lance : « Les Romains ne me font pas peur. J'en connais beaucoup, et pas des moindres, des huiles qui adoreraient que je les débarrasse de toi. Ils me l'ont dit. Tu n'as pas de copains là-bas. Beaucoup font des vœux en ma faveur et, quand je t'aurai réglé ton compte, je le sais, ils me feront fête et me proposeront de faire ami-ami. »

La version que donne César de cet échange est plus académique, mais certainement pas plus exacte que la version plus tudesque que j'en propose. Arioviste lui hérisse le poil, qu'il a ras.

César avait, en conséquence, une raison supplémentaire de régler son compte à Arioviste.

Illico, il l'affronte, il le bat, il lui tue sa fille et ses deux épouses. Le matamore s'enfuit en barque. Les occupants suèves déguerpissent. César est devenu l'homme le plus populaire des Gaules.

Commence alors la troisième phase. Chacun s'attendait que, les Helvètes une fois refoulés et les Suèves éradiqués, César rejoigne ses pénates. Or, il reste. Il s'incruste. Il installe des camps. Il lève des impôts. Même les Éduens se posent des questions.

Ce sont les peuples de la Gaule Belgique, les plus proches des Germains, et les plus farouchement attachés à leur identité qui s'avisent, les premiers, qu'ils sont en train d'échanger un occupant contre un autre. Ils convoquent une assemblée générale. Tous y accourent. Sauf les Rèmes, qui ont résolument choisi le camp romain. À cette abstention près, ils décident de constituer une fédération ou « ligue de défense ».

Parmi les peuples gaulois belges, citons – outre les Rèmes champenois – les Leuques de la Meurthe, dont la capitale, Tullus, deviendra Toul ; les Médiomatriques de Moselle, qui donneront leur nom à la ville de Metz et dont le principal *oppidum*, Verodunum, deviendra Verdun ; les Suessions du Soissonnais ; les Bellovaques de la région de Beauvais, apparemment les plus puissants ; les Calètes du pays de Caux ; les Ambiens de la Somme, dont la capitale deviendra Amiens ; les Atrébates de la région d'Arras ; les Morins du Boulonnais et des Flandres ; les Trévires, peuple de Trèves, dont la cavalerie était particulièrement renommée ; les Éburons, des Ardennes jusqu'à Liège ; les

Ménapes du Brabant et les Nerviens du Hainaut, dont les villes principales deviendront Tournai (Tornacum) et Cambrai (Camaracum).

Mini-nations, parfois minuscules, dont on voit bien que la plupart d'entre elles n'ont pas pu mobiliser les dizaines de milliers de combattants que recense César pour magnifier sa victoire. Lui, en revanche, n'est nullement réduit à ses légions. Non seulement il compte dans ses rangs des archers crétois, des frondeurs des Baléares et des auxiliaires de la Province, mais, surtout, deux nations gauloises ont mis leurs propres combattants à sa disposition : les Éduens et les Rèmes.

Si bien que cette première véritable entreprise résistancialiste, dont les Belges ont pris l'initiative, prend parfois (l'Histoire nous en fournira d'autres exemples) des allures de guerre civile, les Belges confédérés attaquant la capitale des Rèmes, qu'ils dénoncent comme l'antre de la trahison. Et une armée éduenne, dont Diviciacos a pris la tête, marchant contre les Bellovaques.

C'est cette offensive à revers des Éduens, au moment où les confédérés belges affrontent les légions de César, qui provoque leur effondrement et leur dispersion. Ensuite, les cités se rendent les unes après les autres.

Tout concourt donc à la gloire de César, jusqu'à ce que le proconsul tombe sur un os, c'est-à-dire un bloc de résistance imprévu. En l'occurrence, les Nerviens, établis entre Hainaut et Brabant, plus une partie de l'actuel département du Nord. Des « Ch'tis », en somme. Il s'agit là de l'épisode le plus stupéfiant de la guerre des Gaules, la seule bataille que César faillit vraiment perdre.

Peuple rude, brut de décoffrage, ils avaient interdit la consommation du vin par peur que l'absorption de ce breuvage ne les adoucisse, et méprisaient les autres tribus qui, selon eux, s'étaient laissé corrompre par le commerce et efféminer par les effluves de la civilisation. Leur territoire était interdit aux marchands étrangers dissolvants, incitateurs de désirs émollients et dispensateurs de voluptés destructrices.

Ils avaient déposé leurs familles en un lieu quasi inabordable, entouré de marais. Ils avaient quadrillé leur territoire de haies artificielles qui les transformaient en parcours du combattant et, flanqués des Atrébates qui leur apportaient une cavalerie dont eux-mêmes étaient dépourvus et des volontaires du Vermandois, ils attendaient l'envahisseur sur la Sambre, près de Maubeuge.

Ainsi commença la guerre du Nord-Pas-de-Calais. César avait huit légions, à quoi s'ajoutaient non seulement les auxiliaires numides, crétois et autres, mais également des cohortes de cavaliers que les Trévires lui avaient envoyées pour se faire pardonner.

À Alésia, le rapport de forces sera largement favorable aux Gaulois, qui n'en seront pas moins défaits. Ici, c'est peu dire qu'il est favorable à César : or, il va passer d'extrême justesse à côté d'un désastre. L'après-midi de la bataille, alors qu'il a engagé six légions sur huit, il est archi-battu, plusieurs de ses cohortes décimées, certains corps de troupe en débandade, soldats, domestiques et valets d'armes mêlés, les rangs se rompent sous l'effet des désertions, les enseignes errent à la recherche de leur corps de troupe. La 12ᵉ légion perd presque tous ses centurions alors que des commandants ont perdu leurs cohortes, la panique rôde. Les Trévires tournent bride et s'en vont par la campagne répandre la nouvelle que César est kaput.

Ce n'est qu'en dernière minute que l'arrivée des deux légions qui, en arrière-garde, escortaient les bagages, renforcées de celle de Labienus, renverse la situation au profit des Romains. Si Labienus, au lieu d'accourir, non pas au bruit des canons, mais au vu des fumées, avait réagi comme Grouchy à Waterloo, César était cuit. Battu par qui ? Par l'ensemble des nations gauloises réunies sous la férule d'un Vercingétorix ? Non, par les seuls Nerviens commandés par un certain Buduognat, dont il n'est pas sûr que, même à Maubeuge, on ait donné son nom à une impasse.

César, lui, qui n'affrontera jamais un tel péril, ne pourra cacher son admiration pour de « tels hommes ». Finalement vaincus, ils se feront tuer sur place. Les cadavres entassés des leurs serviront de dernières barricades aux survivants. On décomptera 500 rescapés. Sur 600 sénateurs, tous avaient péri sauf trois.

Ce sont du moins les chiffres qui sont repris en boucle par les historiens. Or, ils ne sont pas crédibles puisque, deux ans plus tard, c'est une armée de ces mêmes Nerviens qui participera, aux côtés des Éburons d'Ambiorix, au siège du camp romain de Cicéron.

Chapitre 12

La guerre de libération des Armoricains (56 avant Jésus-Christ)

C'est par une résistance passive que commence la lutte des Armoricains, qui n'étaient pas encore bretons : ils refusent de livrer du blé aux Romains. Ceux-ci le réquisitionnent. Ils envoient, pour ce faire, des officiers supérieurs chez les Unelles du Cotentin, dont le port, Coriovallo, deviendra Cherbourg et la ville principale, Cosedia, deviendra Constantia, puis Coutances ; chez les Coriosolites des Côtes-d'Armor et de la forêt de Brocéliande ; et chez les Vénètes, peuple installé autour du golfe du Morbihan et dont la ville principale, Darioritum, finira par prendre leur nom : Vannes.

Mais les Vénètes le prennent très mal. Ils coffrent les envoyés romains et font savoir qu'ils ne les rendront que si on leur restitue les otages que César avait précédemment exigés d'eux. L'initiative rencontre un franc succès dans toute l'Armorique. Bien fait ! Partout, on saute sur les préfets et officiers que César a installés. Les cités s'envoient mutuellement des émissaires et décident de s'unir en une « ligue » de défense de leurs libertés.

Des ambassadeurs sont dépêchés jusqu'en Grande-Bretagne pour obtenir l'envoi d'auxiliaires. Un message est adressé au lieutenant de César, Crassus, qui lui met le marché en main : « Rends-nous nos otages, et on te rend les officiers. »

La confédération armoricaine était alors composée de tribus ou « peuples », parmi lesquels, outre les Vénètes, les Unelles et les Coriosolites, se dégageaient les Namnètes de Loire-Atlantique, dont le centre Condevicnum deviendra Nantes, du nom du peuple ; les Osismes du Finistère, situés entre Tréguier et Saint-Pol-de-Léon ; les Redones d'Ille-et-Vilaine, peuple de Rennes dont le port sur la Manche deviendra Saint-Malo ; les Abrincates d'Avranches, les Boiocasses de Bayeux et les Lexoviens du Calvados, dont le chef-lieu deviendra Lisieux.

Si les Vénètes, héritiers des peuples de Carnac, avaient la prépondérance, c'est que, grâce à leur flotte, ils s'étaient assuré le monopole de l'importation de l'étain, du cuivre – et des chiens – de Grande-Bretagne.

Informé de la rébellion, César envoie son lieutenant Sabinus à la tête de trois légions envahir le territoire des Unelles du Cotentin. Spontanément, les Aulerques de l'actuel département de l'Eure, dont le futur Évreux était le centre, les Lexoviens du Calvados, les Diablintes de la Mayenne, dont la capitale était l'actuel Jublains, se déclarèrent prêts à voler à leur secours en vertu du traité d'alliance qu'ils avaient conclu.

Mais, surprise : ont-ils été achetés, meurent-ils de trouille, toujours est-il que les magistrats de ces mini-nations, tous issus de l'aristocratie locale, désapprouvent cette amorce de mobilisation populaire et se déclarent « amis du peuple romain ». Scandale énorme. On s'indigne, on s'attroupe, on sort les gourdins et les faux, on marche sur les chefs-lieux, on les submerge, on disperse les quelques forces de l'ordre, on envahit les demeures publiques et on massacre les magistrats pusillanimes ou vendus.

Après quoi, on renforce la défense des villes et on fait savoir au chef des Unelles, Viridovix, qu'on se place sous ses ordres.

Cette insurrection indépendantiste et régionaliste, répercutée dans toute la campagne, suscite un formidable élan. On accourt d'un peu partout, y compris de la Sarthe où s'est établie une branche des Aulerques, les Cénomans. Une armée paysanne se forme. La légion romaine est arrêtée. Son chef Sabinus doit se renfermer dans son camp. Viridovix s'installe en face. On se jauge. Les Gaulois s'imaginent que c'est la peur qui dissuade leurs adversaires d'accepter la bataille. Ils se moquent, paradent devant les palissades en les harcelant de lazzi.

Ce n'est qu'une ruse. Classique. Ce Sabinus va même en rajouter : il persuade un auxiliaire gaulois de faire semblant de déserter pour se rallier à Viridovix. Une fois dans le camp armoricain, celui-ci affirme que les Romains sont aux abois, proches de la capitulation, qu'ils s'apprêtent à évacuer leurs positions pendant la nuit. En fait, vu la personnalité de Sabinus, on ne peut pas exclure qu'il en ait effectivement caressé l'idée.

Mais, du coup, les assaillants gaulois commettent une erreur majeure. Toujours la même : ils se ruent en hurlant, en chantant et presque en dansant sur le camp romain. À découvert, en désordre. Et quand ils arrivent aux palissades, essoufflés, les Romains, n'attendant que cela, sortent et les réduisent en bouillie.

Notons-le : chaque fois qu'un tel piège a été tendu aux Gaulois, ils sont tombés dedans.

Les Vénètes, c'est César en personne qui se les réserve. Et il met un nouvel exploit entrepreneurial à son actif : lui qui n'a aucune expérience maritime et ne dispose d'aucun bateau, il fait construire de toutes pièces – sans doute sur les rives de l'embouchure de la Loire, non loin de l'actuelle Saint-Nazaire, décidément promise à la construction navale – une flotte imposante destinée à affronter celle, réputée quasi invincible, des Vénètes. Ceux-ci ont coupé les routes, évacué le bétail, déménagé les réserves de blé, retiré tout ce qui pourrait permettre de nourrir les soldats romains. Ils ont fortifié leurs villes, presque toutes situées en des endroits entourés par la mer à marée haute, piégé les plages et les criques, enterré des pieux (comme Rommel en reprendra l'idée plus tard) pour empêcher que les bateaux ennemis n'y abordent.

César doit, presque à chaque fois, faire ériger des digues pour pouvoir atteindre les murailles adverses sans risquer d'être cerné par les flots à marée haute. Et, quand il parvient à enlever de vive force une bourgade, il n'y trouve plus personne, car les Vénètes ont embarqué sur des navires, avec armes et bagages, pour rejoindre une autre forteresse.

Découragé, il décide de suspendre les opérations plusieurs mois, jusqu'à ce qu'arrive la flotte qu'il a fait construire et rassembler : plus de deux cents vaisseaux.

Les Vénètes en mettent autant en ligne. Et, l'entracte passé, une grande bataille navale s'engage. Un véritable spectacle : les Vénètes se sont massés en haut de leurs murailles, comme sur des gradins, femmes, enfants, vieillards mêlés, tandis que les fantassins romains se sont alignés, eux, sur les grèves et les plages, devenues les loges. Et les supporters de chaque camp soutiennent leurs champions respectifs en brandissant des emblèmes, en tambourinant en cadence sur les boucliers, en acclamant les coups au but. Comme s'il s'agissait des jeux du cirque ou de la finale de la Coupe des Gaules.

La flotte vénète est, *a priori*, plus performante que la flotte romaine. Pourtant, elle va être vaincue.

Pourquoi ? À cause d'une innovation, une seule. Une de ces trouvailles qui font que le Coca-Cola l'emporte sur la limonade, la casquette à visière sur le chapeau de paille, le jean sur les pantalons de flanelle, le col souple sur le col dur, les baskets sur les croquenots, la kalachnikov sur la carabine à répétition, le CD sur le 33 tours ! Ce petit rien technique qui, en 1940, va donner l'avantage au couple Panzer-Stuka allemand sur la dispersion, au sein des bataillons, des chars Renault français.

Paradoxalement, ce sont les Vénètes qui bénéficient d'une avance technique. Leurs navires, fruits d'un long savoir-faire, peuvent braver les bas-fonds à l'heure des reflux. Leurs proues et leurs poupes élevées les mettent à l'abri des plus grosses vagues, ainsi que des éperons romains ; la hauteur de leurs bastingages les protège des agrippages et des abordages, ainsi que des javelots. Même leurs voiles, non pas en toile mais en peau très mince, pas très maniables, résistent aux plus insolents coups de vent. Ils sont, certes, lourds, poussifs, ces bateaux collet monté, face à la relative rapidité des légères galères romaines, mais leur apparente invulnérabilité au combat compense ce désavantage. Sauf que… intervient la trouvaille, comme la balle de plus dans le barillet, la mitrailleuse qui parvient à tirer à travers les hélices des avions, la chenille qui permet aux véhicules de franchir les fossés, c'est simple comme le casse-noix ou la pelle à tarte, il suffisait d'y penser : les Romains ont emmanché au bout de très longues perches, qu'on peut manier individuellement ou à deux, une énorme faux très effilée qui permet de couper les cordages des navires adverses, de faire choir leurs voiles et, ainsi, de les immobiliser pour les transformer en une grosse chose pataude et vulnérable. C'est ce qui fit la différence.

Les navires vénètes étaient réduits à l'impuissance. Restait à les aborder l'un après l'autre. Or, au combat à pied et à l'épée, les Romains avaient l'avantage. Dès lors que l'affrontement n'était plus une affaire de marins, mais de fantassins embarqués, ils l'emportèrent.

Ils avaient eu peur. Très peur. Ils furent impitoyables. Épouvantables. Tous les sénateurs vénètes furent exécutés.

Tous. Peut-être torturés préalablement. Tout dépend de la façon dont on interprète ces mots : « *principibus per tormenta interfectis* ». Napoléon Ier, admirateur de César s'il en fut, considérait que son modèle avait commis la pire infamie de sa carrière.

Une partie de la population (pas toute, contrairement à ce que laissent entendre les historiens gréco-latins) fut vendue comme esclave. La guerre de libération des Armoricains était terminée.

CHAPITRE 13

La première résistance des Aquitains

Les Armoricains écrasés ou mis au pas, rien ne retient plus César. Il décide de conquérir l'Aquitaine. Facile, préjuge-t-il : les Pictons du Poitou et les Santons de Saintonge ont mis d'emblée les pouces. L'un de ses principaux lieutenants, Publius Crassus, a été chargé de l'opération. Il fait venir de Narbonne, de Carcassonne, de Toulouse, des « connaisseurs » de la région, la plupart gaulois, qui acceptent sans complexe de l'aider à la subjuguer. Il commence par envahir le territoire des Élusates, qui correspond à l'actuel Lot-et-Garonne et à une partie des Landes et du Gers. Spécialistes du travail de sape (car il y a, chez eux, beaucoup de mineurs), ces Élusates, dont le centre Elusa deviendra Eauze, résistent et, dans un premier temps, marquent des points. Leurs clients, les Sotiates, réussissent même, dans leur *oppidum* de Sontiatum (aujourd'hui Sos, arrondissement de Nérac), à repousser les premiers assauts. Ils détruisent à plusieurs reprises les terrassements et mantelets romains, sous lesquels ils creusent des galeries souterraines. Leur roi, Adiatuanos, parvient à tendre une embuscade aux cohortes romaines, ses fantassins cachés dans un repli de terrain. Tactique habile. Un corps de cavalerie se laisse repousser jusqu'à l'endroit où attend la piétaille dissimulée dans les hautes herbes. Soudain, la végétation se hérisse d'épines. L'avant-garde d'une cohorte est submergée. Plusieurs centurions s'enfuient sous une averse de dards qui s'épanouissent sur leurs têtes comme autant de fleurs vénéneuses. Succès éphémère. La partie n'est pas égale. Après une ultime et héroïque tentative de sortie menée par le roi lui-même, à la tête de 600 de ses affidés, Élusates et Sotiates déposent les armes. Ce qui indigne leur propre roi. Et, surtout, jette la consternation chez leurs voisins. Qui, comme les Armoricains, se concertent, décident de s'épauler et forment une confédération.

Les Aquitains, à l'époque, étaient éclatés en une vingtaine de mini-tribus, généralement d'origine ibérienne : les Tarbelles des Landes, du Béarn et de la vallée de l'Adour, dont la capitale deviendra Tarbes ; les Rigerrions ou Bigerrions des Hautes-Pyrénées, d'où le canton de Bagnères-de-Bigorre ; les Convènes, dont le centre, Convenarum, deviendra Saint-Bertrand-de-Comminges ; les Garoumnes ou Garumnis, dont le département de la Haute-Garonne et le fleuve rappellent le nom ; les Vocates du Bazadais ; les Tarusates de Gascogne ; les Garites de l'ancienne province d'Armagnac ; les Sibuzates, établis entre Dax et Bayonne, qui ont donné leur nom à la ville de Saubusse ; les Cocosates de Dax ; les Ausques, le peuple d'Auch, aux racines basques.

Ces peuples miniatures vivaient sous un régime féodal fondé sur la fidélité absolue des chevaliers, ou « soldures » (« celui qui dispose d'un cheval », en basque), envers leur suzerain. Le roi des Sotiates en avait 600 à son service, dont aucun ne fit défection lorsque, furieux de la capitulation des siens, il les entraîna dans une dernière charge folle et désespérée contre les légionnaires romains.

Deux petites tribus d'origine celte complétaient le tableau : une branche des Boïens, installés non loin du bassin d'Arcachon, et, surtout, les Bituriges Vivisques de Gironde, rameau des Bituriges du Cher et de l'Indre, et qui, eux, s'étaient taillé un domaine autour de la ville de Burdigala, véritable entrepôt de commerce, qui deviendra Bordeaux.

Animés par les Vocates et les Tarusates, les confédérés aquitains sont peu nombreux, mais les Cantabres d'Espagne, qui habitaient l'actuelle province de Burgos, leur envoient, par solidarité, le renfort de quelques combattants éprouvés et, surtout, des officiers espagnols, ayant combattu aux côtés du rebelle Sertorius contre l'armée de Pompée, acceptent de les encadrer afin de les faire profiter de leur expérience. C'est sur leurs conseils qu'ils entreprennent de harceler les troupes de Crassus et de les priver d'approvisionnement. Ils surgissent, frappent et rompent aussitôt le combat. Ils assaillent les convois de ravitaillement, tendent des embuscades, interceptent les estafettes, annihilent les petits groupes ennemis qu'ils sont parvenus à isoler. Guerre de partisans et de maquisards.

Le lieutenant de César, déstabilisé par cette tactique de guérilla, sent qu'à ce jeu-là il n'aura pas le dessus. Il regroupe donc toutes ses troupes et offre la bataille. Il la veut. Elle est sa seule chance. Les Aquitains, bien conseillés, se dérobent. Ils ne tomberont pas dans ce piège. Mais ils commettent une autre erreur. Au lieu de se disséminer comme des poissons dans l'eau, ils enferment l'essentiel de leur armée dans un camp fortifié, devant lequel Crassus, appréciant le cadeau, s'installe. Supérieurs en nombre, les Aquitains ne bougent pas. Crassus les provoque, ils restent impassibles. Bien à l'abri derrière leurs palissades. Les légionnaires romains en concluent que l'ennemi, effrayé, se dérobe. Ce qui réveille soudain leur ardeur. Crassus en profite et décide de jouer le tout pour le tout. Il veut une décision à tout prix. Une bataille, qu'on lui offre une bataille ! Résolu à en imposer une coûte que coûte, il lance toutes ses forces dans la mêlée contre la position adverse, au risque de dégarnir complètement son propre camp. Coup de dés ! Il sait que le professionnalisme implacable de la machine de guerre romaine peut faire la différence.

Peut-être l'assaut aurait-il échoué si, contournant les fortifications rebelles, une cohorte romaine n'avait découvert une ouverture imprudemment non gardée, ce qui lui permit de surgir au milieu du camp et d'y provoquer la confusion, puis la panique. Crassus arracha ainsi la victoire. Sa cavalerie la raffina.

Coup de massue terrible. Les tribus aquitaines, les unes après les autres, se soumettent. Ou, plus exactement, se mettent en sommeil, car ce sont elles, en fin de compte, qui prolongeront le plus longtemps, jusqu'au règne d'Auguste, les actions de résistance. Et, plus tard, ce sont encore les Aquitains qui mèneront, contre les envahisseurs francs, les seules actions défensives.

CHAPITRE 14

Crimes contre l'humanité (hiver 56-55 avant Jésus-Christ)

Jusqu'à sa romanisation – cela reprendra à partir du IVe siècle et ne se terminera qu'en 1945 –, l'histoire de la Gaule est dominée par des glissades, du Nord vers le Sud, de l'Est vers l'Ouest. La migration des Cimbres, des Teutons, des Helvètes, en avait été la dernière manifestation, après que les différents flux baptisés « celtes » par confort eurent peu à peu recouvert les trois quarts du territoire.

Or, après que César a vaincu la coalition belge, une nouvelle glisse se manifeste : les Ménapes, situés entre le Rhin et l'Escaut – leur capitale deviendra Cassel –, appellent au secours. La raison ? Toujours la pression suève.

De même que cette fédération de Germains belliqueux avait fait fuir, d'abord les Cimbres, puis les Helvètes, elle contraignit deux nouveaux peuples d'outre-Rhin, les Usipètes et les Tencthères, à se déporter vers la Gaule au détriment des Ménapes.

La nouvelle fait sensation. S'y ajoute la consternation provoquée par l'échec des insurrections belge, armoricaine et aquitaine. Faut-il se retirer sur l'Aventin et laisser Romains et Germains en découdre ? Aider les Romains à refouler les Germains ?

Mais d'autres voix se font entendre. Quel est l'adversaire principal ? Le plus dangereux immédiatement ? Entre Gaulois celtes et Germains, n'y a-t-il pas plus de sanguinité commune, de mœurs et de cultures croisées, qu'entre Gaulois et Romains ?

Nous avons vu que c'est très exactement ce dilemme qui dominera les choix tactiques de chacun lors de la révolte de Civilis.

Il paraît que ce débat suscitait partout de brûlantes controverses, en Armorique, en Aquitaine, chez les Arvernes : on s'attroupait pour en discourir, on se précipitait sur toute personne venant du Nord pour savoir ce qu'elle en pensait.

C'est du moins ce que César lui-même reconnaît dans le livre IV, chapitre VI de sa *Guerre des Gaules*. Il en conclut qu'il faut faire un exemple.

Il sera terrible et ignominieux.

Quand, avec son armée, il arrive en vue du territoire investi par les Tencthères et les Usipètes, le proconsul voit venir à lui une députation. Qui lui explique qu'elle ne veut pas la guerre, que son peuple ne s'est mis en marche que pour échapper aux violences dont il était victime, qu'il ne demande qu'à s'installer sur une terre et à y vivre en bonne intelligence avec le reste de l'univers.

César leur répond qu'ils aillent se faire voir ailleurs. Par exemple chez les Ubiens, de l'autre côté du Rhin, là où s'élèvera la ville de Cologne. Eux aussi avaient eu maille à partir avec les Suèves et avaient tenu bon. Ils avaient des terres : que les nouveaux migrants aillent les rejoindre.

Notons que les Ubiens en question, tout germains qu'ils fussent, avaient noué d'excellents rapports avec César et lui enverront la cavalerie qui lui permettra de l'emporter à Alésia. Le Germain est un bon ou un méchant, selon les cas. Et les circonstances.

La députation n'est pas *a priori* hostile à la proposition qu'on vient de lui faire. Elle demande trois jours de réflexion. Le temps de consulter les intéressés. César refuse. Il poursuit sa progression. Les députés reviennent dès le lendemain. Ils sont prêts à tout accepter. Mais, répètent-ils, il leur faut le temps de recueillir l'avis des Ubiens. Que le proconsul arrête donc sa marche !

César convient d'une trêve en attendant que l'ensemble des représentants des migrants viennent lui faire officiellement part de leur retrait.

C'est alors qu'un incident se produit. Qui ressemble fort à une provocation. L'armée de César est flanquée de 5 000 cavaliers. Dont de nombreux Gaulois. Les Tencthères et les Usipètes en ont rassemblé 800 pour patrouiller autour de leur camp. On se toise, on se défie, on se frotte. Quelques acrochages, puis la mêlée généralisée. Il est peu probable que les deux tribus germaines en aient pris l'initiative, étant donné l'extrême disproportion du rapport de forces. Ce n'était, en outre, pas leur intérêt puisqu'elles cherchaient, au contraire, à arracher un arrangement pour éviter un combat qui ne pouvait que leur être fatal.

Les Romains n'en rejettent pas moins l'entière responsabilité de la bavure sur leurs adversaires. Ils ont eu, il est vrai, 74 morts et de nombreux blessés. Mais, pour une raison qui ne fait qu'exacerber la fureur de César et sa volonté de se saisir de ce prétexte pour frapper les imaginations par un acte de pure terreur, c'est que les cavaliers gaulois, auxiliaires de l'armée romaine, refusant sans doute de se faire les instruments de cette provocation, ont tourné soudain casaque et rejoint leur camp au grand galop.

On va alors assister à l'innommable. Le lendemain, comme prévu, les négociateurs germains arrivent en grande délégation, conduits par les plus chenus de leurs hauts dignitaires. D'emblée, ils demandent à s'expliquer sur l'incident. Ce ne sont pas eux, ils en font serment, qui ont commencé. César refuse même de les écouter, ordonne qu'on se saisisse de ces vénérables ancêtres, qu'on les enchaîne, range ses légions en ordre de bataille et donne le signal d'un assaut général.

Les Germains, assis ou couchés dans l'herbe, assoupis dans leurs chariots ou sous des abris de fortune, leurs armes remisées avec leurs bagages, attendent calmement le retour de leurs délégués dont ils ne doutent pas qu'ils vont leur annoncer la conclusion d'un accord.

Au lieu de quoi, interdits, épouvantés, comme pétrifiés par l'effroi que provoque en eux ce spectacle incompréhensible, ils voient se ruer sur eux une marée de fantassins et de cavaliers, sabres et glaives au poing, hurlant à la mort.

Ne sachant pas s'ils doivent fuir ou se battre, sans chef, sans consigne ni perspective, abandonnés à eux-mêmes, ils courent dans tous les sens, effarés, mais conscients qu'ils sont perdus. Les femmes saisissent les enfants, les hissent sur leurs épaules, les serrent dans leurs bras, traînent une vieille mère en sanglots et, en une course hallucinée, essaient d'atteindre la rive du Rhin. César les aperçoit et envoie sa cavalerie avec ordre de ne faire aucun quartier. Femmes, enfants, vieillards sont sabrés, transpercés, tranchés, achevés. Quand ils découvrent ce carnage, les guerriers germains ne cherchent même plus à résister, ils se précipitent à leur tour vers le fleuve pour tenter de porter secours aux leurs. Ils y sont exterminés. Ceux qui échappent au glaive se noient.

Combien les Romains ont-ils perdu de soldats ? Aucun. Ils n'ont perdu ce jour-là que l'honneur.

Quand César annonce, dans ses dépêches aussi autosatisfaites que ses récits, l'ampleur de sa « victoire », qui dissimule en réalité un gigantesque sacrifice humain, les sénateurs lui votent le droit à des actions de grâces.

Un crime contre l'humanité ? Un crime de guerre ? Un crime tout court ? Les « patriotes », les « nationaux », comme on dira plus tard, ne veulent rien entendre. Les séides du parti démocrate populaire, pour qui la personne de César est déjà sacrée, stigmatisent d'avance tous ceux qui attenteraient à l'honneur de l'armée. La dénonciation d'un carnage de complaisance est assimilée d'avance à une haute trahison. La réaction majoritaire de la classe politique romaine, toutes tendances confondues ou presque, est comparable à celle qui permettra, vingt siècles plus tard, que les exécutions sommaires, les tortures, les massacres, soient banalisés au nom de la défense de l'Empire.

Comme vingt siècles plus tard, encore, quelques hommes se lèveront, isolés, marginalisés, et crieront, au nom de la civilisation bafouée, leur refus de l'intolérable.

Des actions de grâces pour une trêve violée ? Pour un serment foulé aux pieds ? Pour l'extermination de civils sans défense ? Caton, le grand Caton, aussi parfaitement républicain qu'il est conservateur, pour qui l'on ne badine pas avec les valeurs qui seules sont susceptibles de sous-tendre une morale publique, n'y tient plus. « Actions de grâces ? » s'écrie-t-il. « Votez plutôt des expiations ! Suppliez les dieux de ne pas faire peser sur nos armées le crime d'un général coupable ! Livrez César aux Germains afin que l'étranger sache que Rome ne connaît point le parjure et qu'elle en repousse le fruit avec horreur ! »

Cicéron, le Raymond Aron de l'époque, sera moins direct. Au Sénat, il laisse Caton prendre les coups. Mais, un peu plus tard, il écrira ces lignes assassines : « Ce ne sont pas seulement les peuples qu'il voyait armés contre Rome que César a cru devoir combattre, c'est la Gaule tout entière qu'il a jugé bon de réduire à notre merci. Toutes les provinces se lamentent, tous les peuples libres poussent de grands cris, tous les royaumes protestent contre notre cruauté et notre avidité ; d'un océan à l'autre, il n'est aucune place, cachée ou visible, qui n'ait subi les effets de notre convoitise et de notre iniquité » (*De provinciis consularibus*).

C'est encore Caton qui déclarera, lors d'un débat consacré à la politique coloniale : « César attaque les peuples barbares, soit par fantaisie, soit par avarice, pour avoir de l'or et des perles. Il détruit les villes non pour les punir d'un crime, mais pour faire du butin. Sa cupidité, sa cruauté, sa perfidie, rendent le nom romain odieux à toutes les nations. »

Quel parlementaire, en 1956 ou 1958, aurait osé déclamer des choses pareilles ?

Faut-il rappeler que Caton se suicidera pour échapper à César ? Et que les successeurs et héritiers du même César feront tuer Cicéron ?

Comme d'autres conquérants, comme d'autres dictateurs, Bonaparte s'était repu de la vie de César et de sa *Guerre des Gaules*.

Et cela conduit à s'interroger : le cynisme, la violence, la cruauté du proconsul, ce recours systématique à la politique de la terreur pour décourager toute velléité de rébellion, le déroulé implacable des répressions qu'il commandite, sa soif insatiable de pouvoir et de gloire, sa manière totalement décomplexée de créer des républiques à sa dévotion quand ça l'arrange, de les renverser si nécessaire, d'imposer des monarchies au profit de ses affidés, ses pillages, ses guerres gigognes, l'une en entraînant mécaniquement une autre, toutes ces pratiques césariennes n'ont-elles pas été fidèlement copiées par Bonaparte, puis Napoléon, au même titre que la rapidité de ses manœuvres tactiques, son activisme administratif, son habileté politicienne, son populisme, ses victoires et sa façon de s'appuyer sur la gauche républicaine pour restaurer à son profit une monarchie aristocratique qui n'en aurait pas officiellement le nom ? Dans les deux cas, le talent stratégique, le charisme, l'énergie, valurent normalisation des turpitudes et des vices. Les fulgurances effacèrent les petitesses, et les apothéoses justifièrent les horreurs.

L'héroïsation des conquêtes entraîne toujours la banalisation des carnages.

La dévastation de Bourges annonce celle de Smolensk, comme la punition collective des Carnutes annonce le « Dos de Mayo » à Madrid.

Louis XIV non plus n'ignorait rien de la vie de César, lui qui se faisait statufier en *imperator* romain : les populations civiles du Palatinat furent ses Nerviens, et les Cévenols ses Éburons.

Chapitre 15

L'esquisse du Français

L'argent n'avait pas d'odeur

Nous avons retracé l'histoire des Gaules, depuis Brennus qui s'empara de Rome jusqu'à Vespasien qui, confronté à Civilis, eut du mal à reconquérir Trèves, en passant par Vercingétorix qui ne put défendre Alésia.

En 70, la dernière grande insurrection gauloise a été vaincue. Nous entrons dans une nouvelle phase qui va apparaître comme un siècle et demi de *Pax Romana*.

Ce pays qui va devenir la France, qui, au-delà des appellations temporaires et des classifications artificielles, est déjà la France – car qu'est-ce que la France, sinon cette rencontre de la gallo-celtitude et de la gréco-romanité dans un espace que bordent les pressions germaniques, les terres italiennes et les influences ibériques ? –, ce pays, donc, va connaître, sans brader ses spécificités identitaires, la plus radicale et la plus profonde transformation de toutes celles qui marqueront son histoire.

De la fusion de traditions portées et d'une culture importée, de l'apparition de nouveaux feuillages sur un tronc aux racines enfoncées profondément dans son sol, de l'acclimatation de nouvelles graines à un ancien terroir, le pays des Galles et des Belges, des Ligures et des Aquitains, des

Massaliotes grecs et des Vénètes armoricains, va faire une civilisation.

Et la France n'est autre que le creuset dans lequel se sont fondus les ingrédients de cette civilisation-là. Dès lors qu'un tel mélange « coagulait », que des dizaines d'affluences venaient y mêler, comme dans une embouchure, les nombreux courants qu'avaient impulsés leurs sources, le pays émergeait qui allait déterminer l'invention de son peuple.

En 71, quand Vespasien, le cinquième empereur en trois ans, vient se faire introniser à Rome, la situation de l'Empire en général, de l'Italie en particulier, et de la Gaule dans des proportions plus alarmantes encore, est proprement catastrophique.

Dion Cassius y va un peu fort quand il évoque les rivières barrées par des amas de cadavres, mais il n'est pas contestable que la désolation le dispute au chaos. On a vécu un cauchemar. Femmes et hommes en sortent efflanqués et hirsutes. Donc, l'instauration d'une paix, fût-elle celle que fait régner le vainqueur, c'est-à-dire la fin du déferlement de la soldatesque, du règne des bandes, des empoignades intertribales, de la fureur des exécrations intestines, de l'errance dévastatrice des grandes compagnies – la « normalisation », en somme, fût-elle romaine et impériale, est universellement considérée comme un incomparable acquis.

Pendant plus d'un siècle et demi, un sentiment, un impératif même, domine tout : « Plus jamais ça ! » Vespasien, celui qui a rétabli l'ordre, qui a débarrassé la Gaule des énergumènes germaniques et des hordes vitelliennes, en est le bénéficiaire. C'est comme Adolphe Thiers après la Commune. Ou Pompidou, après l'autre mai 68.

Son obsession à lui, c'est le fric. Il faut réparer, reconstruire, relancer les affaires. Perpétuel besoin d'argent. Il en prend partout où il peut. Dans l'intérêt de l'Empire. Dans son propre intérêt également. Il taxe tout ce qui passe à sa portée. L'impôt indirect est sa marotte. Il en instaure un sur les vases d'urine que les citoyens doivent poser devant leur porte pour ramassage. « Est-ce bien raisonnable ? » lui demande-t-on. Il répond : « L'argent n'a pas d'odeur ! » Vous rêvez de réaliser de grandes choses, et ce sont trois mots comme ça qui vous font entrer dans l'Histoire. Même son nom, l'empereur devra le léguer aux édicules consacrés à la satisfaction des pisseurs.

Pour le reste, il augmenta, doubla parfois, les tributs que devaient payer les provinces, y compris la Gaule, envers laquelle il ne ressentait aucune affection particulière. Dix ans plus tôt, elle eût flambé comme du petit bois. Cette fois, elle ne bougea pas.

Elle ne bougea même pas quand l'un des fils de Vespasien, Domitien, porta à la Gaule un coup terrible en ordonnant l'arrachage des vignes, pour protéger d'une concurrence mal venue des viticulteurs latins qu'il avait à la bonne ! Comme Néron, ce Domitien commença bien et termina très mal.

Sur le tard, le côté farce prit le dessus. Il paraît qu'il prenait un indicible plaisir, non point, comme on dit vulgairement, à enculer les mouches – ce qu'il reprochait précisément aux philosophes –, mais à les perforer avec un poinçon.

Suétone rapporte un épisode digne de Caligula : Domitien (dont il ne nous laisse pas ignorer qu'il avait les doigts de pied très courts et en éventail, c'eût été dommage), entre autres crimes ordinaires, fit crucifier son responsable des finances. « La veille, il l'appela dans sa chambre, le fit asseoir sur son lit à côté de lui, daigna même lui donner quelques mets de sa table. » L'autre ne se sentait plus de joie. Et ensuite... des clous !

Faut-il ajouter foi au fait que, ayant invité à un grand festin des notables de haut rang, dont des sénateurs qu'il abhorrait, il avait disposé tout autour de la salle à manger, pour jouir de leurs mines effrayées, autant de cercueils qu'il y avait de convives ? Ou qu'il fit réunir spécialement le Sénat pour obtenir son avis sur le type de sauce à laquelle il convenait d'agrémenter le turbot ?

Ce tyran fut naturellement saigné comme un cochon, et comme les autres.

Nous relaterons la suite dans le prochain volume. Car Rome, et la Gaule au premier chef, profitèrent ensuite d'une série d'excellents empereurs (Nerva Trajan, Hadrien, Antonin le Pieux, Marc Aurèle).

Il n'y a pas photo

On pose souvent la question : quel fut le premier chef, roi ou empereur, qui régna sur la France ? Et l'on cite au hasard : Vercingétorix, Clovis, Charles Martel, Hugues Capet.

Le premier véritable empereur gaulois, donc roi de France d'une certaine manière, fut Postumus, dont on parlera également dans un prochain volume. Mais si la question est : quel est le premier souverain dont peut véritablement s'enorgueillir notre pays ?, alors la réponse ne fait pas de doute : c'est Hadrien, ou plus exactement Trajan et Hadrien.

Entre eux et un Clovis, un Pépin le Bref, ou même un Charlemagne, c'est-à-dire entre ce qu'ils apportèrent les uns et les autres à notre pays, il n'y a pas photo, y compris dans le domaine de l'école, qui est censé avoir constitué le point fort de l'empereur glabre à la barbe supposée fleurie.

Comparons, en effet... S'il est un domaine où la France gallo-romaine franchit plusieurs siècles en quelques décennies, c'est bien celui de l'école. Une esquisse d'enseignement public se substitue à l'abrutissement druidique. Trois degrés sont créés : le primaire, où l'on apprend à écrire, à lire (en latin) et à compter ; le secondaire, à partir de douze ans, dévolu prioritairement à la grammaire, au commentaire de textes et à un rudiment de culture générale – mais qui, hélas, incite à l'imitation ; le supérieur, enfin, dominé par l'apprentissage de la rhétorique et de l'art oratoire.

Les élèves portent des blouses à larges plis. Des esclaves (car il s'agit des rejetons de l'élite) leur font répéter les leçons. Les enseignants, qui ne lésinent pas sur l'emploi de la baguette ou du fouet, sont mal payés – l'équivalent du salaire d'un maçon. Encore que ceux du supérieur sont, en gros, rémunérés quatre fois mieux que ceux du primaire.

Les enfants écrivent avec un stylet sur des tablettes de bois enduites de cire, qu'ils grattent avec une spatule en cas de faute. Sans ponctuation. On utilise aussi, parfois, des rouleaux de papyrus et des plumes faites de roseaux taillés que l'on trempe dans de l'encre noire. (Le parchemin n'apparaîtra qu'au IIIe siècle.)

Marseille, l'hellénique, dispose déjà au Ier siècle (après Jésus-Christ) d'écoles réputées, y compris pour leur conservatisme. Autun, la ville construite près de l'ancienne Bibracte des Éduens, est devenue, à son tour, une ville universitaire où, à côté de la sacro-sainte rhétorique, on enseigne le droit. On a vu que Sacrovir, lors de sa révolte de l'an 21, tenta d'y recruter des étudiants. C'était une première qui aura des suites.

Les professeurs d'histoire et de géographie utilisent des cartes. Comme les « hussards noirs » de notre IIIe République, ils exaltent la patrie commune et, donc, l'impérialisme romain. Ce qui marquera les Gaulois, qui y sont déjà prédisposés, c'est l'importance que cet enseignement accorde au « bien parler ». Le poète aquitain Ausone, qui en sera l'un des rejetons, expliquera plus tard à son petit-fils : « Les intonations de la voix doivent, par leurs déploiements savants, mettre en relief les sentiments. » De tout cela, que restera-t-il après la régression franque et la promotion de l'inculture qui s'ensuivit ?

Le boom Hadrien

Le spectacle qu'offre la Gaule, au temps des Trajan, des Hadrien, des Antonin, est à peine concevable et, toute proportion gardée, on ne peut le comparer qu'à celui dont furent témoins les Américains du grand boom, à l'orée du XXe siècle, ou les Chinois de l'explosion communisto-capitaliste, au début du XXIe siècle. Des villes majestueuses s'élevent en lieu et place de bourgades, d'ex-villages fortifiés prennent des allures de métropoles, la pierre et le marbre se substituent au torchis et à la terre séchée. Là où des clairières servaient de lieux de rassemblement s'étalent, en éventail, des théâtres dont la construction est particulièrement encouragée par Hadrien.

On trace des milliers de kilomètres de nouvelles routes, rythmés de bornes qui indiquent la distance séparant chaque lieu de la ville de Lyon, où la plupart d'entre elles se croisent. Des communes urbaines situées sur le parcours en assurent l'entretien. Depuis que Trajan a créé un corps de fonctionnaires des postes, le courrier circule à une vitesse moyenne de 75 kilomètres par jour, et jusqu'à 150 en cas d'extrême urgence. Des relais permettent de changer de chevaux tous les 12 kilomètres. Et entre deux centres urbains se sont installées des auberges d'étape avec écuries, chambres pour les voyageurs, forges, ateliers de réparation et lieux de restauration, dont on a vu qu'ils étaient réputés pour leur prix modéré.

Des flottes de commerce remontent ou descendent tous les fleuves et permettent d'exporter les produits d'une industrie locale qui se développe : Arras se spécialise dans la confection des saies militaires en drap rouge ; Saintes, dans les pèlerines à capuchon faites de grosse toile à longs poils, les « cuculles », dont la mode se répand en Italie – de même que celle des « caracalles » qui tombent jusqu'au-dessous du genou, et qu'un empereur adoptera au point qu'on lui donnera ce nom : Caracalla.

Ici, on se consacre à la production de toiles peintes ; là, au travail du cuivre. La ville de Lyon, que distinguent le tissage du brocart, déjà, et la fabrication de godillots militaires, acquiert une importance économique de plus en plus affirmée, bien que Trèves lui fasse la pige. Bordeaux, qui attire les colons romains, et dont le port fait la liaison entre l'Espagne et les îles Britanniques, prend son envol. Toulouse commence à concurrencer Narbonne. Nîmes, dont Antonin le Pieux est originaire, se couvre de monuments somptueux. Vienne, la capitale des Allobroges, tient son rang. Hadrien s'investit personnellement dans l'aide à l'éclosion de plusieurs cités gauloises et fait construire, à Nîmes, en l'honneur de la femme de Trajan, une des plus belles basiliques du monde latin (aujourd'hui disparue). Antonin le Pieux avance lui-même les fonds qui permettent l'érection de nombreux monuments en Aquitaine et en Narbonnaise.

C'EST ÇA, LA PAIX ROMAINE

Et, surtout, il y a la paix, cette paix romaine qui permet d'assurer la sécurité, moins à Rome d'ailleurs, où la délinquance fait des ravages, que dans les provinces. Épictète, exilé à Nicopolis, le reconnaît : « Plus de guerres ni de combats. Plus de brigandage ni de piraterie. On peut voyager en toute saison et naviguer de l'Orient à l'Occident. »

Le Syrien Aelius Aristide en rajoute : « Alors qu'il est si grand et si puissant, l'Empire est plus grand encore par l'exactitude minutieuse de son administration. Les satrapes ne se battent plus entre eux. Tout le monde s'exprime dans la même tonalité. »

L'ordre de l'Empire accomplit en quelque sorte – ce qui devrait ravir les philosophes stoïciens – l'ordre des choses. Le futur saint Irénée de Lyon l'admet lui aussi, malgré l'insistance que les meilleurs empereurs, Marc Aurèle compris, mettent à martyriser les chrétiens : « Le monde est en sécurité grâce aux Romains et nous circulons sans crainte sur les routes. »

Conclusion de Plutarque : « Je me réjouis de cette tranquillité qui est la nôtre : plus d'émigration ni de révolte. Plus de tyrannie. »

Le système despotique, quand la succession héréditaire l'aggrave, n'en est pas moins, au sommet sinon à la base, d'une insigne fragilité. Et tout s'effondrera, avec l'empereur Commode, après la mort de Marc Aurèle.

Aspect peu connu de la Gaule, qui enregistre pourtant, à cette époque, une forte poussée démographique : l'émigration d'origine orientale y prend de plus en plus d'ampleur, en particulier dans certaines villes du Sud. À Lyon, 22 % des habitants portent des noms grecs. Un Syrien y fabrique des poteries et un Carthaginois de la verrerie. Ce sont les Orientaux qui introduiront le christianisme et poseront les premiers fondements d'une Église locale.

Le pays profond n'en reste pas moins ethniquement stable. La preuve : l'arrachage des vignes sur ordre de Domitien – ordre auquel on a d'ailleurs largement désobéi – n'empêchait nullement les Gallo-Romains de lever allégrement le coude. Leur tendance à l'ivrognerie donnait même lieu à des plaisanteries, comme de nos jours la radinerie supposée des Écossais. D'où la multiplication des troquets aux inscriptions significatives : « Je suis le roi des buveurs ! », ou : « Patron, remplis mon verre ! »

En prime, se shootait-on ? Évidemment oui. Les fumeurs utilisaient de longues pipes – on en a retrouvé – bourrées de pavot, de chanvre et de diverses herbes narcotiques ; mais aussi, chacun ses goûts, de feuilles de salade. On a découvert, à Vierzon, des images décoratives représentant des fumeurs nus, le visage émacié, les yeux hagards et bandant comme des arbalètes. Ce qui n'a rien d'étonnant, vu la banalisation des représentations érotiques, y compris sur des médailles, des jetons ou de la vaisselle de table. L'érection est d'autant plus représentable qu'elle est l'attribut d'une divinité spécifique, Priape. Le christianisme n'était pas encore passé par là.

L'IVG EN GAULE

Officiellement, l'adultère est un délit passible des plus iniques châtiments. Mais, comme l'écrit un auteur latin : « Les femmes romaines ont pris l'habitude de compter leurs années, non plus en déclinant les noms des consuls [un par année], mais ceux de leurs maris. » À l'évidence, cette fine remarque ne valait que pour les femmes de la très haute société. Le poète Juvénal, à propos de l'interruption volontaire de grossesse, met d'ailleurs les points sur les *i* : « Les femmes les plus défavorisées acceptent le danger de l'accouchement et toutes les peines qui sont le lot des femmes qui allaitent. Leur pauvreté les y oblige. Mais, sur le lit doré [des aristocrates ou des grandes bourgeoises], on ne voit guère de femmes en couches, tant sont efficaces les pratiques et les drogues qui rendent les femmes stériles. »

Jusqu'au IIIe siècle, le droit pénal ne considère nullement l'avortement comme un délit. Il est muet sur cette question. Et un célèbre médecin du Ier siècle, Soronos, peut consacrer un ouvrage à *La Maladie des femmes*, dont un chapitre s'intitule : « L'usage des médicaments déterminant l'avortement, ceux qui produisent la stérilité, quand et de quelle manière ils devraient être employés ». Des mixtures extravagantes y sont évoquées, à côté de l'abstinence périodique, du coït interrompu et de l'utilisation de l'eau froide. Ce qui n'empêche en rien le recours à toutes sortes de remèdes de bonne femme : utérus de taupe, matrice de mule ou foie de chat. On conseille, aussi, de longues promenades dans un véhicule à mauvaises suspensions sur des chemins défoncés ! Peut-être la maîtresse et nièce de Domitien, dont les avortements à répétition défrayèrent la chronique, en usa-t-elle... car elle en mourut.

Une inscription funéraire relevée à Vienne, dans l'Isère, a permis de calculer qu'à 117 couples correspondaient 128 enfants, 28 unions étant stériles, 63 familles se contentant d'un enfant et une seule en affichant six.

Tout changera, évidemment, avec la domination de l'Église.

Avec la romanisation des Gaulois et Gauloises, dont le savon était réputé et surtout utilisé en shampooing, on découvre les thermes publics, ce qui n'a pas empêché les particuliers fortunés de s'adjoindre des bains privés et même, si l'on en croit certaines découvertes, des baignoires individuelles.

Une minorité de femmes « s'apprêtaient », avant la conquête. Mais, après le passage de César et sous l'influence des modes métropolitaines, l'art du maquillage va faire fureur dans la bonne société. Et la Gauloise d'en haut n'a plus rien à envier aux élégantes romaines, fussent-elles sur le retour, dont Pétrone écrivait méchamment : « Dans les rides de leurs joues, il y a une telle quantité de craie qu'on eût dit un vieux mur décrépi sillonné par la pluie. »

La craie ? S'il n'y avait que ça. Mais on utilise aussi des masques de beauté à base d'argile, du lait d'ânesse, des applications de miel, de la fiente de pigeon délayée dans du vinaigre (ce qui aurait des vertus antirides), de la graisse de cygne, de l'huile de tortue.

L'obsession, c'est la blancheur de la peau. Pour l'accentuer, selon Pline, on propose une crème magique constituée « d'escargots séchés au soleil sur des tuiles, puis pulvérisés et mêlés à la bouillie de fèves et de froment ». On efface les taches du visage à l'aide de graines de lin (quand on n'utilise pas de la fiente de veau mélangée à de la gomme).

Très prisée également est la céruse, nous explique l'architecte Vitruve, contemporain d'Auguste : « Il n'est point hors de propos de dire ici comment on prépare la céruse. Les Rhodiens mettent des sarments dans des tonneaux au fond desquels ils versent du vinaigre. Sur ces sarments, ils placent des lames de plomb, puis on ferme soigneusement les tonneaux pour que leur contenu ne perde rien de sa force. Après un temps déterminé, on ouvre et les morceaux de plomb se trouvent convertis en céruse », qu'on étale sur la peau sous forme de pâte.

On se rougit les lèvres, on se noircit les sourcils. Très recommandés, à cet égard, quand on a les moyens de se les procurer, sont « les œufs de fourmi pilés avec des mouches mortes ». Sur les paupières, on dépose avec délicatesse de la teinture de safran. Les racines de fenouil servent à confectionner les dentifrices, mais on aurait essayé également, à cause de la vertu ammoniacale de ce mélange qui nettoie les dents, de l'urine de jeunes garçons dans laquelle on délaie de la pierre ponce réduite en poudre.

Tout cela demande des ustensiles adéquats, et l'on a pu mettre au jour d'hypothétiques nécessaires de toilette constitués de pots à onguents, de palettes de fards, d'épingles à cheveux, de perruques, de peignes, de pinces à épiler, de pilon à broyer les poudres, de cure-dents et de cure-oreilles.

Quant aux parfums, ils viennent généralement d'Orient, tels le baume de Judée qui coûte la peau des fesses, la cannelle d'Arabie et de Ceylan, l'encens, la citronnelle, l'iris, la marjolaine…

Les prostituées se contentent, paraît-il, d'huiles végétales ordinaires.

À Lyon, à Nîmes, à Narbonne, à Autun, à Bordeaux, à Toulouse – mais il n'est question ici que de la haute société, ce qui accroît le fossé qui la sépare de la Gaule profonde –, on est à l'affût des dernières modes romaines, exactement comme les belles dames d'Alger ou de Dakar (ou de Carpentras ou de Romorantin) étaient, au début du XXe siècle, à l'affût des dernières modes parisiennes.

C'était particulièrement le cas – et nous possédons de nombreuses mosaïques qui en témoignent – en matière de coiffure. Ainsi, une élégante arbore plusieurs rangées de frisures et de boucles superposées qui forment une succession de véritables diadèmes au-devant de la tête ; une incroyable « Nîmoise » porte une coiffure « en nid d'abeilles » qui est aussi haute que son visage.

Plus on avancera vers le début du IIIe siècle, plus on utilisera des nattes postiches entremêlées et enroulées jusqu'à former une sorte de casque rassemblant au sommet de la tête, comme un épanouissement, une jungle de tresses étroites et aplaties.

Les hommes, plus traditionalistes – ceux du moins qui ne pousseront pas l'intégration jusqu'à se convertir à la toge –, resteront fidèles aux braies et à la saie, mais les agrémenteront de toutes les fantaisies possibles en matière de décorations colorées. Surtout, se servant de rasoirs en fer ou en bronze à la lame incurvée, ils auront de plus en plus tendance à adopter les modes de barbe lancées par les empereurs, Hadrien ayant initié cette course aux poils pour cacher une cicatrice.

DIS-MOI CE QUE TU MANGES

Que mange-t-on ? De tout. Carottes, choux-raves, salades, asperges, lentilles, fèves, pois chiches ou poireaux en matière de légumes. On apprécie les œufs frits, durs ou à la coque. On se régale, quand on n'est pas trop éloigné d'un rivage, d'huîtres (dans un village du IIIe siècle, on a ramassé des coquilles correspondant à vingt-deux espèces), de moules, de palourdes, de praires, de coquilles Saint-Jacques et de crabes. On en transporte dans de grandes jarres remplies d'eau de mer. On prépare le poisson – thon, raie, mulet – grillé ou bouilli, mais on le fume pour alimenter les villes de l'intérieur ou on le conserve dans de la saumure. On raffole de poissons de rivière, perches, tanches, truites, saumons, barbeaux. On rôtit les viandes à la broche, on les grille sur des sortes de barbecues, on farcit des poulets à chair coriace ou des cochons de lait, on confectionne des quenelles de viande hachée. On est devenu, on l'a dit, roi de la charcuterie, et le porc, qu'on a civilisé peu à peu, est devenu en matière culinaire l'animal fétiche qu'on peut mettre à toutes les sauces (l'agneau n'est apprécié que dans le Midi). On parfume artificiellement le vin, y compris à l'anis ou au céleri, on le colore avec du safran, on lui ajoute de la résine. Surtout, on en fait avec n'importe quoi.

Les ustensiles de cuisine se pluralisent et se complexisent : louches, écumoires, passoires, entonnoirs, poêles à frire, parfois avec manche pliant, poêlons, casseroles, cuillères à doser la farine pour les gâteaux, coquetiers, samovars, marmites, argenteries…

Que manque-t-il pour que ces Gaulois deviennent des Français ? Que sont ces « décurions », ces « cités » ou ces « municipalités » (elles-mêmes divisées en cantons), élus par leurs pairs, qui délibèrent des affaires de la commune, la gèrent, l'entretiennent, siègent en tant que « sénateurs » dans des assemblées régionales et, de là, sont envoyés comme députés dans le grand conseil des trois provinces ? Que sont-ils, sinon l'amorce de ces citoyens délibérants que la réaction franque renverra à leur tourbe, mais qui ressurgiront grâce aux chartes arrachées au Moyen Âge par la bourgeoisie urbaine pour s'imposer, après 1789, comme une composante de la souveraineté nationale ?

Que sont ces « collèges » de métiers, placés sous surveillance administrative, qui arbitrent les conflits professionnels, édictent des règles, fixent des disciplines, fonctionnent comme des sociétés d'entraide allant jusqu'à s'occuper des funérailles de leurs membres ? Que sont-ils, sinon des annonciateurs des futures « coopérations », elles-mêmes annonciatrices des premières esquisses syndicales ?

Peu à peu, entre le Ier et le IIe siècle, les nouveaux propriétaires fonciers ainsi que les patrons d'ateliers ou d'entreprises – qui sont parfois les mêmes quand ces ateliers ou ces entreprises de transformation sont installés sur les grands domaines agricoles – intègrent l'ancienne noblesse et deviennent une sorte de grande bourgeoisie.

Les esclaves, en charge des activités municipales, éboueurs, balayeurs, cantonniers, jardiniers, ainsi que ceux qui sont attachés à des établissements publics, thermes ou temples, se transforment peu à peu en petits fonctionnaires. Et leur statut social se rapproche de celui des salariés libres des fabriques – d'autant que les maîtres s'avisent qu'un esclave coûte plus cher à entretenir qu'un salarié qui, bien que misérablement payé, doit subvenir lui-même à ses besoins. Ainsi, peu à peu, l'esclavage disparaît, mais le servage apparaît. Les deux processus se croisent. Fusion d'un progrès et d'une régression.

D'un côté, la production esclavagiste se transforme en production capitaliste ; de l'autre, grâce au boom de l'agriculture, les riches propriétaires fonciers étendent leurs domaines, y intègrent des activités artisanales, les fortifient, engagent des gardes privés en souvenir des troubles qui ont plongé la Gaule dans le chaos, et deviennent des seigneurs. Les paysans libres, nombreux grâce à Trajan et Hadrien, mais fragiles et exposés à tous les risques, se placent sous leur protection. En échange de quoi ils doivent des redevances, des corvées, et il leur est interdit de quitter le domaine, surtout si la terre qu'ils occupent leur a été louée. Deux sociétés s'affirment en même temps, imbriquées l'une dans l'autre, mais de plus en plus susceptibles de se dresser l'une contre l'autre.

Tout est déjà là. Les germes d'une véritable modernité civilisationnelle. Un pré-capitalisme qui va se fondre, par l'entremise de la spéculation financière, dans la nouvelle féodalité de sol et d'argent. Le servage se substituant à l'esclavage. La paupérisation du salariat libre et la mise sous tutelle de la nouvelle petite paysannerie. L'affirmation d'une classe moyenne urbaine éduquée. Les pulsions égalitaristes et même socialisantes que va exacerber la pénétration de plus en plus en profondeur du christianisme. L'expérience d'une démocratie participative de terrain. L'aspiration nationaliste et identitaire non totalement refoulée.

C'est tout cela, qui va exploser au cours du IIIe siècle, sur fond de déliquescence politique et morale de l'Empire, qui fera l'objet du prochain volume.

Dans la mesure où les chapitres précédents ont fait revivre des périodes de notre histoire dont aucun réalisateur hollywoodien n'oserait même imaginer la dramaturgie et le drolatisme, tant y tonitruent la fureur et l'hilarité, le fracas des armes et le sifflement des intrigues, dans la mesure donc où cette chronique se lit parfois comme un roman vrai, concluons par une remarque bien-pensante, mais néanmoins incontournable.

Tout ce que nous avons relaté – et relaterons dans les volumes suivants – montre qu'une communauté s'est forgée, complexe, riche de sa diversité, en incessante composition-recomposition, évolutive, portée par sa propre dynamique interne d'intégration, et elle se continua, telle qu'en elle-même, sous les Celtes, sous les Romains, sous les Francs, entraînant dans son sillage les Grecs de Marseille, les Romains d'Aix-en-Provence, les Ibères d'Elne, les Ligures de Narbonne, mais aussi les Germains de Clovis, les Alamans et les Suèves, tous ces peuples appelés celtes venus du Jutland ou du Danemark, des Goths qui restèrent en Aquitaine, des Gépides qui essaimèrent autour d'Orléans, des Burgondes qui esquissèrent la Bourgogne, des Sarmates qui firent souche, des Saxons qui se fixèrent aux embouchures, des Normands venus de Scandinavie, comme d'autres étaient descendus des Balkans ou du Danube.

C'est ce qu'on a fini par appeler la France.

Repères bibliographiques

Aurelius Victor, *Livre des Césars.*
Cicéron, *Discours.*
Diodore de Sicile, *Bibliothèque historique.*
Dion Cassius, *Histoire romaine.*
Flavius Josèphe, *Guerre des juifs.*
Florus, *Abrégé d'histoire romaine.*
Jules César, *Commentaires sur la guerre des Gaules.*
Lucain, *Pharsale – Bellum Civile.*
Pline l'Ancien, *Histoire naturelle.*
Plutarque, *Vies parallèles.*
Polybe, *Histoires.*
Pomponius Mela, *Géographie des pays.*
Posidonios, *Histoire* (fragments).
Salluste, *La Conjuration de Catilina.*
Sénèque, *Lettres à Lucilius.*
Silius Italicus, *Les Punica.*
Strabon, *Géographie.*
Suétone, *Vie des douze Césars.*
Tacite, *Les Annales.*
–, *La Germanie.*
–, *Histoires.*
Timée, *Histoire.*
Roland Auguet, *Caligula ou le pouvoir à vingt ans*, Paris, Payot, 1984.
Gustave Bloch, *Histoire de France : depuis les origines jusqu'à la révolution*, vol. 2 : *Les origines, la Gaule indépendante et la Gaule*

romaine (1900), Sainte-Marguerite-sur-Mer, Éditions de Équateurs, 2011.

Jean-Yves Boriaud, *Histoire de Rome*, Paris, Perrin, coll. « Tempus », 2012.

Maurice Bouvier-Ajam, *Les Empereurs gaulois*, Paris, Tallandier, 2000.

Patrice Brun, *Princes et princesses de la Celtique : le premier âge du fer en Europe, 850-450 av. J.-C.*, Paris, Errance, 1987.

Jérôme Carcopino, *Jules César*, Paris, PUF, 1990.

– , *Les Étapes de l'impérialisme romain*, Paris, Hachette, 1961.

Serge Cassen, *Exercice de stèle : une archéologie des pierres dressées*, Paris, Errance, 2009.

Michel Christol, Daniel Nony, *Rome et son empire*, Paris, Hachette Supérieur, 2011.

Eugen Cizek, *Néron*, Paris, Fayard, 1982.

Bernard Combet-Farnoux, *Les Guerres puniques*, Paris, PUF, coll. « Que sais-je ? », 1974.

Pierre Cosme, *L'Année des quatre empereurs*, Paris, Fayard, 2012.

Gérard Coulon, *Les Gallo-Romains, au carrefour de deux civilisations*, vol. 1 : *Les Villes, les campagnes et les échanges*, Paris, Armand Colin 1990 ; vol. 2 : *Métiers, vie quotidienne et religion*, Paris, Armand Colin 2002.

Barry Cunliffe, *Les Celtes*, Paris, Errance, 2006.

Christine Delaplace, Jérôme France, *Histoire des Gaules*, Paris, Armand Colin, 2011

Jean-Paul Demoule, dir., *La Révolution néolithique dans le monde*, CNRS Éditions, 2010.

– , *On a retrouvé l'Histoire de France : comment notre archéologie raconte notre passé*, Paris, Robert Laffont, 2012.

Georges Duby, *Histoire de la France*, Paris, Larousse, 2011.

Robert Étienne, *Le Siècle d'Auguste*, Paris, Armand Colin, 1999.

– , *Jules César*, Paris, Fayard, 2008.

Lucien Febvre, François Crouzet, *Nous sommes des sangs mêlés : manuel d'histoire de la civilisation française*, Paris, Albin Michel, 2012.

Alain Ferdière, *Les Gaules : IIe siècle av. – Ve siècle ap. J.-C.*, Paris, Armand Colin, 2005.

James-George Frazer, *Le Rameau d'or*, Paris, Robert Laffont, coll. « Bouquins », 1998-2010.

John-Frederick-Charles Fuller, *Les Batailles décisives du monde occidental*, Paris, Berger Levrault, 1983.

Jean Gagé, *Les Classes sociales dans l'Empire romain*, Paris, Payot, 1971.

Alain Gallay, *Les Sociétés mégalithiques : pouvoir des hommes, mémoire des morts*, Lausanne, Presses Polytechniques et universitaires romandes, 2010.

Christian Goudineau, *César et la Gaule*, Paris, Le Seuil, 2000.

Miranda Green, *Le Monde celtique*, Paris, Flammarion, 1996.

Pierre Grimal, *Marc Aurèle*, Paris, Fayard, 1991.

Jean Guilaine, *Les Racines de la Méditerranée et de l'Europe*, Paris, Fayard, 2008.

– , *Caïn-Abel-Ötzi : l'héritage néolithique*, Paris, Gallimard, 2011.

Jean-Jacques Hatt, *Histoire de la Gaule romaine*, Paris, Payot, 1966.

Léon Homo, *Vespasien : l'empereur du bon sens*, Paris, Albin Michel, 1949.

Lucien Jerphagnon, *Histoire de la Rome antique : les armes et les mots*, Paris, Pluriel, 2010.

Camille Jullian, *Histoire de la Gaule* (1907-1926), 2 vol., Paris, Hachette Littératures, 1993.

Venceslas Kruta, *Les Celtes*, Robert Laffont, coll. « Bouquins », 2001.

Ernest Lavisse, *Histoire de France : depuis les origines jusqu'à la Révolution*, Sainte-Marguerite-sur-Mer, Éditions de Équateurs, 2011.

Marcel Le Glay, *Grandeur et chute de l'Empire*, Paris, Perrin, coll. « Tempus », 2005.

Marcel Le Glay, Jean-Louis Voisin, Yann Le Bohec, *Histoire romaine*, Paris, PUF, coll. « Quadrige », 2011.

Jules Michelet, *Histoire de France*, vol. 1 : *La Gaule, les invasions, Charlemagne* (1833), Sainte-Marguerite-sur-Mer, Éditions de Équateurs, 2008.

Theodor Mommser, Claude Nicolet, *Histoire romaine*, Paris, Robert Laffont, 2011.

Napoléon III, *Histoire de Jules César*, Paris, H. Plon, 1865-1866.

Régine Pernoud, *Les Gaulois*, Paris, Le Seuil, 1979.

André Piganiol, *Histoire de Rome*, Paris, PUF, 1949.

Jean-Robert Pitte, *Histoire du paysage français : de la préhistoire à nos jours*, Paris, Tallandier, 2012.

Michel Rambaud, *L'Art de la déformation historique dans les Commentaires de César*, Paris, Belles Lettres, 2011.

Amédée Thierry, *Histoire des Gaulois*, 3 vol., Paris, 1845.

– , *Histoire de la Gaule sous l'administration romaine*, 3 vol., Paris, 1840-1847.

Jean-Louis Voisin, *Alésia : un village, une bataille, un site*, Messigny-et-Vantoux, Éditions de Bourgogne, 2012.
Zvi Yavetz, *La Plèbe et le prince : foule et vie politique sous le Haut-Empire romain*, Paris, La Découverte, 1984.

Table

Deuxième partie
LA RÉSURRECTION DE LA GAULE VAINCUE

Troisième partie
COMMENT TOUT A COMMENCÉ

Quatrième partie
PENDANT CE TEMPS, EN GAULE CELTIQUE

COLLECTION PLURIEL

ACTUEL

ADLER Alexandre
Le monde est un enfant qui joue
J'ai vu finir le monde ancien
Au fil des jours cruels
L'Odyssée américaine
Rendez-vous avec l'Islam
Sociétés secrètes
Le jour où l'histoire a recommencé
ADLER Laure
Françoise
ASKENAZY Philippe, COHEN Daniel
27 questions d'économie contemporaine
16 nouvelles questions d'économie contemporaine
ATTALI Jacques
Demain, qui gouvernera le monde ?
ATTIAS Jean-Christophe, BENBASSA Esther
Les Juifs ont-ils un avenir ?
Encyclopédie des religions
AUNG SAN SUU KYI
Ma Birmanie
BACHMANN Christian, LE GUENNEC Nicole
Violences urbaines
BAecque (de) Antoine
Les Duels politiques
Balladur Édouard
Conversations avec François Mitterrand
BARBER Benjamin R.
Djihad versus McWorld
L'Empire de la peur
BARLOW Maude, CLARKE Tony
L'Or bleu
BAVEREZ Nicolas
Réveillez-vous !
BEN-AMI Shlomo
Quel avenir pour Israël ?
BENBASSA Esther
La Souffrance comme identité
BERGOUGNIOUX Alain, GRUNBERG Gérard
Les Socialistes français et le pouvoir (1905-2007)
BEURET Michel, MICHEL Serge, WOODS Paolo
La Chinafrique
BHUTTO Benazir
Autobiographie
BIASSETTE Gilles, BAUDU Lysiane J.
Travailler plus pour gagner moins
BLAIS Marie-Claude, GAUCHET Marcel, OTTAVI Dominique
Conditions de l'éducation
BORIS Jean-Pierre
Le Roman noir des matières premières
BRETON Stéphane
Télévision
BROWN Lester
Le Plan B
BRZEZINSKI Zbigniew
Le Grand Échiquier
CARRERE D'ENCAUSSE Hélène
La Russie entre deux mondes

CHALIAND Gérard
Guérillas
CHARRIN Ève
L'Inde à l'assaut du monde
Chebel Malek
Manifeste pour un islam des Lumières
CLERC Denis
La France des travailleurs pauvres
cohen Daniel
La Mondialisation et ses ennemis
COHEN-TANUGI Laurent
Guerre ou paix
COHN-BENDIT Daniel
Que faire ?
Cotta Michèle
Mitterrand carnets de route
DAVIDENKOFF Emmanuel
Peut-on encore changer l'école?
DELPECH Thérèse
L'Ensauvagement
DELUMEAU Jean
Un christianisme pour demain
DOSTALER Gilles
MARIS Bernard
Capitalisme et pulsion de mort
DUFRESNE David
Maintien de l'ordre
Tarnac, magasin général
ÉTIENNE Bruno,
LIOGIER Raphaël
Être bouddhiste en France aujourd'hui
FAUROUX Roger,
SPITZ Bernard
Notre État
Filiu Jean-Pierre
La véritable histoire d'Al-Qaida
FINCHELSTEIN Gilles
La dictature de l'urgence
Frégosi Franck
L'islam dans la laïcité
GLUCKSMANN André
Ouest contre Ouest
Le Discours de la haine
GODARD Bernard,
TAUSSIG Sylvie
Les Musulmans en France
GORE Al
Urgence planète Terre
GREENSPAN Alan
Le Temps des turbulences
GRESH Alain
L'Islam, la République et le monde
Israël-Palestine
GRESH Alain,
VIDAL Dominique
Les 100 Clés du Proche-Orient
GUÉNIF-SOUILAMAS Nacira
Des beurettes
Hessel Stéphane
Citoyen sans frontières
HIRSCH Martin
Pour en finir avec les conflits d'intérêt
IZRAELEWICZ Erik
L'arrogance chinoise
JADHAV Narendra
Intouchable
JEANNENEY Jean-Noël (dir.)
L'Écho du siècle
KAGAN Robert
La Puissance et la Faiblesse
KERVASDOUÉ (de) Jean
Les Prêcheurs de l'apocalypse
KNIBIEHLER Yvonne
Mémoires d'une féministe iconoclaste

LAÏDI Zaki
Un monde privé de sens
LATOUCHE Serge
Le pari de la décroissance
LAURENS Henry
L'Orient arabe à l'heure américaine
LAVILLE Jean-Louis
L'Économie solidaire
LE MAIRE Bruno
Des hommes d'État
LENGLET François
Qui va payer la crise ?
LENOIR Frédéric
Les Métamorphoses de Dieu
LEYMARIE Philippe,
PERRET Thierry
Les 100 Clés de l'Afrique
MONGIN Olivier
De quoi rions-nous ?
MOREAU Jacques
Les Socialistes français et le mythe révolutionnaire
NICOLINO Fabrice,
Biocarburants, la fausse solution
NICOLINO Fabrice,
VEILLERETTE François
Pesticides
NOUZILLE Vincent
Les dossiers de la CIA sur la France 1958-1981
Les dossiers de la CIA sur la France 1981-2010
PIGASSE Matthieu
FINCHELSTEIN Gilles
Le Monde d'après
PISANI-FERRY Jean
La crise de l'euro et comment nous en sortir
RAFFY Serge
Le Président, François Hollande, itinéraire secret
RAMBACH Anne,
RAMBACH Marine
Les Intellos précaires
RENAUT Alain
La Libération des enfants
REYNIÉ Dominique
Les nouveaux populismes
ROCARD Michel
Oui à la Turquie
ROY Olivier
Généalogie de l'islamisme
La Laïcité face à l'islam
ROY Olivier,
ABOU ZAHAD Mariam
Réseaux islamiques
SABEG Yazid,
MÉHAIGNERIE Laurence
Les Oubliés de l'égalité des chances
SALAS Denis
La Volonté de punir
SAPORTA Isabelle
Le livre noir de l'agriculture
SAVIDAN Patrick
Repenser l'égalité des chances
SENNETT Richard
La culture du nouveau capitalisme
SMITH Stephen
Négrologie
SMITH Stephen,
FAES Géraldine
Noir et Français
SMITH Stephen,
GLASER Antoine
Comment la France a perdu l'Afrique
SOROS George
Mes solutions à la crise
STORA Benjamin
La Dernière génération d'octobre
TERNISIEN Xavier
Les Frères musulmans

TINCQ Henri
Les Catholiques
TRAORÉ Aminata
Le Viol de l'imaginaire
L'Afrique humiliée
VERMEREN Pierre
Maghreb : les origines de la révolution démocratique
VICTOR Paul-Émile,
VICTOR Jean-Christophe
Adieu l'Antarctique
VIROLE Benoît
L'Enchantement Harry Potter
WARSCHAWSKI Michel
Sur la frontière
WIEVIORKA Michel
La Tentation antisémite

SCIENCES

ACHACHE José
Les Sentinelles de la Terre
BARROW John
Les Origines de l'Univers
Une brève histoire de l'infini
CAZENAVE Michel (dir.)
Aux frontières de la science
CHANGEUX Jean-Pierre
L'Homme neuronal
COHEN-TANNOUDJI Gilles
Les Constantes universelles
DAFFOS Fernand
La Vie avant la vie
DAVIES Paul
L'Esprit de Dieu
DAWKINS Richard
Qu'est-ce que l'Évolution ?
Il était une fois nos ancêtres
FERRIES Timothy
Histoire du Cosmos de l'Antiquité au Big Bang
FISCHER Helen
Histoire naturelle de l'amour
GLASHOW Sheldon
Le Charme de la physique
KANDEL Robert
L'Incertitude des climats
LAMBRICHS Louise L.
La Vérité médicale
LASZLO Pierre
Chemins et savoirs du sel
Qu'est-ce que l'alchimie ?
LEAKEY Richard
L'Origine de l'humanité
SEIFE Charles
Zéro
SINGH Simon
Le Dernier Théorème de Fermat
Le Roman du Big Bang
STEWART John
La Nature et les nombres
VIDAL-MADJAR Alfred
Il pleut des planètes
Waal Frans (de)
Le singe en nous

PHILOSOPHIE

ARON Raymond
Essai sur les libertés
L'Opium des intellectuels
AZOUVI François
Descartes et la France
BADIOU Alain
Deleuze
BESNIER Jean-Michel
Demain les posthumains, le futur a-t-il encore besoin de nous ?

BLAIS Marie-Claude,
GAUCHET Marcel,
OTTAVI Dominique
Pour une philosophie politique de l'éducation
BOUDON Raymond
Le Juste et le vrai
BOUVERESSE Jacques
Le Philosophe et le réel
BURKE Edmund
Réflexions sur la Révolution en France
CANTO-SPERBER Monique
Le Libéralisme et la gauche
CASSIRER Ernst
Le Problème Jean-Jacques Rousseau
CHÂTELET François
Histoire de la philosophie
t. 1 : La Philosophie païenne (du VIe siècle av. J.-C. au IIIe siècle après J.-C.)
t. 2 : La Philosophie médiévale (du Ier au XVe siècle)
t. 3 : La Philosophie du monde nouveau (XVIe et XVIIe siècles)
t. 4 : Les Lumières (XVIIIe siècle)
t. 5 : La Philosophie et l'histoire (de 1780 à 1880)
t. 6 : La Philosophie du monde scientifique et industriel (de 1860 à 1940)
t. 7 : La Philosophie des sciences sociales (de 1860 à nos jours)
t. 8 : Le XXe siècle
CONSTANT Benjamin
Principes de politique
DESANTI Jean-Toussaint
Le Philosophe et les pouvoirs
Un destin philosophique
DESCHAVANNE Éric,
TAVOILLOT Pierre-Henri
Philosophie des âges de la vie
DETIENNE Marcel
Dionysos à ciel ouvert
GIRARD René
La Violence et le sacré
Celui par qui le scandale arrive
Mensonge romantique et vérité romanesque
Les Origines de la culture
GLUCKSMANN André
Le Bien et le Mal
Une rage d'enfant
GRUZINSKI Serge
La pensée métisse
HABERMAS Jürgen
Après Marx
Après l'État-nation
L'intégration républicaine
HABIB Claude
Le Consentement amoureux
HAZARD Paul
La Pensée européenne au XVIIIe siècle
JANICAUD Dominique
Heidegger en France (2 vol.)
JANKÉLÉVITCH Sophie,
OGILVIE Bertrand
L'Amitié
JARDIN André
Alexis de Tocqueville
JERPHAGNON Lucien
Les dieux ne sont jamais loin
Au bonheur des sages
Histoire de la pensée
JOUVENEL (de) Bertrand
Du pouvoir
KAHN Axel,
GODIN Christian
L'Homme, le bien, le mal
LA ROCHEFOUCAULD
Maximes, réflexions, lettres

LENOIR Frédéric
Le temps de la responsabilité
LINDENBERG Daniel
Destins marranes
LÖWITH Karl
Nietzsche
MANENT Pierre
Histoire intellectuelle du libéralisme
MARZANO Michela
La Fidélité ou l'amour à vif
La Pornographie ou l'épuisement du désir
Extension du domaine de la manipulation
Éloge de la confiance
MONGIN Olivier
Face au scepticisme
MORIN Edgar
La Voie
Mes philosophes
NEGRI Anthonio
Job, la force de l'esclave
NIETZSCHE Friedrich
Aurore
Humain, trop humain
Le Gai Savoir
Par-delà le bien et le mal
ORY Pascal
Nouvelle Histoire des idées politiques
QUINET Edgar
L'Enseignement du peuple, suivi de
La Révolution religieuse au XIXe siècle
RICHIR Marc
La Naissance des dieux
RICœur Paul
La Critique et la conviction
ROUSSEAU Jean-Jacques
Du contrat social
SAVATER Fernando
Choisir, la liberté
Sur l'art de vivre
Les Dix Commandements au XXIe siècle
SAVIDAN Patrick
Repenser l'égalité des chances
SCHOLEM Gershom
Walter Benjamin
SERRES Michel
Les Cinq Sens
Le Parasite
Rome
SIRINELLI Jean-François
Sartre et Aron
Les Vingt décisives
SLOTERDIJK Peter
Bulles. Sphères I
Globes. Sphères II
Écumes. Sphères III
Colère et temps
Essai d'intoxication volontaire, suivi de L'Heure du crime et le temps de l'œuvre d'art
Ni le soleil ni la mort
Les Battements du monde
Le Palais de cristal
La folie de Dieu
Tempéraments philosophiques
SUN TZU
L'Art de la guerre
TODOROV Tzvetan
Les Morales de l'histoire
Wolff Francis
Philosophie de la corrida

PSYCHANALYSE / PSYCHOLOGIE

BETTELHEIM Bruno
Le Poids d'une vie
BETTELHEIM Bruno,
ROSENFELD Alvin
Dans les chaussures d'un autre
BONNAFÉ Marie
Les Livres, c'est bon pour les bébés
BRUNSCHWIG Hélène
N'ayons pas peur de la psychothérapie
CRAMER Bertrand
Profession bébé
CYRULNIK Boris
Mémoire de singe et paroles d'homme
La Naissance du sens
Sous le signe du lien
CYRULINK Boris,
MATIGNON Karine Lou,
FOUGEA Frédéric
La Fabuleuse Aventure des hommes et des animaux
CZECHOWSKI Nicole,
DANZIGER Claudie
Deuils
DANON-BOILEAU Henri
De la vieillesse à la mort
DUMAS Didier
La Sexualité masculine
Sans père et sans parole
FLEM Lydia
Freud et ses patients
GREEN André
Un psychanalyste engagé
GRIMBERT Philippe
Pas de fumée sans Freud
Psychanalyse de la chanson
HADDAD Antonietta,
HADDAD Gérard
Freud en Italie
HADDAD Gérard
Manger le livre
HEFEZ Serge
Quand la famille s'emmêle
Dans le cœur des hommes
Scènes de la vie conjugale
HEFEZ Serge,
LAUFER Danièle
La Danse du couple
HOFFMANN Christian
Introduction à Freud
JEAMMET Philippe
Anorexie Boulimie
JOUBERT Catherine,
STERN Sarah
Déshabillez-moi
KORFF-SAUSS Simone
Dialogue avec mon psychanalyste
Le Miroir brisé
LAPLANCHE Jean,
PONTALIS Jean-Bernard
Fantasme originaire. Fantasme des origines. Origines du fantasme
LESSANA
Marie-Magdeleine
Entre mère et fille : un ravage
MIJOLLA (de) Alain (dir.)
Dictionnaire international de la psychanalyse (2 vol.)
MORO Marie-Rose
Enfants d'ici venus d'ailleurs
PERRIER François
L'Amour
PHILLIPS Adam
Le Pouvoir psy
SIETY Anne
Mathématiques, ma chère terreur

SUTTON Nina
Bruno Bettelheim
TISSERON Serge
Comment Hitchcock m'a guéri
Psychanalyse de l'image
TOMKIEWICZ Stanislas
L'Adolescence volée
VIGOUROUX François
L'Âme des maisons
L'Empire des mères
Le Secret de famille

SOCIOLOGIE, ANTHROPOLOGIE

Amselle Jean-Loup
L'Occident décroché
ARNALDEZ Roger
L'Homme selon le Coran
AUGÉ Marc
Un ethnologue dans le métro
BADIE Bertrand,
BIRNBAUM Pierre
Sociologie de l'État
Le peuple et les gros
BAUMAN Zygmunt
Le Coût humain de la mondialisation
La Société assiégée
L'Amour liquide
La Vie en miettes. Expérience moderne et moralité
La vie liquide
BEAUD Stéphane,
Pialoux Michel
Violences urbaines, violence sociale
BOUDON Raymond
La Logique du social
L'Inégalité des chances
BROMBERGER Christian
Passions ordinaires
CALVET Louis-Jean
Histoire de l'écriture
CASTEL Robert,
HAROCHE Claudine
Propriété privée, propriété sociale, propriété de soi
DIGARD Jean-Pierre
Les Français et leurs animaux
EHRENBERG Alain
Le Culte de la performance
L'Individu incertain
ELIAS Norbert
Norbert Elias par lui-même
ELLUL Jacques
Le Bluff technologique
FOURASTIÉ Jean
Les Trente Glorieuses
GARAPON Antoine,
PERDRIOLLE Sylvie
Quelle autorité ?
GIDDENS Anthony
La Transformation de l'intimité
GINESTE Thierry
Victor de l'Aveyron
GUÉRIN Serge
L'Invention des seniors
HIRSCHMAN Albert O.
Bonheur privé, action publique
KAUFMANN Jean-Claude
Casseroles, amour et crises
L'Invention de soi
Ego
Quand Je est un autre
L'étrange histoire de l'amour heureux
LAHIRE *Bernard*
L'Homme pluriel

LAVILLE Jean-Louis, SAINSAULIEU Renaud
L'association. Sociologie et économie
LE BRAS Hervé
Marianne et les lapins
LE BRETON David
L'Adolescence à risque
MONOD Jean
Les Barjots
MORIN Edgar
Commune en France. La métamorphose de Plozévet
MUXEL Anne
Individu et mémoire familiale
PONT-HUMBERT Catherine
Dictionnaire des symboles, des rites et des croyances
RAUCH André
Crise de l'identité masculine, 1789-1914
Vacances en France de 1830 à nos jours
ROBIN Corey
La Peur
SAVIER Lucette
Des sœurs, des frères
SENNETT Richard
Respect
La Culture du nouveau capitalisme
SINGLY (de) François
Les Uns avec les autres
Les Adonaissants
L'Injustice ménagère
Comment aider l'enfant à devenir lui-même ?
SULLEROT Évelyne
La Crise de la famille
THÉLOT Claude
Tel père, tel fils ?
TIERNEY Patrick
Au nom de la civilisation
URFALINO Philippe
L'Invention de la politique culturelle
WIEVIORKA Michel
La Violence
Neuf leçons de sociologie

HISTOIRE

ADLER Laure
Les Maisons closes
Secrets d'alcôve
AGULHON Maurice
De Gaulle. Histoire, symbole, mythe
La République (de 1880 à nos jours)
t. 1 : L'Élan fondateur et la grande blessure (1880-1932)
t. 2 : Nouveaux drames et nouveaux espoirs (de 1932 à nos jours)
ALEXANDRE-BIDON Danièle
La Mort au Moyen Âge
ALEXANDRE-BIDON Danièle, LETT Didier
Les Enfants au Moyen Âge
ANATI Emmanuel
La Religion des origines
ANDREU Guillemette
Les Égyptiens au temps des pharaons
ANTOINE Michel
Louis XV

ATTALI Jacques
Diderot ou le bonheur de penser
BALANDIER Georges
Le Royaume de Kongo du XVIe au XVIIIe siècle
BALLET Pascale
La Vie quotidienne à Alexandrie
BANCEL Nicolas,
BLANCHART Pascal,
VERGÈS Françoise
La République coloniale
BARTOV Omer
L'Armée d'Hitler
BASLEZ Marie-Françoise
Saint Paul
BEAUFRE André (Général)
Introduction à la stratégie
BÉAUR Gérard
La Terre et les hommes
BECHTEL Guy
La Chair, le diable et le confesseur
BECKER Annette
Oubliés de la Grande Guerre
Bédarida François
Churchill
BENNASSAR Bartolomé,
VINCENT Bernard
Le Temps de l'Espagne, XVIe-XVIIe siècles
BENNASSAR Bartolomé
L'Inquisition espagnole, XVe-XIXe siècles
BERCÉ Yves-Marie
Fête et révolte
BERNAND André
Alexandrie la grande
BLUCHE François
Le Despotisme éclairé
Louis XIV
Les Français au temps de Louis XVI
BOLOGNE Jean Claude
Histoire de la pudeur
Histoire du mariage en Occident
Histoire du célibat
BORDONOVE Georges
Les Templiers au XIIIe siècle
BOTTÉRO Jean
Babylone et la Bible, Entretiens avec Hélène Monsacré
Au commencement étaient les dieux
BOTTÉRO Jean,
HERRENSCHMIDT Clarisse,
VERNANT Jean-Pierre
L'Orient ancien et nous
BOUCHERON Patrick (dir.)
Histoire du monde au XVe siècle
t.1 : Territoires et écritures du monde
t. 2 : Temps et devenirs du monde
BREDIN Jean-Denis
Un tribunal au garde-à-vous
BROSZAT Martin
L'État hitlérien
BROWNING Christopher R.
À l'intérieur d'un camp de travail nazi
BRULÉ Pierre
Les Femmes grecques
CAHEN Claude
L'Islam, des origines au début de l'Empire ottoman
CARCOPINO Jérôme
Rome à l'apogée de l'Empire
CARRÈRE D'ENCAUSSE Hélène
Catherine II
Lénine
Nicolas II

CHAUNU Pierre
Le Temps des réformes
CHEBEL Malek
L'Esclavage en Terre d'Islam
CHÉLINI Jean
Histoire religieuse de l'Occident médiéval
CHOURAQUI André
Les Hommes de la Bible
CLOULAS Ivan
Les Borgia
Les Châteaux de la Loire au temps de la Renaissance
CROUZET Denis
La nuit de la Saint-Barthélemy
COLLECTIF
Chevaliers et châteaux-forts
Les Francs-Maçons
Le nazisme en questions
Les plus grands mensonges de l'histoire
Le Japon
L'Iran
Versailles
Amour et sexualité
La Cuisine et la Table
La guerre de Cent Ans
L'Espagne
Les grandes crises dans l'histoire
La Turquie, d'une révolution à l'autre
CONAN Éric,
ROUSSO Henry
Vichy, un passé qui ne passe pas
D'ALMEIDA Fabrice
Ressources inhumaines
DARMON Pierre
Le Médecin parisien en 1900
Vivre à Paris pendant la Grande Guerre
DAVRIL Dom Anselme,
PALAZZO Éric
La Vie des moines au temps des grandes abbayes
DELARUE Jacques
Trafics et crimes sous l'Occupation
DELUMEAU Jean
La Peur en Occident
Rome au XVIe siècle
Une histoire du paradis
t. 1 : Le Jardin des délices
t. 2 : Mille ans de bonheur
t. 3 : Que reste-t-il du paradis ?
DESANTI Dominique
Ce que le siècle m'a dit
DUBY Georges
Le Chevalier, la femme et le prêtre
Le Moyen Âge (987-1460)
DUCREY Pierre
Guerre et guerriers dans la Grèce antique
DUPUY Roger
Les Chouans
DUROSELLE Jean-Baptiste
L'Europe, histoire de ses peuples
EINAUDI Jean-Luc
Octobre 1961
EISENSTEIN Elizabeth L.
La Révolution de l'imprimé
ENDERLIN Charles
Par le feu et par le sang
ESLIN Jean-Claude,
CORNU Catherine
La Bible, 2 000 ans de lectures
ESPRIT
Écrire contre la guerre d'Algérie (1947-1962)
ÉTIENNE Bruno
Abdelkader

ETIENNE Robert
Pompéi
FAVIER Jean
De l'or et des épices
FERRO Marc
Le Livre noir du colonialisme
Nazisme et communisme
Pétain
FINLEY Moses I.
On a perdu la guerre de Troie
FLACELIÈRE Robert
La Grèce au siècle de Périclès
FLORI Jean
Chevaliers et chevalerie au Moyen Âge
FOSSIER Robert
Le Travail au Moyen Âge
Ces gens du Moyen Âge
FROMKIN David
Le Dernier Été de l'Europe
FRUGONI Chiara
Saint François d'Assise
FURET François
La Révolution (1770-1880)
t. 1 : La Révolution française, de Turgot à Napoléon (1770-1814)
t. 2 : Terminer la Révolution, de Louis XVIII à Jules Ferry (1814-1880)
FURET François, NOLTE Ernst
Fascisme et communisme
FURET François, RICHET Denis
La Révolution française
GARIN Eugenio
L'Éducation de l'homme moderne (1400-1600)
GERVAIS Danièle
La Ligne de démarcation
GIRARD Louis
Napoléon III
GIRARDET Raoul
Histoire de l'idée coloniale en France
GOUBERT Pierre
Initiation à l'histoire de la France
L'Avènement du Roi-Soleil
Mazarin
Louis XIV et vingt millions de Français
GOUBERT Jean-Pierre
Une histoire de l'hygiène
GRAS Michel, ROUILLARD Pierre, TEIXIDOR Xavier
L'Univers phénicien
GUESLIN André
Une histoire de la pauvreté dans la France du XXe siècle
GUICHARD Pierre
Al-Andalus (711-1492)
GUILAINE Jean
La Mer partagée
HEERS Jacques
Esclaves et domestiques au Moyen Âge
La Ville au Moyen Âge en Occident
HOBSBAWM Eric J.
Franc-tireur. Autobiographie
L'Ère des révolutions (1789-1848)
L'Ère du capital (1848-1875)
L'Ère des empires (1875-1914)
Marx et l'histoire
Les primitifs de la révolte dans l'Europe moderne
HOWARD Dick
Aux origines de la pensée politique américaine
HUSSEIN Mahmoud
Al-Sîra (2 vol.)

INGRAO Christian
Croire et détruire
JERPHAGNON Lucien
Histoire de la Rome antique
Les Divins Césars
JOHNSON Hugh
Une histoire mondiale du vin
JOMINI (de) Antoine-Henri
Les Guerres de la Révolution (1792-1797)
JOXE Pierre
L'Édit de Nantes
JUDT Tony
Après-guerre
KNIBIEHLER Yvonne
Histoire des infirmières en France au XXe siècle
KRIEGEL Maurice
Les Juifs à la fin du Moyen Âge dans l'Europe méditerranéenne
LACARRIÈRE Jacques
En cheminant avec Hérodote
LACORNE Denis
L'Invention de la République américaine
LAURIOUX Bruno
Manger au Moyen Âge
LE BRIS Michel
D'or, de rêves et de sang
LE GOFF Jacques
La Bourse et la vie
Un long Moyen Âge
LE NAOUR Jean-Yves
Le Soldat inconnu vivant
LENTZ Thierry
Le Grand Consulat
LE ROY LADURIE Emmanuel
L'État royal (1460-1610)
L'Ancien Régime (1610-1770)
t. 1 : L'Absolutisme en vraie grandeur (1610-1715)
t. 2 : L'Absolutisme bien tempéré (1715-1770)
Trente-trois questions sur l'histoire du climat
Lever Maurice et Évelyne
Le chevalier d'Éon
LEVER Évelyne
Louis XVIII
C'était Marie-Antoinette
L'affaire du collier
LÉVI Jean (traduction et commentaires)
Les Sept Traités de la guerre
LIAUZU Claude
Histoire de l'anticolonialisme
MALET-ISAAC
Histoire
t. 1 : Rome et le Moyen Âge (735 av. J.-C.-1492)
t. 2 : L'âge classique (1492-1789)
t. 3 : Les Révolutions (1789-1848)
t. 4 : La Naissance du monde moderne (1848-1914)
MANDROU Robert
Possession et sorcellerie au XVIIe siècle
MANTRAN Robert
Istanbul au siècle de Soliman le Magnifique
MARGOLIN Jean-Louis
Violences et crimes du Japon en guerre (1937-1945)
MARTIN-FUGIER Anne
La Bourgeoise
MAUSS-COPEAUX Claire
Appelés en Algérie
MILO Daniel
Trahir le temps
MILZA Pierre
Les derniers jours de Mussolini
Histoire de l'Italie

MIQUEL Pierre
La Grande Guerre au jour le jour
MORICEAU Jean-Marc.
L'homme contre le loup
MOSSE George L.
De la Grande Guerre au totalitarisme
MUCHEMBLED Robert
L'Invention de l'homme moderne
NEVEUX Hugues
Les Révoltes paysannes en Europe (XIVe-XVIIe siècles)
NOIRIEL Gérard
Réfugiés et sans-papiers
Immigration, antisémitisme et racisme en France (XIXe-XXe siècles)
PÉAN Pierre
Une jeunesse française, François Mitterrand, 1934-1947
Vies et morts de Jean Moulin
PELIKAN Jaroslav
Jésus au fil de l'histoire
PÉREZ Joseph
L'Espagne de Philippe II
Thérèse d'Avila
Pernoud Régine,
Clin Marie-Véronique
Jeanne d'Arc
PETITFILS Jean-Christian
Les communautés utopistes au XIXe siècle
Le Régent
PÉTRÉ-GRENOUILLEAU Olivier
Nantes au temps de la traite des Noirs
PITTE Jean-Robert
Bordeaux Bourgogne
POMEAU René
L'Europe des Lumières
PORTIER-KALTENBACH Clémentine
Histoires d'os et autres illustres abattis
POURCHER Yves
Les Jours de guerre
POZNANSKI Renée
Les Juifs en France pendant la Seconde Guerre mondiale
PRÉPOSIET Jean
Histoire de l'anarchisme
RANCIÈRE Jacques
La Nuit des prolétaires
RAUCH André
Histoire du premier sexe
RAUSCHNING Hermann
Hitler m'a dit
RÉGENT Frédéric
La France et ses esclaves
RÉMOND René
La République souveraine
REVEL Jacques
Fernand Braudel et l'histoire
RICHARD Jean
Histoire des croisades
RICHÉ Pierre
Les Carolingiens
RICHÉ Pierre,
VERGER Jacques,
Maître et élèves au Moyen Âge
RIEFFEL Rémy
Les Intellectuels sous la Ve République (3 vol.)
RIOUX Jean-Pierre
De Gaulle
RIOUX Jean-Pierre,
SIRINELLI Jean-François
La France d'un siècle à l'autre (2 vol.)
La Culture de masse en France

RIVET Daniel
Le Maghreb à l'épreuve de la colonisation
Roche Daniel
Les circulations dans l'Europe moderne
ROTH François
La Guerre de 1870
ROUCHE Michel
Clovis
ROUSSEL Éric
Pierre Brossolette
ROUSSET David
Les Jours de notre mort
L'Univers concentrationnaire
ROUSSO Henry
Un château en Allemagne, Sigmaringen (1944-1945)
ROUX Jean-Paul
Les Explorateurs au Moyen Âge
SEGEV Tom
1967
SIRINELLI Jean-François
Les Baby-boomers
Les Vingt Décisives
SOUSTELLE Jacques
Les Aztèques à la veille de la conquête espagnole
Soutou Georges-Henri
La Guerre froide
SPEER Albert
Au cœur du Troisième Reich
STORA Benjamin
Les Trois Exils. Juifs d'Algérie
Messali Hadj
Les Immigrés algériens en France
De Gaulle et la guerre d'Algérie
Mitterrand et la guerre d'Algérie
Les guerres sans fin
STORA Benjamin,
HARBI Mohammed
La Guerre d'Algérie
THIBAUDET Albert
La République des Professeurs suivi de Les Princes lorrains
TRAVERSO Enzo
La Guerre civile européenne (1914-1945)
TROCMÉ Étienne
L'Enfance du christianisme
TULARD Jean
Napoléon
Les Français sous Napoléon
Napoléon. Les grands moments d'un destin
VALENSI Lucette
Venise et la Sublime Porte
VALLAUD Pierre
Atlas historique du XXe siècle
L'Étau
VERGÈS Françoise
La Mémoire enchaînée
VERNANT Jean-Pierre
La Mort dans les yeux
VEYNE Paul
Le Quotidien et l'intéressant
VIDAL-NAQUET Pierre
L'Histoire est mon combat, Entretiens avec Dominique Bourel et Hélène Monsacré
WEBER Eugen
La fin des terroirs
WEIL Georges
Histoire de l'idée laïque en France au XIXe siècle
WERNER Karl Ferdinand
Naissance de la noblesse
WIEVIORKA Annette
Déportation et génocide
L'Ère du témoin
Auschwitz
WINOCK Michel
Madame de Staël

LETTRES ET ARTS

ABÉCASSIS Armand,
ABÉCASSIS Éliette
Le Livre des passeurs
ARNAUD Claude
Qui dit je en nous ?
BADIOU Alain
Beckett
BAECQUE (de) Antoine
La Cinéphilie
Godard
BONFAND Alain
Paul Klee
CLARK Kenneth
Le Nu (2 vol.)
DAIX Pierre
Les Surréalistes
Picasso
DE DUVE Thierry
Résonances du readymade
DELON Michel
Le Savoir-vivre libertin
FERRIER Jean-Louis
Brève histoire de l'art
De Picasso à Guernica
GABLER Neil
Le Royaume de leurs rêves
GIRARD René
Mensonge romantique, vérité romanesque
GOODMAN Nelson
Langages de l'art
GRANET Danièle,
LAMOUR Catherine
Grands et petits secrets du monde de l'art
GRAVES Robert
Les Mythes grecs
GUILBAUT Serge
Comment New York vola l'idée d'art moderne
HASKELL Francis,
PENNY Nicholas
Pour l'amour de l'antique.
HEINICH Nathalie
L'Art contemporain exposé aux rejets
HURÉ Pierre-Antoine,
KNEPPER Claude
Liszt en son temps
JANOVER Louis
La Révolution surréaliste
LAZARD Madeleine
Rabelais l'humaniste
LE BIHAN Adrien
De Gaulle écrivain
LIÉBERT Georges
L'Art du chef d'orchestre
LOYER Emmanuelle
Paris à New York
MARTIN-FUGIER Anne
La Vie d'artiste au XIXe siècle
Les Romantiques
MESCHONNIC Henri
De la langue française
MICHAUD Yves
L'Art à l'état gazeux
Critères esthétiques et jugement de goût
L'Artiste et les commissaires
PACHET Pierre
Les Baromètres de l'âme
Pourriol Ollivier
Cinéphilo
RANCIÈRE Jacques
La Parole muette
Mallarmé
REWALD John
Le Post-impressionnisme
Histoire de l'impressionnisme
Sabatier Benoît
Culture jeune
SALLES Catherine
La Mythologie grecque et romaine
STEINER George
De la Bible à Kafka
Extraterritorialité

Composition réalisée par PCA

PAPIER À BASE DE FIBRES CERTIFIÉES

Fayard s'engage pour l'environnement en réduisant l'empreinte carbone de ses livres. Celle de cet exemplaire est de :
1,000 kg éq. CO_2
Rendez-vous sur www.fayard-durable.fr

Imprimé en Espagne, par
BLACKPRINT CPI IBÈRICA S.L.
Dépôt légal : mars 2014
27-02-0979-8/01